天
Borderless
下

博稽古今 融汇天下

天
Borderless
下

法学新经典

侵权损害赔偿

第六版

杨立新 著

法律出版社 LAW PRESS · CHINA

第六版修订说明

《侵权损害赔偿》第五版已经发行六年了。在此期间,《侵权责任法》在适用中出现了很多新问题,我对侵权责任法的研究也有了一些新的进展,最高人民法院还公布了两部新的司法解释,都使本书有了修订的必要。因此,按照编辑的要求,我抽出时间,对本书进行修订,完成了第六版。

本次修订,本书内容的主要变化是:

1. 修改了第六章,将"一般侵权损害责任"改为"侵权损害赔偿责任形态",重新编写了内容。

2. 修改了第七章,将"侵权损害赔偿责任形态"改为"多数人侵权行为与损害赔偿责任",将多数人侵权行为界定为共同侵权行为、分别侵权行为和竞合侵权行为三种类型,分别对应连带责任、按份责任以及不真正连带责任。这是最近几年我的研究最新成果。

3. 在第八章"侵权损害赔偿法律关系及请求权"中,增加了责任并合的内容。

4. 在第十章"侵权损害赔偿的赔偿方法"中,增加了第四节"侵害公开权的损害赔偿",着重说明了《侵权责任法》第20条规定的内容。

5. 在第十四章"产品责任"中,增加了修订《食品安全法》增加的恶意食品损害赔偿的惩罚性赔偿责任。

6. 在第十五章“机动车交通事故责任”中,增加了“第四节道路交通事故责任司法解释”的内容。

7. 在第十六章“医疗损害责任”中,对于医疗损害责任类型,增加了“医疗管理损害责任”的内容。

8. 在第十七章“环境污染责任”中,增加了环境侵权司法解释规定的内容。

本书经修订后,内容更加丰富,更贴近现实司法实践中的具体问题,理论联系实际,注重于解决实际问题。

修订后仍然存在的问题,请读者不吝赐教。

中国人民大学民商事法律科学研究中心　杨立新

2016 年中秋时节于人民大学明德法学楼

侵权责任法已经融入我的血液

——第五版代序

《侵权损害赔偿》一书经历了它的22年,刚好迎来了我国《侵权责任法》的诞生。我在本书第四版序言中曾经说过,用我的《侵权损害赔偿》第四版,来迎接我国《侵权责任法》的诞生,今天真的实现了这个愿望,对于我而言,具有非常重要的意义:因为侵权责任法的精神已经融入了我的血液之中,成为我生命的一个组成部分。在《侵权责任法》通过不久,我修订完成了我的这部22年之前写的专著,感到由衷的高兴。

22年前,我作为一位山区小城的法官,把在中国政法大学进修期间写成的这部书稿,通过家乡的印刷厂印出样书,那种激动的心情无异于自己第一个孩子的诞生。20多年来,我的工作不断变化,生活环境不断改变,但专心研究侵权法理论和实践的初衷从没有改变过,直至今天迎来了《侵权责任法》的诞生。我从1980年开始研究侵权法到今天,已经整整30年了。在这30年中,侵权法理论和实践的研究伴随着我的工作和生活,侵权法的基本精神就是我的血液和呼吸,与我须臾不可分离。

《侵权责任法》的基本精神是什么?我认为就是保护民事权益的公平和正义,集中体现在过错责任原则之上,表现在立法所追求的目标之上。正如《侵权责任法》第1条所规定的那样,《侵权责任法》的基本目的,就是维护社会的和谐和稳定。说起来,这里还有一个故事,就是对第1条规定的“和谐”,我们并没有太以为然,但是,德国著名侵权法专家冯·巴尔先生却对此大加赞赏,认为侵权法根本的立法目的就是实现社会的和谐。在一个和谐的社会中,人与人的关系和谐,人与环境的和谐,人与社会的和谐,其法律基石之一就是《侵权责任法》。为了《侵权责任法》的诞生,我经历了30年的严寒及酷暑,孜孜不倦,持之以恒,鼓舞和支持我的精神,就是这个精神,追求的就是民事权益的保障,实现公平和正义,建设和谐的社会。在今天,对照《侵权责任法》的92个条文,一一修订我的《侵权损害赔偿》,我感到《侵权责任法》的这种基本精神在我的周身流淌,我和《侵权责任法》已经融为一体。

在《侵权责任法》刚刚通过的第三天,也就是2009年12月29日,我们组织召开了“《中华人民共和国侵权责任法》通过研讨会”,邀请了国家立法机关、司法机关的领导以及参加立法的民法专家、学者在中国人民大学民商事法律科学研究中心欢聚一堂,庆贺《侵权责任法》的诞生。我在开幕词中说,我们这次会议,是庆祝会,是庆功会,也是誓师会:庆祝会是庆祝《侵权责任法》的诞生,庆功会是为立法有功人员庆功,誓师会则是我们在此宣誓,今后将依照《侵权责任法》的规定,为保护人民的权利奋斗不止。这是我的真心告白,也代表了与会者的心声。

《侵权责任法》刚刚颁布,对于它的基本内容和具体条文的理解和研究才刚刚开始。尽管我自始至终参加了立法的完整过程,并且在研究侵权法的理论和实践中也是最早、时间最长的一位,但仍然对全面揭示《侵权责任法》的内容,特别是对《侵权责任法》的准确适用,理解和掌握还不够,有非常多的问题需要研究,还有艰苦的深入探讨工作需要继续努力。因此,在修订本书的时候,也还有很多疑难问题没有解决好,没有提出更好的意见,这只是学习和研究《侵权责任法》的初步体会。好在全国司法机关有几十年的司法经验,还有几十年积累的众多司法解释以及典型案例的支持,我们有理由相信,《侵权责任法》在实施中一定会不断发展,不断进步,在保护人民的民事权益方面，作为维权的法律武器，发挥着巨大的作用。

修订本书，对全书的体例将有所改变，按照《侵权责任法》的逻辑结构，分为总则和分则，原来书中的主要部分都集中在总则部分；其中关于侵权责任类型方面的内容，则集中在分则部分，并且按照《侵权责任法》第四章至第十一章关于侵权责任类型的特别规定，重新依照具体条文进行阐释，将原来的对其他问题的探讨放在最后一章。

修订本书的时间比较仓促，因此可能存在理解法律和具体表述的缺陷。如有不周，敬请批评，以便在修订新版时加以改正。

中国人民大学民商事法律科学研究中心　杨立新

2010年1月28日于中国人民大学明德法学楼

第四版修订说明

《侵权损害赔偿》一书于1988年由吉林人民出版社出版至今，刚好二十年。这二十年，是我国民法立法、司法和理论研究突飞猛进的二十年。刚好，在决定修订本书出版第四版的时候，我参加了全国人大常委会法制工作委员会召开的起草《侵权责任法》的第一次专家讨论会，立法机关决定用1年左右的时间完成这部法律的制定工作。可以预见，在不久的将来，一部体现21世纪特点的新的侵权法，就会诞生在新中国的土地上。在这样的一个时刻，我修订这部我国第一本侵权法著作，就显得有更为重要的意义了。因此，我想用我的《侵权损害赔偿》第四版，来迎接我国《侵权责任法》的诞生。

《侵权损害赔偿》产生于二十年前。那时候，我国的法制建设远远没有今天这样好，民法的立法和理论研究也没有今天这样“火”，我那时对侵权法的研究，也远远没有今天这样深入和全面。因此，在修订本书的时候，在看到原稿中的一些比较稚嫩的论述文字时，颇有一些羞愧。不过，这都已经是历史了，况且在那个时候，这部书稿还算是不错的，并且在我国侵权法的发展历史中也发挥了它应当发挥的作用。在很多老的民事法官眼中，这部书稿在他们的思想中记忆犹新，是他们当时办案的重要参考书。因此，倒也不必对那时候的幼稚论述而羞愧,反而应当为那时的勇气和精神而自豪。假如没有那时的勇气和精神,也许也就没有我今天对侵权法以至于民法理论的理解和创新。

20年来,我国的侵权法理论研究和司法实践都发生了深刻的变化。尽管《民法通则》规定的侵权民事责任规则仍然没有变,但司法实践中积累的经验,最高人民法院制定的司法解释,以及学者撰写的论文和专著,都是日新月异的,它们标志着我国的侵权责任法在今天的世界上,具有自己应有的重要地位。这在20年前是不能预知、无法想象到的。当然,这20年来,我自己对侵权法理论和实践经验的研究,也不是20年前的样子,对世界各国侵权法的立法和理论研究成果的掌握,也不是原来的样子。因此,今天看到原来的《侵权损害赔偿》的内容时,当然会发现它的内容和结构方面存在诸多的稚嫩。

因此,如何对本书进行修订,就很费思量。如果仅仅是在原书稿的基础上就文字进行修订,显然不能适应今天的读者需要,只有怀旧或者研究侵权法的发展历史,人们才会去翻阅原版,而作者要对今天的读者负责,就要提供新的版本和新的内容,而不是一部旧稿的改进。同样,如果把原书稿全部推翻,另写一部新稿,还叫作原来的名字,那又不会是对原书的修订,而是写新书。几经思考,确定了修订的原则:第一,原稿能够继续使用的部分,进行文字的修订;第二,原稿少数不能使用的部分,则另撰新稿;第三,对全书的整体结构进行重新编排和整理。

按照上述修订原则,本书修订的基本情况是:

第一,全书结构和内容的调整。删掉了原书中的第十章“侵权损害赔偿之债的保全”,因为这不是侵权损害赔偿的主要内容,应当是债法总则的内容。删掉了原书的第十一章“侵权行为特别法”,因为侵权行为特别法内容过多,在30万字的侵权法著作中,可以不讨论这个问题。增加了新的两章:一是现在的第五章,将原来在侵权损害赔偿构成要件中的“阻却违法行为”部分独立出来,再加上侵权损害赔偿诉讼时效问题,作为独立的一章;二是增加了“侵权损害赔偿责任形态”一章,这是我最近几年研究侵权法的新体会,且实用性很强，把它单独作为第八章。此外，将归责原则一章改放在构成要件一章之前，因为这是逻辑的需要；将责任形态一章放在赔偿原则之前；其他的结构没有改变。因此，还保持全书十二章的总体结构和内容。

第二，修订的主要部分。本书第一章的结构有所改变，内容做了修订。在第二章中，原来只研究了唐代和清代的侵权法，现在改为对中国古代侵权法的全面研究。在第四章“侵权损害赔偿构成要件”中，第三节因果关系的部分全部改写。第六章“一般侵权损害赔偿责任”和第七章“特殊侵权损害赔偿责任”的内容有所更新，但基本内容没有改变。第九章“赔偿原则”做了改写，增加了一些新的内容。第十一章“关于侵权损害赔偿请求权”部分，增加了侵权损害赔偿法律关系部分。第十二章基本保持了原样，把“雇佣人的责任”放在了第七章“特殊侵权损害赔偿责任”一章之中。

第三，新写的部分。现在的第三章“关于侵权损害赔偿责任的归责原则”和第十一章“侵权损害赔偿的赔偿方法”，内容都比较陈旧，现在的修订稿完全是新写的。

本书的原稿是与韩海东一起写作的，在第二版和第三版的修订中，这部分文字已经由我重新改写过。本次修订，内容、结构全部更新，因此，就由我自己署名了。为此，特向韩海东先生致歉并致谢！

在修订本书中，民商事法律科学研究中心秘书卢淑贞帮我做了很多工作，备受辛苦，在此一并致谢！

修订本书，尽管自己做得很努力，但仍有不尽如人意之处。欢迎读者对本书予以批评指正。

杨立新

2008 年五一节于北京寓所

第二版序言

《侵权损害赔偿》一书修订再版，这件事充分说明，该书自出版发行以来，深受广大读者的欢迎，得到了社会的好评，这的确是难能可贵的，是一件值得高兴的事。在此，我对作者的成就表示祝贺！

侵权损害赔偿是民法理论和民事审判实践中的一个非常复杂的问题，但又是一个必须研究和解决的问题。近年来，尤其是我国《民法通则》颁布施行以来，民法理论研究出现了空前活跃的大好形势，各种阐述《民法通则》的"讲话""教程"及有关的理论文章相继问世，而且确有不少佳作，给人以指导和启迪。但是人们也注意到，在这些著作中，很少看到全面、系统的专题研究，有关侵权损害赔偿方面的专著则更属少见。这种状况与法制建设的要求，与民事审判实践的需要，还有很大的差距。杨立新和韩海东同志以勇于探索、开拓进取的精神，在理论与实践的结合上，对侵权损害赔偿的问题，从历史到现实，从原则到方法，做了深刻的论述，说理有据，论证有例，这无疑是对民法研究的一大突破。尤其难能可贵的是，作者是在实际工作之余来完成这本 20 多万字的专著的。这种刻苦钻研、锲而不舍的求学精神，值得我们做实际工作的同志学习和赞颂。

《侵权损害赔偿》一书出版发行近两年来，我国民法方面的理论研究,民事审判工作的实践经验,都有很大发展,作者在这方面又有不少新的研究成果,陆续发表了不少有创见、有水平的文章,并多次获奖。在此基础上,对《侵权损害赔偿》一书修订再版,使书的质量又有进一步提高,因此,我深信,以作者丰富的实践经验,扎实的理论功底,修订再版后的这本专著,必将受到更多读者,尤其是广大民事审判人员、律师、法学理论工作者的欢迎,收到更好的社会效果。

民事审判工作是一项法律、法理密集型的工作,民事关系十分复杂,新情况、新问题不断涌现,这就需要广大的民法理论工作者和民事审判实际工作者共同努力,深入探讨、研究,攻破难关。我希望全国从事民事审判工作的同志,奋发图强,能写出像《侵权损害赔偿》这样理论联系实际的专著来指导工作,宣传《民法通则》,为社会主义法制建设,为民法理论研究的日益繁荣,也为民事审判工作的开拓前进作出贡献。

最高人民法院民事审判庭庭长　唐德华①

1989 年 12 月 15 日

① 唐德华先生 1993 年任最高人民法院副院长,主管民事审判工作。

目　录

第一章　侵权损害赔偿概述

侵权损害赔偿是一种常见的民事纠纷，在现实生活中大量存在，在人民法院的民事审判工作中占有重要的地位。我国《民法通则》在第六章“民事责任”中，除了规定承担民事责任的“一般规定”外，还专门设了“侵权的民事责任”一节。在最高人民法院颁布的《关于贯彻执行〈中华人民共和国民法通则〉若干问题的意见（试行）》《关于审理名誉权案件适用法律若干问题的解答》《关于审理名誉权案件适用法律若干问题的解释》《关于确定民事侵权精神损害赔偿责任若干问题的解释》以及《关于审理人身损害赔偿案件适用法律若干问题的解释》等司法解释中，都规定了侵权损害赔偿案件的处理规则。2009 年 12 月 26 日，全国人大常委会通过《中华人民共和国侵权责任法》（以下简称《侵权责任法》），全面规定了侵权责任制度。这部法律总结《民法通则》实施以来的司法实践经验和理论研究成果，吸收侵权法司法解释的精华，代表了我国侵权法理论研究和司法实践的水平，形成了独具特色的中国侵权责任法律制度，是正确处理侵权损害赔偿案件的法律依据。研究侵权损害赔偿的基本原理及司法实践，无论是对民法理论的发展，还是对民事审判实践的指导，都具有非常重要的意义。

第一节 侵权损害赔偿的概念和类型

一、侵权损害赔偿的概念

侵权损害赔偿,是侵权民事责任的基本方式,也是民法意义上的债的一种,是损害赔偿民事法律制度的重要组成部分。加害人不法侵害他人的人身权利或者财产权利,并且造成了财产上的损失,或者在特定情况下的非财产损失,受害人享有请求赔偿的权利,加害人负有赔偿的义务。这种权利义务关系,就是侵权损害赔偿法律关系,或者叫侵权损害赔偿之债、侵权损害赔偿民事责任。

在我国审判实践中,通常把侵权损害赔偿称作损害赔偿之债、损害赔偿民事责任,或者简称为损害赔偿;有的还把它叫作侵权行为、侵权行为之债、侵权民事责任等。这些称谓,虽然指的都是同一件事,却有一定差异。其中不准确的称谓,不利于科学地揭示这个概念的内涵和外延,在实践中容易引起歧义,不利于法律的统一施行。

(一)把侵权损害赔偿称作损害赔偿之债、损害赔偿民事责任或者损害赔偿并不科学

损害赔偿之债、损害赔偿民事责任和损害赔偿这三个概念,从实质方面讲,它们是同一概念;从形式方面讲,从它们所强调的方面看,又有差别。损害赔偿是指整个民事法律制度中的一项重要法律制度,它强调的是这一制度的本身;损害赔偿之债强调的是债的分类,说明债的一个种类是损害赔偿之债;损害赔偿民事责任侧重强调的是民事责任方式。在一般情况下,这三个概念经常交替使用,概念的内涵、外延没有质的变化;在特殊情况下,则应当区分它们在使用场合上、语言环境上、所强调的方面上的细微差别。

损害赔偿的定义,在《中国大百科全书 · 法学》中界定为:“当事人一方因侵权行为或不履行债务而对他方造成损害时应承担补偿对方损失的民事责任。对于权利人来说,损害赔偿是一种重要的保护民事权利的手段;对于义务人来说,它是一种重要的承担民事

责任的方式。”[①]《法学词典》解释为：“致害人或加害人因侵权行为或债务不履行使受害人财产、人身遭受损害而产生的债权、债务关系。”[②]《现代实用民法词典》将侵权损害赔偿之债定义为：“以赔偿损害为标的之债，债权人有请求赔偿其损害的权利，债务人有赔偿损害的义务。损害赔偿之债发生的原因，可分为两类：(1)基于法律的规定，即法定损害赔偿之债，侵权行为及债务不履行均属之。(2)基于保险合同而发生的损害赔偿之债，即约定损害赔偿之债。”[③]我们这里所讲的是法定损害赔偿之债，不包括保险合同的约定损害赔偿之债。从以上三个定义中可以看出，损害赔偿从其内涵来看，它的发生根据有两个：一是侵权行为；二是不履行债务；从其外延来看，它包括两部分：一是侵权损害赔偿；二是违约损害赔偿，这两部分结合在一起，构成了整个民事损害赔偿制度。[④]

既然如此，把由侵权行为发生的侵权损害赔偿叫作损害赔偿，或者叫作损害赔偿之债、损害赔偿民事责任，在逻辑上是把从属关系的两个概念当作同一关系的两个概念来使用，显然是错误的。这就把与侵权损害赔偿平行并存的、由债务不履行所产生的违约损害赔偿挤得无处容身，这显然是不妥的，应当予以纠正。

（二）把侵权损害赔偿叫作侵权行为、侵权民事责任或侵权行为之债并且作为同一概念使用也有不当之处

关于侵权行为，《中国大百科全书·法学》定义为：“因作为或不作为而不法侵害他人财产或人身权利的行为。”[⑤]《法学词典》定义为：“不法侵害他人人身或财产权利而负担民事赔偿责任的行为。”[⑥]从这两个定义中可以看出，侵权行为这一概念，强调的是一种什么样的行为，回答的不是一种法律制度，也不是债的一种形式，即不是一种民事责任方式，而是产生这种制度、这种债或这种民事

---

① 《中国大百科全书·法学》，中国大百科全书出版社1984年版，第571页。

② 《法学词典》（增订版），上海辞书出版社1980年版，第749页。

③ 《现代实用民法词典》，北京出版社1988年版，第315页。

④ 当然也有其他损害赔偿责任，如违反相邻关系造成损害的赔偿责任、缔约过失责任中的损害赔偿责任等。

⑤ 《中国大百科全书·法学》，中国大百科全书出版社1984年版，第472页。

⑥ 《法学词典》（增订版），上海辞书出版社1980年版，第704页。

责任的根据。因此,把侵权行为与侵权损害赔偿等同起来,是不准确的。

侵权民事责任这个概念与侵权损害赔偿不同。侵权损害赔偿是以赔偿损失的方式承担侵权行为的法律后果,它只是侵权民事责任的一种形式,而不是全部形式,因此,这两个概念也不能混同。

侵权行为之债这个概念,除了在形式上稍有不同之外,与侵权民事责任的概念是相同的。侵权损害赔偿之债只是侵权行为之债的一个重要内容。尽管在习惯上都把侵权行为之债看作侵权损害赔偿之债的同义语,但并不正确。

既然如此,在审判实践中,由侵权行为所生的损害赔偿之债,应当称为“侵权损害赔偿”,在具体的文字表现形态上,可以根据强调的方面和使用的场合不同,称作侵权损害赔偿之债、侵权损害赔偿民事责任。它们在实质意义上是同一的,可以交替使用。

二、侵权损害赔偿的特征

侵权损害赔偿作为侵权民事责任的一种,有其自身的法律特征。

(一)侵权损害赔偿是一种债的关系

《民法通则》第84条规定:“债是按照合同的约定或者法律的规定,在当事人之间产生的权利和义务关系。”债是一种财产法律关系,体现的是财产从一个主体移转给另一个主体的移转过程,因此是一种动态的财产关系。债的一方享有请求他方为一定行为或不为一定行为的权利,他方负有满足该项请求的义务。债的主体,就是参与债的法律关系的当事人。在当事人中,有权请求他方为一定行为或不为一定行为的一方是权利主体,称为债权人;负有为一定行为或不为一定行为的义务以满足他方请求的一方是义务主体,称为债务人。债的关系是特定的主体之间的民事法律关系,它的权利主体和义务主体都是特定的。当一项债的关系确立时,不论它的发生根据是什么,它的债务人都已经确定,债权人的请求权只对特定的债务人而不对其他任何人发生效力;同样,债务人也只负有向债权人而不向任何其他人履行特定行为的义务。债的内容,包括债权人享有的权利和债务人承担的义务，即债权和债务。债的内容决定着为一定行为或不为一定行为的具体范围，使之特定化。债权人权利的实现，必须借助于债务人的行为或不行为。债的客体，也叫作债的标的，就是债权人的权利和债务人的义务共同指向的对象。侵权损害赔偿无论是它的主体、内容、客体，还是它的效力，都与债的主体、内容、客体和效力相同。因此，侵权损害赔偿就是一种债的关系，受害人就是债权人，加害人就是债务人，受害人和加害人之间的关系，就是一种债权债务关系。

（二）侵权损害赔偿的发生根据只能是侵权行为

侵权行为是侵权损害赔偿的发生根据。侵权行为是一种违法行为。《民法通则》和《侵权责任法》依据《宪法》的基本精神，明确规定公民、法人依法取得的人身权、物权、债权、知识产权，法律依法予以保护，任何组织或者个人不得侵犯。侵权行为所侵害的“民事权益”，就是包括如上被我国民法所确认的民事权利以及有关的民事利益。例如，侵权行为人损坏了他人合法的私有财产，对他人身体进行殴打使之造成健康的损害，侵害死者的姓名、肖像、名誉、荣誉、隐私以及遗体、遗骨等人格利益等，都构成侵权行为，都是侵权损害赔偿的发生根据。在这一点上，侵权损害赔偿与其他种类之债的发生根据是不同的。因合同所生之债的发生根据，是任何一种民事合同的成立；因不当得利所生之债的发生根据是“没有合法根据，取得不当利益，造成他人损失”；①因无因管理所生之债的发生根据，是“没有法定的或者约定的义务，为避免他人利益受损失进行管理或者服务”。② 可见，债的发生根据，是区分债的类型的客观标准，债依据这一标准，划分为并列的合同之债、不当得利之债、无因管理之债和侵权之债等。而侵权损害赔偿只能由侵权行为所生。

（三）侵权损害赔偿的发生必须是侵权行为造成了损害

侵权行为的程度不同，所造成的后果也不同。轻微的侵权行

---

① 《民法通则》第 92 条。

② 《民法通则》第 93 条。

为,有可能不会造成损害后果。侵权损害赔偿是一种民事财产关系,必须以财产权益为基础。轻微的侵权行为没有造成损害后果,也就不会造成他人的财产损失,因而侵权损害赔偿也就不会发生。只有侵权行为造成了人身上的或者财产上的损害,侵权损害赔偿才会得以产生。对于侵害身体没有造成直接的损害后果的,法律也认为构成了损害,是对身体的侵害,同样具有事实上的损害。

(四)侵权损害赔偿的义务主体履行义务只能是财产上的赔偿

财产的损害,用财产的补足作为赔偿,是无可非议的。对于自然人人身损害的赔偿,也只能采取用财产去补足受害人因人身损害而造成的财产上的损失的办法来赔偿。当然也有抚慰金赔偿问题,这也是财产损害赔偿方法。用同态复仇的方法来补偿人身的损害,只能是野蛮时代的产物,在今天的文明时代,人类是绝不会采用这种方法的。

(五)我国法律将侵权损害赔偿直接规定为责任

从《民法通则》开始,我国法律就将侵权损害赔偿直接规定为责任,而没有将其作为债来规定。在《侵权责任法》中,更是继承《民法通则》的传统,将侵权行为的法律后果直接规定为侵权责任,并且以"侵权责任法"的名称直接命名这部法律,全面构建了我国的侵权责任制度。因此,我国侵权损害赔偿既是债,又是侵权责任,具有双重属性,且以责任性质为主。但仍然不能否认其债的属性,因为侵权损害赔偿在适用法律中,如果《侵权责任法》出现不足,是可以适用债法的相关规定的。

综上所述,我们可以得出如下结论:

侵权损害赔偿是债的一种,也是民事责任的一种,债和责任是属的概念,侵权损害赔偿是债和责任的属概念下的一个种的概念;侵权损害赔偿的发生根据,是行为人非法侵害了受害人合法的人身权利或者私有财产权并且在一般情况下造成了财产上的损失,行为人必须也只能用补偿受害人财产损失的办法进行救济,恢复受害人受到损害的权利。法律确认侵权行为在受害人和加害人之间发生债权债务关系,目的在于保护民事主体的合法权益,维护正常的社会秩序,消除违法行为造成的损害后果;这对于严明法纪,增强人们的遵纪守法观念，预防侵权行为的发生也具有重要意义。同时，也应当看到，侵权损害赔偿的本质特征是债的形式，也是责任的形式，因此，《侵权责任法》专门规定了侵权责任制度。

三、侵权损害赔偿的类型

（一）一般侵权损害赔偿与特殊侵权损害赔偿

按照法律规范的形式划分，侵权损害赔偿可以分为：

1. 一般侵权损害赔偿

一般侵权损害赔偿是最常见的侵权损害赔偿的形态，是依照《侵权责任法》第 6 条第 1 款规定的侵权行为一般条款，适用过错责任原则的一般侵权责任。按照侵权责任构成的要求，它的构成必须具备损害事实、违法行为、损害事实与违法行为之间的因果关系和过错这四个要件，法律将侵权行为一般条款作为一般规定。

2. 特殊侵权损害赔偿

特殊侵权损害赔偿是不适用过错责任原则，而是适用《侵权责任法》第 6 条第 2 款规定的过错推定原则和第 7 条规定的无过错责任原则的侵权损害赔偿。例如，高度危险作业适用无过错责任，它不要求一般侵权损害赔偿责任构成的四个要件，只要具备损害事实、违法行为和因果关系三个要件即构成赔偿责任；建筑物以及建筑物上的悬挂物、搁置物致害责任，适用过错推定原则，尽管其责任构成仍然是损害事实、违法行为、因果关系和过错四个要件，但过错要件实行推定，举证责任倒置。因此，特殊侵权损害赔偿的特殊之处，就在于法律所规定的规范特殊，区别于适用过错责任原则的一般侵权损害赔偿。《侵权责任法》第四章至第十一章规定的侵权损害责任，都是特殊侵权损害赔偿。

（二）普通过错、共同过错、受害人过错和与有过失

按照侵权行为的过错形式划分，侵权损害赔偿可以分为：

1. 普通过错

普通过错即加害人因自己的过错行为致他人损害的侵权损害赔偿，其行为人为一人，自己具有过错，是单一行为主体的一般侵权损害赔偿。这种侵权责任适用《侵权责任法》第 6 条第 1 款

规定。

2. 共同过错

共同过错即共同侵权行为,是加害人为二人或二人以上,因共同故意、过失或者客观上的关联共同而致他人损害的侵权损害赔偿,其责任形态为连带责任。这种侵权责任适用《侵权责任法》第8条至第10条以及第13条和第14条的规定。

3. 受害人过错

受害人过错即损害是由于受害人的过错所引起的,加害人对于损害的发生并无过错的侵权损害赔偿。这种侵权责任适用《侵权责任法》第27条的规定。

4. 与有过失

与有过失以前叫做混合过错,这是原苏联侵权法的概念,不科学。与有过失是指损害的发生或扩大,不仅加害人构成侵权责任,受害人自己也有故意或过失的侵权损害赔偿。这种侵权责任适用《侵权责任法》第26条的规定。

在事实上,实行无过错责任原则的侵权损害赔偿,一般也分为一般侵权损害赔偿、共同侵权损害赔偿、受害人过错的损害赔偿以及与有过失的损害赔偿。

(三)直接侵权损害赔偿和间接侵权损害赔偿

按照侵权行为的不同形式划分,可以分为:

1. 直接侵权损害赔偿

直接侵权损害赔偿即一般侵权行为,因自己的故意或过失,致自己的行为不法侵害他人权利的行为,自己对自己的行为所造成的损害所应承担的赔偿责任。

2. 间接侵权损害赔偿

间接侵权损害赔偿即特殊侵权损害赔偿,是指因为自己的故意或过失,致他人的行为或行为以外的对象不法侵害他人权利,应由与行为人或者致害物有特定关系的人承担的侵权损害赔偿。这种侵权损害赔偿也叫作替代责任或者转承责任。

(四)人身损害赔偿、财产损害赔偿和精神损害赔偿

按照侵权行为侵害的不同对象划分,侵权损害赔偿可以分为:

1. 人身损害赔偿

人身损害赔偿是指侵权行为造成的人身有形损害,是对自然人的身体权、健康权和生命权进行侵害而发生的侵权损害赔偿。这种侵权责任适用《侵权责任法》第6条第1款的规定。

2. 财产损害赔偿

财产损害赔偿是指侵权行为侵害物权、债权、继承权、知识产权等财产权而发生的侵权损害赔偿之债。这种侵权责任适用《侵权责任法》第16条至第18条的规定。

3. 精神损害赔偿

精神损害赔偿是指侵权行为侵害姓名权、名称权、肖像权、名誉权、信用权、荣誉权、人身自由权、隐私权、性自主权以及身份权等精神性人格权造成精神利益的损害,以及侵害自然人身体权、健康权和生命权而造成精神痛苦的损害而发生的侵权损害赔偿,简称为精神损害赔偿。这种侵权责任适用《侵权责任法》第22条的规定。

以上分类,都是为了研究的需要,从不同的角度加以划分的,都有实际意义。本书主要采取的方法是一种综合分类,即按责任形式和过错形式来划分,依照这个划分安排本书的主要章节,仅在"赔偿方法"一章中采取了第四种分类方法。

第二节　侵权损害赔偿与民事责任

在我国《民法通则》中,有关侵权行为的规定放在"民事责任"一章中,并且在该章第一节的"一般规定"中做了5条原则性规定以后,又专设一节"侵权的民事责任"。《侵权责任法》专门规定侵权责任。这就涉及了侵权损害赔偿民事责任与侵权行为民事责任以及一般的民事责任之间的关系。在这一节里,着重说明一般民事责任、侵权民事责任、侵权损害赔偿民事责任这三个概念以及它们之间的关系。

一、一般民事责任

世界各国的民法典,都没有有关“民事责任”的统一规定。这是因为,民事责任与刑事责任有很大的不同。刑事责任有统一的构成条件即犯罪构成要件。而民事责任则比较复杂,构成条件不完全一样。因此,各国民法典都把违约责任放在有关合同的规定之中,把侵权责任放在有关侵权行为的规定之中。例如,《法国民法典》就将违约责任规定在第三卷第三编“契约或合意之债的一般规定”之中,侵权责任则规定在该卷第四编“非因合意而发生的义务”之中。

我国立法机关根据我国的具体国情,为了让民事主体更加明确地知道国家赋予公民和法人保护自己权利的方式,把民事责任集中规定为一章,这无论是对广大人民群众准确掌握这一法律武器,正确运用这一法律武器,还是对人民法院准确适用民事法律,正确处理民事案件,都有好处。但是,随着民事立法的逐渐发展,司法实践经验的不断积累,以及民法理论研究的不断进步,我们发现,《民法通则》采取的将民事责任统一规定的方法并不适当,主要原因就是各种不同的民事责任构成要件各不相同,不容易协调。因此,在制定《合同法》的时候,就在该法中专门规定了合同责任的规则。《侵权责任法》将侵权责任制度专门制定为一部法律,更加强调侵权损害赔偿的重要性和调整职能,是更有意义的做法。

民事责任又叫作民事权利的保护,是指民事主体即公民或法人违反民事义务,侵犯他人民事权利时所必须承担的责任,是民事违法行为必然引起的法律后果。它的特点是:

第一,民事责任是一种法律责任,是违反民事法律的后果。这种责任不是“职责”意义上的责任,而是指违反法律的后果。在这一点上,它与其他法律责任一样,具有相同的性质。民事责任只是在违反民事法律规范时才产生,如果不违反民事法律规范,也就谈不上承担民事责任。民事责任与刑事责任、行政责任一起,构成三位一体的法律责任系统,各自发挥不同的作用,共同实现它们打击敌人、惩罚犯罪、制裁违法、保护公民和法人的合法权益的职能。

第二,民事责任的基础是民事义务,是不履行民事义务的结果。

凡是不履行民事义务(包括法定义务和约定义务)的行为必然是侵犯民事权利的行为,侵犯民事权利的行为必须承担一定的民事责任。反之,没有民事义务这一前提,就不存在民事责任问题。例如,王某强奸一痴呆妇女,该妇女就继续纠缠他,经常找到他要求发生性关系。王某为了摆脱该妇女的纠缠,在一次性关系后,将一块生石灰块塞入该妇女阴道底部,致其溃烂。该妇女的丈夫找王母,要求治疗。王母怕花太多的钱,延误治疗,造成该妇女阴道大部黏连,丧失性功能。王母作为犯罪人的家属,对其子造成他人损害,从道义上来说,应当予以积极治疗,但是,其子为成年人,她就没有法律上的为受害人治疗的义务。既然她没有法律上的民事义务,因此她也就不承担这一损害事实所造成的民事责任。在权利义务产生的问题上,民事责任与其他法律责任不同,即民事义务除了由法律直接规定外,还可由当事人自行约定,而其他的刑事责任和行政责任都不能由当事人自行约定。约定的义务不履行,同样发生民事责任。

第三,民事责任具有强制性。不履行义务的当事人如果不履行其应当承担的义务,权利人可以向法院起诉,请求法院确认其不履行义务所应当承担的民事责任,该民事责任具有法律强制力,人民法院可以依法判决强制执行。这体现了国家以其强制力对公民、法人民事权利的保护。

第四,民事责任一般是以财产责任为特征,但其责任形式不仅仅限于财产责任,也包括非财产责任。《侵权责任法》第 15 条规定了 8 种侵权责任方式,其中的停止侵害,排除妨碍,消除危险,消除影响、恢复名誉,赔礼道歉等,就不是或不完全是财产责任。财产责任和非财产责任一起,共同构成完整的民事责任体系。

民事责任制度是随法律的产生而产生,随社会的发展而发展的。我国的民事责任是一种新型法律制度,是我国民事法律规范的一个重要组成部分。它的目的就在于保护民事权利的行使和民事义务的履行,恢复被破坏的权利,维护市民社会的法律秩序。随着国家对外开放和对内搞活经济政策的贯彻,我国现代化建设的发展,经济流转的继续扩大,大量的民事纠纷会随之产生。因此,制裁侵权行为、违约行为,也是我国民法的一项长期任务,而民事责任制度直接为这一任务服务。

二、侵权民事责任

侵权民事责任是指因行为人侵害公民、法人的人身权利或财产权利造成损害所应当承担的法律后果,是民事法律规范制裁侵权行为,保护公民、法人民事权益的最重要措施之一。

我国的侵权民事责任的特点是:

第一,侵权民事责任的发生根据是侵权行为。法律规定侵权民事责任的目的就在于制裁侵权行为,保护公民、法人的民事权利,恢复被侵权行为破坏了的人身关系或财产关系。

第二,侵权民事责任是民事责任的一部分,它的适用受民事责任一般规定的制约。《民法通则》把侵权责任与违约责任作为民事责任的两个并列形式。《合同法》和《侵权责任法》分别规定了合同责任和侵权责任。

第三,侵权民事责任的承担方式是一个完整的体系,它包括《侵权责任法》第 15 条规定的停止侵害,排除妨碍,消除危险,返还财产,恢复原状,赔偿损失,赔礼道歉,消除影响、恢复名誉等主要形式,而不是单纯指其中的某一种或某几种。

第四,《民法通则》没有将侵权民事责任放在“债权”一节,而是放在“民事责任”一章,并且专门制定《侵权责任法》。但不能就此认为它不是债的一种。《民法通则》关于债权的一般性规定中也包含侵权损害赔偿之债。

三、侵权损害赔偿民事责任

在说明了一般的民事责任和侵权民事责任以后,什么是侵权损害赔偿民事责任就很清楚了。侵权损害赔偿民事责任是一般民事责任的一种,即由侵权行为引起的民事责任的一种具体的责任形式,以赔偿损失为其标志,不是侵权民事责任的全部,而只是侵权民事责任的一种形式。

侵权损害赔偿民事责任是侵权民事责任的基本的、主要的责任形式。侵权行为造成损害事实,就应当予以赔偿,它既是一种民事义务,也是一种民事责任。传统民法理论认为,侵权行为造成损害,当事人之间即发生权利义务关系,加害人的赔偿损失首先是一种义务,只有当这种义务不履行时,才应当负赔偿责任。由于《民法通则》把侵权行为直接规定在民事责任之中,《侵权责任法》专门规定侵权责任,侵权行为的民事义务和民事责任已经很难区分。不过,这两种形式还是可以区分的,例如,当诉讼时效期满时,义务与责任的区别便清楚了,赔偿作为责任已经消失,因为法院不能再判决强制执行了;但赔偿作为义务则不因诉讼时效期满而消失,"当事人自愿履行的,不受诉讼时效限制"。[①] 其实,在侵权行为中,赔偿损失既是民事义务,又是民事责任,是民事责任与民事义务的重合。赔偿损失是侵权行为之债的一个通常的民事义务,也是侵权民事责任的最主要、最基本的形式。

侵权损害赔偿民事责任并不排斥其他侵权民事责任形式的同时承担。《侵权责任法》第 4 条第 1 款规定:"侵权人因同一行为应当承担行政责任或者刑事责任的,不影响依法承担侵权责任。"人民法院可以根据案件的具体情况,对侵权损害赔偿的侵权人单独或并用上述民事责任方式。

第三节 侵权损害赔偿与其他债的关系

一、侵权损害赔偿与违约损害赔偿的关系

在我国民事法律规定的民事责任中,还有因合同不履行的民事责任。《合同法》第七章对违约损害赔偿责任也做了明确规定。这种合同义务不履行的民事责任,同样也包括损害赔偿,即违约损害赔偿。早在古罗马,法律就将损害赔偿之债分成两种:一是原始的赔偿之债,也就是在债成立之初,就以损害赔偿为标的,即侵权损害赔偿之债;二是传来的赔偿之债,如债务人违反给付本旨而发生的

① 《民法通则》第 138 条。

债,即违约损害赔偿之债。[①] 可见,这种划分是有其历史渊源的。

违约损害赔偿,是指由债务人不履行债务作为债的发生根据而产生的债务人必须向债权人赔偿由此而造成的财产损失的一种债权债务关系。例如,在建设工程承包合同中,发包方未按合同规定的时间和要求提供建筑材料、设备、场地、资金、技术资料等,从而造成承包方停工、窝工时,应当负责赔偿由此而产生的经济损失。

侵权损害赔偿与违约损害赔偿之间的共同之处是显而易见的。它们都是债的同一个类型,都是损害赔偿之债。就其性质来说,它们都具有明显的补偿性质,是一种救济损害的方法,主要是以补偿受害人所遭受的损害实现了救济的目的;同时又都具有制裁的性质。就其主要的构成要件来说,侵权损害赔偿与违约损害赔偿也是基本相同的。在归责原则上,二者都以过错责任原则作为基本依据。

但是,侵权损害赔偿与违约损害赔偿之间的不同之处也是很明显的,主要表现在:

第一,二者的发生根据不同。侵权损害赔偿的发生根据是侵权行为人的侵权行为,违约损害赔偿的发生根据是债务人不履行债务。

第二,二者债权债务关系发生的时间不同。侵权损害赔偿是侵权行为发生在前,债权债务关系发生在后,双方当事人之间是因为侵权行为的发生才因此产生债权债务关系,没有侵权行为的发生就没有当事人间的损害赔偿关系。违约损害赔偿当事人之间的债权债务关系则发生在前,而不履行债务的违约行为发生在后。因此,违约损害赔偿是二次发生的请求权。

第三,赔偿范围不同。侵害财产权利的,应当用相当价值的实物或金钱赔偿,如果受害人因此遭受其他重大损失,加害人还应当赔偿损失;非法侵害他人身体健康造成残疾或者死亡的,应当赔偿由此而造成的财产损失;非法侵害公民、法人的人格权的,在要求停止侵害,消除影响、恢复名誉,赔礼道歉的同时,也可以要求赔偿损

---

① 周枏主编:《罗马法》,群众出版社1985年版,第220页。

失。在违约损害赔偿中,通常依当事人的预先约定,虽然赔偿责任应当相当于另一方因此所遭受的损失,但是不得超过订立合同时应当预见到的因违反合同可能造成的损失。前者通常以实际造成的损失为限,后者则不一定必须以所造成的实际损失为限。

第四,举证责任不同。侵权损害赔偿的举证责任通常在受害人,由债权人证明债务人的过错,加害人在一般情况下不负举证责任。违约损害赔偿的举证责任在债务人,债务人不履行债务时,就推定债务人有过错,因此,债务人负有举证责任以证明自己无过错,债权人不负举证责任。

综上所述,侵权损害赔偿与违约损害赔偿既有相同之处,又有不同之处。它们的关系,是同一属概念中的两种不同的种概念。作为同一属的概念,它们都是损害赔偿之债,都是一种民事责任形式;作为两种不同的种概念,它们又是并列的两种不同的损害赔偿之债,两种不同的民事责任形式。注意把握它们之间的联系和区别,在司法实践中有其实际意义。审理侵权损害赔偿纠纷和违约损害赔偿纠纷所适用的法律不同:违约损害赔偿适用《合同法》第七章的规定;而侵权损害赔偿则适用《侵权责任法》的规定。

二、侵权损害赔偿与其他几种债的区别

债基于发生根据即法律事实的不同,具有多种形式。侵权损害赔偿与不当得利之债和无因管理之债很相似,因此,要把侵权损害赔偿与其他类型的债不只在理论上区别开,而且在实践中区别开来,对正确适用民事法律,妥善地处理民事纠纷是十分重要的。

(一)侵权损害赔偿与不当得利之债的区别

不当得利,是指没有法律、合同上的根据,或者虽有根据后来却已消失,损害他人利益而获得的利益。《民法通则》第 92 条规定:“没有合法根据,取得不当利益,造成他人损失的,应当将取得的不当利益返还受损失的人。”

不当得利的法律事实发生后,不当得利理应返还利益所有人,于是不当得利者与利益所有人之间发生债的关系,利益所有人(受损失人)有向不当得利者请求返还不当得利的权利;不当得利者负

有将不当得利返还给利益所有人的义务。不当得利虽然是在损害利益所有人利益的情况下获得利益,但这种法律事实的产生,并不是不当得利者的违法行为所造成的,通常是由于误解或第三人的过错造成的。例如,某甲从外地托某乙将5斤木耳捎给某丙,某乙记错了人,将5斤木耳交给了与某丙同一单位的某丁,某丁平时与某甲的关系也不错,某丁误认为这5斤木耳是某甲捎给他的,他就收下了。某丁收木耳就是不当得利,他应将不应当得到的木耳返还给利益所有人某丙。但某丁主观上并没有过错,因此,这一行为不应受到制裁。假如某丁明知某甲不会给自己木耳,却利用某乙的失误而获取不应得的东西,则属于明知故犯,不能认为是不当得利,而是属于致人损害,应负损害赔偿责任。

侵权损害与不当得利,都是基于当事人一方(单方)行为所生之债,在与单方行为有关的当事人之间发生一定的权利义务关系。但二者行为发生根据的法律事实是不一样的,其性质也不同。二者之间的区别在于:

第一,行为人的主观方面不同。侵权损害是由于当事人一方(单方)主观上的过错行为,造成致人损害的后果;不当得利虽然有损于他人而自己获得利益,但不当得利一方的行为并非主观上的过错,而往往是由于误解或第三人的过错所造成的。如果行为人通过自己的过错行为致人损害,而使自己获得利益时,则不能认为是不当得利,而属于致人损害。

第二,利益状况不同。侵权损害与不当得利,都能致人遭受经济损失,但通常情况下侵权行为人不但得不到利益,而且当给人造成损害后果时还应赔偿其损失;而不当得利的构成以获得不应得的利益为前提,当利益所有人要求不当得利人返还不当得利时,不当得利行为人并未受到财产上的损失,实际上是以恢复原状方法,把已经发生的不合理、不正常的财产关系纠正过来。

第三,承担的责任形式不同。侵权行为是违法行为,依法责令加害人负民事赔偿义务,实际上这是对加害人违法行为的一种制裁;而不当得利者负返还不当得利的义务,不是法律上的制裁,因为他主观上没有过错。

第四,诉讼请求内容不同。因侵权损害赔偿提起的诉讼,是受害人请求侵权行为人赔偿给他造成财产上的全部损失;对不当得利提起的诉讼,应由利益所有人请求不当得利者返还不当得利的部分。如果把二者不同的诉讼内容混淆了,就不能保护受害人的合法财产权利。例如,周某的一台手扶拖拉机被张某非法侵占,张某又以2000元卖给了郑某,郑某在使用时肇事,将拖拉机毁损报废。这台拖拉机的实际价值是3500元。当周某与张某为这台拖拉机发生纠纷时,如果对这一案件按不当得利处理,法院只能判令张某返还给周某2000元,结果周某的实际损失(3500元)不能得到全部补偿。这一案件应提起侵权损害赔偿诉讼,因为张某侵占周某一台拖拉机的行为本身是侵犯他人财产权利的违法行为,应对其追究民事赔偿责任,令其赔偿3500元。

(二)侵权损害赔偿与无因管理之债的区别

无因管理,是指没有法律上的根据,既未受委托,也没有法律规定的义务,自愿地为他人管理事务的行为。《民法通则》第93条规定:“没有法定的或者约定的义务,为避免他人利益受损失进行的管理或者服务的,有权要求受益人偿付由此而支出的必要费用。”

无因管理,通常是一种乐于助人的表现,应当受到法律的承认。因此,它是一种单方的合法行为,是债的发生根据之一。无因管理法律事实一经发生,即在管理人与财产所有人之间发生一定的权利义务关系。管理人应像管理自己的事务和财产那样尽心管理,并应及时通知或寻找财产所有人,也有请求补偿为了管理事务或财物所支出的必要费用的权利;财产所有人负有向管理人支付必要的补偿费用,或因管理事务或财产而遭受的财产上的损失的义务。

侵权损害赔偿与无因管理之债,都属于单方行为所发生之债。二者之间的区别在于:

第一,行为的性质不同。侵权损害是损害他人人身权利或财产权利的违法行为,主观上有过错;而无因管理是专为他人的自觉行动,既不是违法行为,又没有主观上的过错。前者是法律所制止的行为,后者不但受到法律上的承认,而且是值得推崇和提倡的行为。

第二,行为的后果不同。侵权行为致人人身或者财产损失;无因管理则管理人的行为只能是有益于受益人,而不能使受益人受到损失,如果没有管理人代为受益人管理,可能使受益人遭受损失。如果管理人出于私利,并采取有损于受益人利益的管理方法,致受益人遭受损失的,则不属于无因管理,不能得到法律上的承认,而应对其造成的损害负赔偿责任。

第三,诉讼请求的内容和后果不同。侵权行为的受害人有权向侵权行为人请求赔偿因遭受侵害而造成的全部财产损失,加害人应承担民事赔偿责任,这是对加害人的法律制裁;而无因管理的诉讼,管理人只能请求补偿为了管理事务或财产所支出的必要的费用,受益人应向管理人补偿该项费用。这一调整的目的是对管理人的合法权益和为他人积极服务的精神的保护和鼓励,不存在法律制裁的问题。

第四节 侵权损害赔偿在我国民法中的地位和意义

一、侵权损害赔偿在我国民法中的地位

我国民事立法重视建立侵权损害赔偿制度。在革命战争中,就要求人民军队严格执行"损坏东西要赔"的规定。在人民民主政权的法规中也有赔偿损失的规定,例如,《陕甘宁边区民间案件调解条例》《关东地区行政村(坊)调解暂行条例草案》都有专门的规定。1949年之后,我国从实际情况出发,陆续颁布了一些有关侵权损害赔偿的法规,如1979年的《火车与其他车辆和铁路路外人员伤亡事故的处理暂行规定》《关于损坏通信线路赔偿损失的规定》等。最高人民法院在《关于贯彻执行民事政策法令的意见》中,对侵权损害赔偿做了具体规定。1982年《宪法》第41条第3款规定"由于国家机关和国家工作人员侵犯公民权利而受到损失的人,有依照法律规定取得赔偿的权利",将侵权损害赔偿提高到宪法原则,这对克服国家干部的违法乱纪,切实保护公民的合法权利,具有重要作用。1986年4月12日全国人民代表大会通过《民法通则》,在"民事责任"一章,集中规定了我国的侵权损害赔偿制度,形成了比较严密的

体系，既符合我国现阶段的实际情况，又具有我国特色，具有重要的理论意义和实践意义，必将大大加强民事责任，使民事权利得到有效的保护。20 年来，最高人民法院制定了很多侵权损害赔偿的司法解释，补充了立法的不足，在司法实践中起到了重要的作用。目前，《侵权责任法》已经通过，对于保护民事主体的民事权利，维护市民社会正常秩序，加速现代化建设，具有重要的意义。

在我国民法体系中，侵权损害赔偿占有重要的地位，主要表现在以下两点：

（一）从理论上看侵权损害赔偿的重要地位

《民法通则》第 2 条规定："中华人民共和国民法调整平等主体的公民之间、法人之间、公民和法人之间的财产关系和人身关系。"财产关系是指人们在物质资料生产、分配、交换和消费过程中形成的经济关系。财产关系内容广泛，民法只调整其中的特定部分，即财产所有关系和交换关系。前者指主体之间因占有、使用、收益和处分生产资料和消费资料而发生的关系，在法律上反映为所有权关系；后者指主体之间因交换劳动成果而发生的关系，在法律上反映为债的关系，以及著作权、发明权、专利权、商标权等知识产权关系。人身关系是指没有财产内容而具有人身属性的社会关系，在法律上表现为自然人的生命、健康、身体、姓名、肖像、名誉、荣誉、人身自由、隐私和法人的名称、名誉、荣誉等权利。人身关系虽然没有财产内容，却往往与民法所调整的财产关系有着密切的联系而成为财产关系的前提，侵害生命权、健康权、身体权，受害人会造成财产上的损失。因此，对于人身权的侵害会造成财产的损害。因此，"公民的名誉权、肖像权、生命健康权、法人的名称权、名誉权等，不仅受刑法的保护，而且也应受民法的保护"。[①]《侵权责任法》第 2 条也明确规定："侵害民事权益，应当依照本法承担侵权责任。本法所称民事权益，包括生命权、健康权、姓名权、名誉权、荣誉权、肖像权、隐私权、婚姻自主权、监护权、所有权、用益物权、担保物权、著作权、专利

① 王汉斌：《关于〈中华人民共和国民法通则（草案）〉的说明》，载《中国法制报》1986 年 4 月 4 日第 2 版。

权、商标专用权、发现权、股权、继承权等人身、财产权益。”

因此,我国民法最基本的内容,包括权利主体制度、所有权制度、债及合同制度三位一体的内容体系。在这三个最基本的内容中,债及合同关系要比所有权关系丰富得多、复杂得多。在前面我们说过,侵权损害赔偿,即因侵权行为所生的债,是债的一种,这种因人身权、财产权受他人不法侵害而产生的民事权利义务关系,并不属于商品关系,而且这种行为还可能同时引起多种法律关系,如刑法的关系、行政法的关系等。但是,由于对这种行为所引起的赔偿,无论是财产损害的赔偿,还是人身损害的赔偿,不但采取经济的形式赔偿,而且是按民法的平等、自愿、公平、等价有偿、诚实信用原则处理的,具有债的全部特征。因此,在我国民法理论中,侵权损害赔偿作为债的一个内容,占据重要的地位。近年来有些学者认为,这种传统的观点“与社会主义侵权法之立法要旨相抵触”,“可以参照捷克斯洛伐克民法典和德意志民主共和国民法典的办法,把侵权法从债法中分离出来单独作为民法典的一编或一个独立部分”①,这些看法不无道理。

在《民法通则》中,属于侵权损害赔偿的这一部分内容,是作为“侵权责任”放在“民事责任”这一章的。这种安排体例比较少见。这是因为民法牵涉范围广泛、复杂,新经济体制又刚开始,还缺乏经验,还不具备制定完整的民法典的条件。除了已经制定的单行民事法律外,就民事活动中具有共同性的权利主体地位、民事法律行为、民事代理、民事权利、民事责任、时效等问题所制定的《民法通则》,既不是完整的民法典,又不是民法总则。侵权损害赔偿作为超出民法总则内容的部分,又是迫切需要的,既不能等待将来再行立法,又不能在通则这种形式下单独加以规定,因此,只能以目前这种形式做出规定,以应急需,况且内容还是完整的。我们在 1988 年提出,在将来的《中华人民共和国民法典》中,应当将侵权法作为单独的一章,做出更为详细、完备的规定。这样,侵权损害赔偿在民法中的地位将更为重要。今天看来,《侵权责任法》已经将侵权法单独制定,

---

① 梁慧星:《试论侵权法》,载《法学研究》1981 年第 2 期。

将来作为民法典分创的一编。可以说,20 年前我的这个宏大愿望已经实现了。

(二)从实践上看侵权损害赔偿的重要地位

在人民法院审理的民事案件和人民调解组织处理的民事纠纷中,侵权损害赔偿纠纷都占有重要的地位。在人民法院受理的民事诉讼案件中,除了历来居首位的婚姻纠纷案件外,侵权损害赔偿纠纷占据重要的地位。

历史上,在一个由行政公署管辖的 320 万人口的地区中,从 1980 年至 1984 年 5 年时间里,两级人民法院受理初审民事案件共 17,140 件,其中侵权损害赔偿案件 4648 件,占 27.1%;婚姻纠纷案件 7150 件,占 41.7%;侵权损害赔偿案件的收案数仅次于婚姻纠纷案件的收案数,居第二位。人民调解组织处理的民事纠纷也基本上是这种情况。同是这个地区,1984 年 1 年共调解各类民事纠纷 24,516 件,其中侵权损害赔偿纠纷 3113 件,占12.7%;婚姻纠纷 9109 件,占37.2%;两类案件占整个纠纷的一半;侵权损害赔偿纠纷仍然居第二位。近年来,债务案件急剧上升,跃居第二位,但侵权损害赔偿纠纷的绝对数并没有减少,而是呈上升趋势,其中侵害人身权尤其是精神性人格权的案件,以及财产损害特别是生产资料的损害赔偿案件上升显著。

下面是全国法院最近五年的统计数字:2003 年,全国法院受理一审民事案件 4,410,236 件,审结 4,416,168 件,其中权属侵权案件受理 879,723 件,审结 880,408 件,分别占 19.94% 和 19.92%;2004 年受理一审民事案件 4,332,727 件,审结 4,303,744 件,其中侵权案件受理 923,516 件,审结 907,508 件,分别占 21.32% 和 21.09%;2005 年受理一审民事案件 4,380,095 件,审结 4,360,184 件,其中侵权案件受理 981,400 件,审结 972,075 件,分别占 22.41% 和 22.29%;2006 年受理一审民事案件 4,385,732 件,审结 4,382,407 件,其中侵权案件受理 985,147 件,审结 986,082 件,分别占 22.46% 和 22.50%;2007 年受理一审民事案件 4,724,440 件,审结 4,682,737 件,其中侵权案件受理和审结首次超过百万件大关,受理 1,039,893 件,审结 1,026,223 件,分别占 22.01% 和

21.92%。5 年中,共受理一审民事案件 22,233,230 件,审结 22,145,240件,其中侵权案件受理 4,509,679 件,审结 4,772,296 件,分别占 20.28% 和 21.55%。

这些统计数字说明,在我国法院当前受理和审结的各类民事纠纷中,侵权损害赔偿纠纷是大量的,有着重大的影响。依法制裁侵权行为,保护民事主体的民事权利和利益,仍然是摆在侵权法面前的一项重要任务。因此,我国民法把对侵权损害赔偿纠纷的调整放在整个体系中的重要而显著的地位上,完全是应该的。

二、我国侵权损害赔偿的特征

我国当代的侵权损害赔偿具有以下四个方面特征:

(一)侵权损害赔偿民事责任是一种法律制裁

侵权损害赔偿的民事责任,是法律责令侵害社会公共利益和自然人、法人合法的人身权利或财产权利的行为人所承担的法律后果。这是民法制裁侵权行为的重要手段和方法,即运用加害人赔偿受害人财产损失的方法,有效地保护自然人的人身权利,保护国家、集体和个人的财产权利,并教育群众遵守法律,预防侵权行为的发生。

在行政法范畴,有因违反行政规定而受到的纪律处分,例如,职工违反劳动纪律须承担警告、严重警告、记过、记大过、留厂察看、开除公职等纪律处分后果。这是违反劳动纪律的行政责任。侵权损害赔偿与这种违反行政规定受到的行政制裁是不同的,体现在:一是性质不同。侵权损害赔偿行为触犯的是国家民事法律,承担的是民事责任;违反行政规定的行为人违反的是国家行政制度的规定,承担的纪律处分是行政责任。二是处理程序不同。侵权损害赔偿依照法律规定的诉讼程序处理;行政纪律处分是依照行政程序处理。三是处理结果不同。处理以后,侵权损害赔偿不因违法行为人对违法行为的认识状况而改变,无论认识如何,均以实际损失作为赔偿的范围;行政纪律处分则以因受处分人对错误的认识提高,改变或撤销原来的处分。

（二）侵权损害赔偿民事责任是一种财产责任

民事责任用调整财产关系的方法，即让义务人承担财产责任，以调整平等主体之间的人身关系和财产关系。侵权损害赔偿民事责任就是这种财产责任，即用赔偿受害人财产损失的方法，达到制裁侵权行为、预防侵权行为发生的目的，不能像刑事责任那样，让行为人承受剥夺人身自由等人身惩罚的方法。

侵权损害赔偿责任与刑事责任的主要区别是：第一，承担责任方法不同。刑事制裁主要以刑罚为手段，它是以剥夺人身权利为标志，如剥夺人身自由权利、政治权利甚至生命权利。这种制裁方法虽然也有罚金和没收财产这样的经济手段，但这只是起到辅助的制裁作用，属于附加刑，而且是纯粹的惩罚性质。而侵权损害赔偿这种制裁只是民事制裁，它的主要手段是经济制裁，就其性质来说，是赔偿兼惩罚性质，而且是以赔偿为主的。第二，强制程度不同。刑事制裁由司法机关判决后必须执行。而民事制裁允许当事人在不违反法律规范和社会道德准则的条件下，可以自行协商，可以由他人给予调解，受害人也可以放弃要求对方赔偿损害的权利。第三，处理原则不同。民事制裁是根据等价赔偿的原则，其赔偿金额相当于受害人实际损失的数额。而刑事制裁是根据罪刑相适应原则，即根据犯罪人罪行的严重程度决定所承担的刑罚。即使在科处罚金、没收财产等附加刑的时候，也是根据罪行的大小来决定，不受损失数额的限制。第四，财产归属不同。民事赔偿的金额全部用以弥补遭受的财产损失，给付受害人。而刑事制裁中的罚金和没收财产，都要全部上缴国库，归国家所有。

侵权损害赔偿这种民事制裁手段，不能与其他制裁方法混淆。在处理侵权损害赔偿纠纷时，对于加害人不能用刑事制裁来代替这种民事制裁手段。有的法官对民事责任和刑事责任的界限认识不清，或者一时感情冲动便以拘押被告的办法作为民事制裁的手段，或者是认为民事制裁不如刑事制裁来得痛快，而随意将民事案件作为刑事案件处理，以刑罚方法加以制裁。这不仅违背了民事责任只限于财产责任的原则，而且也侵犯了民事被告人的人身权利，不适当地扩大了刑罚的适用范围。就是对于罚金等刑罚，也只能严格依照法律,根据具体情节,或者单独适用,或者兼而用之。

(三)侵权损害赔偿民事责任是针对侵权行为而设立的法律手段

侵权损害赔偿民事责任这种财产责任,与其他民事责任有相同之处,但它是针对侵权行为专门设立的法律责任,它具有自己的特征:第一,侵权损害赔偿的当事人之间在侵权损害发生之前,并不存在相对的权利义务关系,只是由于一方的侵权行为才发生了损害赔偿的债权债务关系。第二,侵权损害侵犯的是人身权利、财产权利的绝对权利,以及其他法律所保护的民事利益。第三,构成侵权行为的前提,必须有加害人造成的损害事实。法律规定侵权损害赔偿民事责任,正是根据这些特征而设立的区别于其他民事责任如违约责任的法律手段。因此,处理侵权损害赔偿民事案件,必须根据民法有关侵权民事责任的专门规定,而不能滥用其他规定,例如,不能因为侵权损害赔偿是债的一种而适用其他债的法律规定。

(四)我国侵权损害赔偿设有优先权保障

《侵权责任法》第4条第2款规定了侵权请求权优先权保障制度,即"因同一行为应当承担侵权责任和行政责任、刑事责任,侵权人的财产不足以支付的,先承担侵权责任"。侵权请求权优先权是指被侵权人依法享有的,就造成其损害的侵权人的总财产承担损害赔偿责任,优先于侵权人应当承担的财产性质的行政责任和刑事责任而优先受清偿的担保物权。侵权损害赔偿请求权有了优先权保障,就有了私权优先的理念,就有了对抗刑事责任、行政责任的法律根据,使侵权损害赔偿请求权得到担保物权的保障,保证受害人的损害能够及时得到救济。

三、正确处理侵权损害赔偿纠纷的重要意义

近年来,人民法院受理的侵权损害赔偿案件不断上升。在绝大多数人民法院的初审民事案件中,侵权损害赔偿案件的绝对收案数持续上升。据我们调查的结果,某地区所辖10个基层人民法院除个别年份绝对收案数比较低以外,从总体上讲,侵权损害赔偿案件的收案量都是一年比一年高。在人民法院受理的侵权损害赔偿案

件中，还有另外一个明显的特点，也就是说，由于侵害人身权利而引起的损害赔偿占多数，其次才是侵犯财产权利的损害赔偿。在社会上，侵权行为所造成的损害，多数是由打架斗殴等故意致他人人身损害的违法行为造成的。这类纠纷，尽管斗殴程度不十分严重，但对社会治安影响很大，破坏安定团结的局面，妨碍现代化建设和改革的顺利进行，影响人民内部团结。处理不好，还可能引起矛盾激化。

侵权损害赔偿纠纷与社会治安有密切的关系。“十年动乱”，法纪败坏，一大批群众特别是其中的青少年，目无法纪，为一点小事就动手动脚，损害他人的健康；有的工作不负责任，随心所欲，造成责任事故，损害他人的生命和健康；有的无中生有，诽谤侮辱，侵害他人名誉，等等。社会治安的不稳定，助长了侵权行为的滋长；侵权行为的大量发生，又增加了社会治安的不稳定因素。1983 年下半年，严厉打击刑事犯罪分子斗争开展以来，治安形势大大好转，人身损害赔偿案件大幅度下降，引起整个侵权赔偿案件收案数的下降，上述的 10 个基层人民法院 1983 年上半年收此类案件 460 件，下半年收 380 件，下降 18.1%。近年来，由于工作重点已经转移到经济建设方面来，特别是改革开放以来，国家出现了从未有过的活跃局面，因此，运用民法手段对财产关系调整的任务显得越来越重要，侵权损害赔偿案件中的侵犯财产权利的纠纷所占比重越来越大。一些不法分子为图私利，侵犯他人财产权利，将他人财产据为己有，或者为报复而毁坏他人财物。在个体户、承包户之间，因财产的互相使用，也不断发生纠纷。侵犯商标权、著作权的纠纷也不断出现。预计这种趋势将继续保持下去并有所发展，因而侵权法在社会主义现代化建设和改革中发挥的作用将会更加广泛，更加重要。

正确处理侵权损害赔偿案件具有以下重要意义：

第一，有效地保护民事主体的人身权利和财产权利，有利于国家建设和改革的顺利进行。完善侵权损害赔偿制度，运用民事赔偿手段补偿受害人的损失，就可以使民事主体的人身权利和财产权利得到法律保障。特别是在改革中，有些人无视国家法律，侵犯“两户一体”的合法权益。运用侵权损害赔偿民事责任这个法律武器，坚决维护改革的胜利成果,促进两个文明建设,是民事审判工作的重要任务,应当予以充分的重视。

第二,有效地制裁民事违法,促进社会治安的综合治理。侵权损害赔偿民事责任既然是一种法律制裁手段,就有惩罚作用。它与刑罚的、行政的法律制裁手段一起,构成法制系统中制裁违法行为手段的子系统,在综合治理的宏大系统工程中共同发挥作用。凡属违法侵害人身、毁损财物尚不构成刑事犯罪的行为,尽管不必追究刑事责任,但也具有一定的社会危害性和危险性,应当用侵权损害赔偿的手段加以制裁。这样一来,有利于巩固社会治安的综合治理成果,能够为促进社会治安的稳定好转发挥更大的作用。

第三,有效地教育公民自觉守法,提高法治观念。侵权损害赔偿具有教育职能和预防职能。这种教育和预防职能是通过影响加害人的财产的方式,教育本人和其他人尊重他人的人身权利和财产权利,养成爱惜他人的物质与非物质财富的习惯,通过财产责任来约束侵权行为,预防侵权行为的发生。运用好典型案例,能够扩大法治宣传,扩大办案的社会效果,更好地发挥《侵权责任法》的教育作用和预防作用。

第二章　侵权损害赔偿的历史发展

侵权损害赔偿法律制度具有久远的历史源流，这在中国和外国都是一样的。研究侵权损害赔偿制度的历史沿革，掌握不同时期侵权损害赔偿制度的不同特点，对进一步把握侵权损害赔偿制度的形成原因、立法宗旨以及基本内容和基本职能作用，更好地运用侵权损害赔偿法律手段，制裁侵权行为，保护民事主体的合法民事权益，具有重要的意义。

第一节　国外的侵权损害赔偿的历史

按照通常的说法，侵权损害赔偿源于古罗马法。但是，迄今发现的比罗马法更为古老的法律，已经有关于侵权行为的法律规定。例如，四千多年以前，两河流域的乌尔第三王朝（约公元前2113～公元前2006年）统治时期，制定了现在所知道的历史上最早的一部成文法典——《乌尔纳姆法典》。这部法典的条文证明，在当时的立法中已经采用罚金赔款的方式赔偿由侵权行为造成的损害。约公元前20世纪的《苏美尔法典》中，就有关于“殴打自由民之女,致堕其身内之物者,应赔偿银三分之一明那”[①]的规定。公元前18世纪的《汉穆拉比法典》,也都有侵权行为依法赔偿的明文规定。由此可见,成文的侵权法的历史至少可以追溯到四千年以前,而习惯法的历史则更为久远。

侵权损害赔偿的历史,可以大致划分为三个时期:习惯法时期、古代成文法时期和现代法时期。

一、习惯法时期

最早的侵权损害赔偿是以受害人及其血亲对加害人进行同态复仇的方式来解决,习惯法主要表现为私人复仇制度。它的使命是解决部族成员之间的矛盾和冲突。

在人类社会初期,对个人所实施的侵害行为,只是引起受害人及其血亲的复仇。所谓复仇,是指习惯法时期,当个人遭受他人侵害时所采用的一种自力救济方式,也就是以私人的力量自为救济,以排除他人的侵害,由此以维持社会的秩序。复仇制度分为两种,一种是对外的血族复仇,这是基于“血族连带责任”的观念,其表现是,被害人的血族对杀人者的血族,采用集团方式,举行血斗。例如,在美洲的易洛魁人氏族的习惯中,如果一个氏族成员被外族人杀害了,被害者的氏族就指定一个或几个复仇者去寻找行凶者,把他杀死。在古希腊氏族的习惯中,规定氏族内部在受到侵害时,负有提供帮助、保护和支援的相互义务;胞族在其成员被害时有追究的权利和义务。可见,不但是氏族,就是“胞族也有血族复仇的义务”。[②] 这种习惯或者习惯法保护血亲复仇的权利和义务。这种血亲复仇制度规定,复仇必须公开进行,或者以某种方式使人明白为何实施复仇,秘密进行是不许可的。有的还规定,复仇者在杀人之后,必须将杀人凶器留置死者身上,以证明复仇者的行为。另一种是对内的个人复仇,一般采用宗教方式,对于被复仇者,宣布剥夺其一切权利,视同禽兽,人人得而诛之。同态复仇制度是人类野蛮时

① 转引自《外国法制史资料汇编》(上册),北京大学出版社1982年版,第1~2页。

② 恩格斯:《马克思恩格斯选集》(第四卷),人民出版社1995年版,第99页。

期对待侵害他人权利的一种残酷的复仇方法，这种方法不利于社会的安定和经济的发展。

随着人类社会的进步，逐渐产生了一种用损害赔偿代替同态复仇的变通办法。受害者一方有权自由选择，或者放弃复仇的权利而接受赔偿，或者拒绝接受赔偿而坚持实行复仇。最初，损害赔偿是由加害人向受害人或者受害人的血族支付若干匹马或其他牲畜。赔偿的数额不是由法律规定，而是由当事者双方协商确定。这便是侵权损害赔偿的最初阶段。这种赔偿形式，减少了不必要的人身损害，有利于社会的安定，有利于经济的发展，反映了时代的进步。但是，严格地说，这个阶段的侵权损害赔偿并不是真正为了填补受害人的损失；从某种意义上来说，而是加害人对于受害人放弃复仇权利所给予的报偿。但是，这无疑是个很大的进步，它奠定了侵权损害赔偿制度的基础。这一时期，通常称作自由赔偿时期。

随后，开始了强制赔偿时期。开始，除对于杀人等重大侵害，复仇人可以选择赔偿或者复仇外，对于其他轻微侵害，均强制以赔偿代替，不得复仇。后来，则根本禁止复仇，强制赔偿，并依被害的种类、程度等情节，规定赔偿金额。

二、古代成文法时期

在古代成文法时期，侵权损害赔偿并没有单行的成文法加以规定，而是散见于各国的成文法典之中。法律禁止私人复仇，而赋予受害人及其家属要求损害赔偿的请求权。法律规定一些最重要的侵权行为，并规定损害赔偿的金额和计算标准。这些法律规范担负着保护公民人身权利和财产权利，维护社会秩序的重要任务，它表现为国家实行强制干预，废止私人复仇制度，确立侵权损害赔偿制度。

在起初的古代成文法中，对于侵犯财产权利造成的损害，确定以财产的方法赔偿。例如，《汉穆拉比法典》规定了因疏忽而致他人田地被水淹没，践踏他人庄稼，偷砍他人树木各应赔偿多少粮食或银子。《亚奎利亚法》规定了侵权行为赔偿责任的计算标准：杀他人四足家畜者，以该家畜最后一年内的最高价格为赔偿标准；毁损则以该物最初30日内之最高价格为赔偿标准。《苏美尔法典》规定:"倘牛伤害栏中之牛,则应以牛还牛。"[①]这里不但有财产损失以财产方法偿还的意思,而且还有动物致人损害由动物的主人赔偿的意思。对于人身权利的损害,一方面规定可以用财产的方法赔偿,另一方面还规定可以用同态复仇的方式进行。例如,《汉穆拉比法典》第206条规定:"倘自由民在争执中殴打自由民而使之受伤,则此自由民应发誓云:'吾非故意致之',并赔偿医药费。"第207条规定:"倘此人因被殴而死,则彼应宣誓,如(死者)为自由民之子,则应赔银二分之一明那。"[②]一明那约半公斤。过失致自由民死亡,赔银四分之一公斤;殴打致伤自由民,赔偿医药费。这些规定显示了一定的公平性和合理性的因素。但是,同一法典还在许多条款中有同态复仇的规定。例如,第196条规定:"倘自由民损毁任何自由民之子眼,则应毁其眼。"[③]在古罗马的《十二铜表法》中,也同样存在这种矛盾的情况。例如,该法第八表中多数条文规定了用财产赔偿损失的方法,但在第2条中又规定:"毁伤他人肢体而不能和解的,他人亦得依同态复仇而毁其肢体。"[④]这种矛盾性的规定,反映了新旧法律规范的矛盾。由于当时的成文法既是以前的习惯法的记录,又是新的生产力的代表者的某些意志的表现,因此,产生了新旧规范不协调,法规有时相互矛盾的现象,使当时的成文法成为一个习惯与新法、古老法制原则与法律进化趋向的混杂物,既反映了当时法律观念的原始性,又预示了立法中等级斗争的继续性。

在罗马,直到最高裁判官法,方确定对人身伤害也一律实行金钱赔偿制度。最高裁判官即罗马的行政长官,又叫作大法官,主要职责是管理诉讼、领导国家司法活动和罗马的行省,始设于公元前366年。最初为1人,至公元1世纪中叶增至16人之多。所有的最高裁判官在就职时都要发布书面的特殊公告或命令,提出自己任期内的施政方针和审理案件拟采取的原则措施,然后即付诸司法实

---

① 转引自《外国法制史资料选编》(上册),北京大学出版社1982年版,第2页。
② 转引自《外国法制史资料选编》(上册),北京大学出版社1982年版,第41页。
③ 转引自《外国法制史资料选编》(上册),北京大学出版社1982年版,第40页。
④ 周枏主编:《罗马法》,群众出版社1985年版,第368页。

践。由于他们处于领导司法的地位上,能够把自己指导办案的原则变为现实,所以他们的告示在实际上能真正起到法律的作用,故一般称为最高裁判官法或大法官法。大法官法确认赔偿金额由法官依据被害人的身份、地位、伤害的部位及侵权行为发生的场所来计算并加以确定。至查士丁尼帝制定罗马法典时,把债的发生主要分为两种:一种是由双方当事人签订契约所生之债;另一种就是侵权损害赔偿之债。前者称为契约之债;后者称为私犯,按各种具体的侵权行为依其性质分为"私犯"和"准私犯",并相应规定于法典的债务法部分。所谓私犯,就是指对他人财产或人身造成损害的行为,是与犯罪行为相对的概念。《查士丁尼民法大全》中的《法学阶梯》规定私犯包括对身私犯、对物私犯、窃盗和强盗。当时的偷窃和强盗都还属于侵权行为,而未列入刑事犯罪。准私犯是指类似私犯而未列入私犯的侵权行为,实质上与私犯并无区别。它包括:(1)承审官加于人之损害;(2)自屋内向外投掷物体对他人之损害;(3)于大路旁堆放或在阳台、屋檐处悬挂物体对他人之损害;(4)奴隶对他人之损害;(5)牲畜咬伤他人之损害;(6)船舶、旅店和马厩的服务人员对旅客的损害等。同时,罗马法还规定了赔偿金额和计算标准,并且出现了过错的概念。

罗马法中还有一个值得注意的规定,就是精神性人格权保护的规定。《十二铜表法》第八表"私犯"第1条规定:"以文字诽谤他人,或公然歌唱侮辱他人的歌词的,处死刑。"[①]这一规定很可能是最早的名誉权保护的成文法规范。虽然这里采取的是刑罚的方法,但它首先是规定在私犯的栏目下,并且当时成文法中对财产权和人身权的保护本来就是刑民不分的。所以,这种对精神性人格权保护的规定,对于后来的精神损害赔偿的确立,显然是有影响的。

罗马法关于侵权行为的规定在法典中的编排位置,关于侵权行为的分类及损害赔偿责任原则等方面,对现代侵权损害赔偿的理论和侵权法的立法都有重大影响。

---

① 周枏主编:《罗马法》,群众出版社1985年版,第368页。

三、现代法时期

现代资产阶级关于侵权损害赔偿的法律规范,担负着保护资产阶级财产权利,维护资本主义私有制和调整资产阶级内部关系的重大任务。同时,为了维护资本主义社会存在的一般条件,它也担负着保护其他社会成员的人身权利和财产权利,缓和阶级矛盾和阶级斗争的重要任务。

1804年的《法国民法典》承袭了罗马法的体系,把侵权行为作为“非合意而生之债”,列入第三卷《取得财产的各种方法》中,并用“侵权行为”和“准侵权行为”代替罗马法中的“私犯”和“准私犯”的概念。它在“侵权行为和准侵权行为”一节中设立了5个条文,虽然规定过于简略,但它在试图打破罗马法及其他古老法典对各种侵权行为分别规定的办法,制定了一个适用于一般侵权行为的一般条款,这就是第1382条:“任何行为使他人受损害时,因自己的过失而致使损害发生之人,对该他人负赔偿的责任。”其余条文规定了任何人对应由他负责的他人的侵权行为,以及管领下的物件致人损害应该负责赔偿的情形,规定了属于准侵权行为的责任。

1900年的《德国民法典》关于侵权行为的规定比《法国民法典》详细得多。它以30多条条文,详细规定了一般侵权行为的原则、特殊侵权行为责任、共同侵权行为责任、损害赔偿范围、请求权时效等一整套完善的侵权法制度。这个法典在第823条第1款中,制定了一条比《法国民法典》更为概括的侵权行为一般条款:“因故意或过失不法侵害他人的生命、身体、健康、自由、所有权或其他权利者,负向他人赔偿因此所生损害的义务。”[①]这一条文对于整个侵权损害赔偿的关系,具有重大意义。《德国民法典》的这些规定对其他国家的民事立法产生了重大的影响,它的很多条文均为其他民法典所仿效。

英美法系的特点是法律非法典化。因此,英国侵权损害赔偿实际上是由各种特殊侵权行为责任的规定和大量具体侵权诉讼的法

① 《外国法制史参考资料》(下册),北京大学出版社1982年版,第678页。

院判例构成的法律汇编。它没有一般侵权行为责任的法律原则，每一种侵权行为都有自己特殊的历史和特殊的原则。它也没有恰当的分类。普通的法律教科书把英国法中的侵权行为分为7种：(1)对人身安全和自由的侵权行为；(2)对于个人名誉的侵权行为；(3)对于财产的侵权行为；(4)干涉家庭关系、合同关系和商业关系的侵权行为；(5)欺骗行为；(6)过失行为；(7)法律程序的滥用。由于没有规范的法典，无论是对司法机关的审判工作和法学家的研究工作都造成很大的困难。英国的法学家们也为长期不能制定一个侵权行为的准确定义和科学的分类而苦恼。

在美国，侵权法仍是大部分民事诉讼的来源。法律规定："每个人都为他的侵权性行为负责，儿童们也在限定形式下负责（双亲只在他们作为儿童的代理人或违反他们的监督义务时才负责）。但国家不负责，除非法律明文规定已取消国家的豁免权。"①通过判例法，确立了侵权法的过失责任、严格责任和"不问过错"责任，使"每个人都被保护，不受侵权性行为之害，包括胎儿在内"。② 不问过错是设想取消侵权法中的过错原则，而根据保险原则，不经过错举证而给予赔偿。它主要适用于产品责任，但也推广到其他类责任，如医疗事故。它使受害人处于一个较好地位，因为他将有权为他的实际损失立即受到补偿而不用冗长的诉讼或困难的过错举证。然而，美国法因容许律师分享原告的胜诉，如律师和当事人协议只在当事人胜诉时才按一定比例支付律师费。因此，即使是"不问过错"的优越性如此显著，也可以使贫穷者吓得根本不敢起诉。至于一般的侵权损害赔偿诉讼需要证明过错，形成一个冗长的过程，造成大量开支，一般人是不敢提起诉讼的。

1922年，在列宁领导下，由苏俄司法委员库尔斯基为首的委员会起草了《苏俄民法典》，对侵权行为做了重要的规定。1961年又制定了《苏联和加盟共和国民事立法纲要》，对整个的苏联民事立法

---

① [美]彼得·哈伊：《美国法律概论》，沈宗灵译，北京大学出版社1983年版，第91页。

② [美]彼得·哈伊：《美国法律概论》，沈宗灵译，北京大学出版社1983年版，第91页。

中的侵权法也做了原则规定。苏联的侵权法对原东欧国家的侵权法的建设曾经发生了重要的影响,对中国的侵权法建设也发生过重要的影响。在20世纪70年代前后,东欧国家的侵权法大多进行了大规模的修改,采纳了有关侵权行为的先进立法。

在20世纪60年代,《埃塞俄比亚民法典》诞生,为侵权法的现代化提出了一个新的思路。也就是说,将大陆法系的侵权行为一般化的立法方法与英美法系侵权行为的类型化的立法方法加以结合,建立了侵权法立法的新模式。该法典的侵权行为一般条款概括了全部侵权行为,继而在此一般条款之下,规定了各种不同的侵权行为类型,代表了侵权法立法的新方向。《欧洲统一侵权法》草案的起草,也采用了这样的方式。

通过以上介绍,我们可以看到,侵权损害赔偿的产生和发展,经历了长期的历史演进过程。到今天,它的地位越来越重要,责任范围也在逐渐扩大,作用也越来越广泛。

第二节　我国古代的侵权损害赔偿制度

一、中国古代侵权损害赔偿制度研究概况

中国古代留有丰富灿烂的法学文化,其中封建社会历朝历代留下的法律,是一个无穷无尽的宝藏,标志着我国古代封建社会法制建设的辉煌成就,在世界各国古代法制建设的历史上,占据令人瞩目的重要地位,形成了独具特色的中华法系,成为人类共有的宝贵的历史遗产。

在中华法系中,最重要、最被人们重视的,是中国古代封建社会的刑事法律。众多的学者、专家对这一部分法律资料进行了详尽的研究,取得了丰硕的成果,使我国古代刑事法律建设的辉煌成就,灿烂地展现在世界各国面前,得到了全世界的公认。中国古代封建社会的民法,专家学者也进行了广泛的研究,但是相对于对刑法的研究,就显得还不十分详尽,尤其是对古代封建社会的侵权法的研究,更是远远落后。

新中国成立以来，在中国法制史这门学科中，对于中国古代侵权损害赔偿的研究，往往是在研究古代民法时，对于侵权法做一般的介绍，并没有进行深入的研究和阐释。随着古代法律文献的进一步发掘，近年来有的学者在文章中对中国古代侵权损害赔偿做了进一步的揭示和探索。北京大学李志敏教授以民法学家的立场，从民法专业的角度出发，研究中国古代民法，准确地揭示了中国古代民法的概况，1988 年出版了专著《中国古代民法》，[①]其中设专章，论述了中国古代侵权损害赔偿概貌和主要制度，使人们对于中国古代侵权损害赔偿有了一个较为完整的认识。叶孝信先生主编的《中国民法史》一书，按照断代的方法研究中国古代民法，对中国古代侵权损害赔偿的概况做了较为详细的介绍。[②]烟台大学孔庆明教授致力于中国古代民法的研究，出版了《中国民法史》一书，介绍了中国古代民法的概况，但是对于中国古代侵权损害赔偿的研究，分量还嫌不够。[③]在法制史学者研究的这些著作中，他们着重的是中国古代民法的整体概况，对于中国古代民法的具体制度的研究仍显得不够精当。尽管如此，通过学者的这些工作，已经使人们看到了中国古代侵权损害赔偿制度建设的辉煌成就，使中华法系的侵权损害赔偿制度的主要情况展现在人们的面前。

通过对中国古代侵权损害赔偿的进一步研究，笔者认为，中国古代侵权损害赔偿也是一个极其丰富的宝藏，目前学者、专家揭示给人们的，还只是它的一个角落或者一个部分。中国古代侵权损害赔偿作为中华法系的重要组成部分，内容十分丰富，内涵极其深刻，与西方古代侵权损害赔偿完全不同，具有自己独特的特点。进一步研究中国古代侵权损害赔偿，将中国古代侵权损害赔偿的内容、特点完整地揭之于世，不仅在丰富我国古代法学文化宝库、传播中国古代法学文化传统方面，具有重要的作用，而且对于当代的侵权法建设具有重要的参考价值。

---

① 李志敏:《中国古代民法》，法律出版社 1988 年版。

② 叶孝信主编:《中国民法史》，上海人民出版社 1993 年版。

③ 孔庆明等:《中国民法史》，吉林人民出版社 1996 年版。

二、中国古代侵权损害赔偿的发展轨迹

如果将中国古代的全部侵权法规范展现在我们面前,就会发现,中国古代侵权损害赔偿有一个固定的格局,有一个相当稳定的体系,这就是中华法系的侵权法体系。据我们现在掌握的资料看,在自秦至清的中国古代封建制的主要时期中,中华法系的侵权法体系是不断发展变化的,但是这种发展和变化主要是具体内容的变化和细节的变化,其主干和体系没有明显的变化。

(一)对中国古代侵权损害赔偿的一般认识

如果把唐代的侵权法制度作为一个坐标的原点,把它的内容作为中国古代侵权损害赔偿的基本内容,我们可以看到:

首先,由此上溯至魏晋南北朝、两汉、秦朝,尽管这些朝代的法律典籍绝大多数已经缺失,但从残存的律文和专家的考证研究中,仍然能够看到这一基本制度的主要方面。应当承认,唐代以前的中国古代侵权损害赔偿,从现有资料来看,远没有唐代侵权法律制度完备。这应当从两个方面去看:一是唐代的法律制度原本就是中国古代封建法律制度的集大成者;二是秦至唐前律文的缺失情况十分严重,使现在呈现在我们面前的只是这一法律体系的残存部分,或者是从其他古籍中考证出来的,它远远不是这一时期侵权法制度的全部。

其次,沿着这一坐标向后推衍至宋、元、明、清朝,可以看到,这一制度经过这些朝代的不断修改加工,越来越丰富,越来越完善。至清朝的侵权法制度,已经达到了中国古代侵权损害赔偿制度的最高峰。

(二)中国侵权法的发展阶段

根据以上分析,可以下这样的结论,中国古代侵权损害赔偿的发展历史,可以概括地划分为三个阶段。

1.唐代以前的侵权法

这是中国古代侵权损害赔偿发展的第一阶段,在唐代以前以秦代的侵权法作为标志,中国古代侵权损害赔偿体系在这一时期已经建立起来了。这就是秦代吸收了中国奴隶制社会侵权行为立法的

遗产和战国时期封建社会初期侵权行为立法的思想和实践，创立了比较完备的中华法系的侵权法体系。

2. 唐代侵权法

这是中国古代侵权损害赔偿发展的第二阶段，标志是唐代的侵权法律制度的确立。《唐律》是中国古代法律的典范，在当时的世界各国立法当中，独领风骚，成为当时最先进、最科学的法律。《唐律》中所包括的侵权法规范，也达到了这样的水平。比较而言，《唐律》（《永徽律》）颁布于公元651年，当时正是罗马法新订《查士丁尼法典》和《国法大全》颁行（公元534年）后的约120年，以后《查士丁尼新律》（公元565年）长期使用至罗马帝国的衰亡。当时的罗马法"确认私犯是债发生的原因之一，但却从未专门规定过因这种违法行为而引起的损害赔偿责任的一般原则"。①此后，直到1804年的《拿破仑法典》，才创造出了侵权赔偿责任的一般原则。《唐律》中的财物损害"备偿"制度、畜产损害的"偿所减价"制度、过失杀伤人的"赎铜入伤杀之家"制度和"保辜"制度，虽不及《拿破仑法典》确定的侵权行为的过错责任原则先进（这毕竟已经是1200多年以后的法律制度），但比罗马法的私犯、准私犯的规定，并不逊色。

3. 宋代至清代的侵权法

这是中国古代侵权损害赔偿发展的第三阶段，宋代至清代的侵权法以清代的侵权法为标志。这一阶段的侵权法向着日益完善的方向发展，至清代已经达到了顶峰。综合全部的中国古代侵权损害赔偿规范，共有17项基本制度，清代侵权法就有其中的15项，比唐代侵权法的12项基本制度多了3项，概括了中国古代侵权损害赔偿的全部精华；而其删除的2项基本制度，恰恰是中国古代侵权损害赔偿中不合理的，不符合近现代侵权法赔偿原则的"减半赔偿"和"加倍赔偿"这两项制度。损害赔偿的基本功能是填补损失，而不是以行为人的主观过错轻重来确定赔偿范围。清代删除这两项制度，完全符合侵权损害赔偿的宗旨。这种立法实践，也说明了清代的侵权法对外国侵权法的立法思想有所接受，为中国新的资产阶级侵权

---

① 周枏主编：《罗马法》，群众出版社1983年版，第253页。

法的出台,奠定了基础。

三、中国古代侵权损害赔偿的主要特点

综合分析自秦代至清代两千余年的中国古代侵权损害赔偿的全部规范及其发展,可以清晰地发现作为中华法系重要组成部分的侵权损害赔偿体系的主要特点。这些主要特点是:

(一)虽诸法合体但自身体系完整

中国古代侵权损害赔偿规定虽然较为零散,但它有一个完整而相对独立的体系。众所周知,中国古代法律的重要特点是民刑不分、诸法合体,而各朝各代的律典的基本内容是刑事法律。但是,综观历朝历代的法律,都包含着自己的侵权法,而且这种侵权损害赔偿体系相对稳定。在两千多年的发展中,这一侵权法的体系不断发展、完善,而其基本制度并没有原则性的变化。它不是以独立的侵权法的形式出现,也不是以独立的篇章出现,而是以不系统的分散形式,散见于法律的相关篇章当中。

侵权法规范的表现形式体现于:一是以独立的法律条文出现,如《唐律·杂律》中的"诸弃毁亡失及误毁官私器物者,各备偿"的条文,就是一个典型的、独立的民事法律规范,具有较高的概括性,即使从现代法学的角度观察,这一规范也是一个科学的、合理的侵权法原则。二是以"杂糅"的形式出现的,即在一个条文中,一部分是刑事法律规范,另一部分是侵权法规范,侵权法规范"附带"于刑法规范之中。中国古代侵权损害赔偿大部分是以这种形式出现的。例如,《宋刑统·厩库》"故杀误杀官私马牛并杂畜"条规定,"诸故杀官私马牛者,徒一年半。赃重及杀余畜产,若伤者,计减价准盗论,各偿所减价,价不减者,笞三十",就是这种"杂糅"的形式。三是在条文的"注""疏""准"文之中,而不在正式条文中出现。这种情况比较多见。例如,《唐律·杂律》在"无故于城内街巷走车马"条规定:"诸于城内街巷及人众中,无故走车马者,笞五十;以故杀伤人者,减斗杀伤一等(注:杀伤畜产者,偿所减价。余条称减斗杀伤一等者,有杀伤畜产,并准此)。"这里的正文是刑事规范,而注则是侵权法规范。这里的注实际上就是立法解释,与条文有同等效力。

其他的疏、准文亦是如此。尽管中国古代侵权损害赔偿是“杂糅”于刑法立法之中,但它确有一个完整的体系。综观全部中国古代侵权损害赔偿规范,就会发现历朝历代的侵权立法虽然编排、体例各不相同,但基本制度大体相同,都有一个相对完整的体系。如果把每一个朝代的侵权损害赔偿规范都集中在一起分析,它们都是一个完整的、相对独立的体系。对此,我们不得不叹服。

（二）各项责任制度周到而严密

在整个中国古代侵权损害赔偿的历史上,共出现过17种具体的基本侵权责任制度。这些制度环环相扣,形成了一个较为严密的民事权利保护体系,发挥着侵权法的全部功能。

这17种基本制度是:(1)备偿;(2)偿所减价;(3)偿减价之半;(4)倍备;(5)折剉赔偿;(6)追雇赁钱;(7)着落均赔还官;(8)还官、主;(9)赎铜入杀伤之家;(10)断付财产养赡;(11)追埋葬银;(12)保辜;(13)复故;(14)修立;(15)责寻;(16)免责;(17)保障制度。

这17种基本制度,从其性质上可以分为三大类:一是财产性责任制度,即赔偿损失,包括备偿等12种制度;二是非财产性责任制度,包括复故(旧)、修立、责寻三种制度;三是免责及债权保障制度,包括免责、制裁两种制度。其中赔偿损失的财产性责任制度可以划分为四种:(1)等额赔偿制;(2)定额赔偿制;(3)差额赔偿制;(4)相对赔偿制。从保护的权利划分,可以划分为侵害人身权的保护制度和侵害财产权的保护制度。

从上述分类情况来看,中国古代侵权损害赔偿无论是从其责任制度的自身体系看,还是从保护的民事权利看,都是相当严密且完备的。

（三）侵权损害赔偿的性质以补偿损失为主但强调其惩罚作用

侵权法的发展,在历史上经历了强调其惩罚性到强调其补偿性的演化过程。这一过程是缓慢的。中国古代侵权损害赔偿的发展同样经历了这样一个演化过程。中国古代的侵权损害赔偿,其基本性质是填补损害,这在众多的古代侵权损害赔偿规范中体现得很清楚。在整个秦代到清代的侵权法中,已经完全禁绝了同态复仇等单纯的报复主义,无论是对人身损害,还是对财产损害,都是以财产赔偿的方式承担民事责任(当然还包括一些刑事制裁方法),这体现了侵权损害赔偿补偿损害的性质。

但是,中国古代侵权损害赔偿还是强调损害赔偿的惩罚性的,尽管这种倾向在逐步减弱,但其倾向性还是很明显的。例如,唐、宋法律中的"倍备"制度,汉律中的"加责"制度,明律中的"倍追"制度,都是加倍赔偿、加倍返还的制度,类似于英美法系的惩罚性赔偿金制度。其中最典型的就是"倍备"制度。损害赔偿的目的是补偿损失,应以财产的损失大小作为赔偿的范围。但是立法者认为,"盗者以其贪利既重,故令倍备,谓盗一尺,征二尺之类"。[①]这种双倍赔偿完全超出了填补损害的意义,而成为惩罚性赔偿了。正因为如此,"倍备"制度从宋代后期开始不执行,从元代就不再规定这一制度了。明代虽有"倍追"制度,但无"倍备"制度,而清律则完全清除了惩罚性赔偿金的制度。又如,明、清两代出现的"折剉赔偿"制,其赔偿的标准是"尽其财产",即将加害人的全部财产给付受害人,其适用的范围是放火烧人房屋。这种尽其财产赔偿完全没有考虑受害人损失范围大小这一决定赔偿范围的根本因素,而以加害人财产的多少作为标准,显然是强调这种重大侵权行为主观恶意的惩罚作用。

(四)侵权责任构成的要求比较严格

如前文所述,中国古代侵权损害赔偿规范是"杂糅"在刑事法典的刑法规范之中的,因此,其民事责任构成的要求受刑事责任构成的影响,是比较严格的。用今天的现代侵权法理论分析中国古代法律对侵权民事责任的构成,有如下要求:

1. 坚持无损害事实不发生民事责任

这一点,秦代至清代的封建法律都有明确的规定。例如,《清律·工律·营造》"擅造作"条规定:"擅自营造若已损财物,或费人工,各并计所损物价及所费工钱者,坐赃论(罪止杖一百,徒三年。赃不入己,故不还官)。"这种损失,是计划不周所致,并不是侵权损

① 《唐律疏议》,第89~90页。

害赔偿意义上的损害事实，故不发生民事责任。又如，《唐律》规定，杀官私马牛者，各偿所减价；价不减者，“无所赔偿”。没有损害事实，就不承担赔偿责任。如果只有侵害而没有财产上的损失，不承担赔偿责任，而采取其他民事责任形式救济。如唐、宋、明、清代均有复旧（亦称复故）的规定，即恢复原状，适用于侵占街巷阡陌者，因无财产损失，只令复旧（故）即可。宋、明、清三代有责寻（求访）制度，适用于弃毁制书、印信，其损失价值无法计算，也不令其承担赔偿责任，令其责寻（求访）。

2. 坚持行为不违反法律就不承担民事责任

从现有古代侵权损害赔偿条文来看，各代差不多都有免责条款，这些免责条款规定的都是行为人的行为不违反法律。如《秦律》规定，小畜生入人室，杀之，不赔。《明会典》规定，军情警急无船马倒换而死，不赔。唐、宋、清律都规定，军器经战阵损失，不坐，不赔。这些行为都是合法行为，不是违法行为，因此都不负赔偿责任。古代侵权损害赔偿规定违法行为，既有作为，也有不作为。如《清律·工律·营造》“修理仓库”条规定，“凡各处公廨、仓、库、院系官房舍，但有损坏”，“若因不请修而损坏官物者，依律科罪，赔偿所损之物”。这里的不请修，是典型的不作为违法行为。

3. 坚持行为与损害之间没有因果关系的不负赔偿责任

这一点，《清律·户律·仓库》“损坏仓库财物”条规定得最为明显：“若卒遇雨、水冲激、失火延烧、盗贼劫夺，事出不测，而有损失者，委官保勘覆实，显迹明白，免罪，不赔。”这种要求，完全符合现代侵权法关于因果关系的要求。

4. 坚持有过错才赔偿，无过错不赔偿

这体现了过错责任原则的精神。中国古代侵权损害赔偿坚持过错责任原则，但无原则性的规定，一般采取条文公开列举的形式加以规定。过错形式也分故意和过失两种。《清律·户律·田宅》“盗卖田宅”条就规定，“若将互争（不明）及他人田产，妄作己业……田产及盗卖过田价，并递年所得花利，各（应还官者）还官，（应给主者）给主”。这是故意的侵权行为。《清律·户律·仓库》“损坏仓库财物”条规定，“凡仓库及积聚财物，主守之人安置不如法，晒、晾不以时,致有损害者,计所损坏之物……着落均赔还官"。这是过失的侵权行为。无过错则不承担赔偿责任。《秦律》规定:"借农具因敝不胜而毁者,勿责。"过错不在借用者,借用者不承担责任。

四、中国古代侵权损害赔偿的基本制度

中国古代侵权损害赔偿共有四大类、17 种基本制度。这些制度的主要内容和发展、演变线索如下:

(一)侵害财产的损害赔偿

1. 备偿

备偿是中国古代侵权损害赔偿的主要的赔偿制度。对备偿怎样理解,有不同的看法。一是李志敏教授认为,备偿即赔偿,并举例为证:《唐明律合编》卷四:"昔高欢立法,盗私物十备五,盗官物十备三。""备,偿也,音裴,今作倍,音义同。而倍字俗从备为古,唐律尤作备,今则俱作赔矣。"[①]二是笔者在《中国古代侵权损害赔偿》一文中,将备偿解释为全部赔偿。备,乃全、完全之意。《诗经·周颂·有瞽》:"既备乃奏,箫管备举。"后一个备,即全义。[②]备偿,就是全部赔偿、如数赔偿的意思,与今天的"全部赔偿原则"在字义上是相同的。但细加分析,二者亦有不同:一是适用的范围不同,备偿制只适用于弃毁亡失及误毁官私器物等财产损害的场合,而全部赔偿原则却适用于整个侵权行为的赔偿范围的确定;二是性质不同,备偿是损害赔偿的一个具体制度,而全部赔偿原则却是一个概括的基本赔偿原则。

备偿的具体的提法,只见于《唐律》和《宋刑统》。《秦律》中的赔、偿、负之如故,元、明、清律典中的赔偿、追赔、验数追赔,也都是备偿的意思,只是提法不同而已。另外,《唐律》中的备所毁,也是备偿的意思。备偿是中国古代侵权损害赔偿的最基本、最重要的赔偿制度,贯穿于整个秦至清各朝代的侵权立法。

备偿制度的适用范围,是大多数的侵害财产权场合,但不包括

---

① 李志敏:《中国古代民法》,法律出版社 1988 年版,第 192 页。

② 杨立新:《疑难民事纠纷司法对策》,吉林人民出版社 1990 年版,第 208 页。

杀伤马、牛等畜产、主观恶性严重的侵害财产权、私借官物、玩忽职守造成的损失和返还原物。《秦律》在这方面的规定还比较杂乱,对《汉律》这方面的考证尚缺失,唐、宋关于备偿的规定几乎相同。备偿制度适用的范围以唐为例,包括:(1)老少及疾有犯,受赃者备之。(2)畜产毁食官物,畜主备所毁。(3)亡失所假官物,备偿如法。(4)私借官物不能备偿,征判署之官,这实际说的是一种备偿的连带责任。(5)受寄财物以费用,各令备偿。(6)水火损败,故犯,征偿。(7)请受军器丢失,偿之。(8)弃毁亡失及误毁官私器物,各备偿。(9)诱奴婢逃者,备偿。元代的律令不齐备,现有的备偿制如损坏仓库财物、出纳侵盗钱粮、取受赃物、非尊长盗卑幼、走死驿马等,均可适用。明、清共有的备偿制如老少废疾犯罪征赃、私借官物损失、仓库被盗、仓库损坏、牧养畜产不合法和埋没官物。明朝独有的如乘官畜脊破领穿倒失。清朝独有的如二罪俱发赃物赔偿、弃毁人器物、受寄财物费用、遗失军器。各朝备偿制的适用虽稍有不同,但其基本的适用范围是一致的。

2. 偿所减价

偿所减价,就其字面上讲,就是原物受损以后,以其实际减少的价值作为赔偿范围,赔偿实际损失。按照常理,这样的原则应当适用于一切受损后仍有残存价值的财产损害,但是,中国古代侵权损害赔偿的偿所减价只适用于牛、马等畜产遭受损害的场合,不适用于其他财产的损害。如《唐律·厩库》"故杀官私马牛"条规定:"诸故杀官私马牛者,徒一年半。赃重及杀余畜产,若伤者,计减价,准盗论,各偿所减价;价不减者,笞三十。其误杀伤者,不坐,但偿其减价。"疏议曰:"'减价',谓畜产值绢十匹,杀讫,唯值两匹,即减八匹价;或伤止值九匹,是减一匹价。杀减八匹偿八匹,伤减一匹偿一匹之类,其罪各准盗八匹及一匹而断。'价不减者',谓原值绢十匹,虽有杀伤,评价不减,仍值十匹,止得笞三十罪,无所赔偿。"这里对于偿所减价制是讲得最详尽的。究其偿所减价的缘由,概由畜产杀死后的肉、皮、骨的价值很大,杀伤后又可医愈,因而偿减价是十分合理的。正如前文所说,这里体现的正是损益相抵原则。"余畜产"中的猪,育肥之后杀死,其价就不减,故价不减者"无所赔偿"。通观各朝代律令,唐、宋、明、清均有这一制度。秦、汉、魏、晋、元等代律令缺失,但都发现有关于杀害畜产如何处理的痕迹。由此可以推测,中国古代封建社会杀伤畜产“偿所减价”可能是一个通例。

赔偿限于所减价,完全体现了赔偿损失时,应当扣除因损害所获得的新生利益的损益相抵原则。它与备偿制度的基本精神是完全一致的,只是备偿适用于一般动产的损害赔偿,而偿所减价适用于特殊动产即畜产的损害赔偿。

偿所减价制,以《唐律》最为完备,共有6个条文,如故杀官私马牛、误杀伤、毁食官私之物登时杀伤、杀缌麻以上亲马牛、犬自杀伤畜产、街巷走车马伤畜产和盗决堤防杀伤畜产,均应偿所减价。《宋刑统》只保留了4项,即故杀马牛、杀缌麻亲马牛、犬自杀伤畜产、车马杀伤畜产。至明朝,只剩下两项,即宰杀马牛和犬杀伤他人畜产。至清代,只剩下了一个条文,但内容十分丰富,几乎包括了唐代所有的偿所减价的项目。这种发展趋势,体现了侵权法立法日益概括的发展方向,是科学的,也是合理的。

3. 偿减价之半

《唐律》和《宋刑统》出现了偿减价之半的规定,在其他朝代的律令中,尚未发现这种规定。《唐律·厩库》“犬杀伤畜产”条规定:“诸犬自杀伤他人畜产者,犬主偿所减价;余畜自相杀伤者,偿减价之半。”疏议曰:“‘余畜’,除犬之外,皆是。‘自相杀伤者’,谓牛相抵杀,马相踏死之类。假有甲家牛,抵杀乙家马,马本值绢十匹,为抵杀,估皮肉值绢两匹,即是减八匹绢,甲偿乙绢四匹,是名‘偿减价之半’。”《宋刑统》的这一规定,与《唐律》的规定及疏议完全相同。偿减价之半,究其原因,是考虑畜产自相杀伤,与饲养人、管理人的主观过错无关,因此,对于损失应由双方当事人分担。细究起来,畜产自相杀伤,情况并不一样,大致有三种情况:一是当事人一方有过错,即对畜产管理不善的过失,可能是加害人有过失,也可能是受害人有过失;二是双方均有过失;三是双方均无过失。在第一种情况下,损失应由有过失者承担,或者加害人赔偿,或者受害人自己负担,责令减半赔偿其所减价,就不合理了。在第二种情况下,为与有过失,赔偿原则应是过失相抵,偿减价之半大体上是合适的,体现了过失相抵。在第三种情况下,双方均无过错,偿减价之半,等于双方分担损失,这种规定就体现了现代侵权法公平责任的精神。因此,这一责任制度既有合理、先进的部分,又有不合理的部分。在以后朝代的立法中,再没有规定这项制度。

4. 倍备

倍备制度,只是唐、宋两代出现的侵权损害赔偿律制度,其他朝代没有明确规定。但是,《汉律》中的"加责入官"、《明会典》中的"倍追钞贯"制度,都与倍备制度十分相似。所不同的是,加责入官中的入官,讲的是没收,在没收的时候,考虑行为人的恶意,科以双倍的没收。倍追钞贯,意思是指处以双倍罚款。这三种加倍的制裁,虽然都具有惩罚性,但是,只有倍备制度是侵权法的惩罚性赔偿金,另外两种不是严格的侵权法的惩罚性赔偿金。

所谓倍备,就是在原全部赔偿的基础上再加一倍赔偿,也就是加倍赔偿,或者说加倍的备偿制度,即惩罚性赔偿制度。唐、宋两朝,倍备制均适用于盗窃赔赃,而且都是在"征赃"条文中的"注"中规定:"盗者,倍备。"疏议中指出了制定倍备制的立法意图:"谓盗者以其贪利既重,故令倍备,谓盗一尺,征二尺之类。"这无疑是一种惩罚性的措施,与侵权损害赔偿的填补损害性质不相一致,在大陆法系看来,这不是一个合理的赔偿制度,但是却与英美法系的惩罚性赔偿金制度相一致。《宋刑统》同样规定了这一制度,亦在疏议中解释:"备犹偿也,谓盗者以其贪利既重,故令倍备,谓盗一尺征二尺之类。"但该法在本条后面的"准律"中指出:"疏云,盗者倍备,谓盗一尺征二尺之类。臣等参详,近来盗赃多不征倍,倍备之律,伏请不行。"这说明,倍备制在宋代虽然在律例中做了规定,但在实践中已经发现了它的不合理之处,已经明令不再施行了。在以后的元、明、清,也就再没有设"盗者倍备"的规定了。

汉代的加责入官制,系据程树德先生在《九朝律考·汉律考》中的考证。其依据是《周礼·秋官司历注》,其云:"杀伤人所用兵器盗贼赃,加责没入县官。"按曰:"疏云加责,即今倍赃。"由此可以推知,汉代的加责,与唐代的倍备相似,是倍备制的早期萌芽。它的加责适用于杀伤人兵器盗贼赃。据此,汉代的加责比唐、宋的倍备适用要宽一些。

明代的倍追钞贯,系在《明会典·律例·仓库》的“钞法”条中规定的。其条文内容是:“凡印造宝钞与洪武大中通宝,及历代铜钱相兼行使,其民间买卖诸物及茶盐商税、诸色课程,并听收受,违者,杖一百。若诸人将宝钞赴仓场库务,折纳诸色课程,中买盐货,及各衙门起解赃罚,须要于背用使姓名私记,以凭稽考。若有不行用心辨验,收受伪钞,及挑剜描辏钞贯在内者,经手之人,杖一百。倍追所纳钞贯(谓误收伪钞,并挑剜描辏,钞一贯,倍追宝钞一贯)。伪挑钞贯烧毁,其民间关市交易,亦许用使私记。若有不行仔细辨验,误相行使者,杖一百,倍追钞贯。止问见使之人,若知情行使者,并依本律。”这种倍追钞贯,适用于误收伪钞,以及经过挑剜描辏的钞,也适用于误相行使之人。其注云,“钞一贯,倍追宝钞一贯”,仍是一种惩罚性的制裁方式。

5. 折剉赔偿

折剉赔偿是明代才出现的赔偿责任形式,《清律》对此也有规定。秦代至元代的现有律章中没有这种规定。《明会典·律例》“放火故烧人房屋”条:“凡放火故烧自己房屋者,杖一百。若延烧官民房屋,及积聚之物者,杖一百、徒三年。因而盗取财物者斩。杀伤人者,以故杀伤人论。若放火故烧官民房屋,及公廨仓库,系官积聚之物者,皆斩。其故烧人空闲房屋及田场积聚之物者,各减一等。并计所烧之物,减价,尽犯人财产,折剉赔偿,还官给主。”《清律·杂犯》“放火故烧人房屋”条亦有如上规定:“并计所烧之物,减价,尽犯人财产折剉赔偿,还官,给主。”但其“注”极为详备:“除烧残见在外,其已烧物,令犯人家产,折为银数,系一主者,全偿;系聚主者,计所故烧几处,将财产剉为几分而赔偿之。即官、民亦品搭均偿。若家产罄尽者,免追。赤贫者,止科其罪。”这已经将折剉赔偿的含义说得十分清楚了。

赔偿的基本标准,是放火人的家产,这不是现代意义上家庭共同所有财产中自己应有的份额,而是家产全部;家产罄尽和赤贫者,没有办法去“尽”,只能免追或止科其罪。折剉,折为折断、分开,剉为折伤、拆碎。折剉实为分开几份。因此,折剉是将犯人的全部财产折为银数，再按所烧的受害人数额（以家为单位）分为几份，其中不分官、民，“品搭均偿”。赔偿的结果，是该还官的还官，该给主的给主。

这种赔偿，其标准是犯人家产的多寡，而不是受害人损失的大小。一主者全偿，即将犯人的财产全赔一主，可能赔多，也可能赔少；数主者分偿，赔多可能性极小，但犯人没有其他财产了，只能如此。因此，尽其财产折剉赔偿，既有不合理的一面，如标准不当、不考虑犯人生活状况等，又有其合理的一面。

《清律》还有对失火的规定，谓“如仓库内失火者，杖八十、徒二年。比仓库被窃盗，库子尽其财产均追赔偿之例”。这种赔偿，亦是尽其财产，只是不加折剉，因为仓库失火，只讲仓库，没有数主，因而也就不用折剉了。这是与折剉赔偿近似的一种赔偿。

6. 追雇赁钱

据考证，汉代已有平庸坐赃的制度。《晋书·刑法志》称：“汉科有平庸坐赃。”至唐、宋律典，均设有“计庸赁坐赃”制度。《宋刑统·名例》云：“平功庸者，计一人一日为绢三尺，牛马驼骡驴车亦同。议曰：计功作庸应得罪者，计一人一日为绢三尺，牛马驼骡驴车计庸皆准此三尺，故云亦同。”但律文规定：“若计庸赁为赃者，亦勿征。”这种计赃只是为定罪量刑使用，而不是赔偿。因此，汉、唐、宋的平庸坐赃只是一个刑法规范，而不是民法规范。但是，到了明代和清代，平庸坐赃就不是这样了，而是追雇赁钱入官，这就是赔偿的性质了。

无论是平庸坐赃还是追雇赁钱入官，行为侵害的都是财物的使用权。例如，宋代的“使所监临，计庸赁坐赃论”，即是擅自使用所监临之物。明代，私借官车船、私借官畜产、私役铺兵、私借役马，均追雇赁钱入官。这些行为侵害的都是官府对官物的使用权。侵害使用权，就赔偿使用费，倒是合情合理的。清代的这种制度在适用范围上比明代有所变化。私借官车船、私借官畜产仍追雇赁钱入官，这没有变化；在官借人财物和造作不如法，亦计雇赁钱，但在官借人财物将雇赁钱给主，这实际上保护的是私人财产使用权，是对私产使用权的赔偿；而造作不如法，则是玩忽职守，计雇工钱入官，也不能说是典型的赔偿法,但有赔偿的意思。

综上可以看出,中国古代律典中出现的平庸坐赃分为两种情况:元以前,平庸坐赃,是计庸值入赃,以计算刑事责任;明以后,平庸坐赃是计庸值入赃,既计算刑事责任,又追雇赁钱入官,以补偿官府财物使用权以及补偿私人财产使用权的损害。其行为侵害的,不是一般的财产权,而是财产的使用权。法律明文保护财产使用权的,在侵权损害赔偿的立法中还是比较少见的。实际上,这种对雇赁钱的赔偿,是赔偿间接损失。不过,现代侵权法赔偿间接损失,是财物损害后的间接损失,因侵害财产使用权而责令赔偿的做法,仍给现代侵权法的立法以有益的思考。其计算方法,以非法使用日期计算,如数赔偿,但不得过本价。《清律·厩牧》"私借官畜产"条规定,"凡监临、主守,将系官马、牛、驼、骡、驴私自借用或转借与人,及借之者","验日追雇赁钱入官"。这种赔偿形式,仍属于全部赔偿制度。

7.着落均赔还官

着落,即应收与实收之间的差额。着落均赔还官,就是因其掌管的工作,由于过失而造成官府在财产收入上的损失,均应由造成着落之人赔偿这种损失。这是一种财物损害赔偿,义务主体应是掌管一定的为官府收入进项之责的官员,其赔偿的是应收与实收之间的差额。着落均赔还官起于明代。从清代的情况来看,适用于三种情况:一是收受(纳官)诸色课程、变卖货物、起解金银成色不及分数;二是仓库及积聚财物,主守之人安置不如法,晒、晾不以时,有所损坏者;三是民间周岁额办茶盐商税诸色课程年终不纳齐足和茶、盐运司、盐场、茶局及税务、河泊所等官,不行用心办课,年终比附上年课程亏兑者。明代的上述三项内容与此相同,但还有一项是转解官物损失,亦应着落均赔还官。

8.还官、主

这是中国古代侵权损害赔偿的一种最为常见、使用最为广泛的财产损害赔偿制度,大体上与今天的返还原物相同,但又不完全相同。以各朝代均有规定的"赃物见在者,还官、给主"为例,其赃物转卖后,持有赃款者,仍为见在,亦要依例追征,还官给主,这就不是严格意义上的返还原物了。另外,返还的不仅是原物,原物的花利等孳息亦应还主,这就包括间接损失亦应返还。这些实际上都是赔偿。从秦至清,这一制度贯穿始终,也证明了这一制度的深厚社会基础。尤其是明、清两代,还官、主的制度适用得最为广泛。

各朝代的还官、主制度的适用范围是:

秦代还官主的适用范围,一是县、都官有罪应赔偿,少内收取;二是借甲兵;三是赃物转移,只还现赃;四是马食人稼、偿稼。汉代的还官主的适用范围主要是还赃给主。晋代的适用范围是盗官物。梁代规定豪富不得占取公田,违反者,还官主。隋代获得官物入私还官。

唐代规定的还官主的适用范围,一是俱罪之赃,没官、还主;二是以赃入罪见在者,还官、主;三是自首正赃犹征如法;四是盗耕官私田,苗于归官主;五是放散官物,物在,还官。

宋代规定适用还官主的范围,一是俱罪之赃,没官,征还官、主;二是自首止赃犹征如法;三是卖口分田,地还本主;四是盗侵夺官私田,苗于归官、主;五是私自质举,物即还主;六是放散官物,物在还官。

元代还官主的范围较窄,一是冒破不失,验数追偿;二是合造物色,多则依数还官;三是私借官钱监临枉法,追征还官。

明代对还官主规定的适用范围很广泛,有15种之多:(1)给没赃物,入官、还主;(2)收留迷失女子,不知者追价还主;(3)盗卖田宅,所得花利还官、给主;(4)典卖田宅,追价还主;(5)盗耕种官民田,花利归官、主;(6)虚出通关朱钞,其赃还主;(7)违禁取利,追利还主;(8)费用受寄财物,追物还主;(9)私卖战马,追价入官;(10)私卖军器,军器价钱并入官;(11)多乘驿马损失,追偿马匹还官;(12)略人卖人,追价还主;(13)枉征财物,其物给主;(14)造作不如法,均偿物价,工钱还官;(15)冒破物料,追物、还官。

清代规定还官主的适用范围亦很广泛,有14种:(1)以赃入罪见在者,还官、主;(2)自首免其罪,犹征正赃;(3)自收留为奴婢妻妾子孙,追价还家;(4)盗卖田宅,递年所得花利,还官、给主;(5)典卖田宅不税契,追价,花利还主;(6)盗耕官民田,花利归官、给主;

(7)多收税粮斛面,给主;(8)虚出通关朱钞,入官、还主;(9)违禁取利,追余利还主;(10)获利马匹卖者,追价入官;(11)私卖军器、入官;(12)隐匿官畜产匿卖换之物,还官;(13)略人略卖人,不知者,追价还主;(14)冒破物料,追物还官。

从上述内容来看,其中还包括少数侵害人身权利的行为,这只是个别现象,而且其对象也是当把人作为商品买卖时才适用这种制度。这是一种特殊情况。

(二)侵害人身的损害赔偿

9. 赎铜入杀伤之家

赎铜制是我国古代律令中的一个重要刑罚制度,为赎刑。赎刑的情况比较复杂。唐代的赎刑分为四种:一是"疑罪从赎",有犯罪嫌疑而又无确凿证据证明,赎之;二是"赎官",这是给贵族、官僚及其家属的一种特权,凡有品级的官员以及他们的某些亲属,犯了流罪以下的罪,都可以赎之;三是出于对某些罪犯的"矜恤"照顾,如老、幼、残疾、妇女等罪犯,各依所犯之罪适用赎刑;四是赎铜入伤杀之家。前三种,赎铜归国库所有;第四种,赎铜给予被害人之家,以补偿被害人因其伤、残、死而给其家造成的财产损失。这是一种典型的人身损害赔偿制度。《清律》的赎刑分为三种即纳赎、收赎、赎罪。在一般情况下,赎金收归国有,但也规定了若干条文将赎金给予受害人及其家,以为赔偿,称为"收赎给主"。这与上例相同,也是一种人身损害赔偿制度。

据考证,秦、汉、魏、晋、南北朝各朝代,律法均设赎刑,但是否设有赎铜入伤杀之家制度,却无确凿的证据。唐代的赎铜入伤杀之家,主要适用于三种情况,即畜产犬标志羁绊不如法而致人伤杀、过失杀伤人、戏杀伤人,究其特点,均系过失杀人或过失伤害。这样看来,赎铜入伤杀之家的适用范围是很清楚的,比较狭窄。宋代,赎铜入伤杀之家,适用范围包括戏杀伤、过失杀伤和市众中故惊动而杀伤人,亦为过失杀、伤的场合。元代有赎刑,亦有误伤致死,收赎的规定。明代规定得更为简单,即"戏、误、过失杀伤人","依律收赎,给付其家"。这里的规定十分简洁,有一定的概括性。《清律》规定收赎给主,主要有动物致人损害、因公驰骤车马致死和庸医杀伤人。

清代的这些规定亦是过失杀、伤人，但具体情况不甚相同。

中国古代的这种人身损害赔偿制度的性质是赔偿，其填补损害的功能非常明显。但是，这种补偿又不是赔偿实际损失或全部损失，与备偿或偿所减价是很不相同的，而是一种定额赔偿制，即无论因伤杀而损失财产多少，都只按规定的情况和数额予以赔偿。例如，《唐律·斗讼》规定："过失杀伤者，依凡论。疏议曰：谓杀者，依凡人法，赎铜 120 斤；伤者，各依凡人伤法征赎。其铜入被伤杀之家。"情节不同，刑罚部分可以按规定减轻处罚，其赎铜仍按定额赔偿，而不降低所赎铜之标准。《唐律·斗讼》"戏杀伤人"条疏议曰："假有过失杀人者，赎铜 120 斤，戏杀的减二等，赎铜 60 斤，即是轻重不类，故依'过失'赎罪，不从减法。"戏杀伤与过失杀伤情节不同，刑罚可以不同，但伤害、死亡给被害人家所造成的损害是一样的，因此按同一定额收赎正是这种定额赔偿制度的基本精神。

赎铜入杀伤之家或收赎给主，其标准是"依律"，即按法定的定额进行赔偿。这种赔偿方式有其局限性，那就是没有考虑受害人及其家的实际损失。实际上，同是伤害、死亡，但每个被害人家庭的实际财产损失是不一样的，采取定额赔偿的方法，不可能不出现超出实际损失或不足以补偿损失的问题。

10. 断付财产养赡

养赡制度，是一种人身损害赔偿制度。它主要适用于残酷的恶性杀人、重伤等情况，将侵权人的财产责令给付被害人或被害人之家，用以赡养被害人或被害人的家属。中国古代只有明、清两代有养赡制度，元以前的律典中没有规定这种制度。

养赡共分三种：

一是断付财产给付死者之家。这是对于最为残酷的侵害人的生命权的民事制裁措施。《明律》规定两种，一种是杀一家三人，另一种是采生折割人；《清律》规定两种，一种是采生折割人，另一种是干名犯义致死。这些罪行重大，断付的是罪犯的全部财产，给付被害人或其家属养赡。

二是断付财产一半，这是对于严重的致人重伤、诬告致死等次一等犯罪的附带民事制裁措施。适用的范围，明代为屏去人服食、斗殴致笃疾、诬告致死;清代为屏去人服食、斗殴致伤死、殴妻前夫子、诬告致死。这种制度比全部断付养赡的制裁程度为轻,适用的范围也比较宽。古代的伤害分为笃疾、废疾,都是重伤害。废疾谓瞎一目、折一肢之类;笃疾指瞎一目、折二肢之类。这里的适用对象主要是笃疾,应当是比较严重的重伤害。

三是定额养赡,与以上两种不同,是确定固定的一个数额,给付被害人养赡。明、清律典都规定了殴祖父母、父母致笃疾,追养赡钱十两。这是一种定额的人身损害赔偿制度。

断付财产养赡作为一种人身损害赔偿制度,其赔偿范围的确定,取决于两个条件:一是侵害客体,是生命权,还是健康权;二是侵权人(罪犯)财产的多少。其中后一个是主要的标准。这样一来,赔偿范围不是由损失的大小作为确定的标准,就使这种赔偿不够合理、不够科学。定额的养赡制度,无论什么情况,都是固定的赔偿数额。

11. 追埋葬银

追埋葬银(也叫追烧埋银)制度始于元朝,《唐律》和《宋刑统》中没有这种制度。据考证,《晋律》中有“作阱”“走马众中”的条目,与明、清代适用追埋葬银的情况相似,但是否适用追埋葬银,不得而知。况唐、宋律典中也有这些情况,但都不追埋葬银,而是适用赎铜入杀伤之家。

追埋葬银是一种人身损害赔偿制度。其适用范围,绝大多数是过失杀人,只有杀死奴婢时不考虑是否为过失所为。其赔偿数额是固定的。元代为银50两,明、清代为银10两。元代退烧埋银的,包括良人斗殴杀死奴婢、共戏致死和错医致死。明、清两代的情况大体相同,包括:(1)无故向城市及有人居住宅舍放弹、射箭、投掷砖石因而致死;(2)无故于街市、镇店驰骤车马因而致死;(3)打捕户于深山、旷野猛兽往来去处,穿作坑阱及安置窝弓因而致死和若非深山、旷野致死者;(4)因事威逼人致死者(自尽)和官吏、公使人等,非因公务而威逼平民致死者;(5)官司决人不如法因而致死者。明代的这种制度中,在《名例律》中规定了一条“给没赃物准追埋葬银”的条文。这一条文的精神是二者可以并科。

12. 保辜

中国古代律典中的保辜制，是一种最具有特色的人身损害赔偿制度。保辜，从其本意上来说，应当是一种刑事法律规范。《清律·刑律·斗殴》“保辜”条注云：“保，养也；辜，罪也。保辜谓殴伤人未至死，当官立限以保之。保人之伤，正所以保己之罪也。”这就把保辜制的立法意图说得十分清楚。其意旨是：殴人致伤，区分不同情况，立一辜限，限内由侵害人即罪犯支付医疗费用治疗，辜限内治好，可以减轻处罚，辜限内医治无效，致死、致残，各依律科断刑罚。由于是要加害人出钱医治伤害，因而保辜制又是一种财产责任，是一种特殊的人身损害赔偿责任。保辜制保人之伤正所以保己之罪，就可以调动加害人医治伤害的积极性，因而对受害人有利，使受害人的伤害得到及时平复，是一种有效的侵权责任制度。在我国民间，有殴伤先由加害人治疗，然后才涉讼的办法，这不能不说是保辜制的影响。

中国古代律典中大都有保辜制，原则相同，但又分两种辜限：

一是唐宋的保辜制。以唐为例，《唐律·斗讼》“保辜”条规定：“诸保辜者，手足殴伤人限 10 日，以他物殴伤人者 20 日，以刃及汤火伤人者 30 日，折跌支体及破骨者 50 日。限内死者，各依杀人论；其在限外及虽在限内，以他故死者，各依本殴伤法。”

二是明清的保辜制，以《清律》为例，其《刑律·斗殴》“保辜”条规定：“凡保辜者，(先验伤之轻重，或手足，或他物，或金刃，各明白立限)责令犯人(保辜)医治。辜限内，皆须因(原殴之)伤死者，(如打人头伤，风从头疮而入，因风致死之类)以斗殴杀人论。(后)其在辜限外，及虽在辜限内，(原殴之)伤已平复，官司文案明白，(被殴之人)别因他故死者，(谓打人头伤，不因头疮得风，别因他病而死者，是为他故)各从本殴伤法。(不在抵命之律)若折伤以上，辜内治平缓者，各减二等。(下手理直，减殴伤二等。如辜限内平复，又得减二等。此所谓犯罪得累减也)辜内虽平复，而成残疾、笃疾，及辜限满日不平复(而死)者，各依律全科。手足及以他物殴伤人者，限 20 日。以刃及汤、火伤人者，限 50 日。折跌肢体，及破骨者，无论手足、他物，皆 50 日。”两相比较，明、清的规定比唐、宋的详细、明确,明、清的辜限比唐、宋的简洁。

(三)其他形式的侵权责任

13. 复旧(复故)

复旧,或者复故,就是恢复原状。唐、宋、明、清的律典都做了这样的规定,而且适用的范围都相同,即适用于侵巷街阡陌。这是一种对类似于侵害相邻权或者共有财产行为的一种民事制裁手段。侵占巷街阡陌,占用了公用的信道,妨碍了他人的使用权,应当承担恢复原状的责任。这是一种非财产性质的民事责任形式。

14. 修立

修立是一种特殊形式的恢复原状的民事责任形式,适用于毁坏建筑物之类的场合,是一种财产损害的恢复原状。宋、清两代的律典设有这种民事责任。《宋刑统·杂律》"毁人碑碣庙主"条:"诸毁人碑碣及石兽者,徒一年。即毁人庙主者,加一等。其有用功修造之物,而故损毁者,计庸坐赃论,各令修立。误损毁者,但令修之不坐。"宋律典只此一条。清律典有两条,一是《清律·户律·田宅》规定:"若毁损人房屋、墙垣之类者,计合用修造雇工钱,坐赃论,各令修立。官屋加二等。误毁者,但令修立,不坐罪。"这一适用范围明显宽于宋律本条律文。二是《清律·刑律·杂犯》:"凡拆毁申明亭房屋,及毁(亭中)板榜者,杖一百,流三千里。(仍各令修立)"

修立这种形式,表面上看是恢复原状,好像不是损害赔偿形式,而是非财产责任形式,但由于修立的费用是由侵权人承担,因而仍具有财产损害赔偿的功能。

15. 责寻(求访)

责寻是一种纯粹的非财产性质的民事责任形式。《宋刑统》《明会典》和《清律》都各只规定了一条。其中宋称为求访:"诸亡失器物、印、符之类应坐者,皆所30日求访,不得然后决罪。若限内能自访得,及他人得者,免其罪。限后得者,追减三等。官文书、制书程限内求访得者,亦如之。即虽放弃掷,限内访得,听减一等。"这种求访与保辜十分相似,适用对象为财物丢失,范围是很宽的。明、清的责寻,与此基本相同,但适用范围较窄。如《清律·吏律·公式》规定,"凡弃、毁制书及衙门印信者","遗失制书、圣旨、印信者",

“俱停俸，责寻。30 日得见者，免罪”，“若主守官物、遗失簿书，以至钱粮数目错乱者”，“亦住俸，责寻”。由于损失的这些物品无法用金钱计算其价值，只能采取这种民事责任形式。文中的住俸，是一种行政责任，即停薪；责寻，是一种民事责任。

（四）其他侵权责任规定

16. 免责

各朝的立法规定的免责制度，与今天的免责事由相似，都规定了一些具体的免除赔偿责任的事由，大体分三种情况：

一是正当防卫或紧急避险。秦《法律答问》：“小畜生入室，室人以投挺伐杀之，所杀值二百五十钱，何论？当赀二甲。”赀即罚金，只罚不赔，是因为紧急避险的因素。《唐律·厩库》：“其畜产欲抵啮人而杀伤者，不坐，不偿。”《清律》亦有相同的规定。畜产抵啮人，有人指使的被杀伤，为正当防卫，无人指使的为紧急避险。这些都是不应承担赔偿责任的，故免责。

二是不可抗力。秦《法律答问》：“舍公馆、抵火燔其舍，虽有公器，勿责。今舍公馆，抵火燔其假乘车马，当负不当出？当出之。”这是说在官家馆舍居住，失火房屋被烧，其中虽有官物，不令赔偿。如在官家馆舍居住，失火将所借用的车马烧毁，应否赔偿？应予核销（不赔）。这是属于不可抗力造成的损失，不赔偿是对的。

三是缺少构成要件。唐、宋、清均有请受军器经战阵而损失，不坐，不偿的规定，这是因为行为人无过错。《宋刑统》规定无故触畜而被杀伤者，过错在于受害人，畜主无过错而不坐，不偿。《明会典》规定军情警急无船马倒换而致马死，不赔偿，其原因是行为人既无过错，行为又不违法。《秦律·厩苑律》：“假铁器，因弊不胜而毁者，为用书，受勿责。”就是讲借用铁制农具因破旧不堪，在使用时损坏的，不令赔偿，这是因为行为人的行为与损害后果之间无因果关系。

《秦律·效律》还有一免责规定，是会计用律不慎而致亏盈，依律罚金，但不令赔偿。这里是一种行政法律关系，罚之即可，不用赔偿。

17. 保障制度

民事责任不履行怎么办？秦、唐、宋规定民事责任不履行，以行政、刑事责任等制裁之，即以刑罚手段保证民事责任的履行。《秦律·金布律》：“官啬夫免，复为啬夫，而坐其故官以赀偿及有它债，贫窭无以偿者，稍减其秩、月失以偿之，弗得居；其免也，令以律居之。”这是带有强制执行的措施和以劳务抵债的措施。《唐律》规定，避没入、备偿者，以盗论。《宋刑统》规定，应备输没入违限不输，罪之；无财征赃及赎者，铜二斤折杖十。用这些刑事制裁措施，来保障损害赔偿的执行，这在刑民不分的中国古代立法中，既是可行的，也是可以理解的。这保证了备偿等民事责任形式的强制性。

中国古代侵权损害赔偿还规定了一些值得研究和重视的制度。一是得遗物，明律规定官物还官，私物一半还主。清律则规定得遗物送官，一半充赏，一半还主，这是一种奖励性的规定，有助于提高拾得人将遗失物送官的积极性。二是宋刑统规定，反坐不在备赃之例，这也是正确的，因为反坐之罪并未获赃，因此不得备赃。三是汉、唐、宋规定恐吓以求备偿，非(准盗论)。这实际是保护债权人的利益，即或有些许不轨，不作为罪行处理。四是中国古代律典中多有詈骂、诽谤谣言、轻侮等侵害名誉、人格等处罚方法，但都是以刑罚方法罚之，尚不是现今意义上的精神损害赔偿，但这是保护名誉、人格的法律制度，所以也是值得研究的。

第三节　我国近代的侵权损害赔偿制度

中国近代的侵权损害赔偿，主要是清朝末期的统治者变律为法和中华民国制定民法这一时期，对民法包括侵权损害赔偿所做的一系列的立法活动。在这一个时期，中国先后出现了三个不同的民法，这就是《大清民律草案》《民国民律草案》和《中华民国民法》。前两个民法都是草案，但是，经过清朝朝廷和民国政府的批准，这两个民法草案均在一定程度上实行过。后一部民法，则是中国历史上的第一部民法典。中国近代的侵权损害赔偿，是指这三部民法中的侵权损害赔偿部分。

（一）《大清民律草案》规定的侵权损害赔偿

清光绪三十三年(1907 年)，清廷委派沈家本等 3 人为修订法律大臣，参考各国立法，体察中国民情，修订《大清民律》(史称“第一民草”)。基于“一是注重世界最普通之法则，二是原本后出最精之法理，三是求最适于中国民情之法则，四是期于改进上最有利益之法则”的立法宗旨(这也是我们制定民法典所应当借鉴的)，民律的编纂者在现代西方法制与传统封建礼教之间小心翼翼地寻求一个均衡点，使民律既能顺利通过，也能适合中国的实际情况。《大清民律草案》全稿于宣统三年(1911 年)8 月完成，未及颁行，清朝已亡。这部法律虽然没有正式颁行，但是它的制定，却在中国民法的立法史上具有开创性的功绩。也就是说，它一改中国古代立法刑民不分的立法体制，吸收了西方当时民事立法的内容和技术，开创了中国近现代民法创制的先河，在侵权损害赔偿的规定上，既借鉴了《日本民法典》《德国民法典》和《法国民法典》等国民事立法的精华，又保留了一定的中国特色，开启了中国侵权损害赔偿现代化的大门。

从内容上看，《大清民律草案》对于侵权行为的规定基本上是完备的。

在侵权损害赔偿的第一部分首先规定的是过错责任原则，即侵权行为一般条款：“因故意或过失侵犯他人之权利而不法者，于因侵害而生损害负赔偿之义务。”中国古代侵权损害赔偿从来没有规定过错责任原则。《大清民律草案》在中国历史上第一次确立了过错责任原则的法律地位。在中国，这是一个没有先例的创举。正因如此，《大清民律草案》在历史上才具有如此重要的地位。在这一条文的第 2 款，对失火事件做了一个规定，以后的侵权损害赔偿没有再做这样的规定。在第 946 条和第 947 条，规定了因故意或者过失违背保护他人之法律的和以悖于善良风俗故意加损害于他人的，均应负损害赔偿的责任。

在侵权损害赔偿的第二部分，立法者规定了 7 种特殊侵权行为：一是官吏、公吏以及其他依法令从事公务的职员致害他人的侵权责任；二是规定共同侵权行为，既规定了共同侵权行为的赔偿责任，又规定了共同危险行为人即准共同侵权行为的赔偿责任，还规定了教唆人和帮助人的共同加害人的法律地位;三是规定了法定监督人的赔偿责任;四是规定了雇佣人的致害责任,亦规定适用过错推定责任;五是规定了定作人指示过失的致害责任;六是规定了动物占有人对动物致人损害的赔偿责任;七是规定了工作物致人损害的赔偿责任。

在侵权损害赔偿的第三部分,规定了侵权损害赔偿的确定和具体方法。在这些内容中,值得重视的有以下几点:第一,确定对伤害身体者,受害人可以请求赔偿定期金。第二,确定对于侵害身体、自由或者名誉者,得请求赔偿精神损害。第三,在侵害财产的侵权救济中,可以适用返还原物的责任形式;在毁损他人之物时,加害人得向受害人赔偿其物之减价额。后一个规定,源于中国古代侵权损害赔偿中的"偿所减价"的制度。这一制度,含有损益相抵这一损害赔偿原则的基本精神。第四,对胎儿的保护,《大清民律草案》有明确的规定,就是侵害生命权的,受害人的父母、配偶及子,对不属于财产之损害可以请求损害赔偿,其子为胎儿的,亦同。第五,规定共同侵权行为的共同加害人承担连带赔偿责任。

在侵权损害赔偿的第四部分,规定了侵权损害赔偿请求权的诉讼时效。

(二)《民国民律草案》规定的侵权损害赔偿

1911 年中华民国政府成立以后,大体沿用前清的律令,命令援用《大清民律草案》审判案件。至 1914 年法律编查会开始修订民律草案,至 1926 年编成《民国民律草案》,共 5 编,史称"民律第二次草案"或者"二次民草"。民律草案完成时,北京政变已经发生,解散了伪国会,因而该草案未予公布。

《民国民律草案》仍将侵权损害赔偿置于第二编"债编",但在体例上有所变化,不是将侵权损害赔偿作为一章单独编制,而是放在债编第一章"通则"第一节"债之发生"中设第二款"侵权行为"。从内容上,并没有大的变化,仍分为四个部分:

第一部分的 3 个条文,前两个条文规定了侵权损害赔偿的过错责任原则。在这一部分中,删除了《大清民律草案》中关于失火不适用侵权损害赔偿的规定,增加了共同侵权行为的规定。

在其他两个条文中，只是增加了“故意以有伤风化方法侵害他人之权利者，亦同”的内容。这一内容，改变了《大清民律草案》关于善良风俗的规定，改为有伤风化的条款。关于共同侵权行为的规定，内容没有变化，只是将其地位提前在侵权行为的一般规定之中。

第二部分规定了各种特殊侵权行为。包括：官吏及其他公务员的侵权责任，法定监督人的侵权责任，被使用人于执行事业不法侵害他人权利时其使用主的赔偿责任，定作人指示过失的侵权责任，动物加害他人的侵权责任，以及土地工作物设置或保存瑕疵的致害责任。

第三部分规定了损害赔偿的原则和方法。主要内容是：侵害生命权的损害赔偿方法；侵权行为的与有过失的赔偿方法；对侵害生命、身体、自由时，对第三人应当给付家事或职务之劳务时的赔偿方法；关于对致残者的定期金赔偿；侵害他人生命、身体、名誉、自由者的精神损害赔偿方法，即慰抚金赔偿；对于财产的损害赔偿方法。其中值得注意的是，第 270 条规定的“赔偿其物因毁损所减少之价额”，与中国古代侵权损害赔偿中的“偿所减价”制度相同。

第四部分规定了侵权行为的诉讼时效制度。其一般时效为 3 年，最长时效为 20 年。

（三）《中华民国民法》规定的侵权损害赔偿

国民政府成立以后，1928 年就由法制局拟定了民法的亲属和继承两编。12 月 5 日立法院成立以后，于 1929 年组织了民法起草委员会，在《大清民律草案》和《民国民律草案》的基础上，着手起草民法总则、债编、物权编、亲属编和继承编。起草完毕，分别于 1929 年 5 月 23 日、11 月 22 日、11 月 30 日和 1930 年 12 月 26 日由国民政府予以公布。随后，又分别颁布了各编的施行法，民国民法分别正式实施。

《中华民国民法》在侵权损害赔偿的编制体例上，沿用了《民国民律草案》的做法，但在具体编排上有所变化，这就是将侵权损害赔偿的债编第一章第一节第二款的位置变为第五款。从第 184 条开始，至第 198 条，共 15 条。从内容上看，《中华民国民法》的内容与《民国民律草案》关于侵权行为的规定变化并不大，但在条文的设置上,采取了尽量缩减的做法,大量的条文被合并成为一条,文字也尽可能精练、准确。《中华民国民法》的上述条文,共分四个部分:

第一部分规定了侵权行为的一般规定。首先,规定了侵权行为的归责原则,即过错责任原则。这一条文的理论意义在于:一是确定了过错责任原则在侵权损害赔偿中的主导地位;二是对于故意以悖于善良风俗之方法加损害于他人者,亦视为有过错;三是对于违反保护他人之法律者,推定其有过错,确定了过错推定责任原则;四是规定了侵权行为的直接责任,即在一般情况下侵权行为人应当由自己承担侵权责任,并且规定了自己责任的构成要件。其次,规定了共同侵权行为,即第 185 条。这一条规定,与前两次民律草案的规定没有变化,规定了共同侵权行为的连带责任、共同危险行为和共同加害人的种类。

第二部分规定了特殊侵权行为,在理论上称为间接侵权责任,即替代责任,是为他人的侵权行为和自己管领的物件所造成的损害所负的赔偿责任。包括公务员的侵权行为责任,法定代理人的侵权责任,雇用人的责任,定作人指示过失致人损害的责任,动物致害责任,工作物致人损害时其所有人的赔偿责任。这些特殊侵权行为的规定的特点是,每一个条文只规定一种特殊侵权行为,将前两次民律草案的几个条文规定一种特殊侵权行为的做法做了改变。这样,每一个条文的内容都很复杂,规定得很具体。

第三部分规定了损害赔偿方法。一是规定对侵害生命权的损害赔偿方法,赔偿权利主体是为死者支出殡葬费之人;对于侵权行为的间接受害人的扶养损害,亦应予以赔偿。二是规定侵害身体权、健康权的损害赔偿方法,赔偿的是所造成的财产损失,经当事人的声请,法院可以判决给付定金。三是规定对于侵害生命权的被害人的亲属,虽非造成财产上的损害,可以请求赔偿慰抚金。四是规定侵害身体权、健康权、名誉权、自由权造成人格利益损害的慰抚金赔偿,对于侵害名誉权的,还可以请求恢复名誉的适当处分。五是规定对财产损害的赔偿方法,其中关于赔偿所减价的规定,含有损益相抵的意义。

第四部分规定了侵权行为的诉讼时效以及相关的问题。关于诉讼时效，规定的一般时效为2年，最长时效为10年。在超过诉讼时效后，对于加害人因侵权行为而受有利益、致受害人受有损失者，受害人仍有权依不当得利的规定，请求加害人返还其所受利益。对于因侵权行为而使加害人对受害人取得债权，例如，加害人因诈欺而对受害人施以债务约束的，受害人享有债权废止请求权，在该权利已过诉讼时效后，受害人仍得拒绝履行。

（四）中国近代侵权损害赔偿建设的基本经验

中国近代的侵权损害赔偿建设，历时大约四十年，完成了中国侵权损害赔偿从封建性质的法律向近现代化发展的变革，是卓有成效的。其中最值得借鉴的经验，有以下几点：

第一，有一个正确的立法宗旨做指导，保证立法既实现了法律体系的变革，又能够结合中国的实际情况。其中的典型代表就是清代制定民法典的立法宗旨，即“注重世界最普通之法则，原本后出最精之法理，求最适于中国民情之法则，期于改进上最有利益之法则”。首先，是这个立法宗旨本身的价值。不管他们在实际上做得怎样，但是制定了这样一个十分进步的立法宗旨，就是一个重大的成果。其次，3次立法草案的制定，基本上体现了这个立法宗旨，其中在侵权损害赔偿的立法中，基本上使中国的侵权损害赔偿完成了从中华法系的封建性质到资本主义性质的转变，使之实现了现代化。这种立法经验，对于过去和现在，都是有借鉴意义的。尤其是这种立法宗旨，体现了借鉴国外先进立法经验与实际国情的结合，科学的法理与立法价值趋向的结合，更值得我们借鉴。

第二，立法者具有实现变革的勇气和气概，使侵权损害赔偿实现了革命性的变化。应当看到，中国古代的侵权损害赔偿立法已经延续了几千年，可以说是根深蒂固，深入人心，有深厚的基础。在这样的基础上进行立法的革新，其难度之大是可想而知的。正是在这种精神的指导下，无论是清末的法律编制者，还是民国的法律起草者，都敢于借鉴国外的先进立法，吸收科学的民法法理，摒弃古代侵权损害赔偿的旧有体系，实现革新和变革，创设具有时代气息的民法典以及其中的侵权损害赔偿。试想，如果不是有这样的勇气和气概,怎么会一下子就把根深蒂固的古代侵权损害赔偿彻底抛弃,使中国的侵权损害赔偿一下子就与世界各国的先进立法拉近距离,甚至在某些方面赶上或者超过了他们呢?

第三,敢于借鉴国外的立法经验,跟上侵权损害赔偿发展的历史潮流。中国的法律史,本来是一部封闭的历史。中国的侵权损害赔偿也是一部封闭的法律,几千年来按照自己的逻辑在发展,排斥外来的经验和影响。在这样的一种形势下,在侵权损害赔偿的建设上,要完全打破自己的体系,与国外的立法模式"接轨",其难度是可想而知的。但是,就是在这种形势下,立法者终于打破了中国侵权损害赔偿的封闭体系,借鉴日本、德国等国家立法的经验,建立了与世界立法潮流相一致的立法,使中国侵权法融入到大陆法系之中。

当然,中国在20世纪前50年的侵权法的立法中,也还有很多的缺陷,不是十全十美的。其一,立法抄袭的痕迹较重,在整个侵权损害赔偿的立法中,所有的条文几乎都是抄自日本和德国,自己的特色不够多。在《大清民律草案》《民国民律草案》和《中华民国民法》3部法律及草案中,侵权损害赔偿的变化主要是在债法体系中的位置的变化,以及个别的词语上的变化,在实质内容上没有根本的变化。尽管有抄袭的痕迹,但最终确立的我国近代侵权损害赔偿是适合我国国情的。直至今天,我国台湾地区仍然在使用这个侵权损害赔偿,改动并不多。这说明,中国近代侵权损害赔偿的立法是成功的。其二,在借鉴的内容上,借鉴的范围不够宽,借鉴日本、德国的立法经验过多,没有在世界各国的范围内做普遍的比较,择优借鉴,因而,中国近代侵权损害赔偿形成了"血统"较纯的特点,但是对其他法系的成熟经验没有吸取,尤其是对英美法系侵权损害赔偿的优势借鉴不够。其三,立法创造性不够,近代侵权损害赔偿是在打破了中华法系固有的立法封闭体系之后,直接走入了大陆法系侵权损害赔偿的封闭体系,在固守大陆法系侵权损害赔偿的立场上,缺少更大的发挥和创新。

第三章　侵权损害赔偿归责原则

归责原则是侵权损害赔偿理论的核心问题，在民事审判实践中也起着非常重要的作用。《侵权责任法》第6条和第7条规定了我国侵权损害赔偿的归责原则体系。加强对侵权损害赔偿归责原则的研究，准确掌握归责原则的含义，无论是对侵权损害赔偿理论的发展，还是对民事审判实践的指导，都具有非常重要的意义。

第一节　归责原则及其体系

一、归责原则的概念

（一）归责的概念和意义

所谓“归责”，是指行为人因其行为和物件致他人损害的事实发生以后，应依何种根据使其负责。此种根据体现了法律的价值判断，即法律应以行为人的过错还是应以已发生的损害结果为价值判断标准，抑或以公平考虑等作为价值判断标准，而使行为人承担侵权损害赔偿。①

从侵权法的意义上来研究归责概念，应当包含

---

①　王利明：《侵权法归责原则研究》，中国政法大学出版社1992年版，第17～18页。

以下三层意义：

第一，归责的根本含义是确定责任的归属。归责的根本含义，是决定侵权行为造成损害的赔偿责任的归属，即决定何人对侵权行为的损害结果承担赔偿责任。归责，就是将侵权行为所造成的损害后果归于对此损害后果负有责任的人来承担。如果没有归责的过程，侵权行为所造成的损害后果就没有人来承担，受害人的损害就没有办法得到救济，侵权行为人的民事违法行为就不能得到民法的制裁。

第二，归责的核心是标准问题。归责的核心，是决定何人对侵权行为的结果承担责任时应依据何种标准。这种标准，是某种特定的法律价值判断因素。侵权损害赔偿归属的标准和依据，就是法律所确认的法律价值判断因素。这种法律价值判断因素，在立法者看来有两个，即过错因素和损害因素。侵权行为的归责，就是针对侵权行为的不同情况，分别依据这两种不同的法律价值判断因素，将赔偿责任归属于对此损害负有责任的人来承担。

第三，归责与责任不同。归责是一个过程，而责任是归责的结果。如果将侵权行为的损害事实作为起点，将责任作为终点，那么，归责就是连接这两个点的过程。因此说归责是一个复杂的责任判断过程，责任则是归责的结果。归责只是为责任是否成立寻求根据，并不以责任的成立为最终目的。①

（二）归责原则的概念

归责原则，是指确定侵权行为人承担侵权损害赔偿责任的一般准则，它是在损害事实已经发生的情况下，为确定侵权行为人对自己的行为所造成的损害是否需要承担民事赔偿责任的原则。换言之，侵权法的归责原则是归责的规则，是确定行为人侵权责任的根据和标准，也是贯彻于侵权法中并对各个侵权法规范起着统率作用的立法指导方针。一定的归责原则直接体现了立法目的，同时又集中表现了侵权法的规范功能。

---

①　王利明：《侵权法归责原则研究》，中国政法大学出版社1992年版，第18页。

二、归责原则体系

（一）对我国侵权损害赔偿归责原则体系的不同主张

在确认我国侵权法究竟由几个归责原则构成的问题上，学界有不同的看法，理论上有很大的争论。主要意见是：

1. 一元论观点

这种主张认为，侵权法只有一个归责原则，即过错责任原则；单一的过错责任原则体系，构造主观式的民事责任制度的和谐体系。①王卫国教授在他的《过错责任原则——第三次勃兴》一书中，详细阐述了他的观点。

2. 二元论观点

这种主张认为，“在相当的历史时期内，侵权法的归责原则将是二元制，即过失责任原则与无过错责任原则并存”。而公平责任“多半是赔偿标准问题而不是责任依据问题。所以，它能否作为一种独立的归责原则还大有探讨余地”。②

3. 三元论—A 观点

这种主张认为，我国民事法律制度中同时存在三个归责原则：一般侵权损害适用过错责任原则，特殊侵权损害适用无过错责任原则，无行为能力的人致人损害而监护人不能赔偿的特别案件适用公平责任原则。③刘淑珍在《试论侵权损害的归责原则》一文中提出这种观点，为多数学者所采纳。也有的认为我国的侵权损害赔偿归责原则为三种归责原则、四种表现形式：（1）过错责任原则有两种表现形式，一般的过错责任原则和推定的过错责任原则；（2）无过错责任原则；（3）公平责任原则。④

4. 三元论—B 观点

这种主张认为，侵权法归责原则为过错责任原则、过错推定原

---

① 张佩霖：《也论侵权损害的归责原则》，载《政法论坛》1990 年第 2 期。

② 米健：《现代侵权法归责原则探索》，载《法学研究》1985 年第 5 期。

③ 刘淑珍：《试论侵权损害的归责原则》，载《法学研究》1984 年第 4 期。

④ 杨立新：《侵权法论》（第 1 版），吉林人民出版社 1998 年版，第 135 页。

则和公平责任原则,无过失责任不是一种独立的归责原则。[①]

5. 三元论—C 观点

这种主张认为,侵权损害赔偿归责原则体系是由过错责任原则、过错推定责任原则和无过错责任原则三个归责原则构成的,将过错推定责任原则作为一种单独的归责原则,将公平责任不再作为一种独立的归责原则,它只是一种侵权损害赔偿形态。[②]

(二)主张"三元论—C 观点"的理由

我主张第五种观点的理由是:

1. 关于过错责任原则

过错责任原则是我国侵权法的基本归责原则,是主要的归责原则。它调整一般侵权行为的责任归属问题。对此,学说上没有任何反对意见。《侵权责任法》第 6 条第 1 款明确规定了过错责任原则。

2. 关于过错推定原则

过错推定原则从本质上说也是过错责任原则,其价值判断标准和责任构成要件也都与一般的过错责任原则的要求是一致的。王利明教授在他的《侵权法归责原则研究》一书中第一次将过错推定责任作为一个独立的归责原则进行论述。[③] 我们持这种意见的主要理由是:

第一,过错责任原则和过错推定原则的调整范围完全不同。一般的过错责任原则调整的侵权行为范围是一般侵权行为,而过错推定责任原则调整的不是一般侵权行为,而是一部分特殊侵权行为。

第二,过错责任原则和过错推定原则的举证责任不同。一般的过错责任原则,其举证责任由原告承担,而过错推定原则在证明主观过错要件上实行举证责任倒置,原告不承担举证责任,而是被告承担举证责任。

第三,过错责任原则与过错推定原则适用法律并不相同。依据一般的过错责任原则处理侵权案件,适用侵权行为一般条款,原来

---

① 王利明:《侵权法归责原则研究》,中国政法大学出版社 1992 年版,第 30 页。

② 杨立新:《简明类型侵权法讲座》,高等教育出版社 2003 年版,第 95 页。

③ 王利明:《侵权法归责原则研究》,中国政法大学出版社 1992 年版,第 30 页。

的《民法通则》是第106条第2款,《侵权责任法》则为第6条第2款;而审理过错推定原则的侵权案件适用《侵权责任法》第四章之后特殊侵权责任的特别条款,并不适用侵权行为一般条款的规定。

第四,适用过错责任原则和适用过错推定原则的侵权损害赔偿形态不同。适用过错责任原则的侵权行为是一般侵权行为,其侵权损害赔偿形态是自己责任。而适用过错推定原则的侵权行为是特殊侵权行为,其责任形态是替代责任。

第五,从历史的角度观察,这两个归责原则也是不同的。在过错责任原则诞生之时,就分为两种不同形式,做出不同的规定,调整不同的侵权案件。这就是《法国民法典》第1382条和第1384条的规定,前者是过错责任原则,后者是过错推定原则。对此,《侵权责任法》第6条也是分开规定的。

因此可以确定,过错推定原则与过错责任原则是有区别的。将过错推定原则独立起来,作为一个单独的归责原则,具有积极的意义。

3. 关于无过错责任原则

无过错责任原则是一个独立的归责原则,它调整的范围也与过错责任原则、过错推定原则不同,独立地调整着部分特殊侵权行为的责任归属,具有独立存在的价值。尽管有反对的意见,①但是通说并不否认它是一个独立的归责原则。

无过错责任原则是一个独立的归责原则。它不仅有原来的《民法通则》第106条第3款以及《侵权责任法》第7条的法律规定作为依据,同时,它调整的范围也与过错责任原则和过错推定原则不同,独立地调整着产品责任、环境污染责任、高度危险责任、饲养动物损害责任等侵权损害赔偿的责任归属。如果不认为它是一个独立的归责原则,那么产品责任、环境污染责任、高度危险责任、饲养动物损害责任等侵权损害赔偿的确定将由什么归责原则调整呢?

认为无过错责任原则不是一个独立的归责原则的论据,一是它与过错责任原则相对立,二是它只是过错责任原则的补充性规定。

---

①　王利明:《侵权法归责原则研究》,中国政法大学出版社1992年版,第129页。

这种观点的不当之处,就在于对这两个归责原则的关系认识不正确。这种观点认为,确定一个行为人应否承担民事责任,首先应依照过错责任原则衡量,如果确认行为人无过错,再考虑法律是否规定无过错也应赔偿;如果有明文规定,那么就按无过错责任来确定其应承担侵权损害赔偿。我们认为,法律确定无过错也应当承担民事责任,那么,在这一个范围内的侵权行为就不再由过错责任原则调整,而由无过错责任原则调整,只要符合这一法律规定,则行为人无论有无过错都应承担民事责任。这样一来,无过错责任原则不仅不与过错责任原则相对立,而且也有了独立的地位,而不只是作为过错责任原则的补充。这一点从《民法通则》第 106 条第 2 款和第 3 款的规定就可以看出来,这两款是并列的,其中没有任何根据可以认为第 3 款是第 2 款的补充。也有人认为,无过错责任原则只调整一部分侵权行为的责任归属,因而不适于作为一个独立的归责原则。学者指出:“我们没有必要从某一个归责原则起作用的范围之大小(或说适用于多少种类的侵权行为)而确认其为原则或否认其为原则。”①这种说法是正确的。《侵权责任法》第 7 条明确规定:“行为人损害他人民事权益,不论行为人有无过错,法律规定应当承担侵权责任的,依照其规定。”这一条文确认无过错责任原则是独立的归责原则。

有人认为,美国侵权法中的严格责任不是无过错责任原则。对此,我专门到美国进行过调查,通过对侵权法专家和法官的访问,他们认为,美国侵权法中的严格责任就是无过错责任原则,对此不应当有疑问。②

4. 关于公平责任原则

公平责任原则不能作为一个独立的归责原则,理由是:

第一,《民法通则》并没有规定公平责任原则是一个归责原则。从立法上说,《民法通则》对其做出规定的位置并不是规定归责原则

---

① 张新宝:《中国侵权法》,中国社会科学出版社 1995 年版,第 45 页。

② 杨立新主编:《中华人民共和国侵权责任法草案建议稿及说明》,法律出版社 2007 年版,第 452 页。

的地方。《民法通则》规定民事责任归责原则是在第 106 条。其中第 1 款规定的是合同责任的归责原则,第 2 款规定的是侵权损害赔偿的过错责任原则,第 3 款规定的是无过错责任原则。在这个条文中没有规定公平责任原则。相反,规定所谓的公平责任原则的条文是第 132 条,是在《民法通则》规定侵权损害赔偿具体内容的位置,而且是在就要结束侵权行为规定的位置规定的公平责任。这样的立法方法说明,法律并不认为它是一个归责原则。《侵权责任法》仍然坚持这样的立场,将公平责任分担规定在第二章的侵权损害赔偿具体内容的部分之中。这些都说明,法律并不承认所谓的公平责任原则是归责原则。

第二,调整的范围过于狭小且不属于严格的侵权行为。即使是就所谓的公平责任原则在实际中适用的范围而言,也不是典型的侵权行为。所谓的公平责任原则“调整”的侵权行为,是对于损害的发生,加害人没有过错,受害人也没有过错的情形,其实这种情形并不是严格意义上的侵权行为,而仅仅是在侵权法中视为侵权纠纷处理的一种特殊情况。一个“归责原则”调整这样狭小的范围,并且不是一个严格意义上的侵权行为,这个“归责原则”的地位还不值得怀疑吗?

第三,在实践中双方都无过错的损害纠纷并非一律适用这个规则。在司法实践中,也并不是所有的侵权纠纷案件中,凡是双方当事人均无过错的,就一定要由“公平责任原则”调整,由双方当事人公平分担责任。例如,“中学生玩足球射门致伤守门员眼睛免除责任”案。原告无为和被告留波系某中学同学,某日在校,利用午休时间与其他数名同学在学校操场上踢足球。原告做守门员,被告射门,足球经过原告的手挡之后,打在原告左眼,造成伤害。北京同仁医院诊断为,左外伤性视网膜脱离,经行左网膜复位术,网膜复位,黄斑区前膜增殖,鉴定为十级伤残。原告以留波和所在学校为共同被告起诉,请求人身赔偿损害。北京市石景山区人民法院认定,足球运动具有群体性、对抗性及人身危险性,出现人身伤害事件属于正常现象,应在意料之中,参与者无一例外地处于潜在的危险之中,既是危险的潜在制造者,又是危险的潜在承担者。足球运动中出现的正当危险后果是被允许的,参与者有可能成为危险后果的实际承担者,而正当危险的制造者不应为此付出代价。留波的行为不违反运动规则,不存在过失,不属侵权行为。此外,学校对原告的伤害发生没有过错。故驳回原告的诉讼请求。这样的判决是正确的,但是它并没有适用所谓的"公平责任原则"。这也说明这个"归责原则"并不是真正的归责原则。

因此,我国《侵权责任法》的归责原则体系是由过错责任原则、过错推定原则和无过错责任原则三个归责原则构成,各自调整着不同的侵权行为。

三、研究侵权损害赔偿归责原则的意义

侵权损害赔偿归责原则是侵权法的统帅和灵魂,也是侵权法理论的核心。

研究侵权损害赔偿归责原则的重要意义在于:第一,在侵权法中,归责原则是侵权法的核心规则,是侵权法的灵魂,侵权法的一切规则都建筑在归责原则的基础之上。第二,在理论上,研究侵权法,首先必须研究归责原则,在此基础上,才能够进一步展开全面研究。没有搞清楚侵权损害赔偿归责原则,就没有掌握侵权损害赔偿法理论的钥匙,就不能打开侵权法理论的大门。第三,司法实务工作者正确处理侵权纠纷案件,首先也必须准确掌握侵权法的归责原则,不然就无法确认各类侵权损害赔偿纠纷责任的性质,无法给侵权纠纷案件予以定性,也就无法正确适用法律。第四,对于广大人民群众而言,掌握侵权损害赔偿归责原则,有助于保护自己的合法权益,在受到损害的时候,能够保证及时得到赔偿。例如,"汽车风挡玻璃突然爆裂产品侵权责任"案。某甲驾驶进口吉普车从厦门到福州的高速公路上行驶,时速110公里。快到福州时,汽车的前右侧风挡玻璃突然爆裂,高压气流从裂口处冲至坐在副驾驶员座位上的某乙胸口,致其昏迷。立即停车后,某甲截住其他车辆将某乙送往医院抢救。某乙因抢救无效而死亡,死因为内脏爆震伤。交通管理部门勘查事故现场,在现场未发现任何外力致风挡玻璃爆裂的原因,初步鉴定意见为风挡玻璃因自身原因发生爆裂。经与该吉普车生产

厂家的代表协商,厂家代表认为没有外力原因汽车风挡玻璃不会爆裂,因此拒绝承担责任,与某乙的近亲属发生争执。经协商,双方签署协议,物证先由厂家代表保存,待双方共同委托鉴定机构进行玻璃质量鉴定。当晚,厂家代表将该风挡玻璃空运回国,经过本厂技术部门鉴定,认为该风挡玻璃没有质量问题,遂回到中国后,拒绝任何赔偿请求。原告起诉,认为被告撕毁协议,自行进行鉴定,致使风挡玻璃质量问题无法继续鉴定,请求被告承担侵权责任。一审法院判决认为,原告在起诉和诉讼过程中,没有举出证据证明被告在该事故中有过错,因此无法认定被告的行为构成侵权责任,故判决驳回原告的诉讼请求。原告上诉。终审法院判决认为,本案的性质是产品侵权责任,应当适用无过错责任原则,原告不承担被告过错的举证责任,原审据此驳回原告的诉讼请求不当;本案的因果关系要件,由于被告破坏协议自行进行物证鉴定,致使无法确认,因此推定原告的死亡与被告的风挡玻璃缺陷有因果关系,被告没有举出证据证明自己的玻璃质量没有缺陷,与死者的死亡后果没有因果关系,因此因果关系推定成立,判决被告应当承担侵权责任。本案的性质属于产品侵权责任,适用无过错责任原则归责。一审法院判决适用过错责任原则归责,适用归责原则错误,因此导致了本案的错判。二审法院适用无过错责任原则归责,同时解决了因果关系的认定问题,因此较好地解决了本案的适用法律问题,创造了一个在归责原则适用上极具说服力的典型案例。

之所以这样来提出问题和认识问题,就是因为,归责原则除了在理论研究上的重要意义外,在司法实务上,更是处理侵权纠纷的基本准则,尤其是在侵权立法不甚完备的情况下,充分发挥侵权法归责原则的功能,具有更为重要的意义。

四、侵权责任归责原则的法律适用方法

在三个归责原则上,只有过错责任原则即《侵权责任法》第 6 条第 1 款规定,是确定一般侵权责任构成要件的规范,是一般侵权责任请求权的法律基础,因此,确定一般侵权责任,除非分则性规定有特别规定者,均须引用该条款确定侵权责任。而过错推定原则即

《侵权责任法》第6条第2款规定和无过错责任原则即第7条规定,并不提供侵权请求权的法律基础,而只是指引性的、概括性的条文,具体指向分则中以及其他侵权特别法中,明确规定适用过错推定原则或者无过错责任原则的侵权责任法规范,这些具体的法律规范,才规定该种特殊侵权责任的责任构成,提供侵权请求权的法律基础。因此,判决适用过错推定原则和无过错责任原则的侵权案件,不必援引第6条第2款或者第7条规定。特别法规定的特殊侵权责任,除了分则的特别规定之外,适用过错推定原则的特别法规定,如《道路交通安全法》第76条;适用无过错责任原则的特别法规定,如《劳动法》《工伤保险条例》以及最高人民法院的相关司法解释。

第二节　过错责任原则

一、过错责任原则的概念和发展

过错责任原则,是以过错作为价值判断标准,判断行为人对其造成的损害应否承担侵权损害赔偿责任的归责原则。《侵权责任法》第6条规定:"行为人因过错侵害他人民事权益,应当承担侵权责任。"这里规定的就是过错责任原则。

一般侵权行为引起的损害赔偿案件,应当由主观上有过错的一方承担赔偿责任。主观上的过错是损害赔偿责任构成的必备要件之一,缺少这一要件,即使加害人的行为造成了损害事实,并且加害人的行为与损害结果之间有因果关系,也不承担赔偿责任。

早期的成文法采取加害原则,也叫作结果责任原则,即行为人致他人以损害,无论其有无过错,只要有损害结果的存在,就都应承担赔偿责任。这一原则的不合理性,就在于对造成的损害不加区分,使正当行使权利造成他人损害的人也须承担民事责任。

在历史上出现过错责任原则的萌芽,是罗马法时代。在《十二铜表法》有关私犯的条文中,就有多处使用了过失的概念。到12世纪,罗马法学者正式提出了应把过失作为赔偿责任的标准,过错责任原则开始萌芽。

过错责任原则作为侵权损害赔偿责任的一般归责原则，最早出现在1804年第一部民法典《法国民法典》中。100年后的《德国民法典》也接受并采用了过错责任原则。在以后的时间里，各国民法都陆续确认这一归责原则。在英美法，侵权法的初期采取程序诉讼制度，具体的侵权行为的赔偿要进行具体的诉讼程序，没有过失的概念。直至晚近，英美法才在法院的判例中创设出过失的概念，接受了过错责任原则。①

二、《侵权责任法》确定过错责任原则的意义

传统民法采用过错责任原则的原因是，在资本主义自由竞争时期，民事主体需要保持行使权利的绝对性，不能受到任何限制；而行使权利就不可避免地会损害他人的利益，所以要用过错这个价值判断标准作为侵权损害赔偿责任构成的必要条件。实行过错责任原则，能够保证行为自由，只要行为人尽到注意义务，即使是造成损害也可不必负责，因而鼓励资产阶级大胆地放手搞改革创新，有利于生产力和社会的发展。

王泽鉴先生在总结过错责任原则的历史意义时指出：第一，过错责任原则在道德观念上，确认个人就自己的过失行为所肇致的损害，应负赔偿责任，乃正义的要求；反之，如果行为非出于过失，行为人已尽注意之能事时，在道德上无可非难，应不负侵权损害赔偿。第二，过错责任原则在社会价值上，任何法律必须调和“个人自由”与“社会安全”两个基本价值，过失责任被认为最能达成此项任务，因为个人如果已尽其注意，即得免负侵权损害赔偿，则自由不受束缚，聪明才智可得发挥。人人尽其注意，一般损害亦可避免，社会安全亦足维护。第三，过错责任体现人的尊严，过失责任肯定人的自由，承认个人抉择、区别是非的能力，个人基于自由意思决定，从事某种行为，造成损害，因其具有过失，法律予以制裁，使其负赔偿责

---

① 王泽鉴：《侵权法》（第1册），三民书局1999年版，第13页。

任,最足表现对个人尊严的尊重。①

我国民法立法和理论也把过错责任原则作为侵权法最基本的归责原则,其根本目的,就是保护民事主体的人身权利和财产权利不受侵犯,保护民事主体的权利能够平等、自由地行使。我国《侵权责任法》通过第2条规定,把过错责任原则以法律的形式固定下来。过错责任原则作为侵权法的基本归责原则,是通过对因自己的过错而致国家、集体利益和他人合法权益以损害的不法行为人,强加包括赔偿损失在内的民事责任,以保护自然人和法人的人身权利和财产权利,教育公民遵纪守法,促进精神文明建设和物质文明建设,并预防和减少侵权行为的发生。

三、过错责任原则的含义

在我国侵权法中,过错责任原则的含义是:

第一,过错责任原则的性质是主观归责原则。过错责任原则要求在确定侵权行为人的责任时,要依行为人的主观意思状态来确定,而不是依行为的客观方面来确定,依此,就使过错责任原则与加害责任以及其他客观责任区别开来。加害原则是以受害人所受损害作为归责的价值判断标准,早已被历史淘汰。在现代侵权法中,无过错责任原则仍然是依客观损害事实与违法行为之间的因果关系作为归责的价值判断标准,但这是例外情形。过错责任原则与它们都不相同,是以行为人在主观上有无过错作为归责的绝对标准。行为人在主观上没有可非难性,就不承担赔偿责任,除此没有其他标准。

第二,以过错作为侵权损害赔偿的必备构成要件。构成法律上的责任,必须具备法律所规定的一切要件。在适用过错责任原则的场合,行为人的主观过错是必备要件之一。如果行为人在主观上没有过错,就缺少必备的构成要件,就不能构成侵权损害赔偿。

第三,以过错为责任构成的最终要件。德国学者耶林指出:“使人负损害赔偿的,不是因为有损害,而是因为有过失,其道理就如同

---

① 王泽鉴:《侵权法》(第1册),三民书局1999年版,第14页。

化学上之原则，使蜡烛燃烧的，不是光，而是氧，一般的浅显明白。”[①]这一论述精彩地描绘了过错要件在侵权损害赔偿构成中的最终的决定地位。过错责任原则以过错作为法律价值判断标准，就不仅仅要求将过错作为侵权损害赔偿构成的一般要件，而且要求将过错作为决定侵权损害赔偿构成的最终的、决定的要件。只有这样，才能彻底贯彻“无过失即无责任”的精神，将过错作为最后的和最基本的构成要件加以考察，最终确定侵权损害赔偿应当由谁来承担。

四、过错责任原则的适用规则

在实践中适用过错责任原则的规则是：

（一）适用范围

过错责任原则适用于一般侵权行为。确定的标准，是只有在法律有特别规定的情况下，才不适用过错责任原则，即特殊侵权行为不适用过错责任原则。

（二）责任构成要件

适用过错责任原则确定赔偿责任，其构成要件是四个，即违法行为、损害事实、违法行为与损害事实之间的因果关系、主观过错。这四个要件缺一不可。

（三）举证责任

适用过错责任原则，在举证责任上按照民事诉讼的基本规则进行，即原告举证。原告要对自己的主张承担全部的举证责任，举证不足或者举证不能，应当承担败诉的结果。在适用过错责任原则的场合，被告原则上不承担举证责任，除非被告提出了自己的积极主张，例如，提出原告的过错及其行为是致害发生的原因，则需要自己举证证明自己的主张成立。

（四）责任形态

适用过错责任原则的侵权行为是一般侵权行为，因此，其责任

---

① 转引自王泽鉴：《民法学说与判例研究》（第2册），中国政法大学出版社1998年版，第144～145页。

形态都是自己责任,行为人对自己的行为承担责任,不实行替代责任。

第三节　过错推定原则

一、过错推定原则的概念和发展

过错推定原则,是指在法律有特别规定的场合,从损害事实的本身推定加害人有过错,并据此确定造成他人损害的行为人承担赔偿责任的归责原则。《侵权责任法》第 6 条第 2 款规定:"根据法律规定推定行为人有过错,行为人不能证明自己没有过错的,应当承担侵权责任。"

所谓推定,是指法律或法官从已知的事实推论未知事实而得出的结果,实际上就是根据已知的事实对未知的事实进行推断和认定。[①] 过错推定,也叫过失推定,在侵权法,就是受害人在诉讼中,能够举证证明损害事实、违法行为和因果关系三个要件的情况下,推定加害人有过错,如果加害人不能证明对于损害的发生自己没有过错,那么,被告在致人损害的行为中有过错的推定就成立了,并就此承担赔偿责任。

过错推定原则的发展历史可以上溯到罗马法时期。早在古罗马法的根本训条"对偶然事件谁也不负责任""偶然事件应落在被击中者的身上"当中,就已经包含着过错推定的萌芽。[②] 在罗马法的一些条文中确实有过错推定的内容。

17 世纪,法国法官多马特(Domat)创造了过错推定理论。他在《自然秩序中的民主》一书中详细论述了代理人的责任、动物致害责任和建筑物致害责任,提出对这些责任都应当采取推定的方式来确定侵权损害赔偿。在他的理论影响下,《法国民法典》首先在第 1384 条确认过错推定原则。20 世纪初期,过错推定原则有了新的

---

① 参见《法国民法典》第 1349 条规定的内容。

② 王卫国:《试论民事责任的过错推定》,载《法学研究》1982 年第 5 期。

发展。在1925年让德尔诉卡勒里·拜尔福戴斯案的判决中，最高法院明确指出，民法典第1384条第1款确定了过错推定制度。[①] 在德国的普通法时代，德国法院在实务上就采取过错推定原则。在制定民法典时，立法者反对将无过错责任原则写进条文之中，将雇佣人责任、动物致人损害、地上工作物致害等责任都规定为适用过错推定原则。在同一时期，英国的判例法也已经形成了比较系统的过错推定制度，如事故损害，只需证明事故发生的原因是处于被告操纵之下，便足以推定被告的过错责任。

在当代，过错推定原则已被各国立法所确认。有的国家立法将过错推定原则称为过错责任与严格责任之间的中间责任。

二、过错推定原则的意义

适用过错推定原则的意义，在于在坚持过错责任原则的情形下，通过过错推定而使受害人处于有利的诉讼地位，加重加害人的责任，切实地保护受害人的合法权益，有效地制裁民事违法行为，促进社会和谐。

适用过错推定原则，从损害事实中推定行为人有过错，那么就使受害人免除了举证责任而处于有利的地位，而行为人则因承担举证责任而加重了责任，因而更有利于保护受害人的合法权益。同时，行为人也可以自己举证证明自己没有过错而免责，因此，也不失正义、公允。正因为过错推定原则具有这些优越性，因此它才随着侵权法理论的发展而发展，经久不衰，日臻完善，成为侵权法的归责原则之一。

三、适用过错推定原则的规则

（一）适用范围

过错推定原则适用范围的一般规则是一部分特殊侵权行为：（1）监护人责任，《侵权责任法》第32条规定；（2）用人者责任，《侵

---

① 转引自王利明：《侵权法归责原则研究》，中国政法大学出版社1991年版，第60～61页。

权责任法》第34条和第35条规定的侵权责任;(3)违反安全保障义务的侵权行为;(4)无民事行为能力人在学校受到伤害的责任,《侵权责任法》第38条规定;(5)动物园的动物损害责任,《侵权责任法》第81条规定;(6)物件损害责任,《侵权责任法》第十一章规定的侵权责任类型;(7)在机动车交通事故责任中,按照新修订的《道路交通安全法》第76条规定,机动车造成非机动车驾驶人或者行人人身损害的,也适用过错推定原则,工伤事故不适用过错推定原则。

(二)责任构成要件

在适用过错推定原则确定侵权损害赔偿时,其侵权损害赔偿的构成与适用过错责任原则没有原则的变化,仍须具备损害事实、违法行为、因果关系和主观过错这四个要件。

(三)举证责任

在过错推定原则适用的场合,举证责任有特殊规则:

第一,原告举证。原告起诉应当举证证明三个要件:一是违法行为;二是损害事实;三是因果关系。原告承担这三个要件的证明责任。

第二,过错实行推定。这三个要件的举证责任完成之后,法官直接推定被告有过错,不要求原告提供行为人在主观上存在主观过错的证明,不必举证,而是从损害事实的客观要件以及它与违法行为之间的因果关系中,推定行为人主观上有过错。

第三,举证责任倒置。在主观过错的要件上,实行举证责任倒置。如果被告认为自己在主观上没有过错,则须自己举证,证明自己没有过错;证明成立者,推翻过错推定,否认行为人的侵权损害赔偿。

第四,过错推定后果。被告如果证明不足或者不能证明自己没有过错的,则推定过错成立,侵权损害赔偿构成,行为人应当承担侵权民事责任。

(四)侵权责任形态

在适用过错推定原则的侵权行为中,行为人承担的责任形态基本上是替代责任,包括对人的替代责任和对物的替代责任,一般不适用自己责任的侵权责任形态。

第四节　无过错责任原则

一、无过错责任原则的概念和发展

无过错责任原则,是指在法律有特别规定的情况下,以已经发生的损害结果为价值判断标准,由与该损害结果有因果关系的行为人,不问其有无过错,都要承担侵权赔偿责任的归责原则。《侵权责任法》第7条规定:"行为人损害他人民事权益,不论行为人有无过错,法律规定应当承担侵权责任的,依照其规定。"这里规定的就是无过错责任原则。

很多学者指出,《民法通则》第106条第2款规定无过错责任原则,要求行为人没有过错,法律规定应当承担侵权责任的,应当承担侵权责任,并没有准确地反映无过错责任原则的真实含义。其理由是,无过错责任仅仅是不考虑过错的责任,而不是没有过错的责任。至于责任人是不是有过错,是不一定的。而这个条文的写法则是宣称行为人"没有过错的时候才承担责任"。[①] 这个批评意见是正确的。无过错责任原则还称为严格责任、危险责任或者风险责任。其真实含义,就是不问过错,只要是法律规定的场合,行为人的行为造成了受害人的损害,具备了法律规定的要件,不论行为人是否有过错,都应当承担侵权损害赔偿责任。《侵权责任法》第7条已经纠正了这个错误。

事实上,无过错责任原则就是严格责任。严格责任的"严格",就是不考虑行为人的过错因素,而是就行为的后果论责任。那种将严格责任和无过错责任原则对立起来的观点,既无法律依据,也无客观基础。

无过错责任原则是伴随着社会化大生产的迅速发展,尤其是大型危险性工业的兴起而产生和发展起来的。

---

① 杨立新:《民法判解研究与适用》(第七集),人民法院出版社2004年版,第181页。刘士国教授在云南丽江民法典国际研讨会上发表的这个意见,是大家都赞成的。

在资本主义初期,实行过错责任原则,行为人对造成的损害结果,只有在自己有过错的情况下,才承担侵权赔偿责任。因此,在自由资本主义时期,具有高度危险性的工业企业大规模兴建,在事故造成的损害面前,受害人必须证明事故的责任者即工厂主在主观上有过错后才能获得赔偿。而拘泥于过错责任原则的后果,在事实上剥夺了工人的一切保护,不仅受害人无法证明工厂主造成工业事故的"过错",而且工厂主也会利用过错责任原则,借口"无过失"而拒绝赔偿受害人的损失,使工厂主几乎不可能败诉。在这种情况下,侵权法一方面坚持过错责任原则;另一方面例外地就特殊损害事故承担无过错责任,在立法上出现了无过错责任或者严格责任的规定,即在特定的情况下,即使致人损害的一方没有过错,也应承担赔偿责任。

首先确认无过错责任原则的是普鲁士王国。它在1838年制定《铁路企业法》时承认了这一原则;翌年,又制定《矿业法》,把这一原则从铁路企业扩大到矿害方面。在德国,1872年曾制定《国家责任法》,规定经营矿山、采石场及工厂者,对其所雇佣的监督者和工头的过失致劳工损害的,在一定范围内负损害赔偿责任而不管雇主有无过失。严格地说,这种无过错责任并不彻底,因为还要受害人证明监督者和工头的过错。1884年,德国制定了《劳工伤害赔偿法》,规定了工业事故社会保险制度,真正确立了事故责任的无过错责任制度。法国在1898年制定了《劳工赔偿法》,规定了工业事故的无过错责任。英国政府在1880年制定了《雇主责任法》,多次修改《工厂法》,逐渐加重了雇主的责任。1897年制定《劳工补偿法》,规定在即使存在"共同过失"的情况下,即受害的雇员及其同伴或者第三人对损害的发生有过失,而雇主无过失,雇主仍应对雇员在受雇期间所受的损害承担赔偿责任。在美国,也先后用特别立法或者判例等方法,确认了这一原则,使之成为一个通行的归责原则。

我国民事立法确立无过错责任原则的根本目的,在于切实地保护人民群众人身、财产安全,更好地保护民事主体的合法权益,促使从事高度危险作业和危险行为的人、产品制造者和销售者、环境污染的制造者以及动物的饲养人、管理人等行为人,对自己的工作予以高度负责,谨慎小心从事,不断改进技术安全措施,提高工作质量，尽力保障周围人员、环境的安全，一旦造成损害，能迅速、及时地查清事实，尽快赔偿人身损害和财产损失。

二、无过错责任原则的意义

适用无过错责任原则的意义，在于加重行为人的责任，使受害人的损害赔偿请求权更容易实现，受到损害的权利及时得到救济。在这一点上，可以在无过错责任原则与过错推定原则的比较中，得到证实。

在适用过错推定原则的情况下，受害人可以不必举证证明加害人的主观过错，而是在已经证明的损害事实中推定加害人的过错。这样，受害人就免除了证明加害人过错的举证责任，转而由加害人承担举证证明自己无过错的责任，对受害人的保护因此而比实行过错责任原则为优。在适用无过错责任原则的情况下，受害人当然更不用证实加害人的过错，在这一点上，无过错责任原则与过错推定原则相比，并没有不同；但是，在举证责任倒置的内容上，情况却大不一样：过错推定的举证责任在加害人，证明的内容是加害人自己没有过错；实行无过错责任原则，举证责任在加害人，证明的内容是损害系由受害人的故意或者重大过失所引起；加害人证明自己无过错，在实践中尚属可能；加害人证明损害是由受害人的故意或者重大过失所引起者，实属不易。这样相比，无过错责任原则对于受害人的保护来说，当然要比过错推定原则更为有利。应当注意的是，在实行无过错责任原则的时候，并不是所有的行为人都没有过错。在很多情况下，受害人都能够证明或者从损害事实中推定出他们的故意或者过失。法律确认无过错责任原则，是说明主观过错不是责任构成要件，行为人无论有无过错，都应当承担赔偿责任。这样一来，就将行为人置于严格的侵权损害赔偿的监督之下，把受害人置于更为妥善的保护之中。

三、适用无过错责任原则的规则

（一）适用范围

无过错责任原则适用于一部分特殊侵权行为。具体的范围是：

(1)产品责任;(2)环境污染损害责任;(3)高度危险责任;(4)饲养动物损害责任;(5)工伤事故责任,无论是工伤保险责任,还是雇主的工伤事故赔偿,都适用无过错责任原则。

应当注意的是,确定无过错责任原则的范围,应当特别注意"法律特别规定"。《侵权责任法》第7条规定,只有在法律有特别规定的时候,才能适用无过错责任原则。无过错责任原则以损害事实为根据,必须是在有法律明确规定的基础上,没有法律的特别规定,不得以损害事实作为侵权损害赔偿归责的标准。

(二)责任构成要件

适用无过错责任原则的侵权损害赔偿构成要件为三个,即违法行为、损害事实和因果关系。

在适用无过错责任原则的情况下,一方面由于决定责任构成的基本要件是谁造成了损害结果;另一方面由于主观过错不再是侵权损害赔偿的构成要件,因而,决定责任构成的基本要件是因果关系。当损害结果和违法行为之间具有因果关系时,侵权损害赔偿即为构成。

(三)举证责任

适用无过错责任原则的举证责任,也存在由被告承担,实行举证责任倒置的规则。具体的规则是:

第一,受害人即原告应当举证证明违法行为、损害事实和因果关系三个要件。对此,加害人不承担举证责任。

第二,在受害人完成上述证明责任以后,如果加害人即被告主张不构成侵权损害赔偿或者免责,自己应当承担举证责任,实行举证责任倒置。被告所要证明的不是自己无过错,而是受害人的故意或者重大过失是致害的原因,这也是无过错责任原则与过错推定原则的一个重要区别。

第三,行为人能够证明损害是由于受害人的故意或者重大过失所引起的,即可免除赔偿责任。

第四,加害人对上述举证责任举证不足或者举证不能,侵权损害赔偿即告成立,被告应承担侵权损害赔偿。

(四)侵权损害赔偿形态

适用无过错责任原则的侵权行为,其责任形态一般来说是替代责任,包括对人的替代责任和对物的替代责任。

（五）加害人过错的问题

在适用无过错责任原则的侵权行为中,法律只是不问加害人的过错。在现实中,大多数的无过错责任的侵权行为的行为人在行为时是有过错的,受害人可以提供证据加以证明。对此,可以实行以下规则:

第一,加害人的过错对于侵权损害赔偿的构成没有意义。因为凡是无过错责任原则适用的场合,在研究构成侵权损害赔偿时都是不问过错的。即使是加害人有过错,受害人已经证明,在这一环节也不加考虑。

第二,加害人的过错对于侵权损害赔偿的赔偿范围具有较大的决定作用。如果加害人确实没有过错,或者没有证明加害人的过错,那么,加害人的赔偿责任按照法律的一般规定确定,承担法律所要其承担的侵权赔偿责任。

第三,如果加害人对于损害的发生或者扩大具有过错,对于损害赔偿责任范围的确定,应当按照过错责任原则的要求进行,凡是与其过错行为有因果关系的损害结果,都应当予以赔偿。例如,产品侵权损害赔偿法律规定为无过错责任原则。产品侵权的责任人无过错造成损害,应当按照《民法通则》和《产品质量法》的规定予以赔偿。如果产品制造人对于缺陷产品是明知的,却予以销售,对于造成的损害就应当予以更高的赔偿,如应当予以惩罚性赔偿。

（六）无过错责任下的赔偿问题

在其他国家侵权法中,无过错责任下的赔偿问题,一般是限额赔偿,即由法律确定一个赔偿限额,受害人不能证明加害人的过错,则只能在该限额下请求赔偿。如果主张全部赔偿,则须证明加害人的过错,按照侵权行为一般条款确定过错责任而全部赔偿。例如,在德国,产品责任问题有两个请求权基础。第一个,是《德国民法典》第 823 条,是过错责任的请求权。第二个,是《产品责任法》,实行的是无过错责任原则。两种不同的请求权的区别在于,依据《德国民法典》第 823 条产生的请求权与依据《产品责任法》产生的请求权,在赔偿范围上不同。按照第 823 条的请求权,赔偿范围是一般侵权行为的赔偿范围,没有上限。而按照《产品责任法》产生请求权的侵权赔偿范围,最高限额为8500万欧元,即同一种缺陷产品全部的赔偿数额不得超过这个限额,所有的受害人从这个数额中平均受偿。我国《侵权责任法》没有这样的规定,即使是无过错责任,也是全部赔偿。因此,好像不存在这样的问题。但是,国务院2007年6月30日《关于核事故损害赔偿责任问题的批复》第7条规定:"核电站的营运者和乏燃料贮存、运输、后处理的营运者,对一次核事故所造成的核事故损害的最高赔偿额为3亿元人民币;其他营运者对一次核事故所造成的核事故损害的最高赔偿额为1亿元人民币。核事故损害的应赔总额超过规定的最高赔偿额的,国家提供最高限额为8亿元人民币的财政补偿。"这是我国有关无过错责任赔偿问题第一次做出的限额赔偿标准。在这种情况下,如果请求权人不能证明加害人的过错的,其请求权的法律基础就是该批复规定的标准,即限额赔偿标准;如果请求权人主张过错责任,其请求权法律基础是《侵权责任法》第77条规定:"承担高度危险责任,法律规定赔偿限额的,依照其规定。"这一规定基本上体现了这个精神,但并不全面。

第四章　侵权损害赔偿的构成要件

侵权损害赔偿责任的构成必须具备一定的条件，这些条件就是侵权损害赔偿责任的构成要件。从《中华人民共和国民法基本问题》开始，我国侵权法就认为侵权损害赔偿责任构成要件有四个，即损害事实的观客存在；损害行为的违法性；违法行为与损害事实之间的因果关系；行为人的过错。[①]《侵权责任法》第6条第1款虽然没有明确规定构成一般侵权损害赔偿责任的具体要件，但根据《侵权责任法》的基本立法精神和我国司法实践，这四个要件缺一不可，否则就不能认定构成侵权损害赔偿责任。构成特殊侵权损害赔偿责任，在无过错责任原则情况下，可以不具备过错的要件；在过错推定原则情况下，仍然要具备四个要件，但过错要件是推定的，而不须受害人举证证明。

---

① 中央政法干校民法教研室编著：《中华人民共和国民法基本问题》，法律出版社1958年版，第324～338页。

第一节　行为的违法性

一、违法行为的概念及特征

行为的违法性是构成侵权损害赔偿民事责任的第一个要件。

行为人只对违法行为承担责任。构成侵权损害赔偿责任的行为,必须是违反法律的行为。如果造成他人的财产或人身损害的行为是违反法律的,那么行为人就具备了对这个损害承担赔偿责任的要件之一。相反,行为人的行为是合乎法律规定的行为,那么,即使这种行为造成了损害,行为人也不承担赔偿责任。

有人认为,构成侵权责任不必具备违法行为的要件,只要具备过错行为、损害事实和因果关系三个要件即可。其理由之一,就是《民法通则》和《侵权责任法》都没有明确规定违法性要件。这种意见是不正确的。第一,《侵权责任法》在第6条第1款虽然没有明确规定违法行为的要件,但在第2条中规定了"依照本法",在第5条规定了"依照""其他法律"的内容,同样是规定了侵权行为的违法性。第二,《民法通则》尽管没有规定侵权责任的违法性,但最高人民法院历来的司法解释都规定构成侵权责任须具备违法行为要件。第三,在日本民法,也没有规定侵权行为要具备违法性,但日本民法学说和司法实践均承认违法性是侵权责任构成要件。因此,我国侵权责任构成要件应当包括违法行为的要件。①

违法行为,就是有责任能力的自然人或者具有法人资格的社会组织,违反法律规定,从而给受害人以及社会造成某种损害的有过错的行为。违法行为作为法律事实,具有以下几点特征:第一,违法行为是个人或社会组织的一种特定的活动。不是个人或组织的一切活动都是构成违法的条件,只有行为才是,例如,思维活动也是人的一种活动,但却不是法律意义上的行为,因而不构成违法的条件。

---

① 关于第三点,是王泽鉴先生教我的一个反驳方法。他说,日本法从来就没有规定违法性,但他们从来就坚持违法性的要件,是一个具有说服力的例证。

第二,违法行为是达到法律规定的一定年龄,从而有责任能力,能够认识、控制自己行为的人及具有法人资格的社会组织的行为。第三,违法行为是违反法律要求的行为,包括有某种特定的义务而不履行,滥用权利,违反法律禁止等。第四,行为人主观上具有故意或过失。只有具备以上四个特征的行为,才是违法行为。

二、作为与不作为

作为和不作为都能构成产生侵权损害赔偿的违法行为。也就是说,违法行为有两种形式:一种是作为的违法行为;另一种是不作为的违法行为。

凡是法律所禁止的行为,如果违反法律而作为时,便是作为的违法行为。例如,法律禁止侵害公共财产,行为人违反这一规定,损害了公共财产,就是作为的违法行为,应当承担损害赔偿的民事责任。

凡是法律要求人们在某种情况下必须做某种行为时,如果负有这种义务的人不履行其义务,便是不作为的违法行为,对造成的损害,应当承担损害赔偿的责任。例如,清理完马路边的污水井应当盖好盖子,这是清洁工职责要求的义务。某清洁公司在清理污水井之后忘记盖好,检察官孙某晚上骑自行车上夜校,连人带车跌入井内,身体和车子都造成了损害。该清洁工没有盖好污水井盖子的行为,就是不作为的违法行为,对造成的他人的人身和财产的损害,不作为的行为人都应当承担赔偿责任。

作为的违法行为比较容易理解。对于不作为的违法行为,我们再做如下解释。

不作为违法行为的前提是行为人负有某种特定作为义务。这种特定的义务不是一般的道德义务,而是法律所要求的具体义务。例如,某人掉入江中,行人某甲能够救他而未救,这在道德上是未尽义务,但从法律上来说,却不能认为其为不作为违法行为。如果老师组织学生去江河游泳,学生被淹,老师能救而不救,这就是不作为违法行为,因为这个老师负有特定的法律义务。

特定法律义务的来源,主要有三种:一是来自法律的直接规定;二是来自职务上或者业务上的要求;三是来自行为人先前的行为。

例如,《婚姻法》第23条规定父母有管教未成年子女的义务,这是来自法律的直接规定。类似清洁工不盖污水井井盖的行为,义务的来源是业务的要求。如果某成年人带一个未成年人上江河游泳,他的这一行为就产生了保护这一未成年人安全的义务,这是第三种来源。例如,范某诉张某案。范某10岁,张某系成年人。某日下午,范某上水井喝水,张某来此打水。张某让范某顺便帮他打水。由于打水的跳板松动,致使范某跌入井边坑中,造成脾破裂,手术切除。张某让范某帮其打水的行为,就产生了保证范某安全的义务。尽管造成范某伤害并不是张某的故意所为,但张某疏于对范某安全的注意,造成该未成年人的伤害。因此,张某应当负责赔偿。

三、对违法行为的鉴别

界定违法,在理论上有肯定主义与否定主义之分。肯定主义肯定违法的内涵,如认为,违法者,狭义的即违反禁止或命令之规定,广义的包括狭义违法及实质的违法即故意以悖于善良风俗之方法加害于他人。[①]或者认为,所谓违法,系指实质的违法及形式的违法,违反强制或禁止之规定者,为形式的违法,悖于善良风俗或公共秩序者,为实质的违法。[②] 否定主义采用否定不违法的行为的方法,界定违法概念,如认为,此所谓不法,系指无阻却违法之事由。侵害权利虽常属不法,但有阻却违法事由存在时,则非不法。[③]

我们认为,违法是指行为在客观上与法律规定相悖,主要表现为违反法定义务、违反以保护他人为目的的法律和故意违背善良风俗致人损害。

1. 违反法定义务

违反法定义务,是对法律规定的法定义务的不履行。主要表现为两种形式:

第一,绝对权的义务人违反其不可侵义务。自然人、法人作为

---

① 胡长清:《中国民法债编总论》,商务印书馆1946年版,第142页。

② 史尚宽:《债法总论》,荣泰印书馆1978年版,第120页。

③ 何孝元:《损害赔偿之研究》,商务印书馆1982年版,第99页。

绝对权法律关系中的义务主体，就是对他人享有的绝对权利负有义务的义务人，根据该法律关系负有法定的不得侵害的法定义务。如果该义务人侵害权利人的绝对权利，即违反了该法定的不可侵义务，构成违法性。

第二，相对权的第三人违反其不可侵义务。对于相对权即债权，按照债权相对性原则，本来只约束债权关系的双方当事人，并不约束债权关系之外的第三人。但是，第三人虽然不受债权债务关系的约束，却依据债权的不可侵原则，也负有不得侵害他人债权的义务。违反债权的不可侵义务，也构成违反法定义务的违法性。

2. 违反以保护他人为目的的法律

法律有时候直接规定对某种权利或者利益的特别保护。任何人对法律保护的利益（法益）违反不可侵义务，违反这种保护他人的法律，也构成违法性。法律所保护的利益，称为法益。对于法益，虽然其他民事主体与其并不构成权利义务关系，但是依据《民法通则》第 5 条规定，也负有不可侵义务。违反这种法定义务，侵害他人享有的法益，也构成违反法定义务。例如，按照司法解释的规定，自然人的其他人格利益，如死者的姓名利益、肖像利益、名誉利益、荣誉利益、隐私利益以及遗体、遗骨，都是法律所保护的法益。侵害这些法益，构成违反法定义务。

例如，我国《消费者权益保障法》第 18 条规定："经营者应当保证其提供的商品或者服务符合保障人身、财产安全的要求。"按照这一规定，经营者在提供商品或者服务的时候，对消费者的人身安全和财产安全负有保障义务，经营者疏于这种保护义务，就违反了以保护他人为目的的法律，就构成违反以保护他人为目的的法律的违法性。此外，还有《教育法》规定学校对学生的教育、管理、保护义务，《物业管理条例》第 36 条规定物业管理单位对业主的人身、财产的保护义务，都属于这种以保护他人为目的的法律。违反这种规定，构成违法性。

3. 故意违背善良风俗致人损害

关于违背善良风俗之违法性，本为不当，当故意以其为方法而加害于他人时，构成违法，故学说及有的立法例认为其为不法。《民法通则》第7条规定的“社会公德”,就包含善良风俗的内容。一般认为,行为既不违反法定义务,亦不违反以保护他人为目的的法律,但故意违背社会公德即善良风俗而直接或间接加害于他人,亦构成违法。例如,“故意违背善良风俗妨害经营”案。周林和李坚(均为化名)先后在一条街上相邻开了快餐店,周林经营有方,生意红红火火。李坚则门庭冷落,不久改开花圈店。李坚有气,将样品花圈放在与周林相邻的一侧,并没有逾界。周林为了不影响自己的生意,用一张薄席拦在自己方一侧,使来本店吃饭的客人看不到摆放的花圈。李坚随即架高花圈,周林只得随之架高薄席。李坚最后将样品花圈吊在屋檐上,使周林无法继续遮挡。周林的生意日渐萧条,起诉李坚恶意摆放花圈,影响其正常经营,要求李坚停止侵害,赔偿损失。李坚摆设花圈是在自己经营的领域之中,并没有侵害他人的权利,但是他故意以这种方式侵害周林的经营,构成违背善良风俗。这一案件是典型的故意违背善良风俗加害于他人具有违法性的侵权行为,构成妨害经营的侵权责任。

上述三种违法方式,分为两种性质:一是形式违法,包括违反法定义务和违反以保护他人为目的的法律两种违法,这两种行为在形式上就违反法律;二是实质违法,即故意违背善良风俗,这种行为在形式上并不违法,但是在实质上是违法的。

第二节 损害事实的客观存在

一、损害事实的概念及其意义

损害事实的客观存在是构成侵权损害赔偿民事责任的第二个要件。

侵权损害赔偿的民事责任以损害事实的客观存在为前提。损害事实,苏联法学家曾定义为:“损害是指法律所保护的物质财富的损坏(灭失)或非物质财富(人的生命和健康)的受害(死亡)。”[①]英美法

① 格里巴诺夫等主编:《苏联民法》(下册),法律出版社1986年版,第395页。

认为，损害是“在法律上被认为是可控诉情况下，一个人所遭受的损失和伤害”。[①] 在我国的民法教科书上，一般认为是指财产上的损失。《现代汉语词典》解释为损失。《说文解字》解释为，“损，减也”，“害，伤也”。段玉裁《说文解字注》：“在手而逸去为失。”因此，把损害解释为损失、减损是正确的。据此可以界定，损害事实，是指一定的行为（作为或不作为）致使民事主体的人身权利、财产权利及利益的减少或灭失的客观事实。

损害事实的客观存在，是侵权损害赔偿法律关系赖以发生的根据。也就是说，赔偿责任只有在造成了实际损害的条件下，才能发生。如果仅有违法行为而无损害的结果，那么，侵权损害赔偿的民事责任是无从产生的。这是因为，这种民事责任的双方当事人，是从造成损害之时起才发生相对性的权利义务关系的，债权债务关系只有在这个时候才得以产生。如果没有损害事实，不仅不会存在双方这种债的权利义务关系，甚至有的还会是素不相识，谈何债权债务关系的存在呢？因此，受害人所受到的人身的和财产的损害这种客观存在的事实，就成为这种民事责任的前提和依据。

二、损害事实的种类

在上面给损害事实所下的定义中，我们把它分为人身损害和财产损害，继而分为减少和灭失。传统的民法理论认为，构成损害赔偿民事责任要件的损害事实，必须是财产的损失，其实这种理论并不正确。按照各国侵权法的惯例和我国《民法通则》的规定，我们把损害事实做如下分类：

（一）人身损害事实

人身损害事实，是指侵害身体权、健康权、生命权所造成的损害事实。[②] 在通常情况下，人身损害事实是加害人的不法行为侵害他

---

① 《牛律法律大辞典》，光明日报出版社，第238页。

② 对此，关于身体权是不是人身损害事实的组成部分，本书原版曾经采否定意见，我经过研究，认为身体权是一个独立的人格权，侵害身体权构成人身损害事实。最高人民法院采纳了这个意见，在《关于审理人身损害赔偿案件适用法律若干问题的解释》第1条中有明确规定。

人的身体权、健康权、生命权,使受害人致伤、致残或致死,并且造成了受害人及其亲属的财产损失,或者就是侵害身体权并没有造成伤害,但使受害人的精神利益受到损害的事实。《侵权责任法》第16条规定了确定人身损害及其赔偿的规则。

人身损害事实的特征是:第一,受到损害的是人的身体、健康和生命,造成了受害人致伤、致残或致死,以及造成形式上或者实质上的身体完整性损害的结果。第二,侵权行为侵害的客体是受害人的身体权、生命权和健康权,而不是其他权利。第三,因伤、残而造成了受害人的财产损失,以及造成死亡后果的死者近亲属的财产损失。作为侵权损害赔偿责任要件的人身损害事实,也必须是造成了财产上的损失。没有造成财产损失的,不是人身损害事实。如因损害他人健康,致人伤、残或死亡而使受害人或其近亲属遭受的财产损失;或者是因为丧失劳动力而损失的工资收入;或者因死亡而支付的丧葬费的损失以及对死者生前抚养的人应支付的抚养费支出等,都是因侵犯他人人身权利而造成他人的财产损失。只有这样,对人身损害的赔偿才是下列意义的补偿:对损害健康赔偿的是为补偿恢复健康而支付的医药费及引起的其他财产损失,对丧失劳动力的赔偿是为补偿受害人少收入的工资等。这些是可以计算的财产损失,在这种严格计算基础上的赔偿,体现了公平原则,是合情合理的。

应当注意的是,人身损害事实包括以下两种特别情况:第一,在造成人身损害发生的财产损失之外,还造成了受害人的精神痛苦损害,因此,精神痛苦的损害也是人身损害事实。第二,侵害身体权的损害事实,多数不具有财产损失的后果,但侵害身体权造成精神痛苦的损害,也是人身损害事实。

(二)精神损害事实

精神损害事实包括侵害姓名权、肖像权、名称权、名誉权、信用权、荣誉权、人身自由权、隐私权、性自主权等精神性人格权以及身份权造成的损害事实。这种损害也叫作人身无形损害,习惯上叫作精神损害,是加害人的不法行为侵害了公民的肖像权、姓名权,名誉权、信用权、荣誉权、人身自由权、隐私权、性自主权以及身份权,或者法人的名称权、名誉权、荣誉权等人格权，因而使受害人受到精神利益的损害。它与人身损害有以下不同的特点：第一，人身损害受到损害的是身体权、健康权和生命权等物质性人格权，客观上表现为有形损害，而精神损害受到损害的是肖像权、名称权、名誉权等精神性人格权，客观上表现为无形损害；第二，人身损害的受害人只能是自然人，而精神损害的受害人既可以是自然人，也可以是法人；第三，人身损害通常应当造成财产损失，当然也包括精神痛苦的损害，人身损害只有造成财产损失的，才能构成侵权损害赔偿责任，而精神损害一般并没有造成财产上的直接损失，只是造成精神利益的损害，即没有造成财产损失的，也同样构成侵权损害赔偿责任。《侵权责任法》第22条第一次规定了精神损害和精神损害赔偿的概念及其规则，具有重要意义。

精神损害分为两种情况：一是造成财产损失的，例如，某甲为报复某乙而在评工资时对乙进行诽谤，致使乙没有晋升工资；或者甲厂以劣质产品假冒乙厂的名牌产品，造成恶劣影响，工厂为挽回影响而支出的广告费和宣传费。二是虽没有造成财产损失，但造成了精神利益的损害且情节严重的，如某甲捏造事实，以小字报进行宣传，致使受害人名誉受到严重影响，精神受到严重折磨。这两种情况都是精神损害事实。

（三）财产损害事实

财产权利的损害也叫财产损害事实，是指加害人的不法行为侵害他人所有的财物以及其他财产权利，致使受害人的财产或者财产利益遭到损坏或毁灭的损害事实。《侵权责任法》第19条规定了财产损害及其赔偿的规则。财产损害事实的特征是：第一，受到损害的对象通常是物、财物，但不仅包括物、财物，还包括其他财产利益。财产一词是与人身相对应的，表明这种损害的直接对象不是人身。第二，加害人不法行为侵害的客体是受害人对被损害之物以及财产利益的财产权，包括物权、债权和知识产权。财物本身不是社会关系，不能成为侵权行为侵害的客体，仅仅是侵权行为的对象，只有在财物和财产利益之上建立的财产权法律关系，才能成为侵权行为侵害的客体。因此，财产损害，实质上是使受害人对该财产以及财产利益享有的财产权利遭到了破坏,侵权行为侵犯了法律赋予受害人的财产权利。第三,对财产权利的损害实际地表现为受害人财产和财产利益的减损和灭失,侵权行为对这个财物或者财产利益的损害就不仅仅地表现为就财产或者财产利益发生的财产法律关系的损害,而且实际地表现为受害人拥有的财产和财产利益的价值的减少,即受害人拥有的财富的减少或损失。第四,这种受损害的财物或者财产利益可以是私人所有,也可以是全民所有或者集体所有。例如,某甲过失将借用的某乙自行车损坏,这是造成私人所有权的损害事实;运输公司的汽车司机过失将某国家机关托运的货物毁损,这是对国有财物的损害。

三、直接损失和间接损失

财产的损失包括直接损失和间接损失。正如《牛津法律大辞典》所指出的,“损害可以是直接的”,“也可以是间接的或随之发生的”。[①] 对这两种不同的损失,法官在审判实践中必须仔细加以区分。

(一)直接损失

直接损失是受害人(包括自然人和法人)现有财产的减少。正如段玉裁《说文解字注》中所释“在手而逸去”,也就是加害人不法行为侵害受害人的人身权利或者财产利益,致使受害人现有财产直接受到的损失。例如,财物被毁损而使受害人财富的减少,致伤、残后受害人医疗费用的支出,人格权受到侵害后支出的必要费用等,都是直接损失。

(二)间接损失

间接损失就是可得利益的减少。财物损害造成间接损失的情况比较复杂,无论是理论上还是实践上都颇有争议。《民法通则》第117条第3款规定:“受害人因此受到其他重大损失的,侵害人应当赔偿损失。”我们认为,财产损害的间接损失,是指加害人侵害受害人所有的财物或者财产权利,致使受害人在一定范围内的未来财产

① 见该书第238页。

利益的损失,它属于“其他重大损失”的范围。间接损失有三个特征:第一,损失的是一种未来的可得利益,在侵害行为实施时,它只具有一种财产取得的可能性,还不是一种现实的利益。第二,这种丧失的未来利益是具有实际意义的,而不是抽象的或者假设的。第三,这种可得利益必须是一定范围的,即损害该财物的直接影响所及的范围,超出这个范围,不能认为是间接损失。

对于财物损害间接损失的赔偿,关键在于以下两个方面:一是间接损失的确定;二是间接损失的计算。把这两个问题弄清楚以后,即可按照赔偿原则加以赔偿。

“间接损失是违法行为对处于增殖状态中的财产损害的结果”。[①] 处于增殖状态的财物是指正常生产、经营过程中的以生产、经营资料的面目出现的财物。没有处在生产、经营过程中的财物不会发生增殖。例如,购买的图书供自己阅读,它不会发生增殖,但以其作为经营资料出租收取租金的时候,这时的图书则成为增殖状态的财物。那么这种增殖是怎样产生的呢?马克思主义政治经济学告诉我们,生产过程中的生产资料并不创造价值。同样,处于增殖状态的财物本身也并不会增殖。增殖状态的财物在生产、经营的过程中,只把原有的价值转移到生产、经营的成果当中。创造增殖的是人,是与该财物结成一定的生产、经营关系的人创造的。因此,间接损失产生的机制,是不法行为破坏了生产者、经营者与作为生产、经营资料的财物构成的生产、经营关系中的物质条件,使生产、经营者(受害人)不能正常利用这一生产、经营资料进行生产、经营活动,造成了可得利益的减少和丧失。对财物损害间接损失的赔偿不是对该财物价值损失的赔偿,而是对该财物的所有者利用该财物在经营中应创造出因遭受损害而未创造出的新价值这种损失的赔偿。对间接损失的赔偿,赔偿的是人的损失,而不是物的损失,这一点必须明确。其法律意义在于,如果受害人因其生产、经营资料遭受损害主张财物损害间接损失时,不得再就同一事实主张其误工工资的损失赔偿,因为二者均为人的损失。

---

① 吴小华:《试论间接损失的赔偿责任》,载《法学季刊》1982 年第 1 期。

人身损害造成的间接损失,是指加害人侵害受害人的人身权利,致使受害人在一定范围内的未来财产利益的损失。这种间接损失与人身损害直接损失的区别是,前者是未来的可得利益的减少。例如,因健康权受损害不能参加劳动而少收入的工资,商标权被侵害使产品滞销所造成的收入减少等。后者则是现有财产的减少,如人身损害支出的医药费等。但是,在研究侵权损害赔偿中往往不研究人身损害的间接损失,原因在于,人身损害的赔偿项目都是法定的,按照法定的标准进行赔偿就行了,没有必要对人身损害的间接损失专门规定计算方法,因此研究人身损害事实中的间接损失是没有意义的。

值得研究的是财产损害赔偿是否适用预期利益损失规则。在制定《侵权责任法》过程中,专家对财产损害赔偿是否应当适用预期利益损失规则,进行了研究,最终立法没有采纳,但这种规则是应当考虑的。例如,沈阳故宫门前上马石毁损案,被新手司机倒车时撞折,经过鉴定,损失达数千万元之多,但侵权人无此巨额利益的预期。北京市植物园试验栽培的葡萄被他人偷吃,损失价值也达数千万元,侵权人也无此预期。如果按照实际损失赔偿,亦不公平。如果适用预期利益损失规则,确定适当的赔偿数额,较为稳妥。对此,应当在司法实践中总结经验,将来在司法解释中解决。

四、对损害事实的鉴别

损害事实既然是赔偿责任的前提和依据,那么损害事实的客观鉴别就对于这类案件的正确处理起着重要的作用。

(一)对财产直接损失的鉴别

财产的直接损失,主要应该根据该物品的原有价值、可以使用的时间、已经使用的时间等因素,来综合判断其损失的价值。对于贵重物品的损失价值,应当聘请专家鉴定。对于一般物品可以利用下列公式加以计算:

$$损失价值=原有价值-\frac{原有价值}{可用时间}\times已用时间-残存价值$$

这里的"原有价值/可用时间"实际上是物品单位时间的折旧,

残存价值指的是损毁的残存物的价值，有的物品损毁后有残存价值，如金属制品、木材制品等；有的物品损毁后没有残存价值，如陶瓷制品等。利用这个公式，可以准确地计算损失的价值，并且可以帮助法官检验专家鉴定结论的真伪。对于家畜等动物的损害价值的鉴别，可参照《唐律疏议》的偿所减价的办法，即“谓畜产值十匹，杀讫，唯直绢两匹，计减两匹价”。这种办法比较切合实际。

（二）对财产间接损失的鉴别

财物损毁而引起间接损失的情况多种多样，非常复杂，鉴别原则应该是合情合理，参照同等财物正常发挥效益的平均值计算；有较大争议的，应当邀请专家鉴定。在本书第十一章第二节中，我们谈到了间接损失的计算公式，可以利用这一公式，鉴别间接损失的真伪及鉴定结论的对错。

（三）对人身损害的鉴别

对人身损害引起的财产损失的鉴别，在审判实践中最感困难的是以下几种情况：医疗机关诊断不明确；受害人小病大养，扩大不合理的开支，多报损失。例如，有的医疗机关出具“脑外伤综合征”“脑震荡”的诊断而不说明其程度。以脑震荡为例，重者偏瘫失语，轻者只是稍有不适，法官难以鉴别。有的医疗人员怕担责任得罪一方，又不肯加以说明。对于人身损害事实的鉴别，一般应当以医疗单位诊断证明为凭，对其中难以搞清的，可以采取以下办法：请教名医、权威或原经治医生的上级主治医师、主任医师等会诊，综合分析诊断所依据的材料，走访其亲友、邻居，了解日常生活表现，以及请法医鉴别等。例如，郭某与人口角厮打，后从某解放军医院开出“脑震荡”的诊断证明，称病 1 年不上工，要求赔偿。走访经治医生，认为诊断无误。在鉴别医院病历材料时，见其记载为：“患者口述被打时口吐白沫”。这便是诊断依据，而在场证人证明该人当时绝无这种症状；同时，证人们还证实该人在日常生活中，只要无人看到就可以活动自如，能上菜园种菜；有人在时则称病不起。据此推翻了这一“脑震荡”诊断证明。

（四）对精神损害的鉴别

对侵害人格权的损害造成财产损失的，按照实际的损失数额予以赔偿,这种鉴别比较容易处理,具体办法可以参照以上两种鉴别办法进行鉴别。对于没有造成财产损失但情节较重的鉴别,可以从两方面把握:一是掌握情节较重的条件;二是经济补偿的相关因素。

第三节 违法行为与损害事实之间的因果关系

一、因果关系的概念

(一)侵权法因果关系的哲学基础

原因和结果是唯物辩证法的一对基本范畴。这对范畴以及因果关系概念反映的是事物、现象之间的相互联系、相互制约的普遍形式之一。无论是在自然界,还是在人类社会中,处在普遍联系、相互制约中的任何一种现象的出现,都是由某种或某些现象所引起的,而这种或这些现象的出现又会进一步引起另外一种或一些现象的产生。在这里,引起某一现象产生的现象叫原因,而被某些现象所引起的现象叫结果。客观现象之间的这种引起和被引起的关系,就是事物的因果关系。

当人们运用哲学因果关系的原理来指导侵权法上的原因和结果及其相互关系时,就形成了侵权法上的因果关系概念。侵权法上的因果关系以及原因和结果的概念,既不同于哲学上的相同概念,又与哲学上的相同概念具有密切的关系。

(二)侵权法因果关系的概念

侵权民事责任构成中的因果关系要件,就是侵权法中的因果关系。它指的是违法行为作为原因,损害事实作为结果,在它们之间存在的前者引起后果、后者被前者所引起的客观联系。

二、因果关系中的原因

(一)不同学说

在侵权责任构成要件的因果关系中,究竟何为原因,有不同的学说。

1. 行为原因说

认为因果关系只是确定责任的一个条件，查找因果关系的目的不在于考虑行为人的行为是否违法，而在于确定行为人的行为与结果之间的联系。民法中的因果关系是指行为人的行为及其物件与损害事实之间的因果关系。[①]

2. 过错原因说

认为我国民法上的因果关系为过错与损害之间的关系，只有过错才能成为侵权法上的原因。正是由于过错，行为人才对其造成的损害负责，亦正是由于过错所产生的损害，行为人才负赔偿之责，反之，尽管行为人的行为造成了损害，行为与损害之间有因果关系，但损害若非过错造成，此损害即不属于赔偿之列。因此，这种因果关系的公式是："若无此过错，则不生此损害；若有此过错，通常即生此损害。"[②]

3. 违法行为原因说

认为侵权责任构成要件中的因果关系，是指违法行为和损害事实之间的因果关系。在侵权损害赔偿法律关系中，违法行为与损害事实之间的前者引起后者的引起与被引起的客观联系，就是违法行为与损害事实之间的因果关系。[③]

4. 其他学说

还有其他关于侵权原因的主张。一是主张侵权行为为原因，认为侵权行为与损害事实之间的因果关系就是原因与结果之间的内在必然联系。[④] 民国时期胡长清先生也持这种观点。[⑤] 我国台湾地区何孝元先生的主张亦同。[⑥] 二是主张被控行为为原因，认为被控行为与损害事实之间应具有因果关系，始构成侵权要件。[⑦] 三是主

---

① 王利明、杨立新等：《民法·侵权法》，中国人民大学出版社 1993 年版，第 144 页。

② 孔祥俊等：《侵权责任要件研究》，载《政法论坛》1993 年第 2 期。

③ 中央政法干校民法教研室编著：《中华人民共和国民法基本问题》，法律出版社 1958 年版，第 333 页；佟柔主编：《民法原理》，法律出版社 1986 年版，第 242 页；杨立新、韩海东：《侵权损害赔偿》，吉林人民出版社 1988 年版，第 73 页。

④ 马原主编：《中国民法教程》，人民法院出版社 1989 年版，第 308 页。

⑤ 胡长清：《中国民法债编总论》，商务印书馆 1946 年版，第 136 页。

⑥ 何孝元：《损害赔偿之研究》，商务印书馆 1982 年版，第 98 页。

⑦ 张俊浩：《民法学原理》，中国政法大学出版社 1991 年版，第 834 页。

张加害行为为原因。

(二)侵权责任中因果关系的原因应为违法行为

以过错作为损害事实的原因,是将主观意志与客观结果作因果关系的联系,其中间缺少行为这一客观的中间联系,难说其正确。以侵权行为作为损害事实的原因,等于说将侵权行为作为侵权行为构成的原因,在逻辑上说不通。以被控行为作为损害事实的原因,则混淆了实体法和程序法上的概念,是不适当的。以加害行为作为损害事实的原因,是较为客观的主张,但其行为性质没有明确。

违法行为要件承担的是行为的具体表现以及它在客观上是否违法,损害事实要件承担的是受害人是否受有权利的损害。在这两个要件成立的情况下,因果关系要件承担的任务,是判断损害结果是否为该违法行为所引起,该违法行为是否为该损害事实的客观原因。因果关系要件的职能是在被控行为被确定为违法的情况下,考察判断它与损害事实之间有否具有引起与被引起的因果关系,有因果关系则可能构成侵权责任,无因果关系则不构成侵权责任。因而不必担心以违法行为为损害事实的原因,会舍弃损害的真正原因。例如,某甲诉某乙违章驾驶拖拉机致其伤害,要求乙承担赔偿责任。事实是,甲为修房,请乙等数人为其用 28 型 4 轮拖拉机运河砂,乙为司机。在从河床向河坝行驶途中,因坡道较陡,拖拉机牵引力不够,众人想办法,坐、立在拖拉机发动机盖、保险杠和驾驶室两侧脚踏板上,以增加机车牵引力,约定爬上河坝停车时再下来。前几次都很顺利,最后一次,当乙驾车爬上河坝尚未停车时,甲从脚踏板上跳入拖拉机后侧拖车连结处,抓住拖车保险架,欲踏住拖车与拖拉机连结的三角钩架,失足,致手松开,跌入拖车前轮,致左腿断离伤。

在该案中,甲有损害事实,乙有违章驾车的违法行为,但违章驾车的行为却不是造成甲致伤的原因,违法行为与损害事实之间没有因果关系,其致害原因是甲自身行为。因而,乙不构成侵权责任。这一判断过程,足以说明以上原理。

因此,侵权责任构成要件因果关系的原因,应当确定为违法行为。违法行为与损害事实之间构成因果关系,才成立侵权责任构成的因果关系要件。

三、确定我国侵权法因果关系要件的规则

在我国的侵权法理论中，确定行为与结果之间的因果关系，既应当借鉴国外的因果关系理论的经验，又要根据我国的具体情况，确立我国的因果关系规则。我们认为，应当区别情况，分别遵循以下四个规则进行。

（一）直接原因规则

行为与结果之间具有直接因果关系的，无须再适用其他因果关系理论判断，直接确认其具有因果关系。

最常见的直接原因，就是一因一果的因果关系类型。一个原因行为出现，引起了一个损害结果的发生，这种因果关系极为简单，容易判断。在这样的情况下，再做其他的判断，是舍本求末。

对于虽然有其他条件介入，但是原因行为与损害结果之间自然连续、没有被外来事件打断，尽管也有其他条件的介入，但是可以确定这些条件并不影响原因行为作为直接原因的，应当认定其与损害事实之间具有因果关系。

（二）相当因果关系规则

这种理论也称为适当条件说，是19世纪末德国学者巴尔首先提出，由克利斯发表的《论客观可能性的概念》一文确定了它的基础，成为多数国家民法采用的理论。这种学说认为，某一事实仅于现实情形发生某种结果，尚不能就认为有因果关系，必须在一般情形，依社会的一般观察，亦认为能发生同一结果的时候，才能认为有因果关系。伤害他人之后，送受害人去医院治疗，不幸医院失火，致受害人烧死。这里的伤害与烧死就现实情形而言，固然不能说没有关系，但医院失火属于意外，依一般情况，不具有相当因果关系。如果伤害后患破伤风以致死亡，则在一般情形依通常经验观察，能致死亡，故其伤害行为与死亡结果之间有因果关系。[①]

这种理论，实际在我国古代就有采用。例如，《宋刑统·斗讼》中的"保辜"条疏云，"假殴人头伤，风从头疮而入，因风致死之类，

---

① 史尚宽：《债法总论》，荣泰印书馆1978年版，第163页。

仍依杀人论。若不因头疮得风别因他病而死,是为他故,各依本殴伤法”,不以杀人论。[①] 这里体现的完全是相当因果关系理论。《宋刑统》编撰于10世纪中后期,可见我国法律对相当因果关系理论的实际应用,比德国大约早一千年。

相当因果关系学说分为三种不同的观点:

1. 主观的相当因果关系说

主观的相当因果关系说认为,确定适当条件应当以行为人行为时所知或者应当知道的事实来作为判断的依据。至于该情事是否为普通人所能认知,则在所不问。因而,将普通人所能认知,而行为人并未认知或不能认知的情形除外,不认为该行为与结果之间有因果关系。

2. 客观的相当因果关系说

客观的相当因果关系说认为,确定适当条件是基于法官的立场,法官依社会一般人对行为及结果能否预见为标准,以行为发生时在客观上所表现的情事及行为所发生的结果为观察对象,决定是否为适当条件,而不是以行为人的主观方面作为主要判断依据,来确定因果关系。

3. 折中的相当因果关系说

折中的相当因果关系说综合了主观说和客观说的立场,认为应当以一般人能够认知和预见的情形以及行为人的特别认知、预见的情形为判断基础,也就是以行为时一般人所预见或可能预见以及虽然一般人不能预见而为行为人所认识或能认识的特别情势为基础,判断因果关系的有无。凡是一般人所能预见到的行为与结果之间的在伦理上的条件关系,不论行为人是否能预见,都认为存在因果关系。凡是为一般人不能预见但是行为人能预见的,亦认为存在因果关系。

在行为与结果之间有其他介入的条件使因果关系判断较为困难,无法确定直接原因的,因而应当适用相当因果关系理论判断。确认行为是损害结果发生的适当条件的,认定行为与结果之间具有

---

① 《宋刑统》,中华书局1984年版,第330页。

相当因果关系,否则没有因果关系。

采用相当因果关系说,应当摒弃过去一直影响我国法律因果关系判断的"必然因果关系学说"。这两种学说的根本区别是:前者强调判断因果关系的客观标准是"可能性";而后者强调的标准是"必然性";前者的可能性取决于社会的一般见解,而后者强调的必然性则是客观的存在,与人的认识无关。相当因果关系学说的正确性在于,它不要求法官对每一个案件均脱离一般人的知识经验和认识水平,去追求客观的、本质的必然联系,只要求判明原因事实与损害结果之间在通常情形存在的联系的可能性,这种判断不是依法官个人的主观臆断,而是要求法官依一般社会见解,按照当时社会所达到的知识和经验,只要一般人认为在同样情况下有发生同样结果的可能性即可;其客观依据,则在于事实上这种原因事实已经发生了这样的结果。这样一来,主观的认识和客观的根据就结合在一起了。这种要求,完全符合马克思主义认识论的原理。必然因果关系理论要求法官处理每一件具体案件,都要掌握其必然的、本质的联系,则恰恰违反了唯物辩证法的要求。

适用相当因果关系学说,关键在于掌握违法行为是发生损害事实的适当条件。适当条件是发生该种损害结果的不可缺条件,它不仅是在特定情形下偶然地引起损害,而且是一般发生同种结果的有利条件。如何判断相当因果关系,史尚宽先生概括了一个公式:"以行为时存在而可为条件之通常情事或特别情事中,于行为时吾人知识经验一般可得而知及为行为人所知情事为基础,而且其情事对于其结果为不可缺之条件,一般的有发生同种结果之可能者,其条件与其结果为有相当因果关系。"[①]简言之,确定行为与结果之间有无因果关系,要依行为时的一般社会经验和知识水平作为判断标准,认为该行为有引起该损害结果的可能性,而在实际上该行为又确实引起了该损害结果,则该行为与该结果之间有因果关系。

如何判断违法行为与损害结果之间具有相当因果关系,可以适用以下公式:

---

① 史尚宽:《债法总论》,荣泰印书馆1978年版,第163页。

大前提:依据一般的社会知识经验,该种行为能够引起该种损害结果;

小前提:在现实中,该种行为确实引起了该种损害结果;

结论:那么,该种行为是该种损害事实发生的适当条件,因而,二者之间具有相当因果关系。

例如,“违章施工致害工人具有相当因果关系”案。某生产服务管理局建筑工程公司第7施工队承包的碱厂除钙塔厂房拆除工程,于1986年10月转包给个体工商户业主张某某组织领导的工人新村青年合作服务站,并签订了承包合同。1986年11月17日,由服务站经营活动全权代理人、被告张某某之夫徐某某组织、指挥施工,并亲自带领雇佣的临时工张某某等人拆除混凝土大梁。在拆除第1根至第4根大梁时,起吊后梁身出现裂缝;起吊第5根时,梁身中间折裂(塌腰)。徐某某对此并未引起重视。当拆除第6根时,梁身从中折断,站在大梁上的徐某某和原告张某某之子张某(均未系安全带)滑落坠地,张某受伤,急送碱厂医院检查,为左下踝关节内侧血肿压痛,活动障碍。经医院治疗后开具证明:左踝关节挫伤,休息两天。11月21日,张某因伤口感染化脓住进港口医院,治疗无效,于12月7日死亡。经法医鉴定,结论是:张某系左内踝外伤后,引起局部组织感染、坏死,致脓毒败血症死亡。后又经区医疗事故鉴定委员会鉴定认为:张某系外伤所致脓毒败血症,感染性休克,多脏器衰竭死亡,医院治疗无误,张某的死亡与其他因素无关。张某工伤后,服务站及时送往医院检查、治疗,死后出资给予殡葬。除此,原告为张某治病借支医疗费用、误工工资等费用共损失17,600.40元。张某某和张某的姐弟向法院提起诉讼,请求人身损害赔偿。被告以死者生前与其签订了“工伤概不负责任”的合同条款而拒绝承担责任。本案因果关系认定,必须采用相当因果关系规则才能够确定。也就是说,造成张某伤害的行为与他的死亡后果之间,就是“风从疮入”,伤害行为是死者死亡后果的适当条件,因此构成相当因果关系,行为人应当对受害人死亡的后果承担损害赔偿责任。

(三)推定因果关系规则

推定因果关系说也叫作盖然性因果关系说,是在原告和被告之间分配证明因果关系的举证责任的理论。其基本规则是，盖然性就是可能性。例如，在公害案件的诉讼中，由原告证明公害案件中的侵权行为与损害后果之间存在某种程度的因果关联的可能性，原告就完成了自己的举证责任，然后由被告举证，以证明其行为与原告损害之间无因果关系，不能反证或者反证不成立，即可确认因果关系成立。日本学者将这种学说称为“优势证据”，在民事案件中，心证的判断只要达到因果关系存在的盖然性大于因果关系不存在的盖然性这一程度，便可认定因果关系的存在。①

在特定的场合，可以适用推定因果关系规则认定因果关系。盖然性因果关系说就是一种推定因果关系。其基本要点就是保护弱者，在受害人处于弱势，没有办法完全证明因果关系要件的时候，只要受害人举证证明到一定的程度，就推定行为与损害之间存在因果关系，然后由被告负责举证，证明自己的行为与损害发生之间没有因果关系。

因果关系推定的适用方法如下：

第一，分清违法行为与损害事实的时间顺序。作为原因的违法行为必定在前，作为结果的损害事实必须在后。违背这一时间顺序性特征的，为无因果关系。

第二，区分违法行为与损害事实之间是否存在客观的、合乎规律的联系。确定其间的因果联系，即在案件中，如果在违法行为与损害结果之间存在盖然性联系，则应解释为在法律上存在因果关系。盖然性因果联系的证明责任还应当是由受害人举证。法官根据所积累的情况证明，如果可以做出与有关科学无矛盾的说明，即应当解释为法律上的因果关系得到了证明。

其推定形式是：

大前提：在一般情况下，这类行为能够造成这类损害；

小前提：这一结论与有关科学原理无矛盾；

结论：那么，这种损害事实是由这种行为造成的。

第三，由于这种因果关系是推定的，因而，还应当在损害事实与

---

① ［日］加藤一郎：《公害法的生成与发展》，岩波书店1968年版，第29页。

医疗行为之间排除其他可能性。当确定这种损害事实没有任何其他原因所致可能时,即可断定该种医疗行为是损害事实的原因,即推定因果关系成立。

实行因果关系推定,就意味着受害人在因果关系的要件上不必承担过重的举证证明责任,只是在证明了因果关系的盖然性之后,就由法官实行推定。以医疗事故为例,受害人只要证明自己在医院就医期间受到损害,并且存在因果关系的可能性,就可以向法院起诉,不必证明医院的医疗行为与损害后果有因果关系;同时也不必证明医院一方的过错,因为过错也是实行推定的。

因果关系推定适用的范围是:

第一,环境污染案件。环境污染致人身伤害案件即公害案件。由于公害案件污染行为复杂多样,致害范围广泛,依照一般常识难以判断,需要高度的自然科学知识的特殊性,对其因果关系的确定,各国多采用因果关系推定原则,即在公害侵权责任确定中,只要证明企业已经排放了可能危及人身健康的有害物质,而公众的人身健康在排污后受到或正在受到危害,就可以推定这种危害是由该排污行为所致。《侵权责任法》第66条规定:"因污染环境发生纠纷,污染者应当就法律规定的不承担责任或者减轻责任的情形及其行为与损害之间不存在因果关系承担举证责任。"这里有关因果关系举证责任的规定,就是环境污染责任的因果关系推定的规则。

第二,医疗损害责任案件。最高人民法院《关于民事诉讼证据的若干规定》第4条第8项规定:"因医疗行为引起的侵权诉讼,由医疗机构就医疗行为与损害结果之间不存在因果关系及不存在医疗过错承担举证责任。"按照这一规定,医疗侵权责任实行因果关系推定和过错推定,实行举证责任倒置。实行因果关系推定,就意味着受害人在因果关系的要件上,除了证明盖然性之外,就不必再举证证明,而是由法官实行推定。受害人只要证明自己在医院就医期间受到损害,具有因果关系的可能性,就可以向法院起诉,不必完全证明医院的医疗行为与损害后果确有因果关系。[①] 在《侵权责任法》制定过程中，曾经规定了医疗损害责任因果关系实行有条件推定的规则，但在全国人大常委会审议时将其删除。[②] 不过，基于医疗损害责任的特殊情况，有必要实行有条件的因果关系推定规则，将来在司法解释中应当规定相应的规则。

第三，其他有必要适用推定因果关系的案件。因果关系推定原则适用于公害案件。在某些特定的场合，也可以有条件地适用。事实上，对于很多高科技领域中侵权责任的认定也可以适用因果关系推定。例如，“发射防雹炮弹弹片致害他人适用推定因果关系”案。1991 年 7 月 7 日下午 5 时半至 6 时半，黑龙江省某县气象局驻海浪镇五良子村气象站打炮点为防冰雹，前后共向空中发射了 30 枚防雹气象炮弹，其中向邻市的旧街方向发射 6 发(距离为 8 公里)。该市旧街乡张明村村民常某在田里干活见开始下雨，便由田里回家。下雨过程中，其妻李某等人在家里听到屋外一声惊叫，并听到有人倒地的声音，出门便见常某倒卧窗前，头部受伤流血，昏迷不醒。在场人都以为是遭到雷击，急忙将常某送至医院，诊断发现常某头部有一 7 厘米裂伤，深至颅骨，创缘不齐，颅骨凹陷，有脑组织溢出，为脑挫伤、开放性颅骨骨折。7 天后，常某死亡。医院诊断认为死者不是雷击致死，而是由一硬物以高速冲击所致。常某亲属联想到当天某县气象站发射防雹炮弹，推想可能是炮弹皮落下所致，便在现场周围寻找，找到一块铁块，经鉴定为“三・七”炮弹皮残骸，上有“人雨・17 秒”字样。气象站不承认该弹皮是今年打的炮弹，常某亲属又找到一块 186 克的“三・七”炮弹尾部，表面已经锈蚀。李某向法院起诉，被告主张常某损害不是自己发射的炮弹所致。法院在现有事实上适用因果关系推定规则，确认其行为与损害结果之间有

---

① 对于这种适用推定因果关系的规定，学界提出质疑的较多，我也曾经写过文章。在 2008 年 4 月 21 日全国人大法工委召开的第一次《侵权责任法草案》专家讨论会上，有的专家就提出了这个问题，认为医疗侵权纠纷适用因果关系推定规则可能赋予医疗机构的举证责任过重，在制定侵权责任法中应当进行研究，以确定更好的办法。

② 《侵权责任法草案》第二次审议稿第 59 条规定：“患者损害有可能是由医务人员的诊疗行为造成的，除医务人员提供相反证据外，推定该诊疗行为与患者的损害之间存在因果关系。”这个条文写得非常准确。

因果关系,判决被告承担侵权责任。

(四)法律原因规则

在特别情况下,如果确认因果关系确有困难,可以适用英美侵权法中的“事实原因—法律原因”的规则。

英美法系的因果关系学说不是注重哲学上的分析,而是注重实证的分析,是从大量的案件中总结出来的判断法律因果关系的规则。他们认为,在一个多个原因或者条件造成一个损害结果的时候,将因果关系分为两个层次,一是事实上的原因,二是法律上的原因。原告不仅要证明被告的行为有过失,而且还要证明这一过失行为造成了他的损害,证明被告的行为与伤害结果之间存在因果关系,不仅有事实上的原因,而且有法律上的原因。确定事实上的原因是认定因果关系的第一步,但还不是全部,还必须证明行为与损害之间具有法律上的原因。只有证明后者,才能够认定法律因果关系的存在。

也就是说,首先,确定行为是否为构成损害的事实原因,即产生一个结果的多个前提事实总和中的一个因素;其次,确定行为是否为构成损害的法律原因,即一种自然的、未被介入因素打断的原因,没有这样的原因,就不会发生原告受害的结果。行为对于损害而言,既是事实原因,又是法律原因的,即可确定行为与损害之间的因果关系。

具体判断时,要掌握事实上的原因和法律上的原因的构成。

事实上的原因,就是跟随结果发生同时存在的各个事实。确定事实上的原因通常有四种规则。一是传统规则,即 but for test 规则,就是“非他莫属”。倘若没有被告的行为,原告就不会遭受损害,那么,被告的行为就是原告损害的原因。二是实质要件规则。如果被告的行为是原告受损的实质要件或者重要因素,那么被告的行为就是原告受害的事实上的原因。三是复合原因规则。造成原告受损害的原因力不是单一的,如果是两个或者两个以上的原因力共同作用导致同一个后果,这就是复合原因。在分辨责任时,需要确立划分责任的标准,并确定各自承担赔偿的数额,如果不能分清各自原因力的大小,则应承担连带责任。四是其他方法。当以上方法都无法确认谁的行为是伤害的实际原因时，原告必须证明被告当中有一个人的过失引起了他的伤害，然后每一个被告都要证明自己的过失不是伤害的实际原因。如果他们没有一个能够证明，那么他们就要共同为原告的伤害负责。

法律上的原因也叫作近因，是被告对原告承担责任的最近原因，是一种自然的、继续的、没有被介入因素打断的原因，没有这种原因，就不会发生原告受害的结果。所谓最近，不必是时间或空间上的最近，而是一种因果关系上的最近，因此，损害的近因是主因或有效原因，附加原因、介入原因虽然在时间上或空间上是最近的，但并不是近因。[①] 确定法律上的原因，一是分析直接原因，二是分析后果的预见性，三是分析介入原因。直接原因就是被告的行为与损害后果之间自然连续，没有被外来事件打断，被告的行为直接导致了伤害后果。预见性，就是被告只对他在行为的时候可以预见的后果负责。而介入原因，是在被告的行为与伤害后果之间，介入了外来的事件或者行动，与被告的行为结合起来导致伤害结果的发生，介入原因的出现改变了事件发生的过程和结果，改变了当事人之间的关系与责任。当介入原因能够取代被告的行为的时候，被告的责任就可能得到原谅。

四、原因力及其作用

在侵权构成多因一果的情况下，多种原因对于损害事实的发生为共同原因。共同原因中的各个原因对于损害事实的发生发挥不同的作用，因而存在原因力大小的问题。

原因力，就是在构成损害结果的共同原因中，各个原因对于损害结果的发生或扩大所发挥的作用力。单一原因对于结果的发生，原因力为100%，因而考察原因力不具有实际的意义，只有在共同原因中，考察原因力才有现实的意义。

原因力的大小取决于各个共同原因的性质、原因事实与损害结果的距离，以及原因事实的强度。直接原因的原因力优于间接原

---

① 《布莱克法律词典》（英文版），第1103页。

因;原因事实距损害结果近的原因力优于原因事实距损害结果远的原因力;原因事实强度大的原因优于原因事实强度小的原因。根据这样一些因素,可以判定共同原因中各个原因对于损害事实发生的具体原因力的大小。

原因力大小在共同侵权行为和过失相抵的责任分担上具有相对的决定作用。在共同侵权行为中,原因行为的原因力大,行为人应承担较多的责任;原因行为的原因力小,行为人应承担较少的责任。在与有过失及过失相抵中,加害人和受害人双方的行为是损害发生的共同原因,各行为人的行为原因力大小,对确定各自的责任,也发生如上作用。

第四节　行为人的过错

一、过错概念的性质

(一)关于过错概念性质的争论

关于过错究竟是主观概念还是客观概念,学说上有不同的主张,主要有以下3种观点。

1. 过错是主观概念

这种观点认为,所谓过错,就是违法行为人对自己的行为及其后果所具有的主观心理状态。这种学说把行为人行为的违法从主观和客观两个方面加以区分,创造了“客观的不法和主观的不法”的概念,主观的不法即为过错,包括故意、过失以及恶意。这种学说得到广泛的赞同,成为很多国家民法学的理论基础。

2. 过错是客观概念

这种主张认为,“过错是指任何与善良公民行为相偏离的行为”,[①]

---

① [法]安德烈·蒂克:《过错在现代侵权法中的地位》,载《法学译丛》1991年第4期。

过错是对事先存在的义务违反。① 马泽奥德和顿克则将法国司法上认定的过错解释为，一个谨慎人置身于加害人造成损害时的“客观”环境中所不会犯的行为差错。② 我国学者也认为，我国对过错的判断标准应当客观化，即应采用客观过错，摒弃现行的主观过错说，认为这种客观过错指行为人未尽到一般人所能尽到的注意义务，也即违背了社会秩序要求的注意。③

3. 过错是综合概念

这种主张使用综合过错的概念，认为过错既是一种心理状态，又是一种行为活动，还是一种舆论和道德谴责。这种主张认为，过错首先是行为人进行某种行为时的心理状态，即使是法人，也具有这种法律上的心理状态。但过错虽然是一种心理状态，它必然是通过行为人的具体行为体现出来，判定一个人有无故意或者过失，总是和一定的行为联系起来的，并以行为为其前提和条件。没有行为，不管人们具备什么样的心理状态，也谈不上过错。这种过错，实际上是对行为人在进行这种行为时所具有的心理状态以及行为本身的社会评价和价值评价。④

（二）过错的本质属性

确定过错的本质属性，应当从过错的本质上去揭示它。理论上的“主观过错说”和“客观过错说”，并不是说过错的本质属性是主观的，不是客观的，而是就判断过错的标准而言。正如学者所指出的那样，“主观过错说是以一定的心理状态作为衡量过错的标准”，“客观过错说是以人的行为为判断标准”，⑤或者“注意”的衡量标准就是一种客观标准。⑥ 除了少数学者坚持过错是一种行为，是客观概念外，绝大多数学者认为过错就其本质属性而言，是人的主观心理状态，因而是主观的概念。

---

① ［法］普兰尼奥尔：《法国民法实用教程》（第6卷），巴黎1952年版，第863页。

② 王卫国：《过错责任原则：第三次勃兴》，浙江人民出版社1987年版，第186页。

③ 孔祥俊等：《侵权责任要件研究》，载《政法论坛》1993年第2期。

④ 王利明主编：《人格权法新论》，吉林人民出版社1994年版，第96～97页。

⑤ 王利明主编：《人格权法新论》，吉林人民出版社1994年版，第90、92页。

⑥ ［荷兰］W. T. 瓦格纳：《波兰法上的债·波兰民法》（第2卷），莱顿1974年版，第152页。

检验过错标准的客观化,是民法理论发展的必然。但是,检验过错标准的客观化却不能导致过错的本质属性发生质的改变而使过错本身客观化。就过错是客观概念的主张而言,就是沿着这一条道路走下去,改变了过错的本质属性,使过错由主观概念变成了客观概念。而过错是综合概念的主张,虽然以承认过错是主观心理状态为前提,但却从过错须从行为表现出来,又必须以行为来检验其有无的基础上,认为过错既是主观的概念,又是客观的概念,因此,综合过错理论是折中主义的产物。

检验过错用客观标准,是指判断过错时,采用客观的标准来衡量,按此客观标准,违反之,为有过错;符合之,为无过错。过错的有无,仍然是说行为人在主观上有无不注意的心理状态,并不是说这种过错已经离开了行为人的主观世界,而成为客观上的形态。过错永远不能离开行为人的主观世界,而成为客观的实在形态。

同样道理,过错体现在行为人的行为之中,但不能说过错是行为本身。主张从行为中检验、判断行为人主观上是否有过错,是正确的观点。但由于过错体现在行为之中,并且应从行为中检验、判断行为人是否有过错,进而认为过错本身就是行为,或者过错本身就具有客观属性,也是对过错本质属性的误解。

实际上,用客观标准确定过错,并不是绝对的标准,用客观标准确定的只是过失,以及无法用主观标准确定的某些故意。对于故意的确定标准,还是要用主观标准来确定。例如,某人故意伤害他人身体、故意毁坏他人名誉、故意泄露他人隐私、故意侵害他人人身自由,均可由主观标准予以确定,不必舍本求末,转而用客观标准去检验其有无过错。如果说用客观标准确定过错就是过错的客观化,那么用主观标准确定故意,难道还能使故意客观化吗?无论是用主观标准还是用客观标准,都改变不了过错的主观本质属性。过错就是行为人决定其行为的心理状态,这样的界定并没有错误。

二、过错的两种形态

过错分为两种基本形态,即故意和过失。

（一）故意

故意，是行为人预见自己行为的结果，仍然希望它发生或者听任它发生的主观心理状态。

确定故意，在侵权法理论上有意思主义和观念主义之争。意思主义强调故意必须有行为人对损害后果的"希望"或"意欲"；观念主义强调行为人认识或预见到行为的后果。这两种主张，意思主义比观念主义要求为严。对此，笔者认为应当采用折中主义的主张，行为人应当认识到或者预见到行为的结果，同时又希望或听任其发生。

在侵权法中，故意也包括直接故意和间接故意两种故意形式。其实有一个最简单的类比，就是过失都能够构成侵权责任，间接故意当然比过失的过错程度为重，肯定也应当构成侵权责任。

（二）过失

1. 过失的概念

过失包括疏忽和懈怠。行为人对自己行为的结果，应当预见或者能够预见而没有预见，为疏忽；行为人对自己行为的结果，虽然预见了却轻信可以避免，为懈怠。疏忽和懈怠，都是过失，都是受害人对应负的注意义务的违反。因此，民法上的过失，就是行为人对受害人应负注意义务的疏忽或懈怠。换言之，正如我国台湾地区学者指出的那样："过失者，行为人对于自己的行为，所生一定之结果，如为相当之注意，即可避免，而欠缺此注意之心理状态也。"①

2. 判断过失的注意标准

既然过失是一种不注意的心理状态，即对自己注意义务的违反，那么，注意义务就应当有客观的标准。国外民法通常确立三种不同的标准：

第一，普通人的注意。这种注意标准，是指在正常情况下，只用轻微的注意即可预见的情形。这种注意义务，是按照一般人在通常情况下能够注意到作为标准。如果在通常情况下一般人也难以注意到，那么，行为人尽管没有避免损害，但也尽到了注意义务，因而

① 刘清波：《民法概论》，开明书店 1979 年版，第 267 页。

不能认为行为人有过失。相反,对于一般人能够在一般情况下注意到却没有注意,为有过失。例如,从屋内向窗外抛砖石,击中行人致伤,这就违反了普通人的注意,为有过失。这种注意标准,为客观标准。

第二,应与处理自己事务为同一注意。所谓自己事务,包括法律上、经济上、身份上一切属于自己利益范围内的事务。与处理自己事务为同一注意,应以行为人平日处理自己事务所用的注意为标准。判断这种注意义务,应以行为人在主观上是否尽到了注意的义务为标准,即主观标准。如果行为人证明自己在主观上已经尽到了注意义务,应认定其无过失;反之,则应认定其有过失。[①]

第三,善良管理人的注意。这种注意义务,与罗马法上的"善良家父之注意"、德国法上的"交易上必要之注意"相当,都是要以交易上的一般观念,认为具有相当知识经验的人,对于一定事件的所用注意作为标准,客观地加以认定。行为人有无尽此注意的知识和经验,以及他向来对于事务所用的注意程度,均不过问,只有依其职业斟酌,所用的注意程度,应比普通人的注意和处理自己事务为同一注意,要求更高。这种注意的标准,是使用客观标准。

3. 不同程度的过失

上述三种注意义务,从程度上分为三个层次,以普通人的注意为最低,以与处理自己事务为同一注意为中,以善良管理人的注意为最高。与此相适应,违反这三种注意义务,构成三种过失:

第一,重大过失。违反普通人的注意义务,为重大过失,亦称重过失。如果行为人仅用一般人的注意,即可预见之,而竟怠于注意不为相当准备,就存在重大过失。

第二,具体过失。具体过失,是指违反应与处理自己事务为同一注意的义务。如果行为人不能证明自己在主观上已尽该种注意,即存在具体过失。

第三,抽象过失。抽象过失,是指违反善良管理人的注意义务。

① 在这种情况下,确定过错的标准也是主观标准,而不是客观标准,由此也可以说明过错并不都是以客观标准衡量的,因而不能说过错是客观概念。

这种过失是抽象的，不以行为人的主观意志为标准，而以客观上应不应当做到为标准。因而，这种注意的义务最高，其未尽注意义务的过失则为抽象过失。

应当注意的是，这后两种过失，并不是一般过失或者轻微过失，而是轻于重大过失的过失，其程度重于一般过失以及轻微过失，是应当担责的过失。

4. 确定注意义务的主要因素

在确定行为人的注意义务时，必须具体化和类型化，以探究违反注意义务的实质基准。学者指出应当有三种考量因素：

第一，危险或者侵害的严重性。行为的危险性越高，所生侵害越重时，其注意程度应当相对提高。例如，独眼人从事某种易于伤害眼睛的工作时，雇主应为特别防范措施，避免意外事故，即为应当尽到的较高注意。

第二，行为的效益。这是指行为的目的及效用的考量，行为的效益越重，其注意义务就要相应减低。例如，医生为挽救病患的生命，从事某种困难手术时，应容许其产生如副作用等可计算的危险，唯应告知病患得其同意。

第三，防范避免的负担。这是指为除去或者减少危险而采取预防措施或替代行为所需支付的费用或不便。例如，在人口稀少的地区容许无人看管的铁路平交道口存在。①

5. 汉德公式的应用

现代侵权法强调对过失的经济分析。美国法官汉德（Learned Hand）创造了一个最为简便的确定过失的公式，就是汉德公式。

汉德法官为过失提出的公式是：

设定发生损失的概率为 P，损失金额为 L，预防成本为 B，则在 $B < PL$（即预防成本小于损失金额乘以损失发生概率）时，加害人始有过失。

汉德公式的基本思想在于建立所谓的经济效率思想，即借助鼓

---

① 以上观点参见王泽鉴：《侵权法》（第 1 册），三民书局 1999 年版，第 297 ~ 298 页。

励以合理费用预防意外事故,而不鼓励在安全上的超过投资,而对财富予以极大化,对成本费用予以极小化。这种思想符合对侵权行为的经济分析方法。例如,美国伊利诺伊州法院判决的案件。一个16岁的男孩子在被告废弃的已盛满泉水的露天矿井游泳时受到伤害。被告虽然认识到该矿井将被用作游泳水湾,而且在小孩潜水和受伤地方水面之下有隐蔽凸出物,可能造成危险,唯未为必要的控制。法院认为,只要用1.2万~1.4万美元的钢丝就能封闭整个水面,此与小孩伤害的风险相比,其成本微不足道。故判决被告败诉。

王泽鉴先生在引述了上述案件之后,认为对过失的经济分析具有启发性,加害人活动的价值及防止危险的经济因素,应作为认定过失的相关因素,自值得赞同。唯应指出的是,侵权法上的过失,不应使之等同于纯为经济上的方程式。第一,侵权法植根于个人的道德性,所注重的是个人间的公平,而非在增进广泛的社会政策或福利。第二,过失认定还包括人格等非经济的价值,难以金钱或财富加以计算。第三,法官有无能力从事经济分析,甚有疑问,如何量化也显非容易。因此,过失的认定应当考量经济因素,但是侵权法的理念在于维护个人自由并合理分配损害,非仅为成本效益的微积分,不能使侵权法上的善良管理人成为冷血、精于计算的经济人。[①]王先生的分析极为妥当,作者赞同这种意见。在实践中,法官有条件的,可以做这种分析,以确定行为人的过失,但是不能陷入纯粹的经济分析之中。

三、过错与侵权责任的关系

过错程度有轻重之分,是人所共知的。但过错的轻重与侵权责任的关系,传统学说一直认为,“区分故意与过失,在刑法上对于定罪量刑具有重要意义,而在民法上,一般情况下,对于确定行为人的民事责任并无实际意义。因为民事责任的承担,完全是根据损害事实决定的,行为人故意造成他人伤害与过失造成他人伤害在民事责

---

① 王泽鉴:《侵权法》(第1册),三民书局1999年版,第299~230页。

任的承担上是完全一样的”。[①] 这种观念并不完全准确。就法律的一般情形而言,这种意见是正确的;但是在法律有特别规定和共同过错、与有过失及第三人过错的情况下,过错程度的轻重对于决定民事责任具有决定的作用。

(一)民事责任的轻重等级

民事责任按其轻重程度,分为六个等级,分别是:

1. 为故意负责

第一等级,责任最轻者,为仅就故意负责。例如,非法干涉婚姻自主权,非以故意不能构成;非法干涉他人行使姓名权、名称权,亦须以故意构成。侵害债权,只有在故意的情况下才能构成,过失不构成侵害债权。诸如此类的侵权责任,仅以故意方构成责任,过失不构成责任,因此,是最轻的民事责任。《侵权责任法》第36条第3款规定:“网络服务提供者知道网络用户利用其网络服务侵害他人民事权益,未采取必要措施的,与该网络用户承担连带责任。”第47条规定:“明知产品存在缺陷仍然生产、销售,造成他人死亡或者健康严重损害的,被侵权人有权请求相应的惩罚性赔偿。”这些规定都是对故意负责。

2. 为重大过失负责

第二等级,仅为重大过失负责。我国台湾地区“民法”第223条规定:“应与处理自己事务为同一注意者,如有重大过失者,仍应负责。”《侵权责任法》对此无明文规定,学说上承认这种区别。其含义为,行为人应负与处理自己事务同一的注意义务,但连一般普通人的注意也未尽到,为重大过失,应承担民事责任。不过,《侵权责任法》在规定过失相抵的具体适用中,使用了这样的概念。第72条规定:“占有或者使用易燃、易爆、剧毒、放射性等高度危险物造成他人损害的,占有人或者使用人应当承担侵权责任,但能够证明损害是因受害人故意或者不可抗力造成的,不承担责任。被侵权人对损害的发生有重大过失的,可以减轻占有人或者使用人的责任。”在这种侵权责任中,受害人具有重大过失的,应当减轻责任。

① 马原主编:《中国民法教程》,人民法院出版社1989年版,第310~311页。

3. 为具体轻过失负责

第三等级,为具体轻过失负责。《侵权责任法》第85条规定:"建筑物、构筑物或者其他设施及其搁置物、悬挂物发生脱落、坠落造成他人损害,所有人、管理人或者使用人不能证明自己没有过错的,应当承担侵权责任。所有人、管理人或者使用人赔偿后,有其他责任人的,有权向其他责任人追偿。"这里规定的物件的所有人、管理人或者使用人,应负与处理自己事务同一的注意义务。未尽此注意义务致他人损害,应当负侵权责任。

4. 为抽象轻过失负责

第四等级,为抽象轻过失负责。对违反善良管理人的注意义务者,负侵权责任。《侵权责任法》对于一般的侵权责任均要求此注意义务。如侵害身体权、健康权、生命权、名誉权、隐私权,有抽象轻过失者,应负侵权责任,此为"举轻以明重",至于其他过失及故意,更应负责之。监护人对被监护人致害责任,即是对此种注意义务所负责任。

5. 为通常事变负责

第五等级,为通常事变负责,即通常的无过错责任。如产品责任、高度危险作业、动物致害、环境污染,均为无过错责任,造成损害,如无受害人故意或第三人过错或不可抗力,无论有无过失,均应承担民事责任。

6. 为不可抗力负责

第六等级,为不可抗力亦应负责。此种责任最重,如无法律明文规定,不得令行为人承担此种责任。《邮政法》第34条规定,除汇款和保价邮件以外的其他给据邮件由于不可抗力的原因造成损失的,邮政企业不负赔偿责任,其中汇款和保价邮件的除外条款,就是规定其因不可抗力原因造成损失亦应赔偿。[①] 这是最重的民事责任。

故意和过失共分四个等级,分别居于民事责任的第一等级至第四等级上。由此可见,主观过错的轻重,对民事责任的轻重有着决

① 杨立新:《侵权特别法通论》,吉林人民出版社1990年版,第251页。

定性的影响。其中仅为故意负责者，责任最轻。在过失中，注意义务轻重、过失轻重、责任轻重之间的关系是：注意义务越轻，则过失越重，而责任程度越轻；反之，注意义务越重，则过失越轻，而责任程度越重。当行为人应负普通人的注意义务时，其违反该注意义务，为重大过失；当为重大过失负责，对一般轻过失不负责任，此种责任显然较轻。当行为人负善良管理人的注意义务时，其违反善良管理人的注意义务，为抽象的轻过失；而有抽象轻过失亦应负责者，这种责任当然很重。

（二）共同责任中的过错轻重程度

在共同过错、与有过失和第三人过错中，其侵权责任应由共同侵权人、受害人和加害人、加害人与第三人分担。这种由数人分担侵权责任的情形，不妨称为共同责任。[①]

共同责任如何分担，有两个标准，须综合评断，一是过错轻重，二是原因力大小。其中过错程度的轻重对于共同责任的分担起主要作用。

在确定共同责任各方责任所依据的过错轻重等级上，一般分为四个等级。

第一等级，为故意。故意所为的行为，为最重的过错，应承担的侵权责任为最重。

第二等级，为重大过失。因重大过失所为的行为，为中等的过错，应分担的责任轻于故意，重于轻过失。确定重大过失的标准，亦应以确定过失的三个注意程度为标准。当法律要求负有较高的注意标准时，该行为人非但没有遵守这种较高的注意标准，而且连较低的注意标准也未尽到，即为重大过失。例如，行为人应负与处理自己事务为同一注意时，非但未尽此注意，反而连普通人的注意义务也未尽到，则为重大过失。同理，应负善良管理人的注意义务，不仅未尽此注意，且连与处理自己事务为同一注意或普通人的注意义务也未尽到，亦为重大过失。违反普通人的注意义务，均为重大过失。

---

① 这里所称的共同责任，与后文侵权责任形态的共同责任概念不同，仅指所表述的这种情况，而不是指侵权责任形态中的共同责任。

第三等级,为过失。过失是轻于重大过失的过失,包括抽象过失和具体过失,应分担一般的责任份额,程度上低于重大过失的责任份额。确定过失的标准,是负有较高注意义务的行为人虽然未尽此义务,但未违反普通人应尽的注意义务。

第四等级,为一般过失。一般过失是低于过失,重于轻微过失的过失,是一般的疏忽和懈怠,是一般的不注意心理状态。

根据以上等级的不同,再加上原因力大小的因素,综合评断共同责任的分担,能够达到公平、合理、准确的价值评断标准的要求。当然,这种分担并不否定共同责任的连带责任原理。

第五章　侵权损害赔偿免责事由和诉讼时效

侵权损害赔偿的免责事由和诉讼时效都是处理侵权损害赔偿案件必须研究和掌握的问题。免责事由原来也叫作阻却违法行为或者抗辩事由，但是，阻却违法行为的外延比较窄，因此使用免责事由的概念，扩展了阻却违法行为的范围。《侵权责任法》第三章规定的免责事由不够完整，需要增添。侵权损害赔偿的诉讼时效，《民法通则》做出了具体规定，在司法实践中也有需要研究和解决的问题。

第一节　侵权损害赔偿的侵权损害赔偿免责事由

一、侵权损害赔偿免责事由概述

（一）侵权损害赔偿免责事由的概念

侵权损害赔偿免责事由，是指被告针对原告的侵权诉讼请求而提出的证明原告的诉讼请求不成立或不完全成立，因而可以对抗侵权请求权免除责任或者减轻责任的事实。在侵权法中，侵权损害赔偿免责事由是针对承担侵权损害赔偿的请求权而提出来的，所以，侵权损害赔偿免责事由又称为免责或减轻责任的事由。[①]《侵权责任法》第三章规定的就是部分免责事由。

(二)侵权损害赔偿免责事由与阻却违法行为的联系与区别

在侵权法中,与侵权损害赔偿免责事由最相似的概念是阻却违法行为。这两个概念都是对抗原告的侵权诉讼请求,破坏行为人的侵权损害赔偿责任构成,进而免除或者减轻行为人侵权损害赔偿责任的具体事由。它们的区别在于以下三点:

第一,法律体系不同。在大陆法系,一般将这一概念称做阻却违法行为;在英美法系,则将其称为侵权损害赔偿免责事由;近年来,我国民法以及侵权法受英美法系的影响,更多的学者将阻却违法行为称作侵权损害赔偿免责事由。

第二,具体功能不同。侵权损害赔偿免责事由与阻却违法行为的具体功能有所差别:阻却违法行为的功能是作用于侵权损害赔偿构成中的行为违法性,将致人损害的行为由于存在阻却违法的事由,而使其不具有违法性,进而破坏了整个侵权损害赔偿责任构成,最终使行为人免除或者减轻民事责任;侵权损害赔偿免责事由则是着眼于侵权损害赔偿构成的整体,破坏其中任何一个侵权损害赔偿构成的具体要件,都可以破坏整个责任构成,使行为人免除或者减轻民事责任。

第三,范围不同。侵权损害赔偿免责事由与阻却违法行为在范围上是有差别的。侵权损害赔偿免责事由的范围比阻却违法行为要宽,这也是多采取侵权损害赔偿免责事由概念的原因。例如,第三人过错不是阻却违法行为事由,但为侵权损害赔偿免责事由。因此,在概括全部的减免侵权损害赔偿事由的角度上观察,侵权损害赔偿免责事由的概念更为准确。

(三)侵权损害赔偿免责事由的构成

侵权法侵权损害赔偿免责事由是由侵权行为的归责原则和侵权损害赔偿构成要件派生出来的。适用不同的归责原则,就有不同的责任构成要件,因而也就总是要求与归责原则和责任构成要件相

---

① 王利明、杨立新:《侵权法》,法律出版社 1997 年版,第 76 页。

适应的特定的侵权损害赔偿免责事由。侵权法的归责原则多样化，与此相适应，侵权法的侵权损害赔偿免责事由也有所不同。将所有的侵权损害赔偿免责事由概括起来，侵权损害赔偿免责事由有效成立都必须具备两个条件：

1. 对抗性要件

必须对抗侵权民事责任构成的具体要件，破坏整个侵权民事责任构成的内在结构，使原告诉请的侵权损害赔偿归于不能成立。侵权损害赔偿免责事由虽然是对抗对方当事人的侵权诉讼请求，但它具体对抗的是侵权损害赔偿构成，破坏对方当事人的请求权的成立，导致对方的侵权诉讼请求在法律上不成立。这就是侵权行为侵权损害赔偿免责事由对抗性的要求。侵权行为纠纷的被告提出的主张如果不具有对抗性，而仅仅能证明自己具有可以谅解，但不足以对抗对方当事人请求的情况，不能成为侵权损害赔偿免责事由。①

2. 客观性要件

侵权损害赔偿免责事由必须是客观事实，具有客观性的属性。它要求侵权损害赔偿免责事由必须是客观存在的，已经发生的事实，不能是主观臆断的或尚未发生的情况。仅仅表明某种损害未发生，或单纯否认对方请求权不存在，也不能成为侵权损害赔偿免责事由。

二、侵权免责事由的分类

（一）一般侵权免责事由与特别侵权免责事由

在我国的侵权法中，经常采用的侵权免责事由主要是职务授权行为、正当防卫、紧急避险、受害人的同意、自助行为、受害人过错、第三人过错、不可抗力和意外事件等。对于这些侵权免责事由，有的学者将其分为两类，即正当理由和外来原因。② 将侵权免责事由分为一般侵权免责事由和特别侵权免责事由这样两大类，更容易理解。

---

① 佟柔主编：《中国民法》，法律出版社 1995 年版，第 571 页。

② 王利明、杨立新：《侵权法》，法律出版社 1997 年版，第 76～77 页。

1. 一般侵权免责事由

一般侵权免责事由是指损害确系被告的行为所致,但其行为是正当的、合法的。这种事由与阻却违法行为相同,如正当防卫、紧急避险、职务授权行为和自助行为等。

2. 特别侵权免责事由

特别侵权免责事由是指损害并不是由被告的行为造成的,而是由一个外在于其行为的原因独立造成的,如意外事件、不可抗力、受害人过错和第三人过错等。

(二)两种侵权免责事由的区别

这两种侵权免责事由的主要区别在于:基于一般侵权免责事由而致人损害,被告已经实施某种行为,但其行为是正当的、合法的,排除了行为人行为的违法性,因而表明行为人是没有过错的,据此行为人应予免责;在特别侵权免责事由存在的情况下,被告根本没有实施某种致人损害的行为,或者外来原因作用于行为人,使行为人不可避免地造成了损害,由此行为人不应当承担侵权损害赔偿。各种一般侵权免责事由和特别侵权免责事由能否适用于具体案件,则应当根据具体案件和法律的具体规定来确定,不能一概而论。

三、侵权损害赔偿的一般免责事由

(一)职务授权行为

1. 职务授权行为的概念

职务授权行为也称为依法执行职务,是指依照法律的授权或者法律的规定,在必要时因行使职权而损害他人的财产和人身的行为。为了保护社会公共利益和公民的合法权益,法律允许工作人员在必要时执行自己的职务,"损害"他人的财产和人身。在这些情况下,完成有关行为的人是"有权造成损害"的。因为这种职务授权行为是一种合法行为,对造成的损害不负赔偿责任。例如,消防队为了制止火灾的蔓延而将邻近火源的房子拆除;防疫医疗队为了消灭急性传染病而将病人所用的带菌衣物烧掉;外科医生对外伤患者做必要的截肢手术;公安人员依法开枪打伤逃犯等,都属于这种情况。

执行职务的行为是合法行为,行为人对执行职务所造成的损害，不负赔偿责任。但是，如果执行职务不正当而造成损害时，则应当负赔偿责任。

《侵权责任法》第三章没有规定职务授权行为为免责事由，理由是，这种免责事由是公认的，不存在任何怀疑，在适用上也没有困难，因此不做具体规定。

2. 职务授权行为的构成

确定行为人的行为构成职务授权行为，并将其作为侵权损害赔偿免责事由，其构成要件是：

(1)行为须有合法的授权。职务授权行为之所以能成为侵权损害赔偿免责事由，就是因为这种行为有合法的授权，授权这种行为的目的，就是保护社会公共利益和公民的合法权益。所以，没有合法授权的行为，不是职务授权行为。

(2)执行职务的行为须合法。只有合法授权尚不足以构成侵权损害赔偿免责事由，行为人还必须在法律规定的范围内履行职责，才对损害后果不负责任。超越法定授权的行为，或行为所依据的法律和法规已经失效或被撤销，或行为本身不符合法律的要求，则不构成职务授权行为。行为合法包括执行职务的程序和方式合法。程序不合法或方式不合法而致他人损害，构成侵权行为。

(3)执行职务的行为须为必要。职务授权行为并不是在任何情况下都会造成公民或者法人损害，在多数情况下，损害后果的发生并不是保证执行职务行为所必需的。法律要求职务授权行为的执行职务活动是必要的，只有在不造成损害就不能执行职务时，执行职务的行为才是合理的。如果造成的损害可以避免或者减少，这种行为就不构成或者不完全构成侵权损害赔偿免责事由。

3. 以损害他人为目的的职务行为

不具备依法执行职务行为构成要件的行为，构成侵权行为。以损害他人为主要目的职务行为、违背公共秩序和善良风俗的执行职务行为、违背诚实信用的职务行为，均为侵权行为。例如，某外科医生协助在某地居住的女恋人调入上海后，该女恋人甩掉了这个医生。后来该女患者阑尾炎住进医院，该医生积极要求为她做手术。手术中，该医生趁机切除她的双侧输卵管，使该女失去生殖机能。

该女患者的行为当然是不道德的,应当受到谴责。但该医生在手术中的职责是为该女患者摘除阑尾解除病患,而他切除该女患者的输卵管,并不是他的职责,不是依法执行职务,其主要目的就是损害他人;同时,这种损害也不是治疗阑尾炎所必需。因此,该医生不但犯了故意伤害罪,应当负刑事责任,而且也构成了侵权损害赔偿责任,应当在负刑事责任的同时,赔偿被害人的财产损失。

(二)正当防卫

1. 正当防卫的概念

正当防卫是一般免责事由,是指当公共利益、他人或本人的人身或者其他利益遭受不法侵害时,行为人所采取的防卫措施。民法上的正当防卫行为,与刑法上的正当防卫基本相同,都是为了保护社会公共利益、本人或者他人的合法权益,对于正在进行的非法侵害给予适度的还击,以排除或减轻不法侵害可能造成的损害。正当防卫是保护性措施,是一种合法行为。《侵权责任法》第30条做了规定。

2. 正当防卫的构成

(1)必须有侵害事实。侵害事实在先,防卫行为在后;侵害是防卫的前提,防卫是侵害导致的结果。没有侵害事实,不得进行防卫。对侵害事实的要求是须为现实的侵害,特点是:已经着手,正在进行,尚未结束。对想象中的侵害、未发生的侵害、实施终了的侵害,都不能实施防卫行为。

(2)侵害须为不法。正当防卫的对象,必须是不法侵害,对执行职务的“有权损害”不能进行防卫,如对逃犯的追捕,就不得以正当防卫为借口而拒捕。

(3)须以合法防卫为目的。防卫人在防卫的时候,不仅应当意识到不法侵害现实存在,而且须意识到其防卫行为的目的,也就是说必须是把为了防卫公共的、他人的或本人的权益免受侵害作为防卫的目的。以防卫为借口而施以报复的行为或防卫挑拨的行为都是违法行为,构成侵权行为。

(4)防卫须对加害人本人实行。对加害人的防卫反击,应当根据制止不法侵害的需要,可以是对人身的,也可以是对财产的。但是,任何防卫行为都不能对第三人实施。

(5)防卫不能超过必要的限度。造成的损害没有超过必要限度,防卫人不负赔偿责任。必要限度是为了制止不法侵害所必须具有的,足以有效制止侵害行为的强度。只要是为了制止侵害所必须,就不能认为是超越了正当防卫的必要限度。

例如,某甲从自己住房的窗户看到乙钻进自己的菜地,把一些茭白抱走,就拿了一根拨火棍追赶。乙见甲气势汹汹追来,非常害怕,便拼命逃跑,因跑得太急,失足跌入水沟里,造成右腿骨折,治疗花医药费若干元。乙向法院提出诉讼,要求甲赔偿医疗费。这是一个比较典型的正当防卫案件。从侵害方面来看,侵害事实是偷茭白,这一事实已经着手,正在进行,尚未结束,这一行为是侵犯某甲的财产权利,属于不法侵害。从防卫方面来看,防卫人追逐侵害人是为了追回被偷去的财物,防卫目的合法;他所追逐的人正是加害人,而不是第三者,防卫没有超过必要限度,骨折的损害后果是侵害人疏于注意,即自己的过错造成的。因此,法院应当判决驳回乙的诉讼请求。

3. 防卫过当及其责任

正当防卫超过必要限度,是防卫过当。在审判实践中,对于防卫过当的把握,关键在于对正当防卫必要限度的判断,因为对民法上的正当防卫要求防卫行为只能与不法侵害相适应,而一般不应超过不法侵害的强度。

对必要限度的判断,通常应当考虑两个方面:(1)不法侵害的手段和强度。凡是侵害行为本身强度不大,只需要用较缓和的手段就足以制止或排除其侵害而竟采用较强烈的手段,如为阻止不法侵害人偷摸而致其轻伤,是正当防卫;重伤或杀死小偷就超过了必要限度。(2)所防卫权益的性质。所防卫的权益应当与防卫反击行为的强度相适应,如果使用严重损害侵害者的反击方法来保卫较小的财产利益,或者用较重的反击行为来保护较小的财产利益,都是不相适应的,应当认为是超过必要限度。

按照《侵权责任法》第30条的规定,正当防卫超过必要的限度,造成不应有的损害的,应当承担适当的民事责任。这种适当的民事责任,应当包括以下三层意思:(1)防卫过当不能免除民事责任。(2)防卫过当造成的损害一般应当减轻民事责任。承担适当的民事责任中的“适当”,要求赔偿既要与过当的损害后果适当,又要与案情适当,而且后者更为重要。(3)在防卫过程中故意对不法侵害者采取加害行为的,对其超出必要限度的损害应当全部赔偿。

防卫过当的赔偿范围,应当是超出防卫限度的那部分损害,即“不应有”的那部分损害。

(三)紧急避险

1. 紧急避险的概念

为了社会公共利益、本人或者他人的合法利益免受更大的损害,在不得已的情况下而采取的造成他人少量损失的紧急措施,称为紧急避险。紧急避险是一种合法行为,是在两种合法利益不可能同时都得到保护的情况下,不得已而采用牺牲其中较轻的利益,保全较重大的利益的行为。《侵权责任法》第31条对紧急避险做出明确规定。

2. 紧急避险的构成要件

(1)危险正在发生,并威胁着公共利益、本人或者他人的合法利益。尚未发生的危险、想象的危险,都不得实施避险行为。虽有危险发生,但危险已经消除,或者危险已经发生但不会造成合法利益的损害,也不得采取紧急避险。

(2)采取避险措施须为不得已。所谓不得已,是指不采取紧急避险措施,就不能保全更大的法益,是指避险确有必要,而不是指避险人只能采取某一种而不能采取另一种措施避险。强度不得已,不是说避险人选择的手段只能是唯一的,而是可以采取多样的措施进行避险。只要避险人的避险行为所造成的损害,小于可能发生的损害,避险措施就是适当的。

(3)避险行为不得超过必要的限度。紧急避险的必要限度,是指在面临紧急危险时,避险人应采取适当的措施,以尽可能小的损害保全较大的法益。民法要求紧急避险行为所引起的损害应轻于所避免的损害,两者的利益衡量,前者明显轻于后者。如果避险行为不仅没有减少损害,反而使造成的损害大于或等于可能发生的损害,避险行为就失去了意义,就是超过了必要的限度。例如,某甲与某乙不睦,某甲放任牲畜去乙承包的田里吃庄稼。某乙用石头将该牲畜打死。某甲放任牲畜吃庄稼多是侵害某乙的财产权,侵害行为本身强度不大,所防卫的权益是财产权益,也不可谓之重大,本可以采取一般的轰赶或打伤即可以实现保护这一权益的目的。用石头打击的方法,即使不是故意,也起码是应当预见其后果的。造成牲畜死亡的结果,是超出了正当防卫的必要限度,因此,是防卫过当。

3. 紧急避险的责任

处理紧急避险的法律依据是《侵权责任法》第31条。其规定的处理原则是:

(1)引起险情发生的人的责任。在一般情况下,如果有引起险情发生的人,应由引起险情发生的人承担民事责任。其中险情发生系由紧急避险人所引起的,由紧急避险人对自己的过错负责;险情发生系避险行为的受害人所引起的,避险受害人对自己的过错负责;险情发生系由第三人引起的,第三人对自己的过错负责。他们对自己过错负责的范围,应以紧急避险必要限度或避险措施得当所造成的损失为标准,超过部分不应由后两种人负担。

(2)自然原因引起险情的责任。如果危险是由自然原因引起的,没有引起险情发生的人时,承担民事责任有两种情况:一是在一般情况下,紧急避险人不承担民事责任,对造成的损失不予赔偿;二是在特殊情况下,避险人也可以在当事人双方都没有过错的情况下,根据实际情况分担民事责任。

(3)超过必要限度的赔偿。紧急避险采取措施不当或者超过必要限度,造成不应有损害的,应当承担适当的民事责任。适当责任,首先是不应免除责任;其次是可以减轻责任,也可以对过当部分全部负责;再次是在造成危险的行为人与受害人是同一人时,应当减轻避险过当人的责任;最后是对受避险损害人无过错而遭受损害的,则应由避险行为人负担全部责任,对避险必要限度以内的损害,由危险行为人负担责任。

(4)受益人适当补偿。如果既没有第三人的过错,也没有实施紧急避险行为人本身的过错,而遭受损害的人与受益人又不是同一个人时,受益人应当适当补偿受害人的损失。这是因为受益人的利益之所以能得到保全或者减少损失,是靠牺牲受害人的利益才得以实现的。

(四)受害人承诺

1. 受害人承诺的概念

受害人承诺,是指受害人容许他人侵害其权利,自己自愿承担损害结果,且不违背法律和公共道德的一方意思表示。这种承诺,是一般侵权损害赔偿免责事由。《侵权责任法》对此没有明确规定;《合同法》第 53 条对事先免责条款有明确规定,除了上述规定的事先免责条款无效的情形之外,受害人承诺应当作为免责事由。

权利人有权处分自己的权利。权利人自行侵害自己的权利,只要不违反法律和善良风俗,是行使权利的行为。权利人允许他人侵害自己的权利,在一般情况下,法律并未予以禁止,这就是英美法的"自愿者无损害可言"的原则。

2. 受害人承诺的构成要件

(1)须有处分该权利的能力与权限。允许他人侵害权利,必须权利人对于该项权利有处分的能力与权限,否则,不构成侵权损害赔偿免责事由。例如,某子为先天性痴呆,其父母请求医生将其处死。首先,该父母没有处分其子生命权的权利;其次,这种承诺超出监护权的范围,因而并不是受害人承诺。

(2)须遵守一般的意思表示的规则。受害人承诺的意思表示应当遵守一般的意思表示的规则,即须具备一般意思表示的生效要件。在一般情况下,承诺侵害自己的财产权利,应当为有效;承诺侵害自己的人身权利,则应区分具体情况,如果承诺他人将自己身体致轻微伤害,当属正当的意思表示;如果嘱托他人帮助自杀,或者承诺他人将自己杀死或重伤,不属正当的免责事由。

(3)受害人须有明确承诺。承诺侵害自己的权利,应当采用明示方式,或者是发表单方面的声明,或者是制定免责条款。权利人没有明示准许侵害自己的权利的承诺,不得推定其承诺。如果受害人明知或预见到其权利可能受到损害,但其并未向加害人承诺,不构成侵权损害赔偿免责事由。例如,某人知道某水泥厂严重污染该居民区，却又搬进该区居住，致健康受到损害。由于该人并未承诺其健康准许水泥厂损害，故水泥厂应当负赔偿责任。

（4）受害人事前放弃损害赔偿请求权。承诺侵害自己的权利和放弃损害赔偿请求权，是两个问题，不能混淆。放弃损害赔偿请求权，不必采取明示方法，只要有侵害自己的权利的承诺，没有明示其放弃该请求权的，可以推定其放弃，明示不放弃损害赔偿请求权的除外。

3. 事先免责条款

在以受害人承诺作为免责事由时，应当特别注意掌握受害人承诺与事先免责条款的关系。

事先免责条款是指双方当事人预先达成一项协议，免除将来可能发生损害的赔偿责任，分为违反合同的免责条款和侵权行为的免责条款。

侵权行为的事先免责条款的形式，可以概括为以下四种：（1）全部免责条款。按此条款，未来的受害人放弃将来对本应承担责任的人提出的全部赔偿请求。（2）部分免责条款。按此条款，受害人事先同意接受以特定方式计算的，不超过一定数额的有限赔偿。（3）以时间限制的免责条款。此条款约定受害人必须在有限的时间内提出自己的请求，逾期不再享有请求赔偿的权利。（4）通过罚款的免责条款。这种条款，当事人同意在以后发生损害时将支付一笔固定数额的款给予受害人，即免除责任。①

对于侵权行为的事先免责条款，包括有效说、相对无效说和绝对无效说三种观点。②《合同法》规定了事先免责条款无效的规则："合同中的下列免责条款无效：（一）造成对方人身伤害的；（二）因故意或者重大过失造成对方财产损失的。"根据该条规定，凡是在合同中约定人身伤害事先免责条款的，为无效。合同约定免除因故意或者重大过失造成对方财产损失的责任的，也为无效。

---

① 《国际比较法百科全书·侵权行为》，载《外国民法论文选》，中国人民大学教学参考教材1984年版，第417～418页。

② 杨立新：《民法判解研究与适用》（第1集），中国检察出版社1994年版，第348页。

(五)自甘风险

自甘风险就是指明知道风险而自愿冒险,发生损害后果应当自负的规则。它也是一种侵权损害赔偿免责事由,与受害人承诺有某些相似之处。我国法律对自甘风险没有规定,在理论中讨论也不多。但是在实践中,有的法院引用自甘风险作为免责事由因而判决行为人免除侵权损害赔偿,取得了很好的效果。例如,参加体育运动本身就是一种自甘风险,因为体育运动本身就具有群体性、对抗性和人身危险性,造成某些伤害本来就是参加运动的人预料之中的。对于参加体育运动的人以及观看体育运动的人,都对体育运动的风险有明确的认识,受到损害应当风险自担。

自甘风险实际上是受害人承诺的一种特殊形式,其道理是相同的。在审判实践中,可以适用自甘风险规则作为侵权损害赔偿免责事由,在构成自甘风险的情况下,判决免除行为人的责任。在起草《侵权责任法》中,绝大多数专家都建议规定自甘风险规则,但立法机关一致认为不够稳妥,因而没有规定。

构成自甘风险的要件是:(1)受害人明知风险存在,风险具有现实性;(2)受害人自愿参加具有这种风险的活动,并非被人所强迫;(3)风险已经发生,造成了受害人的损害;(4)造成风险损害的行为人没有过错,既没有加害的故意,也不具有疏忽或者懈怠。具备以上四个要件,构成自甘风险,其损害的后果由自甘风险的受害人自己承受。例如,2006年7月7日,被告梁某(俗称"驴头")在南宁时空网发帖,召集网友报名到武鸣县两江镇赵江进行户外探险活动,费用AA制,周六8点整准时在安吉站集合。受害人骆某答应与陈某一同前往参与活动。7月8日上午,共有包括骆某及另外11名被告(俗称"驴友")在内的12名成员在南宁市安吉客运站与梁某汇集,在每人交付给梁某60元的活动费用后,乘坐由梁某提供的车辆,前往武鸣县两江镇赵江进行户外探险活动。当晚,因活动区域的周围地势险峻,该团队就在赵江河谷裸露的较为平坦的石块上安扎帐篷露营休息,其中骆某与被告陈某同住一个帐篷。从晚上至7月9日凌晨,该团队露营地区连下了几场大暴雨。7月9日上午7时许山洪暴发,在河谷中安扎的帐篷被山洪冲走,骆某被冲走。12

名被告在混乱中通过自救、互救基本脱离危险后，发现骆某已经失踪，遂打电话报警。镇政府组织搜救队在赵江下游找到遇难的骆某遗体。骆某父母向法院起诉，请求参与探险的其他 12 名人员承担赔偿责任。法院审理认为：户外探险活动具有一定的危险性，所有参与人均是具有完全民事行为能力的自然人，均属自发参与活动，虽然彼此之间并无任何合同关系，但不能免除应当承担的责任。梁某是此次户外活动的发帖人，具备疏忽大意、疏于防范、未尽职责的重大过失；其余 11 名被告盲目跟随梁某前往，主观上亦有一定过错，对于骆某死亡的损害后果，仅需承担本案中最轻的责任；骆某在团队中既未完成自救的义务，也未完成救助他人的义务，故在本案中应承担比除梁某之外的 11 名被告更重的责任。因此，酌定骆某、梁某与其余 11 名被告按 2.5∶6∶1.5 的责任比例承担本案的民事赔偿责任，判定梁某赔偿原告各项经济损失 16.354 万元，其余 11 名被告连带赔偿原告各项经济损失 4.838509 万元。笔者认为这个案件的判决欠妥，驴头组织探险游，有风险是参加人知道的，既然知道探险游有风险并且自愿参加，就构成自甘风险，如果驴头、驴友没有过失，就不应当承担责任。本案二审判决撤销原判，根据公平责任确定适当分担责任。笔者认为也不够妥当。

相反，北京市海淀区法院判决的另一个案件就适用了自甘风险规则。郝某、张某在网站论坛上发帖，组织一次由网友自愿报名参加的野外登山活动，公布了活动路线及相关注意事项，并声明“本次活动为非营利自助活动。户外活动有一定的危险性和不可预知性，参加者对自己的行为及后果负完全责任。领队组除接受大家监督、有责任控制费用和公开账目外，不对任何由户外运动本身具有的风险以及往返路途中发生的危险所产生的后果负责。如在活动中发生人身损害后果，领队组不承担责任”。孙某自愿报名参加。在活动中，原定路线有所变更，行走时间大大超出了原计划，一直持续到当天午夜，不间断行走超过 12 小时。孙某突然出现虚脱症状，后经多方抢救无效死亡，法医鉴定系寒冷环境引起体温过低，全身新陈代谢和生命机能抑制造成死亡。孙某的父母起诉，以郝某、张某组织行为导致孙某死亡，具有明显过错为由，要求郝某、张某及网络公司连带赔偿各种损失40余万元。北京市海淀区法院认为,组织者郝某、张某不具备对环境的控制能力和管理责任,不承担保障人身、财产安全的经营者义务,出现意外后也履行了必要的救助义务,驳回原告的全部诉讼请求。这个判决是有道理的。

(六)自助行为

自助行为是指权利人为保护自己的权利,在情事紧迫而又不能及时请求国家机关予以援助的情况下,对他人的财产或自由施加扣押、拘束或其他相应措施,而为法律或社会公德所认可的行为。《侵权责任法》也没有规定这个免责事由,也是认为自助行为是公认的免责事由,无须规定。

自助行为的性质,属于私力救济,与紧急避险、正当防卫的性质是相同的。其区别在于,自助行为保护的是自己的权利,而正当防卫和紧急避险包括保护他人的权利;自助行为在实施前,当事人之间已经存在一种债的关系,而正当防卫和紧急避险在尚未实施之前,没有这种关系。

构成自助行为须具备的要件是:(1)须为保护自己的合法权利;(2)须情事紧迫而来不及请求有关国家机关的援助;(3)自助方法须为保障请求权所必需;(4)须为法律或公共道德所认可;(5)不得超过必要限度。

行为人在实施自助行为之后,必须立即向有关机关申请援助,请求处理。行为人无故申请迟延,应立即释放债务人或把扣押的财产归还给债务人,造成损害的还应负赔偿责任。行为人的自助行为如果不被有关国家机关事后认可,则必须立即停止侵害并对受害人负赔偿责任。

例如,某市一些声讯台挂靠该市某区民政局违法经营,该市电台女记者进行调查。在采访该区民政局女局长时,没有经过女局长同意,女记者在谈话开始时就进行录音。下午4点采访结束时,女记者收回录音机,女局长予以制止,并指出,没有经过其同意而录音是非法的,要求女记者洗掉录音。女记者不同意,女局长就不准其离开。双方争执,直到晚上10点,在电台新闻部主任来现场进行调解和协商,并洗掉了录音之后,女记者得以离开民政局。女记者向法院起诉,认为女局长侵害其采访权和人身自由权,请求赔偿其精神损害 1 分钱。法院判决驳回其诉讼请求。

在这个案件中,女记者的采访行为无疑是正当的,是对社会有积极意义的。但是她的请求却没有法律依据。首先,采访权不是私权利,不是民事权利,因此不能构成侵权行为责任。采访权是新闻自由权的内容,属于公权利的范围,即使是构成对采访权的侵害,也不能认定为侵权行为,无法进行损害赔偿的救济。其次,女记者在没有经过被采访人同意的情况下,对采访进行录音,没有尊重被采访者的权利,是不对的。虽然还不能说就是对被采访人的权利的侵害,但是肯定是不当行为。女局长提出洗掉录音的请求并无不当。在女记者不同意洗掉录音的情况下,女局长坚持其不能离开,要协商解决问题,其理由也是正当的。这种正当性,其实就是基于自助行为的正当理由。因此,女局长的行为并没有侵害女记者的人身自由权,不构成侵权行为。

四、侵权损害赔偿的特别免责事由

(一)受害人过错

1. 受害人过错的概念

受害人过错,是指损害的发生或扩大不是由于加害人的过错,而是由于受害人的过错而发生。这是侵权损害的一种特殊类型。在一般情况下,侵权损害是由于加害人的过错造成的。如果加害人对损害有过错,受害人也有过错,则构成与有过失,应当实行过失相抵。如果仅仅是受害人的过错,则构成特别侵权损害赔偿免责事由。例如,受害人挑逗被告的恶狗而遭受损害,是受害人对损害的发生具有过错;或受伤以后怠于医治而使伤病加重,则是受害人对于损害的扩大具有过错。《侵权责任法》将受害人过错规定为受害人故意,规定在第 27 条。实际上,受害人故意是无过错责任原则的免责事由,适用过错责任原则和过错推定原则时,都以受害人过错为免责事由。因此,对本条规定在理解上应当有所注意。

2. 受害人过错的形式

受害人的过错有三种形式:

(1)故意。受害人的故意,是指受害人明知自己的行为会发生损害自己的后果,而希望或放任此种结果的发生。受害人对损害的发生或者扩大具有故意,表明受害人的行为是损害发生的唯一原因,从而应使加害人免责。

(2)重大过失。受害人的重大过失,是指受害人对于自己的人身和财产安全毫不顾及,极不注意,以至于造成了自身的损害。如果损害完全是由受害人的重大过失所致,加害人对损害的发生没有任何过错,则加害人不承担民事责任。①

(3)一般过失。受害人的一般过失,是指在加害人致受害人损害中,或造成损害以后,受害人对损害的发生与扩大具有一般过失。如果受害人的一般过失是损害发生的全部原因,可以作为免责事由。在多数场合,受害人的一般过失构成与有过失,应当实行过失相抵。而加害人有故意或者重大过失,受害人只有一般过失时,不实行过失相抵。

3. 受害人过错的法律后果

受害人过错,是否作为侵权损害赔偿免责事由而使加害人免责,应当根据具体情况分析,而不是一律免责。其原则是,如果受害人的过错是损害发生的唯一原因,构成免除责任的侵权损害赔偿免责事由。如果对损害的发生受害人具有故意或者重大过失,而加害人只具有轻微过失,亦构成免除责任的侵权损害赔偿免责事由。如果受害人有故意、过失,加害人亦有过错,则构成与有过失,只可以减轻加害人的责任,而不能作为免除责任的理由。按照最高人民法院《关于审理人身损害赔偿案件适用法律若干问题的解释》(以下简称"人身损害赔偿司法解释")第 2 条规定,受害人对同一损害的发生或者扩大有故意、过失的,依照《民法通则》第 131 条的规定,可以减轻或者免除赔偿义务人的赔偿责任。但侵权人因故意或者重大过失致人损害,受害人只有一般过失的,不减轻赔偿义务人的赔偿责任。适用《民法通则》第 106 条第 3 款规定确定赔偿义务人的

---

① 按照《道路交通安全法》第 76 条第 2 款的规定,机动车没有责任,损害的发生全部由非机动车驾驶人或者行人的过错行为所致,作为例外,适当减轻责任。

赔偿责任时，受害人有重大过失的，可以减轻赔偿义务人的赔偿责任。

特殊的问题是，《道路交通安全法》第 76 条规定，机动车一方没有过错，非机动车驾驶人或者行人由于过错造成交通事故损害的，机动车一方承担不超过 10% 的赔偿责任，这是适用道路交通事故“优者危险负担”原则的结果。

（二）第三人过错

1. 第三人过错的概念和特点

第三人过错，是指除受害人和加害人之外的第三人，对受害人损害的发生或扩大所具有的主观过错。第三人过错的主要特征是主体上的特殊性，其过错形式则没有其他的区别，包括故意和过失。《侵权责任法》第 28 条规定的是第三人原因，其实道理是一样的，不过第三人原因更为宽泛一些而已。

第三人过错的特点是：(1)过错主体是第三人，而不是当事人。(2)第三人与加害人没有过错联系，不存在共同故意和共同过失，即不能构成共同侵权行为。(3)其后果是免除或者减轻加害人责任的依据，第三人过错作为免责事由，其后果并非都是免责，还包括减轻责任。

2. 第三人过错的法律后果

第三人过错的法律后果是：

(1)第三人过错是损害发生的唯一原因，第三人过错是免责的事由。损害纯粹由第三人的过错所致，被告对此没有过错，因此应使被告免责，而由第三人承担责任。《民法通则》第 127 条明确规定：“由于第三人的过错造成损害的，第三人应当承担民事责任。”

(2)第三人过错不是损害发生的唯一原因。第三人过错不是损害发生的唯一原因，结果只能是减轻责任。在加害人的行为中介入了第三人过错，加害人的行为和第三人的过错都是损害发生的原因。第三人具有故意和重大过失的，如果加害人仅具有轻微过失，则第三人过错构成加害人的免责事由。如果加害人具有一般过失，则不能被完全免除责任。只有在第三人的故意和重大过失行为是加害人所不可预见的，第三人过错才构成免责事由，否则，第三人和加害人应共同对原告的损害负责。第三人具有过失,而加害人没有过错,尽管第三人的过失只是一般过失,也应该使加害人免责。

(3)第三人过错和加害人行为都是损害发生或者扩大的原因。第三人的过错和加害人的行为都是造成损害的原因,具有原因力的,则第三人过错是减轻责任的事由。要根据第三人的过错程度和原因力比例,减轻加害人的责任。

3. 第三人过错的特殊情形

《侵权责任法》在第37条、第40条、第68条和第83条分别规定了第三人过错的特殊规则。这些第三人过错的特殊规则分为以下三种情形:

(1)第三人过错实行不真正连带责任

在第三人过错的情形下,《侵权责任法》规定了两种不真正连带责任的规则,而不适用直接由有过错的第三人承担责任的一般性规则。这就是:

其一,第68条规定:"因第三人的过错污染环境造成损害的,被侵权人可以向污染者请求赔偿,也可以向第三人请求赔偿。污染者赔偿后,有权向第三人追偿。"这个规定不是采取第28条规定的直接由有过错的第三人承担责任,而是实行不真正连带责任,被侵权人作为赔偿权利人,可以根据自己的意愿选择,以污染者或者以第三人作为中间责任人,承担中间责任,中间责任人承担了赔偿责任之后,再向最终责任人追偿。这样规定的目的,在于更好地保护被侵权人的权益,使受到的损害能够及时得到救济。

其二,第83条规定:"因第三人的过错致使动物造成他人损害的,被侵权人可以向动物饲养人或者管理人请求赔偿,也可以向第三人请求赔偿。动物饲养人或者管理人赔偿后,有权向第三人追偿。"第三人的过错致使动物致人损害,也不实行第三人过错的一般规则,不是由第三人直接承担责任,也赋予被侵权人有选择的权利,实行不真正连带责任。其立法理由同上。

(2)第三人过错实行相应的补充责任

在第三人过错的情形下,《侵权责任法》还规定了两种补充责任

的规则,而不适用直接由有过错的第三人承担责任的一般性规则。这就是:

其一,第 37 条规定:“宾馆、商场、银行、车站、娱乐场所等公共场所的管理人或者群众性活动的组织者,未尽到安全保障义务,造成他人损害的,应当承担侵权责任。因第三人的行为造成他人损害的,由第三人承担侵权责任;管理人或者组织者未尽到安全保障义务的,承担相应的补充责任。”本条第 2 款规定,第三人的行为造成受到安全保障的人损害的,实行补充责任,即先由第三人承担侵权责任;如果第三人不能承担或者不能全部承担侵权责任,则安全保障义务人未尽到该义务的,承担相应的补充责任。这个规则与第三人过错的一般规则不同,增加了安全保障义务人的补充责任,能够更好地保护被侵权人的合法权益。

其二,第 40 条规定:“无民事行为能力人或者限制民事行为能力人在幼儿园、学校或者其他教育机构学习、生活期间,受到幼儿园、学校或者其他教育机构以外的人员人身损害的,由侵权人承担侵权责任;幼儿园、学校或者其他教育机构未尽到管理职责的,承担相应的补充责任。”本条规定的“幼儿园、学校或者其他教育机构以外的人员”,也是第三人的概念,在这种情况下,也实行补充责任规则,操作方法和理由同上。

(3)第三人责任实行替代性不真正连带责任

《侵权责任法》第 44 条规定:“因运输者、仓储者等第三人的过错使产品存在缺陷,造成他人损害的,产品的生产者、销售者赔偿后,有权向第三人追偿。”第 85 条规定:“建筑物、构筑物或者其他设施及其搁置物、悬挂物发生脱落、坠落造成他人损害,所有人、管理人或者使用人不能证明自己没有过错的,应当承担侵权责任。所有人、管理人或者使用人赔偿后,有其他责任人的,有权向其他责任人追偿。”第 86 条第 1 款规定:“建筑物、构筑物或者其他设施倒塌造成他人损害的,由建设单位与施工单位承担连带责任。建设单位、施工单位赔偿后,有其他责任人的,有权向其他责任人追偿。”这 3 个条文规定的,都是替代性的不真正连带责任,规则比较特殊。

(三)不可抗力

1.不可抗力的概念

不可抗力是指人力所不可抗拒的力量,包括自然原因如地震、台风、洪水、海啸等和社会原因如战争等。不可抗力,是独立于人的行为之外,并且不受当事人的意志所支配的现象,它是各国立法通行的侵权损害赔偿免责事由。《侵权责任法》第29条规定:"因不可抗力造成他人损害的,不承担责任。法律另有规定的,依照其规定。"

不可抗力作为免责事由的根据是,让人们承担与其行为无关而又无法控制的事故的后果,不仅对责任的承担者来说是不公平的,也不能起到教育和约束人们行为的积极结果。依据这样的价值观念,将不可抗力作为免责事由,必须是构成损害结果发生的原因。只有在损害完全是由不可抗力引起的情况下,才表明被告的行为与损害结果之间毫无因果关系,同时表明被告没有过错,因此应被免除责任。

2.不可抗力的构成

确定不可抗力,有三种不同的学说:一是客观说。主张应以事件的性质和外部特征为标准,凡属于一般人无法防御的重大的外来力量,均为不可抗力。二是主观说。主张以当事人的预见力和预防能力为标准,凡属于当事人虽尽最大努力仍不能防止其发生者,为不可抗力。三是折中说。认为应采主客观相结合的标准,凡属基于外来因素而发生的,当事人以最大谨慎和最大努力仍不能防止的事件为不可抗力。[①] 我国《民法通则》采纳第三种学说,在第153条规定,不可抗力是指"不能预见、不能避免并不能克服的客观情况"。它要求从主客观等三方面的因素考虑何种现象为不可抗力。

(1)不可预见。不可预见的标准不能依某个人的标准,必须以一般人的预见能力而不是当事人的预见能力为标准,来判断对某种现象是否可以预见。

(2)不可避免并不能克服。这是指当事人已经尽到最大努力和

① 王利明、杨立新:《侵权法》,法律出版社1997年版,第93页。

采取一切可以采取的措施,仍然不能避免某种事情的发生并克服事件造成的损害后果。不可避免和不能克服,表明事件的发生和事件造成损害具有必然性。某种事件是否不能避免并不能克服,也要根据具体情况来决定。

(3)属于客观情况。这是指外在于人的行为的自然性。不可抗力作为独立于人的行为之外的事件,不包括单个人的行为。如果第三人的行为对被告来说是不可预见并不能避免的,但它并不具有外在于人的行为的客观性的特点,第三人的行为不能作为不可抗力对待。

3. 不可抗力的后果

因不可抗力造成损害,当事人一般不承担民事责任。但是,不可抗力导致免责,必须是不可抗力成为损害发生的唯一原因,而当事人对损害的发生和扩大不能产生任何作用。因此,在发生不可抗力的时候,应当查清不可抗力与造成的损害后果之间的关系,并确定当事人的活动在发生不可抗力的条件下对所造成的损害后果的作用。

《民法通则》规定了不可抗力作为免责事由的除外条款,在法律有特别规定的情况下,不可抗力不作为免责事由。例如,《邮政法》第 34 条规定,汇款和保价邮件的损失即使是不可抗力造成的,邮政企业也不得免除赔偿责任。这是不可抗力作为免责条件的一个例外。在法律有特别规定的时候,不可抗力作为免责事由,还要附加其他条件。

(四)意外事件

1. 意外事件的概念

意外事件,是指非因当事人的故意或过失,是由于当事人意志以外的原因,而偶然发生的事故。

对于意外事件可否作为侵权损害赔偿免责事由,有两种不同的观点。肯定说认为,意外事件和不可抗力一样,都应成为免责事由。[1] 否定说认为,只有不可抗力才是免责事由,而意外事件并不是

---

① 史尚宽:《债法总论》,荣泰印书馆 1978 年版,第 354 页。

法定的免责事由。我国民法没有规定意外事件为免责事由,但是在司法实践中,通常把意外事件作为免责事由对待。对此,《侵权责任法》没有做出具体规定。

意外事件不是由于当事人的故意和过失而发生,而是偶然发生的事故,是外在于当事人的意志和行为的事件,它表明当事人没有过错,因而应使当事人免责。罗马法古谚认为,"不幸事件只能落在被击中者头上",被告当然不承担民事责任。

2. 意外事件的构成

作为免责事由的意外事件,应具备如下条件:

(1)意外事件是不可预见的。确定意外事件的不可预见性,适用主观标准,即应以当事人为标准,即当事人在当时的环境下,是否能够通过合理的注意而预见。

(2)意外事件是归因于行为人自身以外的原因。行为人已经尽到了他在当时应当尽到和能够尽到的注意,或者行为人采取合理措施仍不能避免事件的发生,从而表明损害是由意外事件而不是当事人的行为所致。

(3)意外事件是偶然事件。意外事件不包括第三人的行为。因此,意外事件的发生概率是很低的,当事人尽到通常的注意是不可预防的。

第二节　侵权损害赔偿的诉讼时效

一、侵权损害赔偿的一般诉讼时效

(一)侵权损害赔偿一般诉讼时效的含义

根据《民法通则》的规定,我国民事立法的诉讼时效制度,是采诉权消灭主义,[①]即诉讼时效完成,权利人消灭的只是胜诉权,不消

---

① 梁慧星:《民法总论》,法律出版社1996年版,第240页。

灭起诉权，更不消灭实体权利。[①] 在侵权法中，侵权损害赔偿的诉讼时效与此相同，诉讼时效完成，侵权损害赔偿请求权人丧失的是胜诉权，即法院对起诉到法院的当事人的诉讼请求，不再予以支持，但是可以起诉；当事人不起诉，加害人自愿履行赔偿义务的，法律并不干预。此外，侵权损害赔偿诉讼时效期间的中止、中断和延长，如果法律没有特别的规定，应当按照《民法通则》关于诉讼时效期间中止、中断和延长的规定执行。

关于诉讼时效的最终法律后果究竟是消灭胜诉权，还是产生永久抗辩权的问题，学者提出了不同意见。按照现在的规定，诉讼时效的法律后果是消灭胜诉权，即诉讼时效期间届满，消灭胜诉权而不消灭起诉权，使权利人的权利变为自然权利。按照这样的规定，诉讼时效是一个强制性的规定，在诉讼中，不待当事人主张，法官依职权即可以适用，宣告权利人丧失胜诉权。这样的规定并不符合诉讼时效制度的设立目的。我们认为，这样的结果，实际上是使一个当事人可以依据自己的意志自由行使的权利，变成了法官的权力，变成了国家的意志。这不符合民事权利的本质要求。诉讼时效的本质应当是永久抗辩权，是享有该权利的当事人对对方当事人所享有的权利，如果一个请求权超过了诉讼时效期间没有行使，当请求权人要求行使该请求权的时候，请求权的义务人有权依据诉讼时效已经超过法定期间作为理由而进行抗辩。如果是正当行使抗辩权，那么就可以对抗这个请求权，使请求权人的请求无法实现，免除债务人的债务。如果债务人不主张诉讼时效的抗辩权，则法院应当判决债务人履行该债务。

将诉讼时效的后果改变为产生抗辩权，更符合诉讼时效的本质，有利于保护债权人的合法债权，减少恶意逃债行为的发生，维护正常的交易秩序。因此，应当将诉讼时效的性质规定清楚，对诉讼时效不再保留其职权主义的强制性后果，而改为当事人主义，由当事人自主行使这种抗辩权。最高人民法院的司法解释已经采

---

① 对此，也有例外，如《产品质量法》关于最长时效的规定，就不是消灭诉权，而是消灭请求权。

纳了这样的意见。

《民法通则》规定的一般诉讼时效,对侵权损害赔偿同样适用。对于一般的侵权损害赔偿,其诉讼时效为 2 年。侵权损害赔偿请求权人应当在 2 年以内行使该请求权,超过这一期限,丧失请求人民法院保护其权利的权利。

(二)侵权损害赔偿一般诉讼时效的计算

关于侵权损害赔偿的一般诉讼时效,最值得研究的是期间的起始计算。法律原则规定,诉讼时效期间"从知道或者应当知道权利被侵害时起计算"。执行这一规定,对于财产权利的损害,期间起始的计算较为简单,什么时候财产权利遭受损害,就从什么时间起算。对此没有疑问。

对于侵害名誉权等精神性人格权的侵权损害赔偿,诉讼时效的起算,也应当从知道或者应当知道其权利被侵害之时起算。侵害名誉权等侵权损害赔偿一经发生,受害人的名誉权等权利就立即受到损害,受害人知道或者应当知道权利被侵害时,诉讼时效就开始计算。

对于侵害生命权、健康权、身体权的人身损害赔偿的侵权损害赔偿,诉讼时效期间的起算是很复杂的,须按照另一种办法来解决。要对这种案件提起诉讼,受害人必须知道自己所受财产损失的数额。不能够计算人身损害赔偿的数额,就无法提起诉讼。① 如果在受害人知道或者应当知道侵权损害赔偿发生就开始计算诉讼时效,则对保护受害人的权利不利。因此,对于造成人身伤害的案件,其诉讼时效期间的起算,最高人民法院《关于贯彻执行〈民法通则〉若干问题的意见(试行)》第 168 条规定:"人身损害赔偿的诉讼时效期间,伤害明显的,从受伤害之日起算;伤害当时未曾发现,后经检查确诊并能证明是由侵害引起的,从伤势确诊之日起算。"具体说,侵害身体权的,侵权损害赔偿一经实施完了,当事人知道或者应当知道权利被侵害,诉讼时效就开始计算。侵害健康权的,其受伤害

---

① [苏]约菲:《损害赔偿的债》(中文版),中央政法干校翻译室译,法律出版社 1956 年版,第 109 页。

之日起,计算诉讼时效期间;某些受侵害之时不能发现的伤害,经检查确诊伤害的,从确诊之日起,计算诉讼时效期间。对于造成重伤丧失劳动能力的,仅仅按照该司法解释处理,还不够准确,须在确认劳动能力丧失的程度时,即受害人不仅知道或者应当知道自己权利受侵害,而且知道或者应当知道权利受到侵害的程度时,才开始计算诉讼时效期间。对于侵害生命权的,应当从受害人死亡之日起,计算诉讼时效期间。

侵权行为一直处于持续状态,没有结束的,应当认为侵权行为仍然在继续之中,不开始计算诉讼时效期间。典型案例是:1962 年出生的于某,2005 年将鞍山铁西某医院起诉至法院。于某诉称,他 1 岁时患病到该医院治疗,静脉注射完毕时,由于医院医护人员处置不当,输液用的针头突然断裂留在腕部血管中。医院为于某实施手术失败,针头没有取出来。由于保护措施不当,针头顺血液流入肩部卡住。医院为他再次进行手术,针头突然随血液通过心脏流到肺部,手术再次失败。当时医院承诺,今后终生为于某免费治疗。于某认为,43 年来针头仍留在他的肺部,给他和他的家属造成巨大精神压力。由于手术造成于某颈部歪斜,给于某生活及工作带来极大不便,为此要求医院支付取针费 10 万元,残疾补助费 10 万元,精神损害赔偿金 20 万元。法院审理认为,由于本案事故发生在 1963 年,《民法通则》1987 年 1 月 1 日施行时,于某民事权利被侵害已超过 20 年。于某在《民法通则》实施后向人民法院请求保护,该诉讼时效依法应从 1987 年 1 月 1 日起计算,1 年后诉讼时效期间完成。原告提出诉讼主张时已经超过法律规定的时效期间,因此驳回了原告的诉讼请求。这个案件的判决在适用诉讼时效规定上是有问题的,原因就是,医院的侵权行为一直处于持续状态,并没有停止,诉讼时效期间并没有开始计算,况且该医院一直承诺发现针头后对患者终生免费治疗,因而法院的判决适用法律错误。

二、侵权损害赔偿的特殊诉讼时效

按照《民法通则》第 136 条规定,人身损害赔偿的诉讼时效期间适用特殊时效,期间为 1 年。在适用人身损害赔偿的诉讼时效期间

的问题上,应当研究的问题是:

(一)人身伤害的诉讼时效

这里要研究的是,《民法通则》第136条规定的"身体受到伤害要求赔偿"究竟包括哪些内容。

按照一般的理解,这里指的是对侵害健康权行为的赔偿请求,但是也有的认为凡是人身损害赔偿都应当适用特殊时效。对此,笔者认为,应当从有利于保护受害人的利益出发进行解释,既然条文讲的就是身体受到伤害,那就是侵害健康权的侵权损害赔偿。对于侵害身体权和侵害生命权的侵权损害赔偿,应当按照一般诉讼时效的规定执行。

(二)精神损害赔偿是否适用特殊诉讼时效

同样,《民法通则》第136条只规定人身伤害的赔偿,没有对精神损害赔偿做特别规定,因此侵害精神性人格权确定的精神损害赔偿不适用特殊时效,适用一般诉讼时效。但是在侵害健康权所确定的财产损失赔偿同时确定的精神抚慰金的赔偿,则应当受到特殊时效的限制。

(三)掌握侵权普通法和侵权特别法对诉讼时效期间的不同规定

在非民事法律中,对侵权损害赔偿的诉讼时效期间有不同规定。凡是特别法对侵权损害赔偿有不同诉讼时效期间规定的,应当一律按照特别法的规定适用。例如,《国家赔偿法》规定的请求国家赔偿的诉讼时效期间为2年,其时效起算的时间是行政行为被确认为违法之日起算,并且羁押期间不计算在内。这种诉讼时效期间也不分人身损害赔偿和财产损害赔偿,一律适用。《产品质量法》规定的诉讼时效期间也与《民法通则》的规定不同,一律适用2年的诉讼时效期间。《环境保护法》规定的诉讼时效期间是3年,无论污染损害的是财产还是人身,一律适用该特别诉讼时效期间。在处理侵权损害赔偿案件中,要特别注意侵权特别法关于诉讼时效期间的特别规定,按照特别法优于普通法的法律适用原则,不能完全适用《民法通则》特殊时效的规定,防止因此而侵害侵权损害赔偿请求权人的权利。

三、侵权损害赔偿的最长诉讼时效

侵权损害赔偿的最长诉讼时效，按照《民法通则》的规定是20年。如果受害人不能知道自己的权利受到损害的事实，那么，就从权利被侵害之日起，受害人在20年内不提出诉讼请求的，人民法院不再予以保护。

对于侵权损害赔偿的最长时效，侵权特别法也有特殊的规定。《产品质量法》第33条第2款规定："因产品存在缺陷造成损害要求赔偿的请求权，在造成损害的缺陷产品交付用户、消费者满10年丧失；但是，尚未超过明示的安全使用期的除外。"按照这一规定，产品侵权损害赔偿的最长时效为10年，不适用20年的最长时效，并且最长时效期间届满，消灭的是请求权的实体权利，而不是胜诉权。计算最长时效时应当注意，在10年时效中，如果产品的安全使用期超过10年的，则应以安全使用期的期限计算最长时效的期间。

例如，1962年出生的于某，日前将鞍山铁西某医院起诉至法院。于某诉称，他1岁患病到该医院治疗，静脉注射完毕时，由于医院医护人员处置不当，输液用的针头突然断裂留在腕部血管中。医院为于某实施了手术，然而手术失败，针头没有取出来。由于保护措施不当，针头顺血液流入肩部卡住。医院为他再次进行手术，针头突然随血液通过心脏流到肺部，手术再次失败。当时医院承诺，今后终生为于某免费治疗。于某认为，43年来针头仍留在他的肺部，给他和他的家属造成巨大精神压力。由于手术造成于某颈部歪斜，给于某生活及工作带来极大不便，为此要求医院支付取针费10万元，残疾补助费10万元，精神损害赔偿金20万元。法院审理认为，由于本案事故发生在1963年，《民法通则》1987年1月1日施行时，于某民事权利被侵害已超过20年。于某在《民法通则》实施后向人民法院请求保护，该诉讼时效依法应从1987年1月1日起计算，1年后诉讼时效期间完成。原告提出诉讼主张时，已经超过法律规定的诉讼时效期间，因此驳回了原告的诉讼请求。笔者不赞成这个案件的判决，理由是，本案不应当适用诉讼时效期间完成而驳回原告的诉讼请求。一个侵权行为处于继续状态的时候，这个侵权行为就没有结束,那么,诉讼时效期间也就没有开始计算,因此,本案以诉讼时效期间已经完成驳回原告的诉讼请求,就是不正确的。

四、诉讼时效适用的范围

《民法通则》规定诉讼时效的一个缺陷,是没有规定诉讼时效适用的具体范围,因此在司法实践中经常发生争论,使一些不应当适用诉讼时效的法律关系适用了诉讼时效,剥夺了权利人的权利,鼓励了义务人恶意的违法行为。

诉讼时效的适用范围应当是:第一是请求权,而不是一切权利;第二是在请求权中,也不是一切请求权都适用诉讼时效的规制,而只有债权请求权才适用诉讼时效的规制,其他的请求权,如物权请求权、人格权请求权、身份权请求权、知识产权请求权等,都不适用诉讼时效制度。将诉讼时效的适用范围局限于债权请求权,对于促使权利人行使债权,促进和推动交易发展,是具有积极意义的。同时,将一般的权利排除在诉讼时效的约束之外,把债权请求权之外的请求权排除在诉讼时效的约束之外,就可以使人格权、身份权、物权、知识产权受到侵害之后,其依据《侵权责任法》取得的损害赔偿请求权一旦依据诉讼时效而遭受抗辩之后,还能够依据人格权请求权、身份权请求权、物权请求权或者知识产权请求权,主张保护权利。这样规定,有利于保护权利,对于遏制或者减少不履行法定义务的行为,净化社会空气,规范市场经济秩序,都是有积极意义的。

因此,建议在民法典关于诉讼时效制度的规定上,明确规定诉讼时效的适用范围为债权请求权,在债权请求权人知道或者应当知道权利受到侵害之时起计算。

第六章　侵权损害赔偿责任形态

第一节　侵权损害赔偿责任形态概述

一、侵权损害赔偿责任形态的概念和意义

（一）侵权损害赔偿责任形态概念与特征

侵权损害赔偿责任形态，是指侵权法律关系当事人承担侵权责任的不同表现形式，即侵权责任由侵权法律关系中的不同当事人按照侵权损害赔偿责任承担的基本规则承担责任的不同表现形式。

侵权损害赔偿责任形态具有以下法律特征：

1. 侵权损害赔偿责任形态所关注的不是行为的表现，而是行为的法律后果，即侵权行为发生符合侵权责任构成要件要求的，由应当承担责任的当事人承担行为的后果。它与侵权行为类型的不同就在于，侵权行为类型研究的是行为本身，而侵权损害赔偿责任形态研究的是侵权行为的后果，是侵权行为所引起的法律后果由谁承担。它也与侵权责任构成不同。侵权责任构成研究的是依据什么样的准则，符合什么样的条件才能构成侵权责任。侵权损害赔偿责任形态则是解决侵权责任构成之后确定责任由谁承担的问题。

2. 侵权损害赔偿责任形态表现的是侵权行为的后果由侵权法律关系当事人承担的不同形式。侵权责任方式研究的也是侵权行为的法律后果,但是它研究的不是侵权责任在不同的当事人之间由谁承担的形式,而是侵权行为后果的具体表现形式,即损害赔偿、停止侵害、赔礼道歉等责任本身的形式。侵权损害赔偿责任形态研究的不是这些责任的具体形式,而是什么人来承担这些责任形式。因此,侵权损害赔偿责任形态也就是侵权责任方式在不同的当事人之间的分配。

3. 这些责任形态是经过法律所确认的、合乎法律规定的侵权责任基本形式。侵权损害赔偿责任形态必须经过法律的确认,不是随意的、任意的形式。它也是承担侵权责任的基本形式,而不是具体的责任形式。它只规定当事人自己承担还是他人承担,是连带承担还是按份承担,等等。至于由当事人具体承担什么样的责任,承担责任的程度是什么,侵权损害赔偿责任形态都不关心。

(二)侵权损害赔偿责任形态的发展历史

1. 罗马法

在罗马法以前的侵权法中,无所谓侵权责任的形态问题。因为那时候的侵权法都是规定具体侵权行为,对侵权行为不作概括性、一般性的规定。至于侵权责任就是谁的行为就由谁来负责,谁的物件造成损害,就由谁来负责。

但是罗马法意识到这个问题。罗马法在私犯和准私犯的划分中,极为关注的就是侵权损害赔偿责任形态。在罗马法所规定的四种私犯中,都是为自己的行为负责的侵权行为,这就是自己责任。而在六种准私犯中,除了审判员判错案件的责任之外,都是为他人的行为负责和为自己管领下的物件负责的替代责任。因而可以看出,罗马法关于私犯和准私犯的划分,是表现了对侵权损害赔偿责任形态的表述,初步区别了私犯的为自己的行为负责的自己责任和准私犯的对人的,以及对物的替代责任。

2. 法国法

《法国民法典》除了实现了对侵权责任法的第一次一般化立法、

确立过错责任原则为侵权责任法的归责原则之外，[①]还沿着罗马法开创的私犯和准私犯侵权损害赔偿责任形态划分的道路，第一次明确提出了侵权行为的两大责任形态，即为自己的行为负责的自己责任和为他人的行为负责以及为自己管领下的物件造成的损害负责的替代责任。该法第1382条和第1384条所规定的侵权行为的基本分野，就在于责任形态的不同。[②] 这既是对罗马法的继受，也是对罗马法的发展。

3. 德国法

德国法在规定了侵权行为的自己责任和替代责任的基础上，特别规定了侵权责任的单独责任和连带责任，在规定了过失相抵之后也出现了双方责任的形态。在德国侵权法中，侵权损害赔偿责任形态的体系已经基本完备。

4. 侵权损害赔偿责任形态的新发展

在现代，随着侵权责任法的发展，侵权责任的形态变得更为复杂。在分别侵权行为实行按份责任；在产品责任中实行不真正连带责任；负有保护他人安全法定义务或者约定义务的人未尽安全保障义务致人损害，要承担的是补充责任，并不是传统意义上的连带责任或者替代责任，而是新的侵权损害赔偿责任形态。除此之外，过失相抵责任、公平分担损失责任也都有新的发展，都在法律中做出了规定。在美国侵权法，《侵权法重述（第三次）》规定了完善的侵权责任分担规则，为建立侵权损害赔偿责任形态规则和理论体系提供了新的思路，具有重要意义。

（三）侵权损害赔偿责任形态在侵权法中的意义

现代侵权法的理论构架由五个部分组成：一是侵权行为和侵权责任法的概述，研究侵权行为概念和特征，研究侵权责任法的基本问题；二是侵权责任构成，解决的是侵权责任归责原则和侵权责任

---

① 参见杨立新：《论侵权行为的一般化和类型化及其我国侵权责任法立法模式选择》，载《河南省政法管理干部学院学报》2003年第1期。

② 两个条文在内容中说得很清楚：前者说“任何行为致他人受到损害时，因其过错致行为发生之人，应对该他人负赔偿之责任”；后者说“对应由其负责之人的行为或由其照管之物造成的损害负赔偿责任”。两者的区分实在是不能再清楚了。

构成要件;三是侵权行为类型,研究侵权行为的各种表现形式,是以侵权责任归责原则为基础,规制侵权行为的各种表现形式;四是侵权损害赔偿责任形态,研究侵权责任构成之后,侵权责任在各个不同的当事人之间的分配;五是侵权责任方式,研究侵权责任的具体形式,研究侵权损害赔偿责任的具体承担。

在侵权法的理论体系中,核心部分是侵权责任构成,包括侵权责任归责原则和构成要件。但是,侵权责任究竟由谁承担,也是非常重要的,因此侵权损害赔偿责任形态是侵权法体系中的关键一环。它连接的,是行为、责任与具体责任方式和承担,如果没有侵权损害赔偿责任形态,即使侵权责任已经构成,但是由于没有具体落实到应当承担责任的当事人身上,具体的侵权责任方式和内容也无法实现,侵权法的救济、补偿功能也就无法实现。

因此,侵权损害赔偿责任形态的作用和意义是:第一,连接侵权责任的构成和方式,侵权责任构成、侵权损害赔偿责任形态和侵权责任方式,是侵权责任法的最基本的责任概念。第二,落实侵权责任的归属。构成侵权责任之后,将这个责任落到实处,需要落实到人。而侵权损害赔偿责任形态就是将侵权责任落实到具体的责任人身上,由具体的行为人或者责任人承担侵权责任。第三,实现补偿和制裁的功能,如果没有侵权损害赔偿责任形态,侵权责任无法落实,侵权责任的补偿功能和制裁功能就无法实现。

二、侵权损害赔偿责任形态的体系

侵权损害赔偿责任形态所研究的内容,是侵权责任在不同的当事人之间的分配。主要研究的方面,是侵权责任的一般表现形态,分为三个序列:自己责任形态和替代责任形态,单方责任形态和双方责任形态,单独责任形态和共同责任形态。

(一)自己责任和替代责任

侵权责任的自己责任和替代责任所表现的是,侵权责任是由行为人承担,还是由与行为人有特定关系的责任人,以及与物件具有管领关系的人来承担。这就是《法国民法典》确定的自己责任和替代责任形态。这是对侵权行为形态的最一般表现形式,是侵权法规定的侵权责任的最基本的责任形式。如果是行为人自己对自己的行为负责,那就是自己责任。如果是责任人为行为人的行为负责,或者为自己管领下的物件致害负责,则为替代责任。例如,山东某地公共汽车乘客发现自己的钱包被偷,三名盗窃人威胁失主,并动手殴打,要求司机停车中途下车。失主要求司机不要停车,司机却把车门打开,窃贼跳下车,乘坐一辆出租车逃走。失主要求司机停车观察窃贼乘坐的出租车的牌号,司机却不停车,绝尘而去。失主要求司机所属的汽车运输公司赔偿损失。按照侵权损害赔偿责任形态的分工,这种侵权损害赔偿责任形态是替代责任。

(二)单方责任和双方责任

侵权责任的单方责任形态和双方责任形态,是说侵权责任究竟是由侵权法律关系中的一方负责还是双方负责。一方负责的侵权损害赔偿责任形态,如加害人一方负责,或者受害人过错引起损害的受害人一方负责。双方负责的责任形态则是加害人和受害人都要承担责任。其中双方责任是重点。这种分担形态是指对于侵权行为所发生的后果,侵权人应当承担责任,受害人也要承担责任。在对于损害的发生双方都无过错的情况下产生的公平分担损失责任,就是双方责任的典型形态。过失相抵责任也是双方责任。

(三)单独责任和共同责任

侵权责任如果是被告方承担,就存在一个是单独的加害人和多数的加害人的问题,那么,侵权责任的形态就会随着加害人的数量的不同而发生变化。单独的加害人,当然就是自己负责或者替代负责的单独责任。二人以上的加害人承担侵权责任,就是共同形态的侵权责任。侵权责任的共同形态,是在侵权行为的行为人是复数的情况下,侵权责任在数个行为人之间的分配或者负担。侵权人是复数,其侵权责任总是要在数个行为人之间进行分配的,分别由各个行为人负担。构成共同侵权行为,共同加害人要承担连带责任。构成分别侵权行为,数个行为人要承担按份责任。构成竞合侵权行为的,则要承担不真正连带责任。

第二节 自己责任和替代责任

一、自己责任

(一)与自己责任相对应的是一般侵权行为

承担自己责任的基础行为是一般侵权行为。一般侵权行为是相对于特殊侵权行为而言的,是指行为人因过错而实施的、适用过错责任原则和符合侵权责任的一般构成要件要求的侵权行为。

一般侵权行为和特殊侵权行为是相对应的一对侵权法的基本范畴。这一对范畴表明,一般侵权行为是侵权行为一般条款概括的、适用过错责任原则、适用侵权责任一般构成原理、责任形式是自己责任的侵权行为形态。

一般侵权行为的侵权责任构成要件与特殊侵权责任不同。对于一般侵权行为,法律通常只作概括规定而不作具体例举,原因是一般侵权行为的责任构成要件是统一的。只要是一般侵权行为责任,都要适用共同的责任构成要件。按照《侵权责任法》第6条第1款规定,一般侵权行为责任构成应由违法行为、损害事实、因果关系和过错四个要件组成。缺少上述任何一个构成要件,都不能构成一般侵权责任。

一般侵权行为的行为方式,是行为人对因自己的过错而实施的行为,在理论上称为直接行为。特殊侵权行为的行为方式是他人的行为或者物件造成损害,由于该他人或者该物件与责任人有某种特定关系,而将这种损害的行为认作是责任人的行为,因而称为间接行为。①

(二)自己责任的概念和责任形式

1. 自己责任的概念

一般侵权行为的责任形态是自己责任。

自己责任是指违法行为人对由于自己的过错造成的他人人身

---

① 关于直接行为与间接行为的概念,请见本书第五章第二节的论述。

损害和财产损害由自己承担的侵权损害赔偿责任形态。

自己责任的特点是:(1)是违法行为人自己实施的行为;(2)是违法行为人自己实施的行为造成的损害;(3)是自己对自己实施的行为所造成的损害,由自己承担责任。这三个特点,都突出了一个概念,就是“自己”,故自己责任就是为自己的行为负责的侵权损害赔偿责任形态。

2. 自己责任的形式

在一般侵权行为中,行为人和责任人是同一人,行为人对自己实施的行为承担后果责任,即自己造成的损害,自己承担赔偿责任。即使在共同侵权行为中,如果这种共同侵权行为是一般侵权行为,它的责任形式也不会由于侵权人的数量为多数而有所变化,就是所有的共同加害人都为自己的侵权行为后果负责。

(三)自己责任的归责原则

自己责任适用过错责任原则。在我国侵权责任法中,过错责任原则是一般的归责原则。这一归责原则要求,一般侵权行为必须具备过错要件,无过错就无责任。其特点是:(1)自己责任不仅应以过错为责任的构成要件,而且应以过错为责任的最终构成要件。(2)自己责任实行普通的举证责任,即采取“谁主张、谁举证”原则,受害人必须就加害人的过错问题举证,否则不能获得赔偿,对过错既不能采取推定形式来确定,也不能实行举证责任倒置。(3)由于自己责任适用过错责任原则,因此,这种形态的侵权责任充分体现了民事责任的教育和预防作用,而不像特殊侵权行为的替代责任那样,注重对受害人损害的单纯补偿。

二、替代责任

(一)替代责任的基础行为通常是特殊侵权行为

1. 特殊侵权行为的发展历史

特殊侵权行为承担的责任是替代责任。因而研究替代责任就要研究特殊侵权行为。

特殊侵权行为来源于古罗马法的准私犯和法国法的准侵权行为。在罗马法之前的古代立法中,也有关于特殊侵权行为的规定,只是在理论上和立法上没有加以明确。具有近现代意义上的特殊侵权行为的明确规定,溯源于罗马法的准私犯制度。罗马法系统地规定了准私犯制度,使准私犯区别于私犯。私犯是一般侵权行为,而准私犯相对于私犯,就属于特殊侵权行为。

《法国民法典》制定了准侵权行为的一般性条款,即第1384条,概括了准侵权行为的本质含义。在此条文之下,还规定了具体的准侵权行为,迭经修改,现已具有相当丰富的内容。

《德国民法典》为适应社会生产力不断发展,社会不断进步,新的损害不断发生,法律观念也发生了重大变化的情形,把侵权行为区分为一般侵权行为和特殊侵权行为,统一于侵权行为概念之下,有了一般侵权责任和特殊侵权责任之分。

准私犯、准侵权行为和特殊侵权行为三个概念,标志着侵权法对侵权行为性质认识的三次历史性飞跃。

2. 特殊侵权行为的性质、概念和特征

特殊侵权行为相对于一般侵权行为。其特殊的本质,就是责任形式为替代责任。《法国民法典》第1384条所说的行为人"对应由其负责的他人的行为或在其管理下的物体所造成的损害,均应负赔偿的责任",就是对特殊侵权行为的经典定义。可以说,特殊侵权行为的责任形态就是替代责任。

除此以外,特殊侵权行为还具有以下特点:一是归责原则适用的特殊性,一般侵权行为适用过错责任原则,而特殊侵权行为通常适用过错推定责任和无过错责任,以保护受害人的合法权益。二是责任构成要件的特殊性,特殊侵权行为不能按一般侵权行为的责任构成要件确定,而且由法律特别规定。三是举证责任的特殊性,一般实行举证责任倒置,其倒置证明的范围并不是全部侵权责任要件,而只是在过错证明上举证责任倒置。四是其责任形态主要是替代责任。

3. 特殊侵权行为的类型

(1)为他人的行为负责的特殊侵权行为。这是最典型的特殊侵权行为,其显著特征是行为人与责任人相分离,责任人为行为人所造成的损害承担赔偿责任。在这种特殊侵权责任上,学者没有分歧意见。在一般学说中所说的替代责任,就是指的这种特殊侵权责任。

(2)为自己管领下的物件致人损害负责的特殊侵权行为。这是责任人为自己管领下的物件致损承担赔偿责任的特殊侵权责任。学者对此意见有所不同:有的学者认为这种特殊侵权责任不是替代责任,不具有行为人与责任人相分离的特征;有的学者认为在这些特殊侵权行为中,有的还不能说是为自己管领的物件的损害承担责任的责任,如高度危险作业致害责任和环境污染致害责任即是。

(二)替代责任的概念和特征

1. 替代责任的概念

特殊侵权行为所承担的侵权责任是替代责任。替代责任是指责任人为他人的行为和为人的行为以外的自己管领下的物件所致损害承担的侵权赔偿责任形态。

2. 替代责任的法律特征

(1)责任人与致害行为人或致害物相分离

替代责任的前提是责任人与加害人并非一人,与致害物并无直接联系,就责任人的本来意图,并无致害他人的直接致害意愿。致害的直接原因是责任人以外的加害人,或是人之行为以外的物件。这种责任人与加害人、致害物相分离的情形,是产生赔偿责任转由责任人替代承担的客观基础。

(2)责任人为加害人或致害物承担责任须以他们之间的特定关系为前提

这种特定关系,在责任人与加害人之间,表现为隶属、雇佣、监护、代理等身份关系;在责任人与致害物间之间,表现为所有、占有、管理等物权关系。从致害的角度上来看,这些关系并不表现为直接的因果关系,但却是具有特定的间接联系。没有这种特定的间接联系,或者超出这种特定的间接联系,就失去了责任人承担替代责任的前提。

(3)责任人为赔偿责任主体承担赔偿责任

在替代责任中,无论致害的是人还是物,权利人请求权的指向,都是未直接致害而与加害人或致害物具有特定的间接联系的责任人。在动物、工作物、建筑物致害时,其所有人、占有人或管理人为义务主体,自是理所当然;当与责任人具有特定身份关系的加害人致害时,其责任人为义务主体,受害人请求权并不指向具体的加害人。在这里不适用连带责任规则,权利人不能向他人求偿,只能向责任人求偿。

(三)替代责任的赔偿法律关系

构成替代责任赔偿法律关系必须具备以下要件:

1. 替代责任人与加害人或致害物之间须有特定关系

构成替代责任赔偿法律关系,在责任人和加害人、致害物之间,必须具有特定的关系。这种特定关系,在责任人与加害人之间,表现为隶属、雇佣、监护、代理等身份关系。例如,在用人者责任中,用人单位和其工作人员之间的关系,就是劳务关系,属于隶属关系。在监护人责任中,加害人实际上是无民事行为能力人或者限制民事行为能力人,而由其监护人承担责任,就是因为他们之间具有亲权关系和监护关系。在责任人与致害物之间,则必须具有管领或者支配的关系,即致害物在责任人的支配之下。

2. 替代责任人应处于特定的地位

在替代责任中,责任人须处于特定地位,具体表现为,替代责任人在其与加害人或致害物的特定关系中所处的带有支配性质的地位,它决定了替代责任人为加害人和致害物的损害后果负责的义务的产生。例如,在对人的替代责任中,责任人都对行为人具有支配的、管理的或者约束的权力,地位明显优越于行为人。用人单位的工作人员在执行工作任务中致人损害,用人单位承担责任,是因为用人单位是其工作人员的单位、组织或者团体,他们之间具有隶属的关系,一方是支配者,另一方是被支配者,地位是不平等的。在监护人的侵权责任中,监护人对被监护人而言,处于管教、管束、教育的地位,双方也不是平等的地位。

考察为加害人损害后果负责的责任人的地位,主要是看:双方有无确定特定关系的事实或合同;加害人是否受有责任人的报酬或抚育;加害人的活动是否受责任人的指示、监督或监护等约束;加害人是否向责任人提供劳务或公务。如果责任人是组织,加害人是否为责任人事业或组织的组成部分，是确定责任人特定地位的一个简明的标准。当责任人处于这种特定地位时，责任人应当为加害人或致害物的损害后果负责。

例如，章可在参加高考录取时，由于是学校扩招的名额，因此某大学录取通知书迟发。邮局及时将邮件送到章可所在的村，交给收发员，并且签字，收发员就将该标有“大学录取通知书”字样的邮件放起来未予通知。第二年，这封信被发现，章可才知道自己被某大学录取。经与该大学联系，学校同意按照休学一年处理，但是要交一年的费用。为了补偿损失，章可向法院起诉。法院将邮局、村委会和收发员列为被告，判决三方共同赔偿原告延误学习的损失4936元，就业一年的工资12,000元，精神损失费20,000元。邮局曾与该村委会签订“代收报刊协议”，并给付一年的费用，以后没有再签协议，也没有再给过费用。

对于致害物而言，责任人应当处于所有人、占有人、管理人的地位，责任人对于致害物享有支配权，在事实上具有支配致害物的权利。在《侵权责任法》关于特殊侵权责任的条文表述中，对于致害物的责任人并没有使用统一的概念，事实上，只要确定是致害物的占有人，即明确了责任人对于致害物的地位。

3. 加害人应处于特定状态

在替代责任中，加害人和致害物还必须处于特定的状态。(1)当加害人属于责任人事业或组织的成员的时候，加害人的特定状态是执行职务，即执行工作任务或者因劳务。(2)当加害人完成定作人要求的加工时，加害人的特定状态是执行定作人的指示。(3)当加害人是被监护人时，其特定状态是被监护人在监护人的监护之下。

致害物的特定状态，应当是致害物在责任人的管领之下。如果虽然致害物是所有权人所有，但不在所有权人的管领之下，而是在使用人的支配之下，则所有权人不是致害行为的责任人，使用人才是致害行为的责任人。例如，动物致害，但是动物并不是在所有权人控制之下，而是出租给他人使用，该动物造成他人损害，正在占有使用的承租人是支配该动物的占有人，该承租人是赔偿责任人。

(四)赔偿关系当事人和赔偿形式

1. 赔偿关系当事人

替代责任赔偿关系的当事人具有其显著特点,即加害人与责任人相脱离,致害物未有责任人的意志支配,赔偿的义务主体是责任人而不是加害人。

为他人行为负责的特殊侵权责任,是最典型的替代责任,赔偿权利主体是受害人;赔偿责任主体体现了替代责任的特点,只能是替代责任人,而不能是加害人。

在加害人因自己的过错行为致害而由责任人承担替代责任时,责任人承担了赔偿责任之后,取得向有过错的加害人的追偿权,有过错的行为人应向替代责任人赔偿因自己的过错行为所致损害所造成的损失承担赔偿义务。这种可追偿的替代责任,实际上是在替代责任人承担赔偿责任之后又产生的一个损害赔偿法律关系,权利主体是替代责任人,义务主体是过错行为人。

在为责任人管领下的物件造成损害的替代责任中,由于致害的是物件,没有替代责任的行为人,因此,责任人就直接为损害负责,是赔偿法律关系的当事人,承担赔偿义务。受害人直接向责任人请求损害赔偿。

2. 赔偿形式

(1)不可追偿的替代责任。这种替代责任是指责任人承担赔偿责任以后,并无追偿因赔偿损失而造成的损失的对象,即责任完全由责任人自己承担的替代责任。如为致害物损害负责,只能由自己承担赔偿损失的后果。监护人对于在自己的亲权和监护权支配之下的行为人所造成的损害承担赔偿责任,也是不能追偿的替代责任。

(2)可追偿的替代责任。替代责任由于具备一定的条件而使责任人产生追偿权。享有这样的追偿权,责任人就可以行使自己的追偿权,向加害人要求其承担因为替加害人赔偿损失而造成的损失。追偿权的产生,就是行为人在实施致害行为的时候,在主观上具有过错。只要行为人在实施致害行为时有过错,责任人就可以依法向加害人请求赔偿。这种替代责任是指在行为人因自己的过错行为致害而由责任人承担替代责任的时候，责任人承担了替代责任之后，取得向过错的行为人的追偿权，过错行为人应向责任人赔偿因自己的过错行为所致损害所造成的损失承担赔偿义务。

(3)非典型替代责任。这是指用人单位等因自己的行为造成损害应负的赔偿责任。这种赔偿责任，实际上并不具有替代责任的性质，而是为自己的行为负责，即所谓的自己责任，只是因为法律将它们规定的特殊权责任之中，姑且将其称为替代责任。它的赔偿形式与普通侵权行为要求并无严格的区别。在《侵权责任法》第34条规定的用人单位责任中，如果仅仅是用人单位的行为造成受害人的损害，侵害了受害人的合法权利，就应当由用人单位自己承担责任，而不能让其他人承担责任。这种赔偿法律关系实际是自己责任而不是替代责任。例如，张某觉得看到邻居牛某家门口拴着一条狗，狗周身颜色比较特别，就用鞭炮去吓狗。狗受到鞭炮声惊吓挣脱了链子，咬伤了在小区内玩耍的幼童赵某。赵某父亲找狗主人夏某要求其赔偿医疗费、营养费等损失，但夏某以是张某挑逗导致狗受到惊吓咬人，应当由张某承担赵某的人身损害赔偿项目。赵某父亲又去找夏某，夏某以其不是狗的饲养人为理由，拒绝赔偿。

第三节　单方责任和双方责任

一、单方责任

(一)加害人责任

1. 加害人责任的适用范围

普通的加害人过错的侵权行为是加害人责任形态的基础行为之一。

普通的加害人过错的侵权行为，是指某个行为人因自己的过错而致受害人损害并应负责，是一般侵权行为的最典型形式，也是最常见的侵权行为形态。其特征是：(1)加害人仅为一人，因而不同于共同侵权行为和分别侵权行为。(2)受害人没有过错，对其损害的发生既无故意也无过失。(3)加害人过错的侵权行为可能适用过错责任原则,也可能适用过错推定原则。

在无过错责任中,侵权人的行为构成侵权行为,而受害人一方并没有过错的侵权行为,仅由侵权人单方承担侵权责任,也属于加害人责任。

2. 加害人责任的规则

加害人责任就是完全由加害人自己承担责任的侵权损害赔偿责任形态。加害人为一人,又完全是由于自己的行为造成的损害,要由自己承担侵权责任。

(二)受害人责任

1. 受害人责任的基础行为是受害人过错

受害人过错与有过失不同,是一种单独的侵权行为形态。《侵权责任法》第 27 条规定:"损害是因受害人故意造成的,行为人不承担责任。"不仅如此,受害人的过失是损害发生的全部原因的,行为人也同样不承担责任。例如,福建省龙岩地区某县有一座著名的公园,园中湖面,水中有一座孤岛,在上面放养野生猴子,游人可以登岛,与猴子嬉戏。某日凌晨一时许,某甲溜进公园,私自解开渡船,上了猴岛,被猴子群起而攻之,造成伤害。某甲向法院起诉该公园,请求判令其因其饲养的动物致害承担无过错责任,予以人身损害赔偿。公园以受害人故意为由抗辩。最后法院判决被告不承担赔偿责任。

受害人过错,亦称非固有意义上的过失、非真正意义上的过失、对自己的过失,是指损害的发生,是由受害人的故意或过失所引起的,加害人没有过错的侵权行为形态。

任何人在社会生活中,均应负担注意自身的财产和人身安全的义务,受害人违反这种注意义务造成自身损害,为有过错。受害人过错与加害人过错相比较,其内涵并不相同。加害人的过错意味着加害人违反了法定的不得侵害他人权利的义务,因而具有不法性。而受害人的过错只是对自身利益的不注意状态,不具有违法性。因而,加害人的过错行为具有一定的社会危害性,应受法律制裁,受害人过错只是导致加害人不承担赔偿责任,损害责任由自己负担,不具有法律制裁的意义。

2. 受害人责任的承担

受害人过错的法律后果，是受害人自己承担损失，加害人不承担任何责任。这种责任就叫作受害人责任，是一种独立的侵权损害赔偿责任形态。

受害人过错的特例是，《道路交通安全法》第 76 条规定了一种受害人过失的特殊情况，即机动车与非机动车驾驶人、行人之间发生交通事故，造成非机动车驾驶人或者行人损害，“机动车一方没有过错的，承担不超过百分之十的赔偿责任”。这是对非机动车驾驶人和行人的关怀，是道路交通事故处理规则中“优者危险负担”规则适用的后果，是受害人过错的一种特例。

二、双方责任中的过失相抵

（一）与有过失

与有过失既是侵权法的概念，也是合同法的概念。在侵权法，与有过失是一种侵权行为形态，其法律后果是过失相抵。我国《侵权责任法》第 26 条规定：“被侵权人对损害的发生也有过错的，可以减轻侵权人的责任。”

侵权法的与有过失，是指侵权行为所造成的损害结果的发生或扩大，受害人也有的过错，受害人的行为和行为人的行为对损害的发生均具有原因力的侵权行为形态。换言之，如果对于损害结果的发生或扩大，受害人也有过错，并且其行为也具有原因力，在这种情况下发生的侵权行为就是与有过失。

与有过失具有以下法律特征：

（1）受害人对于损害的发生和扩大也有过错。与有过失的基本特点在于受害人对于损害的发生或者扩大也具有过错。它不仅加害人一方构成侵权责任，受害人一方也有过错。

（2）损害发生的原因事实相混合。在与有过失中，双方当事人的行为是损害结果发生的共同原因，都对损害事实的发生具有原因力。双方当事人实施的两种行为互相配合，混合在一起，造成了损害结果的发生或者扩大。

（3）受害人一方受有损害。与有过失是双方当事人的过错的不法行为或者不当行为导致一方当事人遭受损害,而不是双方受有损害。例如,20 世纪 50 年代,某市法院判决一火车与汽车碰撞案件,认为该火车行驶速度很慢,且不断鸣笛,司机见路旁汽车慢行误认为已停车,该汽车穿过公、铁交叉路口时,疏于注意而未听见火车鸣笛,致使火车与汽车相撞,造成汽车损失,双方互有过错,故判决火车一方赔偿汽车一方损失的三分之一。①

与有过失是过错责任原则的发展和延伸,体现了过错责任提出的应依据过错确定责任的要求。根据受害人的过错及其程度而相应减轻加害人的赔偿数额,意味着无论是加害人还是受害人,最终都应对自己的过错行为负责,对他人的过错不负责任,体现了公平正义的要求和责任自负的精神。我国侵权法确认与有过失制度,对于督促和教育当事人合理行为,特别是促使受害人采取合理措施注意自身的财产和人身安全,从而预防和减少损害的发生,具有重要作用。

(二)过失相抵

1. 过失相抵的概念和特征

与有过失的法律后果是过失相抵。过失相抵是债法的概念,是在损害赔偿之债中,由于与有过失的成立,而减轻加害人的赔偿责任。侵权行为的与有过失同样适用过失相抵规则。侵权行为存在与有过失,则按照过错比较和原因力比较,将损失赔偿责任分担给双方当事人的责任形态。

过失相抵具有以下法律特征:

(1)过失相抵是与有过失的法律后果。过失相抵通常被称为损害赔偿之债的原则,与损益相抵并列。在侵权法中,只要对损害的发生或者扩大,受害人也有过错,即发生过失相抵的法律后果。

(2)过失相抵的内容是减轻加害人的赔偿责任。依照过失相抵原则减轻加害人责任的依据,是受害人过错程度的轻重以及行为原因力的大小,其实质,是受害人因自己的过错所造成的那一部分损

---

① 中央政法干校民法教研室:《中华人民共和国民法基本问题》,法律出版社 1958 年版,第 329 ~ 330 页。

害由自己负责，而不应由加害人负责。

(3)过失相抵是一种侵权损害赔偿责任形态。减轻加害人的侵权责任，就是将受害人由于自己的过错的造成的那一部分损失自己承担起来，等于将损失赔偿责任由双方当事人分担。因而，过失相抵既在当事人之间分配侵权责任的方式，也是一种侵权损害赔偿责任形态。

(4)过失相抵的实行依职权主义。在实务中，只要成立与有过失，并符合过失相抵的构成要件，法官可以不待当事人的主张，而依职权减轻加害人的赔偿责任。

2. 过失相抵的构成

过失相抵的构成，应从两个方面进行考虑。对于加害人的责任，应按照侵权损害赔偿责任构成要件的要求来确定。对于受害人应负的责任，其构成须具备以下三个要件：

(1)受害人的行为系损害发生或扩大的共同原因。《侵权责任法》第26条仅规定受害人对损害的发生也有过错的，适用过失相抵，没有对损害扩大也有过错的应如何处理作出规定。损害的发生与扩大都是过失相抵的事由。当受害人的行为是损害发生或扩大的共同原因时，就具备了过失相抵的第一个构成要件。对于损害结果的发生，受害人的行为必须是必不可少的共同原因之一，才能构成过失相抵；对于损害结果的扩大，受害人的行为实际上也是共同原因。

(2)受害人的行为须为不当。构成过失相抵，受害人的行为勿须违法，只为不当即可。不当行为是指为自己的利益或在伦理的观念上为不当，所以阻却违法的行为如正当防卫、紧急避险等适法行为，不构成过失相抵。不当行为既可以是积极行为，也可以是消极行为。消极的不作为构成过失相抵分三种情况：一是重大损害未促其注意；二是怠于避免损害；三是怠于减少损失。前者如受害人患有心脏病与加害人摔跤游戏，未告知其注意而致其心脏病发作；中者是未造成损害时受害人已发现可能造成损害并可以采取措施避免却未加避免；后者为损害已经发生可以采取措施减少损失但怠于采取措施减少其损失。

(3)受害人须有过错。受害人为自己的行为负责的基础,是自己有过错。如果受害人的行为虽然是损害发生或扩大的共同原因,但其主观上无过错,仍然不构成过失相抵。我国《侵权责任法》第26条规定过失相抵中受害人的过错,仍为一般的故意和过失的心理状态,在解释上应包括对自己的过失。判断受害人过错的标准,是受害人对于自己受害的危险,应当预见或可能预见,即就其行为可生权利侵害或发生损害扩大,必须有预见;或者以为自己的事务为同一的注意,应当预见。前者为故意,后者为过失。受害人的代理人对于损害的发生或扩大有过失时,可以视为受害人的过失。受害人如果是无责任能力人,虽无法确定其有无过失,但仍可确定其法定代理人对此有无过失,法定代理人的过失亦构成过失相抵。

对于适用无过错责任原则的侵权行为,受害人有过错亦构成过失相抵,但须依照《侵权责任法》的特别规定,如第70～73条等。没有特别规定可否适用过失相抵的,则应依照最高人民法院《关于人身损害赔偿司法解释》第2条第2款规定,受害人具有重大过失的可以过失相抵。

(三)过失相抵的责任分担

过失相抵的责任分担,就是在过失相抵具备其要件时,法官可以不待当事人的主张,而依职权减轻加害人的赔偿责任。

过失相抵的实行包括两个步骤,一是比较过错,二是比较原因力。

1. 比较过错

比较过错亦称比较过失,是指在与有过失中,通过确定并比较加害人和受害人的过错程度,以决定责任的承担和责任的范围。

比较过错的方法是,将双方当事人的过错程度具体确定为一定的比例,从而确定出责任范围。对损害后果应负主要责任者,其过错比例为51%～95%;对损害后果应负同等责任者,其过错比例为50%;对损害后果应负次要责任者,其过错比例为5%～49%;过错比例5%以下的,免除其赔偿责任,不进行过失相抵。其中5%的考虑,就是对受害人的轻微过失不减轻侵权人的赔偿责任。

在与有过失中,判定双方的过错程度通常采用的标准是:根据注意义务的内容和注意标准决定过失的轻重。首先要确定双方当事人所负有的注意内容,如果一方当事人在损害发生时应负有特殊的注意义务,而该当事人不仅没有履行此种特殊的注意义务,连一般人所应尽的注意义务都没有达到,其过失就比一般过失严重。如果双方当事人并不应负有特殊的注意义务,就应按照“合理人”的标准衡量双方的行为,把双方的行为与一个合理的、谨慎的人的行为进行比较,以决定双方的过失和过失程度。如果行为与一个合理的、谨慎的人的标准相距较远,则过失较重;相距较近,则过失较轻。

通常掌握的过失轻重标准是:(1)受害人具有故意或重大过失,加害人只有轻微过失,加害人的过错比例为5%以下;(2)受害人具有故意或重大过失,加害人有一般过失,加害人的过错比例为5%~25%;(3)受害人具有故意,加害人有重大过失者,加害人的过错比例为25%以上不足50%;(4)受害人和加害人均具有故意或者重大过失,且程度相当者,过错比例为50%;(5)受害人具有重大过失,加害人有故意者,加害人的过错比例为51%~75%;(6)受害人具有一般过失,加害人有故意或者重大过失者,加害人的过错比例为75%以上至95%;(7)受害人只有轻微过失,加害人有故意或重大过失者,加害人的过错比例为95%以上。

50%的过错比例,为同等责任;5%~49%的过错比例,加害人应承担次要责任;51%~95%的过错比例,加害人应承担主要责任;5%以下的过错比例或95%以上的过错比例,通常可以考虑免除加害人赔偿责任或者承担全部的赔偿责任,因为在这种情况下,可以不作为与有过失实行过失相抵。

2. 原因力比较

确定与有过失责任范围,过错程度起决定作用,但是,原因力的影响亦须重视,原因力比较是确定过失相抵责任范围的重要一环。

原因力,是指在构成损害结果的共同原因中,每一个原因行为对于损害结果发生或扩大所发挥的作用力。与有过失中的损害结果,是由加害人和受害人双方的行为造成的,这两种行为对于同一个损害结果来说,是共同原因,每一个作为共同原因的行为,都对损害事实的发生或扩大具有自己的原因力。

原因力对于责任范围的影响具有相对性。这是因为,虽然因果关系在侵权责任的构成中是必要要件,具有绝对的意义,不具备则不构成侵权责任;但与有过失责任分担的主要标准,是双方过错程度的轻重,因而双方当事人行为的原因力大小,尽管也影响与有过失责任范围的大小,但其受双方过错程度的约束或制约。

原因力对于与有过失责任范围的相对性决定作用,主要表现在以下几个方面:

第一,当双方当事人的过错程度无法确定时,应以各自行为的原因力大小,确定各自责任的比例。如在适用无过错责任原则归责时,可依受害人行为的原因力大小,确定减轻加害人的赔偿责任。在双方当事人过错程度难以确定比例时,也可依双方行为原因力大小的比例,确定责任范围。

第二,当双方当事人的过错程度相等时,各自行为的原因力大小对赔偿责任起"微调"作用。双方原因力相等或相差不是悬殊的,双方仍承担同等责任;双方原因力相差悬殊的,应当适当调整责任范围,赔偿责任可以在同等责任的基础上适当增加或减少,成为不同等的责任。

第三,当加害人依其过错应承担主要责任或次要责任时,双方当事人行为的原因力对过失相抵责任的确定起"微调"作用:原因力相等的,依过错比例确定赔偿责任;原因力不等的,依原因力的大小相应调整主要责任或次要责任的责任比例,确定赔偿责任。例如,原告赵正幼童。被告尹发惠,女,云南省某县职员,40 岁。赵、尹两家居于同一宿舍区,相距不远。某日下午,尹到开水房提开水回家准备给她的孩子洗澡,当提到赵家门口通道与公共通道汇合处,因提不动,遂将两只装满开水的水桶放在该处路上,另去找扁担。这时,赵正从外面玩耍回家,倒退着行至水桶旁,被水桶的耳子剐着毛线裤,跌入开水桶中,致赵正左背部、臀部及双下肢烫伤,面积为 28%,深度为Ⅱ～Ⅲ度。最高人民法院针对该案作出批复认为:"尹发惠因疏忽大意行为致使幼童赵正被烫伤,应当承担侵权民事责任;赵正的父母对赵正监护不周,亦有过失,应适当减轻尹发惠的民事责任。”①

三、双方责任中的公平分担损失责任

（一）公平分担损失责任的概念

公平分担损失责任也叫衡平责任，②是指加害人和受害人都没有过错，在损害事实已经发生的情况下，以公平考虑作为标准，根据实际情况和可能，由双方当事人公平地分担损失的侵权损害赔偿责任形态。《侵权责任法》第 24 条规定：“受害人和行为人对损害的发生都没有过错的，可以根据实际情况，由双方分担损失。”

对于双方对损害的发生均无过错的情形，基于人与人之间的共同生活规则的需要，由法官根据公平的要求，斟酌双方的财产状况和其他情况，确定合情合理的责任分担。我国侵权法确认公平分担损失责任，符合社会利益和人民愿望，既能有效地保护当事人的合法利益，又能及时地解决侵权损害赔偿纠纷，防止事态扩大和矛盾激化，促进安定团结。

（二）公平分担损失责任的适用

1. 适用范围

公平分担损失责任的适用范围，应当限制在当事人双方均无过错，并且不属于过错责任原则、过错推定原则和无过错责任原则调整的那一部分侵权损害赔偿法律关系。超出这个范围的，不能适用《侵权责任法》第 24 条规定。例如，龚甲、龚乙和李某到五月花公司经营的五月花餐厅就餐，被安排在二楼就座，座位旁是名为“福特”的餐厅包房。“福特”包房的东、南两墙是砖墙，西、北两墙是木板隔墙，龚甲等的作为靠近该房木板隔墙的外侧。18：30 时许，“福特”包房内突然发生爆炸，李某和龚甲随即倒下不省人事，龚乙忍着伤痛拖开被炸倒下的包房木板隔墙，立即将龚甲送往医院抢救，李某也被送往医院。龚甲因双肺爆炸伤外伤性窒息，呼吸、循环衰竭，经

---

① 该司法解释还涉及到损益相抵问题。杨立新：《民法判解研究与适用》（第 1 集），中国检察出版社 1994 年版，第 23 页以下。

② 例如，在《葡萄牙民法典》和我国《澳门民法典》中，公平分担损失责任就叫衡平责任。

抢救无效死亡。李某的左上肢神经血管损伤,腹部闭合性损伤,失血性休克,肺挫伤,进行了左上肢截肢手术及脾切除术,伤愈后被评定为二级残疾。龚乙右外耳轻度擦伤,右背部少许擦伤。这次爆炸发生在餐厅服务员为顾客开启“五粮液酒”盒盖时。伪装成酒盒的爆炸物是当时在“福特”包房内就餐的一名医生收受的礼物,已经在家中放置了一段时间。当日晚,该医生将这个“酒盒”带入“福特”包房内就餐,服务员开启该酒瓶时发生爆炸。

在公平分担损失责任的具体适用范围上,有的学者认为是普遍适用的责任,凡是双方当事人对于损害的发生均无过错的,都可以适用;有的学者认为,主要适用该法第32条规定的未成年人和精神病人致人损害以及第33条规定的暂时丧失心智以及第87条建筑物抛掷物、坠落物损害责任等。我们认为第二种理解基本正确,除此之外,只有在特别需要适用该规则时方可适用。

2. 公平考虑的因素

适用公平分担损失责任所公平考虑的因素,《侵权责任法》规定为“根据实际情况”,应当包含以下主要内容:一是受害人的损害程度。损害程度直接决定着当事人分担损失的必要性。损害程度达到相当的程度,不分担损失则受害人将受到严重的损害,且有悖于民法的公平、正义观念,因而必须对受害人的损失采取分担的方法予以补救。二是当事人的经济状况。当事人的经济状况是指当事人双方的经济状况,即实际的经济负担能力。应当侧重考虑的是加害人的经济状况,加害人的经济负担能力强的可以多赔,负担能力弱的可以少赔。考虑受害人的经济状况是其对财产损失的承受能力,经济承受能力强的可以少赔,经济承受能力弱的则令加害人多赔。

3. 双方分担责任

适用公平分担损失责任的结果是分担损失,根据损害程度和双方当事人的经济状况,以及其他相关的因素,综合判断:双方当事人的经济状况相似或相近的,可以平均分担;一方情况好而另一方情况差的,可以一方负担大部分另一方负担小部分;如果双方的实际情况相差非常悬殊的,也可以由一方承担责任。在这样的基础上,再适当考虑社会舆论和同情等因素，作适当调整，使责任的分担更为公平、合理。

第四节　单独责任和共同责任

一、单独责任

（一）单独责任是一人实施的侵权行为的责任形态

侵权单独责任是指单独一个人作为加害人实施侵权行为，并对其承担损害赔偿等责任方式的侵权损害赔偿责任形态。

单独侵权行为，是指一人单独实施的侵权行为，也就是指加害人一人因自己的过错行为致他人以损害。单独侵权行为是最常见、最普通的侵权行为。

单独侵权行为是相对于多数人侵权行为而言。所谓的单独和多数人，说的是行为人的数量不同。这是这两种侵权行为的基本区别。一个人，包括一个自然人或者一个法人实施的侵权行为，就是单独侵权行为。而多数人侵权行为的主体是二人或者二人以上，二个或者二个以上的行为人实施的侵权行为。

（二）单独责任的承担

构成单独侵权行为，就构成单独责任。单独责任由实施侵权行为的人自己承担，自负其责。

最典型的单独侵权行为是为自己的侵权行为负责，即自己为自己的侵权行为承担责任。这是一般侵权行为的单独责任。

在特殊侵权行为中，为他人实施的行为承担侵权责任的，或者是为自己管领的物件致人损害负责的，只要行为人是单独的个体，亦为单独侵权行为，由单独个体的行为人的责任人承担侵权责任，或者由物件的所有人、占有人等承担侵权责任。在替代责任中，两个以上的行为的行为造成损害，但是责任人是一人的，仍为单独侵权行为，责任形态为单独责任。例如，未成年的兄弟二人致人以损害，其父母承担侵权替代责任，为单独责任，不构成多数人侵权损害赔偿责任。

二、共同责任

(一)连带责任

共同侵权行为的法律后果,是由共同行为人承担连带责任。侵权连带责任,是指受害人有权向共同侵权人或共同危险行为人中的任何一个人或数个人请求赔偿全部损失,而任何一个共同侵权人或共同危险行为人都有义务向受害人负全部的赔偿责任;共同加害人中的一人或数人已全部赔偿了受害人的损失,则免除其他共同加害人向受害人应负的赔偿责任。《侵权责任法》第13条和第14条规定:"法律规定承担连带责任的,被侵权人有权请求部分或者全部连带责任人承担责任。""连带责任人根据各自责任大小确定相应的赔偿数额;难以确定责任大小的,平均承担赔偿责任。""支付超出自己赔偿数额的连带责任人,有权向其他连带责任人追偿。"

侵权责任法设置连带责任的目的,是加重行为人的责任,使受害人处于优越的地位,保障其赔偿权利的实现。例如,共同侵权人的数个行为形成一个统一的,不可分割的整体,各个行为人的行为都构成损害发生的原因,因而,各行为人均应对损害结果负连带责任。确认这种连带责任,使受害人的损害赔偿请求权简便易行,举证负担较轻,请求权的实现有充分的保障,受害人不必由于共同侵权人中的一人或数人难以确定,或由于共同侵权人中的一人或数人没有足够的财产赔偿,而妨碍其应获得的全部赔偿数额。

关于连带责任的适用范围,《侵权责任法》共规定了以下8种连带责任:

1. 共同侵权行为的连带责任。《侵权责任法》第8条规定,二人以上共同实施侵权行为,造成他人损害的,应当承担连带责任。

2. 教唆、帮助人的连带责任。《侵权责任法》第9条规定,教唆、帮助他人实施侵权行为的,应当与行为人承担连带责任。

3. 共同危险行为的连带责任。《侵权责任法》第10条规定,二人以上实施危及他人人身、财产安全的行为,其中一人或者数人的行为造成他人损害,能够确定具体侵权人的,由侵权人承担侵权责任;不能确定具体侵权人的,行为人承担连带责任。

4. 网络服务提供者经通知而未采取必要措施的连带责任。《侵权责任法》第36条第2款规定，网络用户利用网络服务实施侵权行为的，被侵权人有权通知网络服务提供者采取删除、屏蔽、断开链接等必要措施。网络服务提供者接到通知后未及时采取必要措施的，对损害扩大部分与该网络用户承担连带责任。

5. 网络服务提供者明知侵权内容未采取必要措施的连带责任。《侵权责任法》第36条第3款规定，网络服务提供者知道网络用户利用其网络服务侵害他人民事权益，未采取必要措施的，与该网络用户承担连带责任。

6. 非法买卖拼装或者报废机动车的连带责任。《侵权责任法》第51条规定，以买卖等方式转让拼装或者已达到报废标准的机动车，发生交通事故造成损害的，由转让人和受让人承担连带责任。

7. 遗失、抛弃高度危险物的连带责任。《侵权责任法》第74条规定，遗失、抛弃高度危险物造成他人损害的，由所有人承担侵权责任。所有人将高度危险物交由他人管理的，由管理人承担侵权责任；所有人有过错的，与管理人承担连带责任。

8. 非法占有高度危险物的连带责任。《侵权责任法》第75条规定，非法占有高度危险物造成他人损害的，由非法占有人承担侵权责任。所有人、管理人不能证明对防止他人非法占有尽到高度注意义务的，与非法占有人承担连带责任。

（二）按份责任

按份责任，是指典型的分别侵权行为承担的责任后果。无过错联系的数人实施的行为结合在一起，造成了一个共同的损害结果，每个人按照自己的过错和原因力，按份承担责任份额的侵权损害赔偿责任形态。典型的分别侵权行为，由数个行为人承担按份责任。《侵权责任法》第12条规定："二人以上分别实施侵权行为造成同一损害，能够确定责任大小的，各自承担相应的责任；难以确定责任大小的，平均承担赔偿责任。"

（三）不真正连带责任

侵权法上的不真正连带责任，是指多数行为人违反法定义务，对一个受害人实施加害行为，或者不同的行为人的基于不同的行为而致使受害人的权利受到损害,各个行为人产生的同一内容的侵权责任,各负全部赔偿责任,并因行为人之一的履行而使全体责任人的责任归于消灭的侵权损害赔偿责任形态。

不真正连带责任适用于竞合侵权行为。由于竞合侵权行为分为提供条件的竞合侵权行为、提供条件 + 政策考量的竞合侵权行为、提供条件的竞合侵权行为和提供平台的竞合侵权行为四种类型,因而不真正连带责任也分为四种类型:一是典型的不真正连带责任;二是先付责任;三是相应的补充责任;四是附条件的不真正连带责任。①

① 四种不真正连带责任类型的详细介绍,在本书下一章竞合侵权行为与不真正连带责任一节中予以说明。

第七章　多数人侵权行为与损害赔偿责任

第一节　多数人侵权行为与损害赔偿责任概述

一、多数人侵权行为与损害赔偿责任的概念及意义

（一）多数人侵权行为与损害赔偿责任的概念界定

多数人侵权行为与损害赔偿责任是两个概念，一是多数人侵权行为，二是多数人侵权损害赔偿责任。把它们放在一起研究和表述是为了方便，在界定这个概念时应当分别进行。

多数人侵权行为是由数个行为人实施，造成同一个损害后果，各侵权人对同一损害后果承担不同形态的责任的侵权行为。

多数人侵权损害赔偿责任则是指数个行为人实施的行为，造成了同一个损害后果，数人对该同一损害后果按照行为的不同类型所承担的不同形态的侵权损害赔偿责任。

（二）研究多数人侵权行为与损害赔偿责任的理论意义

进入21世纪以来，侵权法理论研究有两个热

点:一是重视受害人是多数人的侵权案件,形成了大规模侵权的理论与实践的研究热点;[①]二是重视侵权人是多数人的侵权案件,形成了多数人侵权行为与损害赔偿责任的理论和实践的研究热点。对大规模侵权行为研究的目的,着重于解决对为数众多的受害人的救济问题。而对多数人侵权行为与损害赔偿责任的研究目的,则是关注侵权责任在多数侵权人之间的分担。前者重视的是救济的及时、有效,后者注重的是责任分担的科学、公平。当代侵权法理论发展的这两个热点问题越来越成熟,标志着当代侵权法理论研究的发展水平。

在上述两个侵权法研究的热点中,多数人侵权行为与损害赔偿责任的研究更具侵权法本身的理论意义。这是因为,多数人侵权行为与损害赔偿责任关系到为数众多的侵权行为人,对于造成的损害,应当在数个行为人中如何分配责任的问题,怎样才能公平、科学、合理地进行侵权责任分配,显然更具复杂性和科学性。同时,我国立法者更重视发挥侵权责任的调整功能,制裁民事违法,保护民事权益,制定了复杂的多数人侵权损害赔偿责任形态,使其更具复杂性,更需要进行科学的研究和整理,以期发挥立法的调整作用。因此,研究多数人侵权行为与损害赔偿责任就更具理论和实践意义。

二、多数人侵权行为的类型

(一)传统侵权法对多数人侵权行为类型的分类

在传统的侵权法理论中,对多数人侵权行为的类型有不同见解。有的学者认为多数人侵权行为包括共同侵权行为和分别侵权行为;有的学者认为多数人侵权行为包括共同侵权行为和竞合侵权行为;有的学者认为多数人侵权行为包括数人对同一损害后果承担连带的侵权责任、数人对同一损害后果承担按份的侵权责任以及在数个责任主体中,部分责任主体承担全部赔偿责任部分责任主体承担补充的侵权责任的三种类型。

---

① 参见张新宝、葛维宝主编:《大规模侵权法律对策研究》,法律出版社 2011 年版。

传统侵权法理论对多数人侵权行为类型的理解和整理还是不完全、不完整的,没有准确概括出多数人侵权行为的类型。特别是在《侵权责任法》《消费者权益保护法》《食品安全法》《广告法》以及有关司法解释中出现的关于多数人侵权行为的不同规定,展现了多数人侵权行为与损害赔偿责任的多样化、复杂化,仅仅局限于传统的侵权法理论对多数人侵权行为类型的概括,无法全面展示多数人侵权行为的类型。对此,必须予以改进。

(二)对多数人侵权行为类型体系新的概括

1. 共同侵权行为

共同侵权行为当然是多数人侵权行为,是多数人侵权行为中最典型的类型,也是最重要的类型。

2. 分别侵权行为

无过错联系的共同加害行为这个概念比较冗长,不够精练。从《侵权责任法》第 11 条和第 12 条的规定中,提炼出"分别"的概念,就把它叫作分别侵权行为,表述的就是无过错联系的共同加害行为。这个概念比较简洁,且非常贴切,与《侵权责任法》第 11 条和第 12 条的规定相一致。

3. 竞合侵权行为

在传统的侵权法中,与不真正连带责任相对应的侵权行为形态没有被概括出来,曾经有人使用过原因竞合的概念,[①]也有使用竞合侵权行为的概念。借鉴日本学者潮见佳男教授的意见,[②]对此使用竞合侵权行为的概念,对应的责任后果是不真正连带责任。

三、多数人侵权行为形态与多数人侵权损害赔偿责任形态的对接

(一)目前多数人侵权行为与损害赔偿责任对接体系的残缺

多数人侵权行为形态所对应的是多数人侵权损害赔偿责任形态。

---

① 侯国跃:《中国侵权法立法建议稿及理由》,法律出版社 2009 年版,第 50 页。

② [日]潮见佳男:《不法行为法Ⅱ》,信山社出版株式会社 2011 年日文第二版,第 196 ~ 197 页。贡献度的概念与我国侵权法的原因力概念相同。

在以往的侵权法中,多数人侵权行为形态与多数人侵权损害赔偿责任形态在对应关系中出现了欠缺,有的对应不起来。诸如共同侵权行为的侵权行为形态对应的是连带责任形态;分别侵权行为(无过错联系的共同加害行为)形态对应的是按份责任形态;而在立法和司法中大量使用的不真正连带责任的侵权责任形态,没有一个能够直接与其对应的侵权行为形态。具体表现为:

共同侵权行为→连带责任;

分别侵权行为→按份责任或者连带责任;

　　?　　　→不真正连带责任。

在这个多数人侵权行为的体系中,残缺部分显而易见。

(二)多数人侵权行为与损害赔偿责任的完整体系

经过长期研究,认为用竞合侵权行为的概念能够填补这一理论残缺,使竞合侵权行为对应不真正连带责任,因而与其他多数人侵权行为与损害赔偿责任一起,构成多数人侵权行为与损害赔偿责任的完整理论体系。

本书提出的多数人侵权行为形态与多数人侵权损害赔偿责任形态的对接关系体系如下:

共同侵权行为→连带责任;

分别侵权行为→按份责任或者连带责任;

竞合侵权行为→不真正连带责任。

这样的侵权行为形态和侵权责任形态的对接体系,构成了完整的、完美的多数人侵权行为与损害赔偿责任的理论体系,是非常理想的,也是多数人侵权行为与损害赔偿责任理论的最新发展。

第二节　共同侵权行为与连带责任

一、共同侵权行为

(一)共同侵权行为的概念

《民法通则》第8条规定:“二人以上共同实施侵权行为,造成他人损害的,应当承担连带责任。”这一条文规定的就是共同侵权行为。

共同侵权行为，是指数人基于主观的或者客观的关连共同，实施侵权行为，造成他人人身、财产的损害，应当承担连带责任的多数人侵权行为。

共同侵权行为概念有广义、狭义之分。广义的共同侵权行为除包括典型的共同侵权行为之外，还包括共同危险行为、合伙致人损害等非典型的共同侵权行为。狭义的共同侵权行为仅指典型的共同侵权行为，只是广义共同侵权行为中的一种类型。

（二）共同侵权行为的法律特征

1. 共同侵权行为的主体须为多个人

共同侵权行为的主体即共同加害人须由二人或二人以上构成，单个的侵权人无论实施何种行为，都不能构成共同侵权行为。这是共同侵权行为的量的规定性。共同加害人可以是自然人，也可以是法人。

2. 共同侵权行为的行为人之间具有主观的意思联络或者客观的关连共同

构成共同侵权行为，数个行为人须具有关连共同。关连共同分为主观的共同关连性与客观的共同关连性。主观的共同关连性是指数人对于违法行为有通谋或共同认识，对于各行为所致损害均应负连带责任。客观的共同关连性，指数人所为违法行为导致同一损害的，纵然行为人相互间无意思联络，仍应构成共同侵权行为。这种类型的共同侵权行为，其共同关连性乃在于数人所为不法侵害他人权利的行为，在客观上为被害人所受损害的共同原因。①

3. 数个共同加害人的共同行为所致损害为同一且不可分割

共同加害人的行为是相互联系的共同行为，其行为无论是否有分工，都造成一个同一的损害结果，而不是把每个加害人个人的独立行为所引起的后果机械相加。如果没有共同的损害结果，则不构成共同侵权行为。

4. 数个行为人的行为与损害结果之间具有因果关系

在共同侵权行为中，各个行为人的行为尽管对共同的损害结果

---

① 孙森焱：《新版民法债编总论（上册）》，三民书局2004年版，第276～278页。

发生的原因力不会相同,但必须都与损害结果之间存在因果关系,行为具有原因力。

(三)共同侵权行为的立法基础

共同侵权行为的立法基础主要有以下几点:

1. 置民事权益受损害的人以更为优越的法律地位

现代民法以权利为本位,民法所要保护的,就是民事主体的民事权利及其他法益。侵权法的立法基点,就是以损害赔偿为主要手段,救济受到损害的民事权利,从更广阔的范围来说,就是消除社会危险因素,保障民事主体权益不受侵害。数人共同侵害他人权利,无论是从加害人的数量上还是侵权行为的危害上,社会危险因素显然超过一般的侵权行为,给受害人的损害更为严重。法律确定所有参加共同侵权行为之人,无论是实行行为人,还是教唆人、帮助人,以及共同危险行为人,均须对受害人承担连带责任,因而使受害人处于优越地位,其损害赔偿请求权无论在何种情况下,只要能够找到一个共同加害人,或者还有一个共同加害人有赔偿能力,就能够保障实现,避免了共同加害人各负其责,当若干共同加害人无力赔偿时,而使受害人的赔偿请求权不能完全实现的弊病。这是确立共同侵权行为制度的立法主旨。

2. 加重共同侵权人的责任,惩戒民事违法,减少社会危险因素

在一般情况下,行为人只对自己的行为负责,对于不是自己的行为,无论造成什么样的损害后果,也不负责任。除此之外,责任与行为要相适应,“罚不当罪”,不能达到恰当的制裁效果。但是,在共同侵权行为中,让共同加害人承担连带责任,对外部而言,这是一个完整的责任,无论某一个共同加害人的行为与结果发生多大的原因力,都不能只承担自己应承担的那一份责任,而是要承担全部责任;加害人也不仅仅只能向全体加害人要求赔偿,也可以向任何一个共同加害人请求赔偿,这个人或这些人也就应当承担全部赔偿责任。共同侵权行为的这些规则,都是为了加重共同侵权人的责任,不仅能够实现保护受害人的一般权利保障的目的,而且更从一般预防的角度,惩戒民事违法行为,警戒社会,教育群众,最大限度地减少和预防社会危险因素,使民事主体的权利在普遍意义上得到保障。

（四）共同侵权行为的本质

共同侵权行为的本质究竟是什么，历来有不同的主张。一是意思联络说，认为共同加害人之间必须有意思联络即共同故意始能构成。二是共同过错说，认为共同侵权行为的本质特征在于数个行为人对损害结果具有共同过错，既包括共同故意，也包括共同过失。[①] 三是共同行为说，认为共同行为是共同加害人承担连带责任的基础，共同加害结果的发生，总是同共同加害行为紧密联系，不可分割。[②] 四是关连共同说，认为共同侵权行为以各个侵权行为所引起的结果，有客观的关连共同为已足，各行为人间不必有意思联络。[③] 上述各种主张，可分为两种基本观点。前两种观点认为共同侵权行为的本质在于主观方面，后两种观点认为共同侵权行为的本质为客观方面。

我国侵权法学说对共同侵权行为的本质，长期坚持的是主观立场。在最早的民法教科书即《中华人民共和国民法基本问题》就是如此，认为共同侵权行为的构成需要数人具有共同的意思联络。[④] 在改革开放之后最早的民法教科书《民法原理》中，认为几个行为人之间在主观上有共同致害的意思联络，或者有共同过失，即具有共同过错。[⑤] 近年来，有些学者采取扩大连带责任适用范围的立场，把共同侵权行为分为意思联络的共同侵权行为和非意思联络的共同侵权行为。构成共同侵权，数个侵权人均需要有过错，或者为故意或者为过失，但是无须共同的故意或者意思上的联络；各个侵权人过错的具体内容是相同的或者相似即可。[⑥]

共同侵权行为的本质特征应当从主观标准向客观标准适当过渡，可以借鉴以共同侵权行为的本质特征为关连共同的立场，将共

---

① 王利明、杨立新等：《民法·侵权责任法》，中国人民大学出版社1993年版，第354页；杨立新：《侵权损害赔偿》，吉林人民出版社1990年版，第135～137页。

② 邓大榜：《共同侵权人的民事责任初探》，载《法学季刊》1982年第3期。

③ 欧阳宇经：《民法债编通则实用》，汉林出版社1978年版，第78页。

④ 中央政法干部学校民法教研室编著：《中华人民共和国民法基本问题》，法律出版社1958年版，第330页。

⑤ 佟柔主编：《民法原理》，法律出版社1983年版，第227页。

⑥ 张新宝：《侵权责任法原理》，中国人民大学出版社2005年版，第81页。

同侵权行为分为主观的关连共同和客观的关连共同。其依据是,数人共同不法侵害他人权利,对于被害人所受损害,所以应负连带责任,系因数人的侵权行为具有共同关连性。所谓共同关连性即数人的行为共同构成违法行为的原因或条件,因而发生同一损害。

(五)共同侵权行为的类型

1. 主观的共同侵权行为

主观的共同侵权行为就是数人有意思联络的主观的共同侵权行为,是指数人基于共同故意产生的共同侵害他人权利造成损害的行为,其加害人包括实行人、教唆人和帮助人。

主观的共同侵权行为的条件是:(1)行为人为二人以上;(2)行为人具有共同故意;(3)行为的共同性,可能有分工的不同,但每一个人的行为都是共同侵权行为的组成部分;(4)造成同一个损害结果,是共同侵权人共同造成的损害后果,均具有因果关系。

2. 客观的共同侵权行为

客观的共同侵权行为是客观的关连共同,是指数人虽然没有共同的意思联络,但是数个行为人实施的行为是损害发生的共同原因,造成同一损害结果,且该损害结果不可分割的共同侵权行为。这种侵权行为虽然不具有主观上的共同故意的特征,但由于其行为人之间行为的相互结合的关连性,并且造成了同一个不可分割的损害结果,而形成了一个侵权行为,行为人应当承担连带责任。

客观的共同侵权行为的条件是:(1)行为人的共同性,即侵权人应为二人以上;(2)过失的共同性,即数人均具有过失,至于是否成立共同过失,则不论;(3)结果的共同性,即数人的行为已经造成了同一个损害结果,且为不可分;(4)原因的共同性,即数人的行为对于损害的发生均为不可缺的原因,并且须这些行为结合为一体,才能够造成同一的损害结果,缺少任何一个行为,都不能造成这种结果;如果缺少这个行为仍然会造成这个损害,不构成共同侵权行为。

(六)共同加害人

共同加害人是共同侵权行为的行为主体,是基于主管的关连共同或者客观的关连共同实施加害行为,造成他人损害的数个行为人。作为共同侵权行为的行为主体,共同加害人应当是二人或者二人以上，不能由单个人构成。共同加害人既可以是自然人，也可以是法人，也可以是自然人和法人。

在简单的主观共同侵权行为中，各个共同加害人都是实行人，各个共同加害人都实施了致害他人的行为。在共同故意的形式下，各个共同加害人之间可能有分工的不同，在共同侵权行为中担负不同的角色，完成不同的任务，但他们的行为都是直接的共同侵权行为，因而都是实行人。在共同过失的形式下，其共同加害人只能是实行人，不可能有分工的不同或分担任务的不同。

在复杂的主观共同侵权行为中，共同加害人分为实行人、教唆人和帮助人。实行人是实施具体致人损害行为的人。教唆人是造意者，是共同侵权行为的造意者，在共同侵权行为的共同故意中，起策划、主使、教唆的作用。在他的主观意志支配下，实行人具体实施侵权行为，实现教唆人的造意。帮助人是对实行人予以帮助，使侵权行为得以实施的人，如提供损害工具，帮助创造侵权条件等。

教唆人和帮助人只能存在于以共同故意作为共同过错的共同侵权行为之中，其在主观上必须与实行人有共同的意思联络。在教唆行为中，教唆人与实行人的主观故意容易判断，双方有一致的意思表示，即可确认，其表示形式明示、默示均可。在帮助行为中，实行人与帮助人的共同故意应当证明。教唆人与帮助人均须未直接参与实施具体的侵害行为，只是由于他们与实行人之间的共同意思联络，使他们的行为形成了共同的、不可分割的整体。教唆人与帮助人直接参与实施侵权行为，则为实行人。例如，某甲与某丁有仇，遂指使其弟某乙和某丙借某丁孤单一人之时，将其打伤，损失医药费等4000余元。某丁向法院起诉，请求某甲、某乙和某丙共同承担侵权连带责任。某甲抗辩称其没有参加侵权行为。法院认定某甲是教唆人，应当承担连带责任，故判决三被告承担侵权连带责任。

共同加害人均应承担连带责任。在这一前提下，各个共同加害人对自身的过错和原因力承担相应的份额。教唆人和帮助人在确定内部责任份额时，不以其身份的不同确定责任份额的轻重，同样以过错程度和行为的原因力予以确定。

二、共同危险行为

(一)共同危险行为的概念

共同危险行为又称为准共同侵权行为,是指二人或二人以上共同实施有侵害他人权利危险的行为,并且已造成损害结果,但不能判明其中谁是加害人的多数人侵权行为。《侵权责任法》第10条规定:“二人以上实施危及他人人身、财产安全的行为,其中一人或者数人的行为造成他人损害,能够确定具体侵权人的,由侵权人承担责任;不能确定具体侵权人的,行为人承担连带责任。”这一规定确定了共同危险行为的侵权行为类型和基本规则。

数人均有加害行为而致损害,如果这一损害的发生是由于全体行为人的行为所致,这是共同侵权行为;如果这一损害的发生是由其中一人或一部分人的行为所致,而且已经判明谁是加害人,这是一般的侵权行为或者共同侵权行为,已经判明与损害没有因果关系的行为人不负侵权责任;如果损害事实已经发生,并可判明损害确系数人的危险行为所致,但不能判明确为何人所致,这就是共同危险行为。

(二)共同危险行为的法律特征

1. 行为为数人实施

共同危险行为的行为主体必须是二人或二人以上,这是共同危险行为成立的基本条件之一。一个人实施的行为即使造成他人损害,也只是一般侵权行为,不是共同危险行为。

2. 行为的性质具有危险性

共同危险行为的危险性,指的是侵害他人人身权利、财产权利的可能性,从主观上,行为人没有致人损害的故意,既没有共同故意,也没有单独故意,只存在疏于注意义务的共同过失;从客观上,数人实施的行为有致人损害的现实可能性,这种致害他人的可能性可以从行为本身、周围环境以及行为人对致害可能性的控制条件上加以判断;此外,这一行为没有人为的侵害方向,共同危险行为不针对任何特定的人。

3. 具有危险性的共同行为是致人损害的原因

在共同危险行为中，共同危险行为的危险性虽然是一种可能性，但就行为造成的损害而言，这种危险性已经转化为现实的、客观的损害结果，具有危险性的共同行为与损害事实之间具有客观的因果关系。共同危险行为与损害结果没有因果关系的，不构成共同危险行为。

4. 损害结果不是共同危险行为人全体所致但不能确定具体加害人

在共同危险行为中，损害结果的发生不是全体共同危险行为人的行为所致，但在全体共同危险行为人之中又不能判明究竟谁是真正的加害人。只有损害结果不是全体共同危险行为人所致，又不能判明具体侵权人，才能构成共同危险行为。

（三）共同危险行为人

共同危险行为人是共同危险行为的行为主体，是实施共同危险行为并造成他人损害的数个行为人。

共同危险行为人一般由自然人构成。数个自然人实施共同危险行为，该数个自然人构成共同危险行为主体。在某些情况下，共同危险行为人也可以由法人构成。

共同危险行为人是一个整体，不可分离。这是共同危险行为人与共同加害人之间的明显区别之一。共同加害人可以分为实行人、教唆人和帮助人，即使是实行人，也可以有不同的分工。共同危险行为人没有实行人、教唆人和帮助人的区别，在实施共同危险行为时，一般也没有行为轻重的区别。共同危险行为人的不可分离性，产生于共同危险行为人的共同过失。在共同危险行为中，把行为人联结在一起的是共同过失。共同危险行为的共同过失，表现为数个行为人共同地疏于对他人权利保护的注意义务。它表现为，共同危险行为人共同实施具有危险性的行为时，应当注意避免致人损害，但却由于疏忽或懈怠而违反了这种注意义务。这种过失存在于每一个共同危险行为人的观念之中，成为造成损害的主观因素。共同危险行为人参与这种具有危险性行为的本身，就证明他们具有这种疏于注意的共同过失。这种共同过失把共同危险行为人联结成为一个共同的、不可分割的整体,成为一个共同的行为主体。正是由于共同危险行为人的整体性,才对确定共同危险行为责任具有决定性的意义。

(四)共同危险行为与共同侵权行为一样须承担连带责任

共同危险行为与共同侵权行为一样,须承担连带责任。但是,在责任份额的确定上,却有所不同。共同侵权人的个人责任份额,可以按照各自的过错程度和行为的原因力予以确定,因而共同加害人实际分担的责任份额并不平均。由于共同危险行为人在实施共同危险行为中,致人损害的概率相等,过失相当,而且由于共同危险行为的责任的不可分割性,所以在共同危险行为人的最终责任划分上,一般是平均分担的,各人以相等的份额对损害结果负责,在等额的基础上,实行连带责任。只有在“市场份额”规则下,可以采用不同等的责任份额确定各个共同危险行为人的责任份额。①

例如,原告马某某、张某某系夫妻,他们与被告傅某某、曹某、吴某(均系无民事行为能力人)同住同幢高层住宅楼。某日下午5时许,吴某与曹某、傅某某一起在该楼15层电梯走道间玩耍,各拿一只酒瓶,分别从电梯走道间北面破损的玻璃窗空洞中往下投,恰逢原告马某某怀抱2周岁的儿子马某从该楼房的底层大门往外走,其中一只酒瓶砸在马某的头上,致马某当场受重伤昏迷,经医院抢救无效于2月24日凌晨死亡,造成医药费等损失。原告向法院起诉,要求3名行为人的法定代理人赔偿医药费等损失和精神损害。法院认定本案的性质是共同危险行为,按照共同侵权行为的法律规定适用法律,判决三个行为人的法定代理人承担连带赔偿责任,各自的责任份额为33.3%。

三、连带责任

(一)连带责任的概念

共同侵权行为的法律后果,是由共同行为人承担连带责任。这种侵权连带责任,是指受害人有权向共同侵权人或共同危险行为人

---

① 这种例外情况,请参见《侵权责任法》第67条规定。

中的任何一个人或数个人请求赔偿全部损失，而任何一个共同侵权人或共同危险行为人都有义务向受害人负全部的赔偿责任；共同加害人中的一人或数人已全部赔偿了受害人的损失，则免除其他共同加害人向受害人应负的赔偿责任。《侵权责任法》第 13 条和第 14 条规定："法律规定承担连带责任的，被侵权人有权请求部分或者全部连带责任人承担责任。""连带责任人根据各自责任大小确定相应的赔偿数额；难以确定责任大小的，平均承担赔偿责任。""支付超出自己赔偿数额的连带责任人，有权向其他连带责任人追偿。"这里规定的，就是共同侵权行为的连带责任规则。

确定共同侵权行为和共同危险行为连带责任的目的，是加重行为人的责任，使受害人处于优越的地位，保障其赔偿权利的实现。共同侵权人与共同危险行为人承担连带责任的根据在于数人均具有关连共同或者共同过失，因此使数人的行为形成一个统一的，不可分割的整体，各个行为人的行为都构成损害发生的原因，故各行为人均应对损害结果负连带责任。确认这种连带责任，使受害人的损害赔偿请求权简便易行，举证负担较轻，请求权的实现有充分的保障，受害人不必由于共同行为人中的一人或数人难以确定，或因为共同行为人中的一人或数人没有足够的财产赔偿，而妨碍其应获得的全部赔偿数额。

（二）连带责任的法律特征

1. 共同侵权连带责任是对受害人的整体责任

共同侵权人的各个行为人都对受害人负连带责任，意味着他们都有义务向受害人负全部赔偿责任。无论各行为人在实施共同侵权行为、共同危险行为中所起的作用和过错如何不同，都不影响连带责任的整体性，对外，每个行为人都对受害人的赔偿请求承担全部责任。

2. 受害人有权请求共同侵权人或共同危险行为人中的任何一个人承担连带责任

正因为共同侵权连带责任是对受害人的整体责任，因此，受害人有权在共同侵权行为人或者共同危险行为人中选择责任主体，既可以请求共同行为人中的一人或数人赔偿其损失，也可以请求全体共同行为人赔偿其损失。

3. 共同侵权连带责任的各行为人内部分有责任份额

共同加害人和共同危险行为人对外承担整体责任,不分份额;对内,应依其过错程度和行为的原因力不同,对自己的责任份额负责。各行为人各自承担自己的责任份额,是连带责任的最终归属,一方面,在确定全体共同行为人的连带责任时,须确定各自的责任份额,对外连带负责;另一方面,当部分共同行为人承担了超出了自己责任份额以外的责任后,有权向没有承担应承担的责任份额的其他共同行为人求偿。

4. 连带责任是法定责任不得改变

共同侵权连带责任是法定责任,不因共同行为人内部责任份额或内部约定而改变其连带责任性质。在共同侵权人的连带责任中,共同行为人内部基于共同协议免除或减轻某个或某些行为人的责任,对受害人不产生效力,不影响连带责任的适用,只对其内部发生约束力。

(三)连带责任的适用范围

关于连带责任的适用范围,很多人认为连带责任是共同侵权行为的法律后果,因此,只有共同侵权行为才承担连带责任。《侵权责任法》明确指出,并不是只有共同侵权行为才承担连带责任,除了共同侵权责任之外,法律规定应当承担连带责任的也应当承担连带责任。由于连带责任是较重的共同责任,因此,只有法律明确规定适用连带责任的,才能够适用连带责任。《侵权责任法》规定了八种连带责任,此外,其他法律以及最高人民法院的司法解释中也规定了适用连带责任的具体情形,应当依照这些规定,确定行为人承担连带责任。

(四)连带责任体系及其承担规则

连带责任的新发展,是在连带责任中出现了单向连带责任和部分连带责任。单向连带责任也叫作混合责任,是在连带责任中,有的责任人承担连带责任,有的责任人承担按份责任,是连带责任与按份责任混合在一起的连带责任形态。部分连带责任,是在一个损害中,有的部分由连带责任人连带承担,有的部分由非连带责任人单独承担的多数人侵权损害赔偿责任形态。

连带责任的规则分为以下三种不同形式：

1. 典型的连带责任

典型的连带责任的规则就是《侵权责任法》第13条和第14条规定的规则。连带责任的规则是：

(1)中间责任。《侵权责任法》第13条规定的是中间责任规则："法律规定承担连带责任的，被侵权人有权请求部分或者全部连带责任人承担责任。"任何一个连带责任人都有义务满足赔偿权利人的全部赔偿请求。

(2)最终责任。《侵权责任法》第14条第1款规定的是最终责任规则："连带责任人根据各自责任大小确定相应的赔偿数额；难以确定责任大小的，平均承担赔偿责任。"连带责任的最终责任须分为不同的份额，按照连带责任人的过错程度和行为原因力的大小，分配给每一个连带责任人。

(3)承担了中间责任的连带责任人向最终责任人的追偿权。《侵权责任法》第14条第2款规定的是追偿规则："支付超过自己赔偿数额的连带责任人，有权向其他连带责任人追偿。"通过中间责任人行使追偿权，实现最终责任的承担。

2. 单向连带责任

《侵权责任法》规定了两个特殊的连带责任规则，即第9条第2款和第49条。这种责任实际上也是连带责任，但其特殊性是，在连带责任中，有的责任人承担连带责任，有的责任人承担按份责任，因此，形成了连带责任的这样一个特殊类型。在《侵权责任法》第9条第2款规定的教唆帮助无民事行为能力人或者限制民事行为实施侵权行为的侵权案件中，教唆人和帮助人承担的是"侵权责任"，有过错的监护人承担的是"相应的责任"，这就是在该连带责任中，有的责任人承担连带责任，有的责任人承担按份责任，构成单向连带责任。同样，《侵权责任法》第49条规定的租车、借车的损害赔偿责任，租车人或者借车人(即机动车使用人)承担的是侵权责任是连带责任，机动车所有人如果有过错，承担的"相应的责任"即按份责任，构成单向连带责任。

大陆法系侵权法没有单向连带责任形态,美国侵权法连带责任中的混合责任就是单向连带责任。美国《侵权法重述(第三次)·责任分担编》第11节(单独责任的效力)规定:"当依据适用法律,某人对一受害人的不可分伤害承担单独责任时,该受害人仅可以获得该负单独责任者在该受害人应得赔偿中所占的比较责任份额。"并且把这种责任形态叫作混合责任。[①] 这就是在数人侵权的连带责任中,有的责任人承担连带责任,有的责任人承担单独责任(即按份责任),承担单独责任的单独责任人只承担受害人应得赔偿中的自己的份额,就是按份责任。这就是单向连带责任。[②]

单向连带责任的规则是:

(1)单向连带责任人中的连带责任人承担中间责任。单向连带责任中的连带责任人就全部赔偿责任承担责任。如果被侵权人起诉其承担全部责任,连带责任人有义务承担全部赔偿责任,其中不属于他的份额的部分,为中间责任。

(2)单向连带责任人中的按份责任人只承担按份的最终责任。单向连带责任中的按份责任人只承担按照份额确定的最终责任,不承担中间责任。如果被侵权人起诉按份责任人承担中间责任,按份责任人可以《侵权责任法》第9条第2款和第49条规定其承担"相应的责任"而予以抗辩,法官应当予以支持。

(3)承担了中间责任的连带责任人有权向按份责任人进行追偿。单向连带责任中的连带责任人承担了超出自己责任份额之外的中间责任的,有权向没有承担最终责任的责任人包括连带责任人和按份责任人进行追偿,实现最终责任的分担。

3. 部分连带责任

部分连带责任是指在多数人侵权行为中,对于一个完整的损害,有的部分由全体行为人承担连带责任,有的部分由单独行为人承担单独责任的侵权连带责任形态。

---

① 肯尼斯·S. 亚伯拉罕、阿尔伯特·C. 泰特选编:《侵权法重述——纲要》,许传玺、石宏等译,法律出版社2006年版,第346、355页。

② 杨立新:《侵权责任法》,法律出版社2012年第2版,第121页。

部分连带责任的特征:(1)承担部分连带责任的侵权行为形态,是多数人侵权行为,而不是单独侵权行为;(2)多数人侵权行为所造成的同一个完整的损害分成两个部分,一部分要承担连带责任,另一部分要承担单独责任;(3)对于应当承担连带责任的部分,应当由全体连带责任人承担,对于应当单独承担赔偿责任的部分,应当由承担单独责任的行为人单独承担。正因如此,部分连带责任与典型的连带责任的规则是不同的。

我国《侵权责任法》规定了两种类型的部分连带责任:

(1)扩大部分的连带责任。《侵权责任法》第 36 条第 2 款规定的是部分连带责任,即对于造成的网络损害事实,被侵权人行使通知权之前的损害,由侵权的网络用户承担单独责任,对于被侵权人行使通知权利之后的损害,由网络用户和网络服务提供者共同承担连带责任。

(2)半叠加的分别侵权行为的连带责任。在半叠加的分别侵权行为中,对于原因力重合部分的损害,由全体分别侵权行为人承担三连带责任,对于原因力不重合部分的损害,有单独行为人承担单独责任。

第三节　分别侵权行为与连带责任和按份责任

一、分别侵权行为的概念与类型

(一)分别侵权行为的概念与特征

分别侵权行为是指数个行为人分别实施侵权行为,既没有共同故意,也没有共同过失,只是由于各自行为在客观上的联系,造成同一个损害结果的多数人侵权行为。

分别侵权行为具有以下法律特征:

1. 两个以上的行为人分别实施侵权行为

分别侵权行为最基本的特征,是行为人为两人以上,因此符合多数人侵权行为的要求,属于多数人侵权行为的范畴。“分别”的含义:一是数个行为人各自进行,自己实施自己的侵权行为,客观上没有关连共同;二是各个行为人在各自实施侵权行为时,没有主观上的联系。

2. 数个行为人实施的行为在客观上针对同一个侵害目标

分别侵权行为的数个行为人在实施侵权行为时,尽管没有主观上的联系,但在客观上,每一个行为人实施的侵权行为实际上都针对同一个侵害目标。

3. 每一个人的行为都是损害发生的共同原因或者各自原因

分别侵权行为的数个行为人的行为都作用于同一侵害目标,是损害发生的共同原因,或者是损害发生的各自原因。共同原因,是数个行为人的行为结合在一起,共同作用于受害人的权利,集中地造成了受害人的同一个损害。各自原因,是数个行为人的行为分别作用于受害人的权利,造成了受害人同一权利的损害后果。

4. 造成了同一个损害结果且该结果可以分割

分别侵权行为的一个本质特点,是虽然造成了一个损害结果,但该结果可以分割。在对物的损害中,这种情形尤为明显。如果受害人所受到的损害不可分割,就有可能属于客观关连共同的共同侵权行为,不构成分别侵权行为。

(二)分别侵权行为的类型

分别侵权行为分为三种类型,即典型的分别侵权行为、叠加的分别侵权行为和半叠加的分别侵权行为。其中半叠加的分别侵权行为并非《侵权责任法》第11条和第12条所规定,而是从逻辑上推导出来的。

1. 典型的分别侵权行为

按照《侵权责任法》第12条规定,“二人以上分别实施侵权行为造成同一损害,能够确定责任大小的,各自承担相应的责任;难以确定责任大小的,平均承担赔偿责任”的这种分别侵权行为,是典型的分别侵权行为,其后果是按份责任,每个行为人只对自己的行为后果承担侵权责任,不存在连带责任的问题。

例如,2004年8月19日凌晨5点左右,广州一辆本田轿车撞破立交桥护栏跌落,驾驶室悬空架在下方绿化带的铁栏杆上,车尾后备箱包裹里的60万元现金滚落路面,一对中年夫妇和一名拾荒汉上前抢救受伤的驾驶员，另外七八名围观者看到一捆一捆的钱滚落路上，置伤者于不顾，抢走这些钞票。警方追回 50 万元，尚有 10 万元没有追回。这是典型的分别侵权行为，不是共同侵权行为，各行为人只能承担自己应当承担的份额。

2. 叠加分别侵权行为

叠加分别侵权行为就是《侵权责任法》第 11 条规定的“二人以上分别实施侵权行为造成同一损害，每个人的侵权行为都足以造成全部损害的，行为人承担连带责任”的侵权行为。这并不是分别侵权行为的典型形态。叠加的分别侵权行为的特点是：每一个行为人的行为都是分别实施的，但是每一个人的行为都是损害发生的全部原因，都具有 100% 的原因力，但是损害结果只是同一个，且不可分割。

3. 半叠加分别侵权行为

半叠加分别侵权行为是介于典型分别侵权行为与叠加分别侵权行为之间的分别侵权行为，是在二个以上的行为人分别实施侵权行为，有的行为人的行为足以造成全部损害，具有全部原因力，有的行为人的行为不能造成全部损害，只有部分原因力的分别侵权行为。其后果是，成立部分侵权行为，即对于损害重合部分，每一个行为人都要承担连带责任，对于损害不重合的部分，由具有全部原因力的行为人单独承担。

二、分别侵权行为的责任形态

（一）典型的分别侵权行为承担按份责任

典型的分别侵权行为，应当按照各自的行为的原因力，各自承担按份责任，不实行连带责任。理由是，无过错联系的各行为人没有共同过错，不具备共同侵权行为的本质特征，不应当承担共同侵权行为的民事责任。

确定典型的分别侵权行为的按份责担，应当依照以下规则处理：

1. 各个分别侵权行为人对各自的行为所造成的后果承担责任。典型的分别侵权行为属于单独侵权而非共同侵权，各行为人的行为只是单独行为,只能对其行为所造成的损害后果负责。在损害结果单独确定的前提下,应当责令各行为人就其行为所造成的损害承担赔偿责任。

2. 依照分别侵权行为人各自行为的原因力确定责任份额。分别侵权行为的在多数情况下是有一个共同的损害结果。各行为人在共同损害结果中无法确定自己的行为所造成的后果时,按照各行为人所实施行为的原因力,按份额各自承担责任。

3. 无法区分原因力的应当平均承担责任,确定各自应当承担责任份额。

4. 不实行连带责任,各个行为人只对自己的份额承担责任,不对他人的行为后果负责赔偿。

(二)叠加分别侵权行为承担连带责任

叠加分别侵权行为中的数人承担连带责任。其基本规则是:

1. 对外的中间责任

连带责任的对外效力,是一个侵权责任。被侵权人可以向数个行为人中的任何一个行为人请求承担全部赔偿责任,每一个分别侵权行为人都应当就全部损害承担赔偿责任。对此,应当依照《侵权责任法》第 13 条规定的规则承担中间责任。

2. 对内的最终责任

连带责任的内部效力,是对数个连带责任人确定最终责任,应当按照份额确定。对此,应当按照《侵权责任法》第 14 条规定的规则进行。连带责任人根据各自责任大小确定相应的赔偿数额,难以确定责任大小的,平均承担赔偿责任。

3. 追偿权

承担中间责任超过自己赔偿数额的连带责任人,有权向其他连带责任人追偿,实现最终责任。

(三)半叠分别侵权行为承担部分连带责任

半叠加分别侵权行为采用部分连带责任规则分担责任。例如,一个分别行为人的行为原因力是 50%,另一个分别行为人的行为原因力是 100%;其中重合的部分是 50%,就此,全体分别侵权行为人承担连带责任;原因力不重合部分的损失,由单独行为人单独承担责任。故承担连带责任的一方行为人的中间责任为50%，最终责任为25%。

对于半叠加的分别侵权行为承担部分连带责任，《最高人民法院关于审理环境侵权责任纠纷案件适用法律若干问题的解释》第3条第3款予以确认。该条款规定："两个以上污染者分别实施污染行为造成同一损害，部分污染者的污染行为足以造成全部损害，部分污染者的污染行为只造成部分损害，被侵权人根据侵权责任法第11条规定请求足以造成全部损害的污染者与其他污染者就共同造成的损害部分承担连带责任，并对全部损害承担责任的，人民法院应予支持。"在司法实践中审理半叠加的分别侵权行为纠纷案件时，就可以参照这一司法解释规定的规则分担责任。

第四节　竞合侵权行为与不真正连带责任

一、竞合侵权行为的概念界定

竞合侵权行为是指两个以上的民事主体作为侵权人，有的实施直接侵权行为，与损害结果具有直接因果关系，有的实施间接侵权行为，与损害结果的发生具有间接因果关系，行为人承担不真正连带责任的侵权行为形态。

竞合侵权行为是新创立的一种多数人侵权行为形态的概念。在此之前，我国侵权法理论中没有这个概念，只有原因竞合和行为竞合的概念。其中原因竞合的概念，是指构成侵权损害的原因不止一个，而是数个，发生竞合而造成同一个损害。有人将分别侵权行为也叫做原因竞合，[①]不是特别准确，因为行为与事实等结合也可以形成原因竞合。行为竞合的概念接近于竞合侵权行为的概念，但没有将其提高为多数人侵权行为类型的地位。因而，竞合侵权行为是多数人侵权行为类型的新发展。

---

①　侯国跃：《中国侵权法立法建议稿及理由》，法律出版社2009年版，第118～119页。

二、竞合侵权行为的类型

我国《侵权责任法》以及司法解释规定了较多的竞合侵权行为的类型,规则各不相同。这既是竞合侵权行为类型的新发展,更是多数人侵权行为与损害赔偿责任的承担规则的新发展。竞合侵权行为类型分为以下四种:

1. 提供条件的竞合侵权行为

提供条件的竞合侵权行为,是指两个行为中的从行为(即间接侵权行为)与主行为(即直接侵权行为)竞合的方式,是从行为为主行为的实施提供了必要条件,没有从行为的实施,主行为不能造成损害后果的竞合侵权行为。换言之,间接侵权人的从行为是直接侵权人的主行为完成的必要条件,这种竞合侵权行为就是提供条件的竞合侵权行为。典型表现为《侵权责任法》第 41 ~43 条规定的产品责任规则。

2. “提供条件 + 政策考量”的竞合侵权行为

“提供条件 + 政策考量”的竞合侵权行为,是指符合提供条件的竞合侵权行为的要求,但是基于政策考量,规定间接侵权人先承担中间责任,之后向直接侵权人追偿以实现最终责任的竞合侵权行为。典型表现为《侵权责任法》第 44 条、第 85 条后段以及第 86 条第 1 款后段规定的责任规则。

3. 提供机会的竞合侵权行为

提供机会的竞合侵权行为,是指两个竞合的行为,从行为为主行为的实施提供了机会,使主行为的实施能够顺利完成的竞合侵权行为。从发挥的作用上考察,提供机会的竞合侵权行为与提供条件的竞合侵权行为有所不同,这就是,间接侵权人的从行为给直接侵权人的主行为造成损害结果提供了机会,但并不是提供条件。典型表现为《侵权责任法》第 37 条第 2 款规定的防范制止侵权行为未尽安全保障义务的侵权责任,以及第 34 条第 2 款和第 40 条规定的侵权行为责任。

4. 提供平台的竞合侵权行为

《消费者权益保护法》第 43 条和第 44 条规定的侵权行为类型,

就是提供平台的竞合侵权行为。第44条第1款规定:“消费者通过网络交易平台购买商品或者接受服务,其合法权益受到损害的,可以向销售者或者服务者要求赔偿。网络交易平台提供者不能提供销售者或者服务者的真实名称、地址和有效联系方式的,消费者也可以向网络交易平台提供者要求赔偿;网络交易平台提供者作出更有利于消费者的承诺的,应当履行承诺。网络交易平台提供者赔偿后,有权向销售者或者服务者追偿。”网络交易平台提供者为网络交易双方当事人提供网络交易平台,销售者销售商品或者服务者提供服务,造成消费者损害的,本无交易平台提供者的责任,但是如果有约定条件或者符合法定条件的,就要承担附条件的不真正连带责任。这种提供平台所造成的侵权行为,也属于多数人侵权行为,即为提供平台的竞合侵权行为。

三、竞合侵权行为的责任承担

竞合侵权行为的后果是不真正连带责任。

侵权法上的不真正连带责任,是指多数行为人违反法定义务,对同一个受害人实施加害行为,或者不同的行为人基于不同的行为而致使同一个受害人的民事权益受到损害,各个行为人产生的同一内容的侵权责任,各负全部赔偿责任,并因行为人之一的责任履行而使全体责任人的责任归于消灭,或者依照特别规定多数责任人均应当承担部分或者全部责任的侵权责任形态。

不真正连带责任根据竞合侵权行为的不同类型,责任形态有所变化,形成不同的不真正连带责任的类型和规则。四种不同的竞合侵权行为类型,分别对应不同的不真正连带责任类型:

1. 必要条件的竞合侵权行为→典型的不真正连带责任

提供条件的竞合侵权行为的数个行为,其中一个是主要的侵权行为,另一个是为主要的侵权行为的实施或者损害后果的发生提供必要条件。例如,缺陷产品是由生产者形成的,该产品经过销售者而转移到消费者手中,两个行为竞合,发生同一个损害后果,生产者的行为是主要的侵权行为,销售者的行为就是侵权行为实施的必要条件。提供条件的竞合侵权行为的行为人承担典型的不真正连带责任。

典型的不真正连带责任的规则是:

(1)中间责任。在两个不同的不真正连带责任人之间,受害人可以选择其中一个提出损害赔偿请求,即可以向任何一个侵权人请求承担赔偿责任。任何一个不真正连带责任人都有义务承担全部赔偿责任,实现形式上的连带。

(2)最终责任。不真正连带责任的最终责任,是不真正连带责任的最终后果一定要由应当承担最终责任的人全部承担责任,而不是在不真正连带责任人之间实行实质的连带,即分担责任。最终责任必定要由承担最终责任的不真正连带责任人全部承担。不真正连带责任的最终责任只是一个责任,而不是份额的责任。

(3)追偿权。在不真正连带责任中,不真正连带责任人中的一人承担中间责任后,有权向最终责任人追偿,实现最终责任。中间责任人承担责任后,对最终责任人的追偿是全额追偿,包括必要的费用。

2."必要条件+政策考量"的竞合侵权行为→先付责任

"必要条件+政策考量"的竞合侵权行为,同样是必要条件的竞合侵权行为,但侵权法根据政策考量,将这种特定的竞合侵权行为改变责任承担规则,由典型的不真正连带责任改为先付责任。这种竞合侵权行为,同样一个是主要的侵权行为,另一个是为主要的侵权行为的实施或者损害后果的发生提供必要条件,构成必要条件的竞合侵权行为,但由于立法者为了更好地保护受害人,使受害人的损害能够得到更为及时的救济,因而规定受害人直接向提供必要条件的侵权人请求损害赔偿,而不是直接向主要的侵权行为一方请求赔偿,因此形成了先付责任这种特殊的不真正连带责任的类型,其规则的承担也与典型的不真正连带责任不同。[①]《侵权责任法》第44条规定的产品责任中的第三人责任,第85条和第86条规定的建筑物、构筑物及其他设施脱落、坠落、倒塌损害责任,规定被侵权人可以直接向应当承担中间责任的生产者、销售者或者所有人、管理人、使用人以及第三人或者建设单位、施工单位请求赔偿;在他们在

① 杨立新:《侵权责任法》,法律出版社2012年版,第129页。

承担了赔偿责任之后，再向应当承担最终责任的其他责任人追偿。

先付责任是不真正连带责任的一种变形，是特殊的不真正连带责任，其规则是：第一，承担中间责任的责任人先承担赔偿责任。第三人产品缺陷损害责任中的生产者、销售者不是产品缺陷的制造者，因此不是最终责任人，而是中间责任人。但法律规定，被侵权人应当直接向生产者或者销售者请求赔偿，而不是直接向产品缺陷的制造者即第三人请求赔偿。在建筑物等损害责任中，适用同样的规则。第二，中间责任人在承担了赔偿责任之后，有权向最终责任人进行追偿，追偿的范围是全额追偿，即最终责任的范围是全部赔偿责任。第三，索赔僵局及破解：由于《侵权责任法》对先付责任的规则没有规定被侵权人可以直接向最终责任人索赔，因此存在中间责任人无法承担赔偿责任后，被侵权人又不能向最终责任人索赔的僵局。当出现上述索赔僵局时，准许被侵权人直接依照《侵权责任法》第 6 条第 1 款规定，向最终责任人起诉追究其赔偿责任。

3. 提供机会的竞合侵权行为→相应的补充责任

提供机会的竞合侵权行为的法律后果是承担相应的补充责任，即有限的补充责任。补充责任也是不真正连带责任的一种变形，是特殊的不真正连带责任。其规则是：

(1)直接侵权人即最终责任人首先承担责任

与先付责任不同，补充责任的最终责任人首先承担侵权责任，而不是中间责任人先承担责任。该最终责任人是第一顺位的侵权责任人，应当首先承担赔偿责任。

(2)间接侵权人承担补充责任

直接侵权人出现赔偿不足或者赔偿不能情形的，则由承担中间责任的间接侵权人承担相应的补充责任。相应的补充责任的范围，是与其过错和原因力相适应的责任，而不是全额补充。因而，补充责任人为第二顺位的侵权责任人，对第一顺位的侵权责任人享有检索抗辩权(先诉抗辩权)，以对抗第一顺位的责任人。

(3)间接侵权人不享有追偿权

由于在相应的补充责任中，间接侵权人承担的补充责任是有限补充责任，且以其过错为基础，因此，《侵权责任法》规定，间接侵权人承担了补充责任之后,不享有追偿权。例如,深圳某医药公司总经理王某出差入住上海市银河宾馆,当天在客房里遭抢劫遇害。警方事后从宾馆的安全监视系统记录资料中发现,凶手全瑞宝在入室作案前,曾尾随王某,并在不到两个小时内7次上下电梯进行跟踪。但对形迹可疑的全瑞宝,宾馆保安人员无一人上前盘问。死者父母认为银河宾馆严重失职,应当承担侵权责任。全瑞宝在刑事诉讼中,承担了部分附带民事赔偿,被判处死刑。一审法院判令银河宾馆承担补充赔偿责任,赔偿原告人民币8万元。二审法院认为,宾馆作为特殊服务性行业,应向住客提供安全的住宿环境。王某入住银河宾馆,双方即形成合同关系,安全保障是宾馆的一项合同义务。本案罪犯7次上下宾馆电梯,宾馆却没有对这一异常举动给予密切注意,未履行对王某的安全保护义务,自应承担补充责任。据此维持原判,驳回上诉。

4.附条件的不真正连带责任

附条件不真正连带责任仍然属于不真正连带责任,其基本特征是提供平台的一方,对于展销会举办者、柜台出租者以及网络交易平台提供者在该平台上与消费者进行交易,造成了消费者权益的损害,只有在符合法律规定的条件的时候,才对受害人承担不真正连带责任,否则就只能由销售者或者服务者承担赔偿责任;并且平台提供者承担了赔偿责任之后,还有权向销售者或者服务者进行追偿。

当附条件的不真正连带责任的所附条件成就时,责任人即承担不真正连带责任。这时的不真正连带责任,与典型不真正连带责任的规则完全一致。

第八章　侵权损害赔偿法律关系及请求权

在这一章里，我要介绍侵权损害赔偿法律关系和请求权的有关问题。这是侵权赔偿理论上的一个很重要的问题，但在审判实践中往往不被重视。《民法通则》实施以后，随着民事诉讼时效制度的建立，侵权损害赔偿法律关系及请求权的产生、变更、消灭和竞合会产生一系列的法律后果，因此，再不重视这一问题的研究及其实践，将会导致对侵权法的错误理解和错误执行。《侵权责任法》第 3 条特别规定了侵权请求权，并且在第 4 条规定了侵权请求权的优先权保障。我分四个方面来研究和介绍侵权损害赔偿法律关系和请求权的有关问题。

第一节　侵权损害赔偿法律关系

一、损害赔偿的概念和特征

（一）损害赔偿的概念

损害赔偿，按照一般的解释，是指当事人一方因侵权行为或不履行债务而对他方造成损害时应承担补偿对方损失的民事责任。对权利人来说，损害赔偿是一种重要的保护民事权利的手段，对义务人来说,它是一种重要的承担民事责任的方式。①也有的解释为致害人或加害人因侵权行为或债务不履行使受害人财产、人身遭受损害而产生的债权债务关系。②这些对损害赔偿概念的界定,各有特色,也各有不足之处。

界定损害赔偿的概念,首先遇到的问题就是它的性质。在上述两个定义中,一个认其为责任,一个认其为债。这是对损害赔偿概念最基本的分歧。

主张债权债务说的学者认为,损害赔偿的实质是在受害人和加害人之间因加害人的侵权行为或违约人的违约行为,产生以赔偿损失为标的的债权债务关系。请求赔偿金钱对受害人而言,是权利;支付赔偿金对加害人来说,则是义务。双方当事人之间的这种权利义务关系,构成损害赔偿之债。损害赔偿的当事人,也就是损害赔偿关系的债权人和债务人。

主张责任说的学者认为,损害赔偿的实质是民事责任,是加害人或违约人不履行法定的或者约定的义务,而致对方当事人损害时,对受害人所应承担的民事责任。他们认为,《民法通则》将侵权行为和违约行为规定在"民事责任"一章,是立法直接确认侵权行为和违约行为的法律后果是责任,因而债权债务说的主张不够准确,既不能反映立法的原意,也不能突出侵权责任制度着重制裁侵权行为、保护公民合法权益的目的。

笔者一直认为,损害赔偿的性质具有双重性。《民法总则(草案)》倾向于作出这样的规定。首先,它是一种债。《民法通则》第84条规定:"债是按照合同的约定或者法律的规定,在当事人之间产生的权利义务关系。"在损害赔偿法律关系的当事人之间,主体具有相对性,内容又是一方享受权利,另一方负有义务,标的是对损害的赔偿,具备债的关系的一切特点,不认其性质是债,说不出任何道理。其次,损害赔偿又是一种民事责任,具有民事责任的一切特点,况且《民法通则》"民事责任"一章明确规定赔偿损失是10种民事

① 《中国大百科全书·法学》,中国大百科全书出版社1988年版,第571页。
② 《法学词典》,上海辞书社1988年增订版,第749页。

责任之一。否认损害赔偿的性质为民事责任,也是不正确的。更准确地说,损害赔偿的两种性质,是先后两个阶段的不同性质,中间存在一个转变的过程。侵权行为和违约行为首先产生的是损害赔偿之债,在双方当事人之间产生赔偿损失的权利义务关系,即债权债务关系,受害人享有请求赔偿的权利,加害人和违约人负有赔偿损害的义务。当债务人不自觉履行债务时,损害赔偿之债转化为损害赔偿民事责任,法律赋予其强制执行的效力。

据此可以说,损害赔偿是指当事人一方因侵权行为或违约行为等对他方当事人造成损害时,在当事人之间产生请求赔偿权利和给付赔偿义务的债权债务关系,当债务人不自觉履行赔偿义务时,该种债务即转化为损害赔偿民事责任。

(二)损害赔偿的法律特征

损害赔偿的法律特征是:

第一,损害赔偿的根本目的是救济损害。有损害才有赔偿,无损害就无赔偿。赔偿的目的,最基本的是补偿损失,使受到损害的权利得到救济,恢复权利。除此之外,损害赔偿也有制裁民事违法的作用,以及慰抚受害人的作用,但这两个作用不是其根本目的。

第二,损害赔偿具有财产性的特征。损害赔偿完全是以财产的方式救济受害人。在损害的三种形式即人身损害、财产损害和精神损害当中,对财产损失,必须以财产来赔偿;对人身损害,也必须以财产的形式赔偿受害人的人身损害;即使对精神损害,其赔偿也只能以财产的方式履行,不可能以其他方式赔偿。

第三,损害赔偿具有相对性的特征。相对性是债的关系的基本特征,损害赔偿之债同样如此。损害赔偿永远发生在相对人之间,即权利主体和义务主体永远是特定的,且只在相对的特定主体之间发生。受害人只能向特定的行为人请求赔偿,赔偿义务主体也只须向特定的受害人履行赔偿义务。

第四,损害赔偿义务具有转化性的特征。损害赔偿先后相继的两种不同性质,是在中间环节进行转化的。这种转化并不是整个法律关系的转化,而只是损害赔偿义务的转化,在其义务人不履行债务时,这种义务转化为责任。其他的权利主体、赔偿的范围、内容等,都不发生变化。

二、侵权损害赔偿法律关系主体

民事法律关系的主体是参与民事法律关系的当事人。侵权损害赔偿法律关系的主体,也就是侵权损害赔偿的双方当事人,他们享有或者承担由这种侵权损害赔偿法律关系所确定的权利和义务。在侵权损害赔偿的双方当事人中,被侵犯了人身权利或者财产权利以及法律所保护的利益、依法享有赔偿损失请求权的一方当事人是受害人,是该项民事法律关系的权利主体;违法侵害受害人人身权利或者财产权利以及法律所保护的利益、依法负有损害赔偿义务的一方当事人为加害人,又叫致害人,是该项民事法律关系的义务主体。侵权损害赔偿法律关系的参加者,即受害人和加害人,一方只享有权利,他方只承担义务,权利主体和义务主体都只能是特定的人。因此,侵权损害赔偿法律关系的性质是债的关系,具有相对性,同时也是单务的法律关系,而与双务合同法律关系也不同。除此之外,侵权损害赔偿的主体制度与其他法律关系的主体制度都是相同的,即权利主体和义务主体可能都是单数的,也可能是一方或双方是多数的;既可以是自然人,也可以是法人,甚至是其他组织。

(一)赔偿权利主体(受害人)

在侵权损害赔偿法律关系中,受害人是赔偿权利主体,如果进行诉讼,则为原告,即诉讼请求的提出者。除受害人以外,还有受害人的利害关系人、死者的近亲属,也是赔偿权利主体。《最高人民法院人身损害赔偿司法解释》第1条第2款规定:“本条所称‘赔偿权利人’,是指因侵权行为或者其他致害原因直接遭受人身损害的受害人、依法由受害人承担扶养义务的被扶养人以及死亡受害人的近亲属。”这里规定了主要的侵权法律关系的赔偿权利主体,但是不够,还需要补充。

1. 直接受害人

直接受害人是侵权行为损害后果的直接承受者,是因侵权行为而使民事权利受到侵害的人。

(1)具有完全民事行为能力的直接受害人。受害人的资格不在于是否有完全民事行为能力,而在于其是否具有民事权利能力。凡是具有实体法上的民事权利能力,又因侵权行为而使其民事权利受到侵害的人,就具有受害人的资格。但是,有无民事行为能力,涉及是否可以行使赔偿权利,因而,区分直接受害人的民事行为能力还是有意义的。具有完全民事行为能力的直接受害人,可以自己行使侵权赔偿请求权,向赔偿义务主体请求赔偿。

(2)无民事行为能力或限制民事行为能力的直接受害人。直接受害人无民事行为能力或民事行为能力受限制,自己不能行使赔偿请求权,应当由其法定代理人代其行使侵权赔偿请求权。法定代理人可以作为直接受害人委托的诉讼代理人进行诉讼。

(3)多数直接受害人。一个侵权行为有数个直接受害人,所有的直接受害人都享有赔偿请求权,都可以提起侵权赔偿诉讼。依其人数,2 至 9 个直接受害人,作为必要的共同诉讼,一般应当合并审理,个别直接受害人不起诉的,并不影响其他直接受害人提出赔偿请求。有 10 个以上直接受害人的案件,按照最高人民法院《关于适用〈民事诉讼法〉若干问题的意见》第 59 条司法解释,可以进行集团诉讼或代表诉讼。其区别在于:代表诉讼是直接受害人的人数已经确定;集团诉讼是直接受害人的人数尚未确定,判决对未参加诉讼的直接受害人亦发生拘束力,未参加集团诉讼的直接受害人可以在诉讼时效期间起诉,适用该判决。集团诉讼和代表诉讼的共同特点,都是选派代表进行诉讼,代表人的诉讼行为对其所代表的直接受害人发生效力,但代表人变更、放弃诉讼请求或者承认对方当事人的诉讼请求,进行和解,必须经被代表的直接受害人同意。

(4)侵害生命权的直接受害人。侵害生命权,有双重直接受害人,即被致死的受害人和为死者送葬、治疗而遭受财产损失和精神损害的近亲属。前者已经死亡,不能行使赔偿权利;后者可以依法行使请求赔偿财产损失和精神损害的权利。《侵权责任法》第 18 条规定:“被侵权人死亡的,其近亲属有权请求侵权人承担侵权责任。被侵权人为单位,该单位分立、合并的,承继权利的单位有权请求侵权人承担侵权责任。被侵权人死亡的,支付被侵权人医疗费、丧葬费等合理费用的人有权请求侵权人赔偿费用,但侵权人已支付该费用的除外。”这里规定的也是直接受害人。

2. 间接受害人

间接受害人是指侵权行为造成了直接受害人的人身损害,因此而使人身权益受到间接损害的受害人。这样的间接受害人有三种:

(1)扶养来源丧失之人作为间接受害人。行为人实施的侵害生命权和侵害健康权行为造成直接受害人劳动能力丧失,原依靠直接受害人扶养,因直接受害人死亡或丧失劳动能力,而使其扶养来源丧失的人。间接受害人是侵权行为的非直接受害人,但须是直接受害人生前或丧失劳动能力之前扶养的人,这种扶养权利因直接受害人受害而受到侵害,因而享有法定的扶养损害赔偿请求权。间接受害人的扶养损害赔偿请求权是独立的赔偿请求权,可以和其他直接受害人一并提起诉讼,也可以独立提起扶养损害赔偿诉讼。

(2)妨害婚姻家庭关系的间接受害人。行为人实施的侵害健康权行为,造成直接受害人丧失性能力,间接引起性利益减损或丧失的直接受害人的配偶。这种受害人是间接受害人。向配偶一方、向未成年子女销售毒品,也构成间接妨害婚姻关系和家庭关系。本章典型案例中的王某就是这种间接受害人。

(3)反射性精神损害的间接受害人。目睹亲人在惨烈的人身损害事件中遭受损害事实的受害人的近亲属,其精神利益受到了严重损害,造成了严重的精神痛苦。按照侵权法的一般规则,这种主体并不能产生损害赔偿请求权。现代侵权法认为,对于这种受害主体也认为是间接受害人,产生精神损害赔偿请求权,有权向加害人请求赔偿。

3. 胎儿和死者近亲属的赔偿请求权

(1)胎儿。对胎儿在其孕育过程中受到损害,如何行使赔偿请求权,我国《民法通则》未做规定,是亟待解决的问题。例如,胎儿父亲因他人侵权行为而丧生或丧失劳动能力,其出生后的扶养损害赔偿问题;因污染、服药、损伤而使胎儿健康、生命法益受到损害的赔偿问题,等等。对此,应当准许胎儿在其出生为活体,取得民事权利能力后,行使赔偿请求权;出生为死体的,可由胎儿的母亲自己行使权利。所制定的《民法总则(草案)》已经拟定了保护胎儿权益的条文。

（2）死者近亲属。死者的姓名、名誉、隐私、肖像、荣誉以及死者的遗体、遗骨等法益受到侵害，因其已经丧失民事权利能力和民事行为能力，其赔偿请求权由其近亲属享有，可以死者利益保护人的身份向法院提出损害赔偿诉讼，以保护死者的合法利益。

（二）赔偿义务主体（加害人）

在侵权损害赔偿法律关系中，加害人是赔偿义务主体，在诉讼中，为被告。除加害人以外，在某些情况下，直接加害人的责任承受者，即替代责任的责任人，也是赔偿义务主体，为被告。无民事行为能力人或者限制民事行为能力人致人损害，司法实务不认其法定代理人为赔偿义务主体，但却是赔偿责任的承受者，由其支付赔偿费用。在物件致人损害中，物的所有人、占有人为赔偿义务主体。《最高人民法院人身损害赔偿司法解释》第 1 条第 3 款规定："本条所称'赔偿义务人'，是指因自己或者他人的侵权行为以及其他致害原因依法应当承担民事责任的自然人、法人或者其他组织。"这里规定了主要的侵权法律关系的赔偿义务主体，但是不够，也还需要补充。

1. 直接加害人

直接加害人是直接实施侵权行为，造成受害人损害的人。直接加害人分为以下三种情况：

（1）单独的直接加害人。直接加害人为一人，为单独加害人。单独加害人为赔偿义务主体，由其个人承担赔偿责任。

（2）共同加害人。共同侵权行为的加害人，为共同加害人。共同加害人承担连带赔偿责任，在诉讼中，为必要的共同诉讼，应合并审理。

（3）共同危险行为人。共同危险行为的行为人不是共同加害人，但因共同危险行为的责任形式是连带责任，故共同危险行为人为共同的赔偿义务主体，为共同被告。

2. 替代责任人

（1）对人的替代责任人。在替代责任形式的特殊侵权责任中，直接造成损害的行为人并不是赔偿义务主体，不直接承担损害赔偿责任。其赔偿义务主体是为直接造成损害的行为人承担赔偿责任的替代责任人。例如，受雇人在执行雇佣活动中致人损害，雇用人承担赔偿责任;国家机关工作人员执行职务致人损害,国家机关承担赔偿责任;法人工作人员执行职务致人损害,法人承担赔偿责任;无民事行为能力人或者限制民事行为能力人致人损害,其法定代理人承担赔偿责任,等等。这些直接承担赔偿责任的主体,是赔偿义务主体。

在实务中,关于未成年人致人损害的赔偿案件,确定赔偿义务主体的做法不当。未成年人致人损害,实务上把实施加害行为的未成年人列为被告,将其法定代理人不列为被告,只列为法定代理人。这种做法不符合《民法通则》第133条的规定,亦违背替代责任的原理,同时,判决被告不承担赔偿责任,而由法定代理人承担赔偿责任,于法理上讲不通。我们认为,实务上的这种做法应当改变,应将未成年人的法定代理人列为被告,直接判决该法定代理人即被告承担赔偿责任。如果未成年人有财产,则将未成年人与其法定代理人列为共同被告,按照补充责任的规则处理。

(2)对物的替代责任人。物件致人损害,应由物件的所有人、占有人承担赔偿责任,这是侵权法一贯遵循的规则。因而,致害物件的所有人、占有人是该赔偿法律关系的赔偿义务主体,是赔偿诉讼中的被告。例如,高度危险作业的所有人、占有人,地下工作物、建筑物及其他地上物的所有人、管理人,缺陷产品的销售者、制造者,污染环境企业的所有人、经营者,动物的所有者、管理者等,都是赔偿义务主体。

三、侵权损害赔偿法律关系的内容

民事法律关系的内容,是民事法律关系参与人的权利和义务。侵权损害赔偿法律关系的内容,就是侵权行为的受害人请求加害人赔偿损失的权利和加害人承担的赔偿受害人损失的义务。受害人的权利,是受害人一方要求实现赔偿以补偿受侵害所造成的损失的可能性;加害人的义务,则是加害人为了满足受害人补偿损失的赔偿请求而履行给付的必要性。

侵权损害赔偿法律关系的内容与其他民事法律关系内容相比,相同之处是:第一,权利、义务都是相互依存、相互联系的,没有请求赔偿的权利，也就没有赔偿的义务；第二，都是为法律所确认的，都是以国家强制力保证其实现的法律关系。

侵权损害赔偿法律关系的内容与其他法律关系的内容有明显的区别，主要是按照民事权利的分类，侵权损害赔偿的权利（当然也包括义务）是一种请求权、相对权、财产权。第一，作为请求权，侵权行为受害人的权利是请求加害人履行赔偿义务的权利，权利的实现须依加害人的给付来实现，而不是仅凭自己的行为就能引起某种民事权利产生、变更或消灭的形成权。第二，作为相对权，它是一种对人权，享有相对权的侵权行为受害人必须依靠加害人的积极给付才能实现其权利，而加害人这个义务主体又总是特定的人，这又与所有权、人身权这些绝对权（即对世权）相区别。第三，作为财产权，受害人请求赔偿权利的内容只能是财产，尽管他受到侵害的可能是人身权或者是人身权和财产权同时受到损害，例如，健康的损害、名誉的诋毁，或者同时财产权也被侵害，但受害人只能请求赔偿一定范围的财产，而不能采取其他方式来进行赔偿。

四、侵权损害赔偿法律关系的客体

侵权损害赔偿法律关系的客体是赔偿，即补偿损害的财产给付。

在侵权法律关系中，受害人享有的权利，是请求对他的损失给予赔偿；加害人负有的义务，是对自己的侵权行为给受害人造成的损失进行赔偿。权利义务共同指向的标的，就是加害人对其侵权行为所造成的损害给予赔偿，它以财产的给付作为标志。赔偿的性质是行为，即赔偿义务主体给付赔偿金的行为。

对于损害赔偿的范围，《侵权责任法》第 16 条、第 17 条、第 19 条和第 22 条做了规定。但这 4 条规定的内容仍然比较原则，操作性不强。在实务上如何确定损害赔偿范围，还应当参照最高人民法院在有关司法解释中的规定确定。

1. 人身损害赔偿

《侵权责任法》第 16 条规定：“侵害他人造成人身损害的，应当赔偿医疗费、护理费、交通费等为治疗和康复支出的合理费用，以及因误工减少的收入。造成残疾的,还应当赔偿残疾生活辅助具费和残疾赔偿金。造成死亡的,还应当赔偿丧葬费和死亡赔偿金。”第17条规定:“因同一侵权行为造成多人死亡的,可以以相同数额确定死亡赔偿金。”最高人民法院人身损害赔偿司法解释,是关于处理人身损害赔偿的专门的司法解释,其中第17条至第35条是关于人身损害赔偿计算规则的具体规定。国务院2007年6月30日发布国函〔2007〕64号《关于核事故损害赔偿责任问题的批复》,第7条明确规定:“核电站的营运者和乏燃料贮存、运输、后处理的营运者,对一次核事故所造成的核事故损害的最高赔偿额为3亿元人民币;其他营运者对一次核事故所造成的核事故损害的最高赔偿额为1亿元人民币。核事故损害的应赔总额超过规定的最高赔偿额的,国家提供最高限额为8亿元人民币的财政补偿。”这也是关于人身损害赔偿标准的规定,是我国第一次规定人身损害赔偿的限额赔偿标准,采用了国际通行的排除方法,特别值得注意。

2. 财产损害赔偿

《侵权责任法》第19条规定:“侵害他人财产的,财产损失按照损失发生时的市场价格或者其他方式计算。”在财产损害赔偿中,最高人民法院也有一些具体的解释。

应当注意的是,在最近几年通过的新的法律和法规中,有一些重要的确定侵权损害赔偿范围的内容,应当引起司法工作者的特别注意。这些法律规范总结了侵权损害赔偿责任的实践经验,看到了《民法通则》在规定损害赔偿范围中的不足之处,对确定损害赔偿范围做出了新的规定,例如,《国家赔偿法》《消费者权益保护法》《反不正当竞争法》中,都规定了侵权损害赔偿的具体条文。这些规定对于处理一般的侵权损害赔偿纠纷,具有重要的指导意义,应当予以借鉴。

3. 侵害公开权的损害赔偿

《侵权责任法》第20条规定:“侵害他人人身权益造成财产损失的,按照被侵权人因此受到的损失赔偿;被侵权人的损失难以确定,侵权人因此获得利益的,按照其获得的利益赔偿;侵权人因此获得的利益难以确定,被侵权人和侵权人就赔偿数额协商不一致,向人民法院提起诉讼的，由人民法院根据实际情况确定赔偿数额。”这里规定的就是侵害公开权造成财产利益损失的赔偿责任。侵权人侵害了受害人的姓名权、肖像权、隐私权、名誉权等，造成了财产利益的损失，应当按照这一规定承担损害赔偿责任。

4. 精神损害赔偿

《侵权责任法》第22条规定：“侵害他人人身权益，造成他人严重精神损害的，被侵权人可以请求精神损害赔偿。”在《关于贯彻执行〈民法通则〉若干问题的意见（试行）》中，第150条规定：“公民的姓名权、肖像权、名誉权、荣誉权和法人的名称权、名誉权、荣誉权受到侵害，公民或法人要求赔偿损失的，人民法院可以根据侵权人的过错程度、侵权行为的具体情节、后果和影响确定其赔偿责任。”在《关于审理名誉权案件若干问题的解答》第10条第4款中规定：“公民、法人因名誉权受到侵害要求赔偿的，侵权人应赔偿侵权行为造成的经济损失；公民并提出精神损害赔偿要求的，人民法院可根据侵权人的过错程度、侵权行为的具体情节、给受害人造成精神损害的后果等情况酌定。”这两条关于确定精神损害赔偿范围的司法解释，既体现了实事求是的原则要求，也符合公平、等价的民法原则；既保护了受害人的合法权益，救济其损害，也保障加害人不负担其侵权行为以外的原因所造成的受害人的损失，不使其合法权益受到侵害。特别是最高人民法院2001年3月10日公布实施的《关于确定民事侵权精神损害赔偿责任若干问题的解释》，对人格权的司法保护和精神损害赔偿办法规定了详细的规则，具有特别重要的意义。

第二节　侵权损害赔偿请求权及产生、变更和消灭

一、侵权损害赔偿请求权概述

（一）请求权的概念

在侵权损害赔偿法律关系中，赔偿权利人所享有的权利是侵权损害赔偿请求权。因此，应当对侵权损害赔偿请求权专门进行研

究。《侵权责任法》第3条规定:“被侵权人有权请求侵权人承担侵权责任。”这是立法第一次规定侵权请求权,其中就包括侵权损害赔偿请求权。

请求权,是指请求他人为一定行为或不为一定行为的权利。请求权有两种含义:第一种含义,请求权是与形成权相对应的概念。民法理论把民事权利从其作用的角度,划分为请求权和形成权。请求权与形成权的不同,就在于请求权的权利主体享有的权利是请求,权利的实现,则需要义务主体履行义务;而形成权的权利主体所享有的权利是形成,权利是人能够仅仅凭借自己的行为,如追认行为、授权行为、撤销行为、弃权行为等,就能够引起某种民事权利的产生、变更和消灭。请求权是一种相对权,正如上述所说,它的权利主体通常须依靠义务主体的积极作为才能实现,而且义务主体总是特定的人,所以也叫对人权,请求权总是指向特定的人。第二种含义,请求权是民事权利的保护方法。法律赋予民事主体以民事权利,为保护民事权利,权利人享有权利保护请求权。在这个意义上,民事权利保护请求权包括民事权利本身的请求权(如物权请求权)和侵权损害赔偿请求权,前者是民事权利本身包含的保护权利的请求权,后者则是新生的保护权利的请求权。侵权损害赔偿请求权是保护民事权利请求权中的一种,通常是最为重要的一种。当民事权利受到侵害之后,受害人产生侵权损害赔偿请求权,有权请求加害人履行赔偿给付,以补偿受害人的损害。

（二）侵权损害赔偿请求权的概念

第一种含义的请求权,其典型形式是债权。在债权人和债务人之间的权利义务关系中,债权人权利的实现,要靠债务人的积极作为履行义务,这种实现的权利,就是请求权,而不是形成权,因为债权人的权利只靠自己的行为不能实现,必须由特定的义务人积极作为才能实现。侵权损害赔偿是债的一种,是侵权行为所生之债,那么,侵权损害赔偿请求权就是侵权这种请求权下属的一个概念。这种说法好像有道理。

但是,通常在研究请求权的时候并不这样看,而是将侵权损害赔偿请求权作为一种新生的权利,是民事权利的救济权、保护权。

因此，侵权损害赔偿请求权实际上是第二种含义的请求权，并不是第一种含义的请求权。正因为如此，我国《侵权责任法》直接规定侵权损害赔偿请求权所对应的就是侵权责任。

研究侵权损害赔偿请求权，应当重点掌握以下四点：

第一，侵权损害赔偿请求权是新生的权利，叫作次生请求权。[①] 侵权损害赔偿请求权发生之前，侵权损害赔偿请求权的双方当事人之间并不存在债权债务关系。某甲和某乙二人或者是素不相识，或者是亲密友好，如果没有这种请求权发生根据的法律事实的出现，他们就都是平等的权利主体，不存在相对的债权债务关系，任何人都不能请求另一方履行义务以满足自己的要求。只有发生了侵权行为，一方的行为造成了另一方的损害，才能在受害人一方发生侵权损害赔偿请求权。这个请求权是新生的权利，是原来所没有的请求权。

第二，侵权损害赔偿请求权的发生根据是侵权行为，而不是其他法律事实。其他法律事实也有可能发生请求权，例如，无因管理行为可以发生无因管理之债请求权、不当得利可以发生不当得利之债请求权，但都不会发生侵权损害赔偿请求权。

第三，侵权损害赔偿请求权是基于权利和利益的损害而发生的。这种损害既可以是人身损害事实，也可以是财产损害事实，还可以是精神痛苦或者精神利益的损害事实，例如，自然人的姓名权、肖像权、名誉权和荣誉权的损害，法人的名称权、名誉权的损害，都有可能不发生财产损害，但会发生精神利益或者精神痛苦的损害。没有造成损害的行为不产生侵权损害赔偿请求权。

第四，这种请求权的赔偿义务主体指向特定的人，即侵权行为的加害人；指向特定的赔偿范围，即在一般情况下，请求赔偿的范围只能是侵权行为所造成损失的范围，即使在精神损害要求赔偿损失的情况下，尽管这个特定的范围不是那么严格，但仍然不能离开损害影响所及的范围。

---

① 杨立新：《债法总则研究》，中国人民大学出版社 2007 年版，第 8 页。

（三）侵权损害赔偿的请求权与举证责任

请求权与举证责任是两个密切相关的概念。在罗马法的民事诉讼中，就有谁确认，谁就应当证明；谁要求诉讼保护，谁就一定要证明的规定。近现代，各国民事诉讼法都认为，当事人对自己所主张的事实和提出的请求，承担举证的责任；如果负举证责任的一方举不出证据来，诉讼的结果必然对其不利，承担败诉后果。因此，举证责任的基本规则十分明确，那就是“谁主张，谁举证”。

我国《民事诉讼法》第 64 条规定：“当事人对自己提出的主张，有责任提供证据。当事人及其诉讼代理人因客观原因不能自行收集的证据，或者人民法院认为审理案件需要的证据，人民法院应当调查收集。人民法院应当按照法定程序，全面地、客观地审查核实证据。”这一规定具有鲜明的特点。在侵权损害赔偿请求权和举证责任的关系中，表现为：

第一，享有请求权的一方负有举证责任。享有侵权损害赔偿请求权的人对自己的请求主张，有责任提出证据，加以证明。这既是请求权人的权利，也是请求权人向人民法院应尽的诉讼义务，体现了诉讼权利和诉讼义务的不可分离。因此，侵权损害赔偿请求权人在提出赔偿请求的时候，就应当提出证据，证明对方构成侵权责任，自己的侵权请求权依法成立。不能证明自己的主张的，须承担败诉的结果。

第二，在适用无过错责任原则和过错推定原则的情况下，原告除了证明自己应当证明的内容之外，对某些事实实行举证责任倒置。在《侵权责任法》中，第 32 条规定的监护人责任，第 34 条规定的用人单位责任，第六章规定的机动车交通事故责任，第十一章规定的物件损害责任等，是过错推定责任，其过错的举证责任实行推定，就是采取这种倒置的举证责任。在这些侵权责任类型中，免除受害人即侵权损害赔偿请求权人对于过错的举证责任，受害人只要证明侵权责任构成要件的违法行为、损害事实和因果关系这三个要件，法官就直接推定加害人具有过错，无须请求权人再加以证明；这时，举证责任倒置，由加害人证明自己没有过错。在适用无过错责任原则中，如《侵权责任法》第五章规定的产品责任，第八章规定的环境污染责任，第九章规定的高度危险责任，第十章规定的饲养动物损害责任，以及人身损害赔偿司法解释第11条和第12条规定的工伤事故责任，受害人应当证明违法行为、损害事实和因果关系三个要件。如果加害人主张受害人是故意引起损害，则为免责事由，这时的举证责任倒置，由加害人举证证明。能够证明者，免除加害人的责任。

第三，请求权人承担举证责任，法院也有必要的调查收集证据的职责。侵权损害赔偿请求权人有责任就自己的赔偿请求提供证据，法院的主要任务是审查核实证据。如果当事人及其诉讼代理人因客观原因不能自行收集的证据，或者人民法院认为审理案件需要的证据，人民法院应当调查收集证据。

二、侵权损害赔偿请求权的产生

（一）请求权产生的根据

侵权损害赔偿请求权产生所依据的法律事实，是侵权行为造成了损害事实。侵权损害事实一经发生，受害人一方即产生损害赔偿的请求权，依法得向加害人要求对所造成的损害予以赔偿；加害人则产生对自己造成的他人损害进行赔偿的义务，应受害人的请求，赔偿受害人因损害所造成的损失。

损害事实包括人身损害事实、财产损害事实和精神损害事实。这些损害事实一经发生，受害人即产生侵权损害赔偿请求权。

（二）损害事实发生的时间

损害事实发生的时间，实际上是指损害后果能够确定的时间。损害后果没有确定、正在发展或者加强，不能是损害事实已经发生，而是正在发生。对于人身伤害的损害事实确定，最高人民法院《关于贯彻执行〈民法通则〉若干问题的意见（试行）》第168条规定："人身损害赔偿的诉讼时效期间，伤害明显的，从受伤害之日起算；伤害当时未曾发现，后经检查确诊并能证明是侵害引起的，从伤势确诊之日起算。"

损害事实发生的时间具体有三种情况：

第一，侵权行为与损害事实同时出现的，侵权行为实施终了的时间,就是损害事实发生的时间。例如,加害人砸毁受害人的家具,砸毁家具的行为一经终了,损害事实就已经发生并且固定。

第二,侵权行为与损害事实不是同时出现,以损害事实的确定时间,作为损害事实发生的时间。例如,某甲与某乙相邻不睦,为泄愤,甲在乙的土坯房山墙自己一侧挖水沟蓄水,至梅雨季后期,乙的山墙坍塌。山墙坍塌是逐渐发生的,应将山墙坍塌之时作为损害事实的发生时间。

第三,人身损害应以损害所造成的最严重程度,并且能够确认为损害事实发生时间。生命权损害,死亡是最高程度,死亡的发生是损害事实发生时间。健康权受到损害事实没有造成死亡结果的,一般的有发展弧线,即发生、发展、高峰、好转、治愈,应以高峰作为损害事实发生时间;致残的,最高程度是残疾,则以能确定其残疾之时为损害事实发生时间;人格损害以人格受到严重影响能够确定为损害事实发生时间。

(三)请求权产生的时间

确定请求权产生的时间的重要意义,一是确认受害人有无诉权,二是确定诉讼时效的开始时间。在通常情况下,损害事实的发生时间,就是侵权损害赔偿请求权产生的时间;但是,为了保护受害人的合法权益,在某些情况下又有一定差异:

第一,财产损害赔偿请求权,应当从损害事实发生之时产生,包括侵权行为与损害结果同时发生和相继发生的,都以确定的损害事实发生之时产生请求权,同时开始计算诉讼时效期间。

第二,人身损害赔偿请求权,最高人民法院从两个方面规定:一是伤害明显的,从受到伤害之时计算;二是伤害当时未曾发现,后经检查确诊并能证明是侵害引起的,从伤势确诊之日起算。这样的规定其实对受害人的保护不利。笔者认为,不应当从人身损害发生之时产生请求权,而是从财产损失已经发生之时产生请求权。例如,因人身损害住院治疗,只有伤病痊愈出院或者死亡,才能计算出实际的财产损失,否则难以确定损失的价值和赔偿范围。只有这样才能够更好地保护受害人的权利。

第三,精神损害应当以能够确定其损害程度为请求权产生时间。例如,加害人在报纸上发表文章诽谤受害人,发表之时,就是请求权产生时间。

第四,受害人尚不知道损害之发生或谁为加害人时,应当从受害人已知或应知损害发生或谁为加害人的时候产生请求权。“应知”,是为了防止当事人推说不知,具体的判断应结合具体案情断定。

请求权产生的法律后果,一是诉讼时效开始计算,二是受害人获得起诉权。

三、侵权损害赔偿请求权的变更

(一)侵权损害赔偿请求权变更的概念

侵权损害赔偿法律关系基于一定的法律事实而改变其主体、内容或客体,这种局部的变更,必然使受害人的请求权随之变更。这种因侵权损害赔偿法律关系的局部变更而引起的受害人赔偿请求权的变更,就是侵权损害赔偿请求权的变更。

(二)侵权损害赔偿请求权变更的形式

侵权损害赔偿请求权变更的形式,主要是:

1. 权利主体变更

除了人格权受到损害以外,财产损害和人身损害的权利主体都可能变更。例如,财产损害的受害人死亡,其继承人或近亲属可以取得该项损害赔偿请求权,要求加害人予以赔偿。人身损害的财产损失亦可发生类似的主体变更。至于人格利益的损害,一般规定,受害人死亡后,其请求权消灭,但已经确认的请求权和向法院起诉的除外。《侵权责任法》第 18 条规定:“被侵权人死亡的,其近亲属有权请求侵权人承担侵权责任。被侵权人为单位,该单位分立、合并的,承继权利的单位有权请求侵权人承担侵权责任。”此条后段规定的就是侵权责任主体的变更。

2. 损害事实变更

损害事实发生变更,也就是损害事实发生变化。例如,原来所造成的损害后果或者发展、扩大,或者计算有错,则请求权的赔偿范围发生变更。

3. 请求权人部分处分损害赔偿权利

请求权人对实体权利的部分处分,可以引起损害赔偿法律关系的内容发生变更。例如,权利主体要求减少赔偿额的,这种处分也使请求权的内容发生变更。

(三)侵权损害赔偿请求权变更的法律后果

侵权损害赔偿请求权一经变更,立即在诉讼中产生新的变化:(1)请求权主体变更,将更换原告;(2)请求权内容、客体的变化,将使赔偿的责任和范围发生变化;(3)有的请求权变更,可以引起诉讼时效的变化。例如,加害人的侵权行为造成新的损害事实,使旧的诉讼时效终止,新的诉讼时效开始;受害一方对加害一方实施侵害造成损害事实,原加害人请求权产生,同时原加害人的诉讼时效开始,原受害人的诉讼时效则继续进行。

四、侵权损害赔偿请求权的消灭

(一)侵权损害赔偿请求权消灭的概念和原因

侵权损害赔偿请求权消灭,是指既存的侵权损害赔偿请求权已经不复存在,也就是侵权损害赔偿的权利义务关系已终止。

引起侵权损害赔偿请求权消灭的原因,主要有如下几种:

1. 因履行而消灭

加害人全面、适当地履行了赔偿义务,即以请求权要求义务人承担的给付义务已经给付,作为请求权人的受害人的请求权得到实现,至此该侵权损害赔偿的债的目的已经达到,这种债的关系也随之消灭。赔偿义务的履行有两种形式,一是一次给付,二是将来的定期给付。无论一次的还是将来的定期的给付,只要赔偿义务已经履行,受害人已经受领,受害人的请求权即因履行而消灭。

2. 因抵销而消灭

在相互致害的侵权损害赔偿案件中,因双方互负债权债务关系,属于同一种类的给付,并且性质能够抵销,因此,两项债务相互充抵而同时消灭。这样既可以使双方的债权利益都得以实现,又可以节约因实际履行所消耗的时间和费用。在一般情况下,互致损害的损失不会相等,如有差额,双方就其低额实行抵销,就其余额仍保留债权债务关系。

3. 因免除而消灭

侵权损害赔偿请求权的消灭因下列两种情况而免除：(1)权利人放弃请求权，依权利人的意思表示免除加害人的义务而消灭请求权。在这种情况下，权利人的行为必须符合《民法通则》第55条规定的三项条件，即行为人具有相当的行为能力；意思表示真实；不违反法律或者社会主义公共利益。(2)依法免除加害人的义务而消灭请求权。例如，受害人有故意或重大过失而加害人仅有一般过失或根本无过失时，得免除加害人的赔偿义务，受害人的请求权则依法消灭。

4. 因超过诉讼时效义务人行使抗辩权而消灭

按照《民法通则》第七章关于"诉讼时效"的规定，诉讼时效期间完成，侵权人主张抗辩权的，除特殊情况外，受害人的请求权消灭。这种特殊情况包括：(1)人民法院认为可以延长诉讼时效的，由人民法院决定；(2)已经超过诉讼时效期间，当事人自愿履行的，不受诉讼时效的限制，受害人仍享有请求权。

(二)请求权消灭的特殊情形

在请求权消灭中，还有一种特殊情形值得注意，这就是义务人即加害人的死亡。

加害人的死亡，并不必然导致权利人请求权的消灭。如果加害人死亡，就必然导致受害人因加害人的违法行为而造成的损害得不到赔偿，不仅不符合民法的公平、正义原则，而且会增加社会的负担和不安定因素。因此，具体的处理办法是：

第一，加害人有遗产并且被继承人继承的。加害人死亡后，只要加害人有遗产，就应当由继承其遗产的继承人负责清偿；以其继承的遗产为限，对请求权人承担赔偿责任。

第二，加害人有遗产但继承人没有继承的。加害人有遗产，但继承人没有继承的，则应当直接以该遗产承担侵权责任。

第三，加害人的遗产没有被分割而被继承人共同继承的。加害人死亡后没有进行遗产分割，而由加害人的近亲属共同继承的，形成共同继承遗产，请求权的义务人是死者遗产的共同继承人，应当承担损害赔偿责任。

在这两种情况下,加害人的遗产继承人或者近亲属作为义务人,受害人的请求权应当对他们行使。只有在加害人生前毫无财产的情况下,受害人的请求权才能够消灭。

第三节　侵权损害赔偿请求权的竞合

一、侵权请求权竞合的概念和理论基础

(一)侵权请求权竞合的概念

一个侵权行为产生两个或两个以上的请求权,使两个或两个以上的请求权并合在一起,或者分别行使,或者一并行使的现象,称作侵权请求权的竞合。

请求权竞合也叫作民事责任竞合。责任竞合作为一种客观存在的现象,既可以发生在同一法律部门内部,如民法中的违约责任与侵权责任的竞合,也可以发生在不同的法律部门之间,如民事责任与刑事责任、民事责任与行政责任的竞合。对于民事责任竞合,从民事权利的角度来看,当不法行为人实施了一个行为,这个行为在法律上符合数个法律规范的要求,因而使受害人产生多项请求权,这些请求权相互冲突。《合同法》第122条规定了侵权责任与违约责任的竞合:"因当事人一方的违约行为,侵害对方人身、财产权益的,受损害方有权选择依照本法要求其承担违约责任或者依照其他法律要求其承担侵权责任。"这是我国民事法律第一次正式规定侵权请求权竞合。

(二)侵权请求权竞合的理论基础

侵权请求权竞合来源于法律规范竞合理论。现代法律都做抽象规定,并且从各种不同角度对社会生活加以规范,所以,经常发生同一个事实符合几个法律规范的要件,致使这几个法律规范竞合。法律规范竞合有发生在不同法律领域的,例如,毁坏他人物品,一方面构成《刑法》规定的故意毁坏公私财物罪,另一方面依《侵权责任

法》第 19 条的规定亦构成侵权行为。这是非冲突性责任竞合。

民法上的法规竞合,就是请求权竞合,情况颇为复杂。这是因为民法是以权利为中心,而它的外部表现形态,就是请求权。同一事实符合数个法律规范的情况,必然表现在请求权上。侵权损害赔偿请求权的竞合,就是这一请求权与依其他民事规范产生的请求权是由同一法律事实发生的。请求权的竞合,将产生一定的法律后果。

二、请求权竞合的形态

侵权损害赔偿请求权与其他民事请求权竞合的形态,主要有以下几种:

(一)与违约损害赔偿请求权竞合

侵权请求权与违约损害赔偿请求权竞合,即一个侵权行为,既产生侵权损害赔偿请求权,又产生违约损害赔偿请求权。这种竞合有两种形式,一是"二合一"式,即同一个行为产生两个请求权,两个请求权为不同的权利人所有,共同指向一个义务人。例如,甲将乙所有的一匹马委托丙保管,丙擅自骑用,致该马损害。丙的行为,产生两个请求权:委托人甲因丙违背约定致生损害,产生违约损害赔偿请求权;所有人乙因财产权利被侵害,产生侵权损害赔偿请求权。这两个请求权均指向同一义务人,两个权利人可以同时对丙行使请求权,丙既应承担侵权责任,又应承担违约责任。二是"一分二"式,即同一个行为在一个权利人身上产生两个请求权。例如,在买卖合同中,出卖人故意隐瞒出卖物缺陷,致使买受人损害时,买受人依法既产生侵权损害赔偿请求权,又产生违约损害赔偿请求权。又如,在赠与合同中,赠予物具有瑕疵致受赠人以损害的,同时构成违约责任和侵权责任,受害人亦产生两个请求权,只是赠予属于无偿行为,法律减轻赠予人的注意程度,以赠予人有故意和重大过失者为限。

(二)与返还不当得利请求权竞合

侵权请求权与返还不当得利请求权竞合,即一个行为既产生侵权损害赔偿请求权,又产生返还不当得利请求权。例如,出纳员由于工作疏忽,将一卷票面为百元的人民币误为每张10元交给了领款人,领款人明知多领钱款而仍予以领受,这时,受害人即同时产生侵权损害赔偿请求权和返还不当得利请求权。

(三)与其他请求权竞合

侵权请求权与其他请求权竞合,是指一个行为既产生侵权损害赔偿请求权,又产生其他请求权。例如,《物权法》第92条规定:"不动产权利人因用水、排水、通行、铺设管线等利用相邻不动产的,应当尽量避免对相邻的不动产权利人造成损害;造成损害的,应当给予赔偿。"此种情况在受害人一方,则同时产生两个赔偿损失请求权,一个是违反相邻关系请求权,另一个是侵权请求权。

三、请求权竞合的法律后果

由于各种请求权的着眼点各有不同,尽管救济的内容基本相同,但是,行使哪一个请求权,其结果并不完全相同。权利人究竟选择行使何种请求权,对权利人的利益有相当的关系。因此,民事责任竞合的法律后果,说到底就是请求权的选择。具体有四种方法:

第一,对于法律已经明确规定了责任的性质的,一般应当依据法律的规定,确定责任的性质。其中因不法行为造成受害人人身伤亡和精神损害的,当事人之间虽然存在合同关系,也应按侵权责任而不能按合同责任处理。例如,因产品缺陷而致受害人伤害,构成违约责任和侵权责任的竞合。对此,《民法通则》第122条已经明确规定其为侵权责任,因此,这种责任的性质已经确定,一般来说,按照侵权责任处理对受害人较为有利。但是当事人坚决选择违约损害赔偿请求权的,也应当准许。

第二,双方当事人事先存在合同关系,但一方当事人与第三人恶意通谋,损害合同另一方当事人的利益,则由于恶意串通的一方当事人与第三人的行为构成共同侵权,第三人与受害人之间又无合同关系存在,因此应按侵权责任处理,使恶意串通的行为人向受害人负侵权责任。选择作为共同侵权行为起诉,则只能行使侵权损害赔偿请求权,不能再同时行使违约损害赔偿请求权。

第三,对于当事人在合同中已经有明确约定的,应当按照约定的内容行使请求权。在当事人之间事先有合同关系,且已经明确约定如何承担民事责任的,说明当事人之间对民事责任的承担是有一致的意思表示的,因此应当按照当事人的事先约定来承担民事责任。在这种情况下,一般应按照违约责任处理。

第四,对于法律没有规定,当事人事先也没有明确约定的,应当准许请求权人按照自己的意愿选择。请求权人就是受害人,受害人的权利受到侵害,享有损害赔偿请求权。但是,在民事责任竞合的情况下,究竟是行使侵权损害赔偿请求权,还是行使违约损害赔偿请求权或者其他请求权,应当依照请求权人有利于自己的利益的选择为之。

总之,构成侵权民事责任竞合,其法律后果就是当事人选择请求权。对此,应当保障受害人的权利,径由其选择。

例如,徐甲在2000年6月购买一套商品房,与妻子周某和小女儿徐乙共同居住。8月7日,徐甲与该小区的物业管理公司签订有关物业管理的《公共契约》,物业公司承担安全保护等物业管理义务,徐某承担支付物业管理费的义务。由于物业管理公司只安排保安人员巡视安全,其监控设施没有经过有关部门验收而未正常使用,小区业主要求安装防护铁窗,物业也予以拒绝,造成安全防范的漏洞。2001年3月5日凌晨1时许,两名罪犯借小区一扇通往垃圾场的小铁门没有上锁一直敞开着的机会,闯入徐某家,将徐乙奸淫后杀害。其中一名罪犯抓获归案,判处刑罚。在刑事附带民事诉讼中,徐某索赔,判决该刑事被告人赔偿13,246元,其余无能力赔偿。徐某依据《公共契约》的约定,向法院提起民事诉讼,请求物业公司承担违约损害赔偿责任。法院判决物业公司违反合同约定的安全保障义务,承担违约损害赔偿4万元,对徐某的精神损害赔偿请求不予以支持。

本案物业公司的安全保障义务来自约定而不是法定,因此,受害人可以选择侵权诉因或者违约诉因起诉,行使责任竞合的选择权。本案当事人选择违约损害赔偿的诉因起诉,法院予以支持,并且判决不支持原告精神损害赔偿的请求,是正确的。如果原告选择侵权诉因起诉,则会得到精神损害赔偿。

四、请求权聚合及其后果

与民事责任竞合的法律后果不同,民事责任聚合及其法律后果是,在侵权损害事实发生前双方有契约关系,并且有法定和约定违约责任的,产生的数个请求权的目的各不相同的,可以数个请求权分别行使。例如,出卖人出卖瑕疵物而致害,买卖合同规定违约责任,依据侵权法应当承担侵权责任,故可既追究违约责任又追究侵权责任。这种责任聚合,数个请求权可以分别行使,不因一个请求权行使完了而影响另一请求权的行使,既然可以分别行使,那么也可以就此同时向人民法院提出两个请求权的诉讼,人民法院应当同时受理。同一行为产生的两个请求权的目的不同时,可以一并行使。

侵权损害赔偿的主要目的是补偿,如果同时产生的请求权不是为了同一项补偿,而是为排除妨碍、消除影响、停止侵害、恢复名誉等时,数项请求权当然可以一并行使,也构成责任聚合。例如,侵害自然人的姓名权、肖像权、名誉权、荣誉权、隐私权的受害人,既有要求停止侵害、恢复名誉、消除影响、赔礼道歉的请求权,又有要求赔偿损失的请求权。《侵权责任法》第 21 条规定,侵权行为危及他人人身、财产安全的,被侵权人可以请求侵权人承担停止侵害、排除妨碍、消除危险等侵权责任。

五、侵权责任并合

(一)侵权责任并合的概念和立法目的

侵权责任并合,是指在多数人侵权行为中,法律原本规定了一种侵权责任形态,又增加规定了新的侵权人承担同一种侵权责任形态或者其他侵权责任形态,构成更多的侵权人对同一损害承担同一种或者不同种侵权责任,并相互重合的责任形态。例如,《侵权责任法》第 43 条规定产品生产者和销售者对缺陷产品造成的损害承担不真正连带责任,《消费者权益保护法》第 45 条又规定广告主、广告经营者、广告发布者以及广告代言人对同一损害承担连带责任,就是在法律规定的不真正连带责任的基础上,又增加规定了其他侵权人对同一损害承担连带责任,构成多数人侵权的不真正连带责任与连带责任的并合。

侵权责任并合的基本特征是:第一,原侵权人和新侵权人的行为造成的是同一个损害;第二,法律原本规定了一种多数人侵权损害赔偿责任形态;第三,法律又规定新增加的侵权人加入到多数人侵权损害赔偿责任之中;第四,原本规定的侵权责任形态与新增加的侵权人承担的责任形态相重合。

侵权责任法规定侵权责任并合的目的是:通过侵权责任并合的方法,增加连带责任或者不真正连带责任的责任人,更好地保护被侵权人的损害赔偿请求权,让与损害发生有关联的侵权人承担相应的责任对其予以制裁,发挥侵权责任的阻吓作用,警示营销参与者防范侵权行为发生。

(二)侵权责任并合与相关概念的区别

侵权责任并合与侵权责任竞合不同。它们虽然都是不同法律的规定竞合在一起,但是侵权责任并合并不发生请求权竞合的后果,而是扩大就同一损害事实承担责任的责任主体范围,让更多的责任人参加到这一个多数人侵权损害赔偿责任之中,让更多的人对受害人的同一个损害承担责任,使受害人的索赔权利更加有保障,更容易得到实现。

侵权责任并合与侵权责任聚合也不同。侵权责任并合既不是一个侵权行为发生几个不同责任方式的请求权,侵权人承担几个不同的责任方式,也不是造成了几个不同的损害,分别由侵权责任和违约责任救济,而是数个不同的侵权人实施的加害行为,造成受害人的同一个损害,在原来法律规定的要承担多数人侵权损害赔偿责任的基础上,又增加侵权人,共同承担对同一个损害进行赔偿的责任形态,以增加受害人救济请求权实现的保障。

(三)侵权责任并合的类型

1. 同质并合

同质并合,即同种类责任形态的侵权责任并合,是指原来的多数人侵权损害赔偿责任形态与后来增加的侵权人承担的责任形态属于同一性质,是相同的侵权责任形态的并合。《最高人民法院关于审理道路交通事故损害赔偿案件适用法律若干问题的解释》第6条规定,拼装车、报废车或者依法禁止行驶的其他机动车被多次转让,并发生交通事故造成损害,所有的转让人和受让人都承担连带责任。《侵权责任法》第51条规定的这种侵权连带责任主体只有转让人和受让人,该司法解释将责任主体范围扩大,多次转让的再转让人和再受让人等也都加入这个连带责任的责任主体范围中,共同承担连带责任,使连带责任人的范围扩大,构成侵权责任的同质并合。

2. 同质异形并合

同质异形并合,是相同的基本侵权责任形态中不同具体责任形态的并合,侵权人承担的尽管是连带责任或者不真正连带责任,但是并合的是非典型的连带责任、典型的不真正连带责任形态,如附条件的不真正连带责任、先付责任或者补充责任。例如,《消费者权益保护法》第44条第1款规定的是网络交易平台提供者承担的附条件不真正连带责任,与《侵权责任法》第43条规定的生产者、销售者承担的典型的不真正连带责任之间发生并合,属于侵权责任的同质异形并合。

3. 异质并合

异质并合,即非同种类责任形态的侵权责任并合,是指原来的多数人侵权损害赔偿责任形态与后增加的侵权人承担的责任形态不属于同一性质,是不同的多数人侵权损害赔偿责任形态的并合。具体表现为典型形态的连带责任、不真正连带责任和按份责任之间的并合。例如,在《消费者权益保护法》第44条第2款规定的网络交易平台提供者承担的连带责任,就是加入到《侵权责任法》第43条规定的产品生产者与销售者承担的不真正连带责任之中,形成了不真正连带责任与连带责任的并合,为异质并合。

(四)侵权责任并合的责任主体是营销参与者

法律规定侵权责任并合制度的适用范围,即增加的责任主体是营销参与者。

营销参与者是指在商品和服务的交易领域中,为商品的生产、销售以及服务提供营销支持,促成商品、服务经营者与消费者达成交易的经营者或者非经营者。其特征是:第一,多数营销参与者是交易领域的经营者,而不是非经营者,其目的与经营者相同,都具有营利目的,但是也包括为保障交易安全的非经营者,如食品检验机构、认证机构等;第二,营销参与者服务、支持的交易活动包括商品生产、销售以及服务的营销,而不只是商品生产和销售;第三,营销参与者并不直接参加交易,而仅仅是对商品和服务的交易提供营销支持,促成交易进行,因而不是直接的商品、服务的经营者,是为商品、服务交易提供服务的经营者或者非经营者。

我国的营销参与者可以分为三种类型:一是为商品、服务进行广告宣传支持的营销参与者,如广告经营者、发布者、广告代言人;二是为商品生产、销售和提供服务而提供支持的营销参与者,如为没有许可证而生产食品的生产者提供生产经营场所或者其他条件的经营者,为用非食品原料等物质制造食品的经营者提供生产经营场所或者其他条件的经营者,柜台出租者、展销会举办者,网络交易平台提供者;三是为商品、服务提供检验、认证服务支持的营销参与者,如食品检验机构和认证机构。

(五)营销参与者适用侵权责任并合的条件

法律规定营销参与者承担侵权责任并合的法律后果,除了应当具备营销参与者的身份之外,还应当具备以下要件:

1. 损害要件。营销参与者承担责任的受害主体,须为造成损害的经营者和营销参与者以外的第三人,通常是消费者,也包括受到损害的他人。

2. 行为要件。营销参与者实施何种行为才应当对其提供服务的经营者承担并合的侵权责任,通常是由法律规定的具体行为。这些行为是为商品或者服务交易提供服务支持的行为,该行为须具有违法性。

3. 因果关系要件。营销参与者对营销提供服务支持的行为,与消费者以及他人受到的人身损害之间须有因果关系。这种因果关系并非都具有直接的原因力,而是其行为对损害的发生具有了一定的原因参与度。

4. 主观要件。营销参与者承担并合的侵权责任,对主观要件的要求有所不同,有的规定为有过失,有的规定为无过失。这与美国侵权法对提供服务而对第三人承担责任的要求,①以及营销参与者的要求不同。

(六)侵权责任并合的责任分担规则

1. 侵权责任同质并合的责任分担规则

(1)典型连带责任与典型连带责任并合

典型连带责任与典型连带责任并合,相当于构成了一个增大的连带责任,新责任人与原责任人都是连带责任人。

连带责任与连带责任并合,无论增加多少连带责任人,都要依照《侵权责任法》第 13 条和第 14 条规定的连带责任规则承担连带责任。

(2)典型不真正连带责任与典型不真正连带责任并合

典型的不真正连带责任相互发生并合,相当于一个不真正连带责任的责任人范围的扩大,有更多的不真正连带责任人加入对同一个损害承担的不真正连带责任的责任主体范围,因而对受害人的损害赔偿请求权给予更高的保障。原来的和新增加的不真正连带责任人都对同一个损害事实承担不真正连带责任。

更多的责任人加入同一个不真正连带责任的责任主体范围,对责任性质不发生影响,仍然是不真正连带责任,每一个责任人对同一个损害都负有全部赔偿责任的中间责任。每一个承担了中间责任的人,只要自己不是最终责任人,就有权向最终责任人进行全额追偿。

2. 侵权责任同质异形并合的责任分担规则

(1)典型的不真正连带责任与附条件不真正连带责任并合

典型的不真正连带责任与附条件不真正连带责任发生并合时,最典型的是《消费者权益保护法》第 44 条第 1 款后段、《食品安全法》第 131 条第 2 款与《侵权责任法》第 43 条并合的情形。

在附条件不真正连带责任所附条件尚未成就之前,不发生不真

---

① 依照《美国侵权法重述第二版》第 324A 条规定,提供服务而对第三人造成的损害负责的基础是其有过失。

正连带责任,因而不发生与典型不真正连带责任并合的问题。

当附条件不真正连带责任所附条件成就,发生的就是不真正连带责任的后果;如果此时法律还规定了此种情形仍有他人与此附条件不真正连带责任的责任人承担不真正连带责任的,就发生了实际上的不真正连带责任相互之间的并合,因而责任分担规则就与不真正连带责任并合的规则是完全一样的,属于同质并合,即不真正连带责任人的范围扩大,责任性质仍然属于不真正连带责任,按照不真正连带责任的规则分担责任。

(2)典型不真正连带责任与先付责任并合

典型不真正连带责任与先付责任并合,如《侵权责任法》第 43 条与第 44 条发生的并合。不过,由于这种并合法律已经有了明确的责任分担规则,即该法第 44 条,因此,应当优先适用第 44 条规则,即先适用先付责任规则,由不真正连带责任人先承担全部赔偿责任,之后再向后顺位的责任人进行追偿。如果其他法律又规定了不真正连带责任的责任主体,则该不真正连带责任人加入的是先顺序不真正连带责任人的主体范围,在他们之间选择任一责任人承担中间责任,然后向后顺位的最终责任人追偿。

(3)典型的不真正连带责任与补充责任并合

典型的不真正连带责任与补充责任并合,尽管都是不同的不真正连带责任,但由于补充责任的承担具有先后顺位的区别,因此会发生责任分担规则的改变,但法律规定承担补充责任的人,永远都是在第二顺位的责任人,只有规定承担不真正连带责任的责任人,才是第一顺位的责任人。

3. 侵权责任异质并合的责任分担规则

(1)典型连带责任与典型不真正连带责任并合及规则

连带责任与不真正连带责任之间多发生并合,且发生并合之后,会对责任分担发生较大影响。例如,依照《消费者权益保护法》第 44 条第 2 款和《食品安全法》第 131 条第 1 款,除了本条规定的销售者和网络交易平台提供者之间要承担连带责任之外,还要加入造成损害的缺陷产品的生产者作为责任主体,因而形成典型连带责任与典型不真正连带责任的并合。

连带责任与不真正连带责任在中间责任上是一致的,即无论是连带责任还是不真正连带责任,在中间责任上都是连带的。连带责任与不真正连带责任发生并合,受害人可以向任何一个连带责任人和不真正连带责任人主张承担全部赔偿责任,而无需考虑其究竟应当承担何种形式的最终责任。

连带责任与不真正连带责任的最终责任承担不同,即连带责任实质性的最终责任是要分配给全体连带责任人的,而不真正连带责任的实质性最终责任是归属于应当承担最终责任的那个责任人,该责任人承担全部赔偿责任。因此,在受害人对数个责任人行使了全部赔偿责任的请求权之后的追偿关系是:第一,如果承担中间责任的责任主体是连带责任的最终责任人,在其承担了超过其最终责任的份额之后,有权向其他应当承担最终责任的责任人进行追偿;第二,如果承担责任的责任主体是不真正连带责任的最终责任人的,在其承担了最终责任之后,不得向任何责任主体追偿;第三,如果承担责任的责任主体是不真正连带责任的中间责任人的,在其承担了中间责任之后,可以向其他最终责任人(包括连带责任的最终责任人和不真正连带责任的最终责任人)进行追偿。

(2)典型的连带责任与按份责任并合

连带责任与按份责任会发生并合,其后果是发生单向连带责任,即混合责任,规则是:受害人可以向承担连带责任的人请求承担连带责任,连带责任人承担了全部赔偿责任之后,就其中间责任部分,可以向按份责任人进行追偿;受害人向中间责任人请求赔偿,只能请求其承担按份责任,不能请求其承担连带责任,不得要求按份责任人就全部损害承担全部赔偿责任。

第四节　非冲突性责任竞合与侵权损害赔偿请求权的优先权保障

《侵权责任法》第4条规定了非冲突性责任竞合与侵权请求权优先权保障制度,内容是:“侵权人因同一行为应当承担行政责任或者刑事责任的,不影响依法承担侵权责任。因同一行为应当承担侵权责任和行政责任、刑事责任,侵权人的财产不足以支付的,先承担侵权责任。"这一条文中的两款,前者规定的是法规竞合引发的侵权责任与刑事责任或行政责任竞合问题,后者规定的是侵权请求权优先权保障问题。

一、法规竞合引发的侵权责任与刑事责任或行政责任竞合

法规竞合是指行为单数而法律复数的情形。① 其构成要件须为两个,分别为"同一行为"与"多个法律条文"。法规竞合的成因,在于现代法律均为抽象规定,并从各种不同角度规范社会生活,故常发生同一事实符合数个规范之要件,致使该数个规范皆得适用,②由此发生法规竞合。法规竞合的实质在于同一违法行为同时触犯多个法律条文。正是由于不同的法律或者同一法律的不同条文在调整的行为或者适用对象等方面,相互之间存在一定的交叉、重合、部分或者全部包容,因而导致同一行为同时触犯多个法条,不同的法律条文可以同时适用于同一违法行为,因而导致如何定性和选择适用法律条文。③

责任竞合也是法规竞合,是法规竞合的具体表现形式。作为一种客观存在的现象,既可以发生在同一法律部门内部,如民法中的违约责任与侵权责任的竞合,也可以发生在不同的法律部门之间,如民事责任与刑事责任、民事责任与行政责任的竞合。我国《民法通则》第110条规定:"对承担民事责任的公民、法人需要追究行政责任的,应当追究行政责任;构成犯罪的,对公民、法人的法定代表人应当依法追究刑事责任。"此条采用的就是这个规则。《侵权责任法》第5条第1款继续坚持这个规则。

根据法规之间关系的不同,规范竞合分为冲突性竞合与非冲突

---

① 陈兴良:《刑法竞合论》,载《法商研究》2006年第2期。

② 王泽鉴:《民法学说与判例研究》(一),中国政法大学出版社2003年版,第450页。

③ 别涛:《一个违法行为同时触犯多个法律条文应如何处理》,载《中国环境报》2002年10月2日。

性竞合两类。发生在不同法律部门之间的责任竞合,通常是非冲突性竞合,例如,对故意伤害罪可以同时追究刑事责任和侵权责任。非冲突性竞合是指数个法律规范可以同时适用,根据不同法律规范产生的数个法律后果并行不悖,可以共存。①

在当代,侵权行为是民事违法行为,犯罪行为是刑事违法行为,分别由民法和刑法这两种不同的基本法来调整。虽然侵权行为与犯罪行为有如此的区别,但是它们还是有相当的联系的。侵权行为与犯罪行为有区别,但是又有重合问题,即侵害人身权利和财产权利的行为在构成犯罪的时候,无疑也是构成了侵权行为。这就形成了侵权责任与刑事责任的竞合问题。

同样,侵权行为与行政违法行为也是既有联系又有区别的两大类违法行为。一种违法行为既违反了行政法律,又违反了民事法律,既应当向国家承担行政处罚的责任,又应当向受害人承担损害赔偿的责任。在这种情况下,构成民事法律和行政法律的法规竞合,行为人应当同时接受民事法律和行政法律的制裁。

按照《侵权责任法》第4条第1款的规定,侵权责任与刑事责任或者行政责任竞合,后果是"不影响依法承担侵权责任",因而发生的是附带民事损害赔偿责任。附带的损害赔偿,是指在刑事诉讼和行政诉讼中,因刑事犯罪和行政违法行为侵害公民、法人人身权利和财产权利,在确定刑事责任或者行政责任中,一并确定的损害赔偿责任。由于这种损害赔偿责任的确定,一是适用侵权法的原理和法律规定,二是在刑事诉讼或者行政诉讼的程序中附带加以确定,因而又称作附带的民事损害赔偿或者附带的民事赔偿。附带的损害赔偿包括两种,即刑事附带民事损害赔偿和行政附带民事损害赔偿。因此,同一违法行为在触犯刑事法律或者行政法律的同时,也触犯了《侵权责任法》的规定,可以同时承担刑事责任和侵权责任,或者同时承担行政责任和侵权责任。

---

① 刘士心:《法规竞合论争与概念重构》,载《国家检察官学院学报》2002年第3期。

二、侵权请求权优先权保障

《侵权责任法》第 4 条第 2 款规定的是侵权请求权优先权保障制度。

（一）侵权请求权优先权的意义

由于侵权行为有可能由刑法、行政法、民法等不同部门法进行规范，因此，形成了刑法、行政法、民法的法律规范竞合，即非冲突性法规竞合，侵权人可能由于同一个违法行为，同时要承担民事责任、刑事责任或者行政责任。由于不同部门法律规范的竞合属于非冲突性竞合，因此存在同时适用的可能。这样，侵权人因同一个违法行为，既要承担罚金、没收财产的刑事责任，或者罚款、没收违法所得的行政责任，又要承担损害赔偿的侵权责任，发生财产性的行政责任、刑事责任与侵权责任的竞合，并且应当同时承担。如果赋予被侵权人以损害赔偿请求权的优先权，则该请求权的地位就优先于罚款、没收财产的刑事责任或者罚款、没收违法所得的行政责任，使民事主体的权利救济得到更有力的保障。这就是损害赔偿请求权优先于行政责任或者刑事责任等责任的优先权保障赖以产生的法理基础。正因为如此，《侵权责任法》才规定“侵权人的财产不足以支付的，先承担侵权责任”。

《侵权责任法》规定侵权损害赔偿请求权应当得到优先权保障的理由是：第一，在我国，私人权利应当优先得到保障。第二，侵权损害赔偿请求权是对私人权利受到损害的救济权，担负着恢复私人权利、平复被侵权人损害的职责，设立侵权请求权优先权，就能够保障被侵权人的合法权益不受侵害，受到侵害能够及时得到救济，使之尽早恢复。第三，在涉及对被侵权人合法权益受到侵害的救济问题，国家利益应当退到第二位，实行私权优先，优先保障侵权损害赔偿请求权的实现。[①] 正因为如此，优先权在保障被侵权人的合法权益及其损害救济方面具有极为重要的意义，因此，设立这个优先权

---

① 刘曙光：《二论私权优先原则》，载 http://www.chinareform.org.cn/cirdbbs/dispbbs.asp?boardid=2&id=50068。

"就代表着人们在这方面的希望和努力,从而使其成为一项极具社会使命和人道主义精神的法律制度"。[①] 优先权是独立的法定担保物权,通过优先权保证被侵权人的侵权损害赔偿请求权,就等于得到了法定的担保物权的保障,对于保证被侵权人的权利具有重要意义。

(二)侵权请求权优先权的概念和特征

侵权请求权优先权是指被侵权人依法享有的,就造成其损害的侵权人的总财产承担损害赔偿责任,优先于侵权人应当承担的财产性质的行政责任和刑事责任而优先受清偿的担保物权。

侵权请求权优先权的特点是:第一,侵权请求权优先权是民法上的优先权。民法上的优先权是指由民法加以规定的优先权,[②]例如,《合同法》第286条规定的建设工程价款的优先权。侵权请求权优先权不是这种优先权,是通过《侵权责任法》规定的优先权,因而是由民法规定的优先权。第二,侵权请求权优先权是一般优先权。一般优先权是指就债务人的总财产或者一般财产而优先受偿的优先权,[③]例如,受雇人的工资债权就债务人的总资产优先受偿。尽管侵权请求权优先权是为了保护被侵权人合法权益而设立的优先权,但其作为保证的资产并不是侵权人的特定财产,而是全部的总资产,包括动产和不动产,因此是一般优先权。第三,侵权请求权优先权是优先于特定权利的优先权。侵权请求权优先权并不优先于所有权利的优先权,而是仅优先于行政责任及刑事责任中的财产责任。对于其他债权,侵权请求权优先权并不处于优先地位,应当受债权平等原则的约束,不能对抗有其他担保的债权。

(三)侵权请求权优先权的成立要件

侵权请求权优先权是法定担保物权,其成立应当具备法律规定的必备要件。其应当具备的必备要件是:

---

① 崔健远主编:《我国物权法立法难点问题研究》,清华大学出版社2005年版,第242页。

② 杨立新:《物权法》,高等教育出版社2007年版,第318页。

③ 刘保玉:《物权体系论》,人民法院出版社2004年版,第338页。

1. 承担损害赔偿责任的人与罚款、罚金等责任的人须为同一侵权人

侵权损害赔偿请求权的权利人是被侵权人,相对应的责任人就是造成其合法权益受到损害的侵权人。无论应当承担刑事责任还是行政责任,以及承担损害赔偿责任,都必须是同一个侵权人应当承担的法律责任。只有在同一侵权人应当承担上述不同责任的时候,优先权才是有意义的,也是该优先权成立的要件,否则不存在优先权的问题。

2. 侵权人须同时承担损害赔偿责任和刑事罚金、行政罚款等责任

同时承担,就是在侵权人在对被侵权人承担损害赔偿责任的同时,又要承担刑事罚金或者行政罚款等责任。因此,侵权人承担对被侵权人的损害赔偿责任作为前提,同时又要承担罚金或者罚款的责任时,才能构成侵权请求权优先权。前文所谓"等责任",是说还可能包括其他财产性的行政、刑事责任,例如,没收财产等刑事责任也在其内。

3. 侵权人须因同一行为而承担不同法律责任

构成侵权请求权优先权,必须是侵权人因同一个违法行为,既要承担对被侵权人的损害赔偿责任,又要承担对国家的罚款或者罚金等责任。在这种情况下,侵权人对被侵权人承担的损害赔偿责任就优先于罚款或罚金责任。《侵权责任法》第 4 条第 2 款规定的"因同一行为",特别强调的就是因同一行为应当承担民事责任或者刑事责任、行政责任。不具备这个要件,则不构成侵权请求权优先权。

(四)侵权请求权优先权的效力

1. 侵权请求权的担保范围

侵权请求权优先权的担保范围是:第一,损害赔偿金。在侵权请求权优先权中,其担保的范围主要是损害赔偿金请求权,也可以叫作赔偿金之债。被侵权人的合法权益受到侵害造成损失,无论是财产损害赔偿金还是人身损害赔偿金,无论是救济性损害赔偿金还是惩罚性损害赔偿金,作为损害赔偿的请求权,都一律受到优先权的保护。即使是确定的精神损害赔偿金,其请求权也受到优先权的

保护。第二,损害赔偿金迟延给付的利息。在侵权请求权优先权中,利息之债也应当受到优先权的保护。不过,在通常情况下,损害赔偿责任在判决确定之前是不计算利息的,如果判决已经确定了损害赔偿金,并且规定了给付赔偿金的期限,那么,超出该期限而为给付者,应当承担利息之债,该利息之债才受优先权的保护,否则,不存在利息的赔偿问题。第三,保全和实现优先权所支付的费用。被侵权人作为优先权人,为了保全和实现优先权所支出的费用,也应当在优先权担保的范围之内。在侵权人侵害了被侵权人的合法权益之后,被侵权人作为受害者,其为了救济权利而支出的费用,并不是保全和实现优先权所支出的费用,而是为了救济受到侵害的权利而支出的必要费用,这是在损害赔偿的范围之内的费用,是计算为损害赔偿责任的内容。仅仅是为了保全优先权,实现优先权,因而支出的费用,才是该笔费用。不过,由此可见,无论是救济损害而支出的费用,还是保全、实现优先权而支出的费用,其实都在优先权的担保范围之内,只不过是分别计算而已。

2. 侵权请求权优先权的标的

侵权请求权优先权的标的,应当以承担损害赔偿责任的侵权人的所有物和财产权利为限。对于优先权的标的是否具有特定性,有不同看法,有的认为应当有特定性的限制,有的认为没有特定性的限制。[①] 依我所见,该标的的范围原则上不受特定性的限制,而仅受善意取得的限制。侵权人的一般财产即物和财产权利都为优先权的标的,如果在优先权保障期间转让该财产且构成善意取得的时候,则优先权人不得主张权利,其他财产均在优先权标的之内。

3. 侵权请求权优先权对抗的对象

侵权请求权优先权所对抗的对象,法律必须明确规定。侵权请求权优先权所对抗的,是同一侵权人同时承担的缴纳行政罚款和刑事罚金等财产性责任。不具备侵权请求权优先权的成立要件,不能对抗先前成立或者非因同一行为而成立的罚款和罚金的责任承担。

---

① 王利明主编:《中国民法典学者建议稿及立法理由·物权编》,法律出版社2005年版,第545~546页。

至于后来就同一侵权人成立的罚款或者罚金，则因为不处于同时发生的地位，侵权损害赔偿请求权也应当不存在优先承担的效力。不过，基于私权优先原则，后发生的罚款或者罚金责任，如果并不存在其他同时存在的民事优先权的，应以侵权损害赔偿请求权有优先权保障为妥。

对于其他债权，侵权请求权优先权不发生效力，不产生对抗的效力。例如，对侵权人自己负担的其他债务，即侵权人的其他债权人所享有的债权，与侵权损害赔偿请求权具有同样的债权性质，依据债权平等原则，被侵权人不能主张优先权以排斥其他债权人主张债权的效力。

三、司法适用的要求

在司法实践中适用本条，要求有二：

第一，破除“打了不罚，罚了不打”的传统思想。在司法实践中，通常将罚款、罚金、判刑等刑事责任和行政责任叫作“打”，而把损害赔偿责任叫作“罚”。在很长时间里，司法实践坚持承担了刑事责任和行政责任之后，就不再承担民事责任，谓之“打了不罚，罚了不打”。这种思想在《民法通则》制定之初，就已经提出来，并且贯彻下去了。《侵权责任法》对此进行重申，具有重要意义。

第二，坚持侵权损害赔偿请求权优先。按照《侵权责任法》第4条第2款的规定，侵权损害赔偿请求权有优先权保障。在侵权损害赔偿请求权与刑事责任中的罚金、没收财产，以及行政责任的罚款等财产性责任竞合的时候，侵权损害赔偿请求权优先受偿。当侵权人的财产不足以支付上述责任的时候，应当先承担侵权责任，刑事责任和行政责任让位于侵权责任。

第九章　侵权损害赔偿的赔偿原则

赔偿原则,是在处理侵权损害赔偿纠纷时,确定赔偿范围时所依据的基本规则,因此有的教科书把它叫作责任范围。侵权损害赔偿原则有五个:全部赔偿原则、财产赔偿原则、损益相抵原则、过失相抵原则和考虑当事人经济状况原则。由于前文已经说明了过失相抵原则,因此,本章只阐释四个原则。

第一节　全部赔偿原则

一、全部赔偿原则概述

(一)全部赔偿原则的概念

全部赔偿原则也叫作对财产损失全部赔偿的原则,是指侵权损害赔偿责任范围的大小,应当以行为人对其违法行为所造成的财产损害的大小为依据,承担全部责任。换言之,就是赔偿以所造成的损失为限,损失多少就赔偿多少。这是由侵权损害赔偿的性质决定的。

(二)全部赔偿原则的基础是侵权损害赔偿性质

对侵权行为造成的人身或财产的损害,加害人必须负赔偿责任,各国的民法理论和审判实践,对此是没有差异的;但是,各国对于赔偿的性质,也就是法律规定的侵权损害赔偿的意义和目的,在解释上却不一样。大致说来,有以下三种立场:

1. 补偿性

这种观点认为,“侵权法的目的在于给受害人所受损害以赔偿,保护个人的利益”。[①] 因而,侵权损害赔偿只具有补偿损失的性质。他们认为:“侵权法的目的在于处理普遍社会里人们在共同生活中不可避免地要产生的某些损失。这些损失,在一般情况下,可能是让受害人自己承受下来。侵权法就是要把某些损害的责任归之于受害人以外的人。这能使由于别人不当行为而受损害的人,从肇事者那里获得赔偿。”[②]这种赔偿如果具有惩罚的性质,就会与刑事或行政处罚相混淆。法国学者认为,“所有的法国法学著作都强调对于侵权行为所致损害予以赔偿是必须的,法院的判决的目的就是使受害的原告得到合理赔偿”。[③]

2. 惩罚性

这种观点认为,赔偿的目的就是对违法行为的惩罚或儆戒。瑞士、土耳其等对破坏名誉这类严重侵害人格权的行为就采用这种办法。在美国法和英国法,强调侵权损害赔偿的惩罚性,对于恶意侵权行为,可以科以惩罚性赔偿金。

3. 补偿兼惩罚性

这种观点认为,损害赔偿的目的既是对受害人财产损失的补偿,又是对加害人违法行为的惩罚,损害赔偿具有双重的性质。

我们认为,第一,对侵权行为造成财产或人身的损害予以赔偿首先是一种补偿。在一般情况下,由于侵权行为造成的损害,受到财产损失的只能是受害人;受害人损失的财产,或是人身损害因治疗而付出的金钱,其所有权都是受害人的。如果加害人不予以赔

---

① 《不列颠百科全书》,转引自上海社会科学院法学研究所:《国外法学知识译丛·民法》,知识出版社 1981 年版,第 225 页。

② 上海社会科学院法学研究所:《国外法学知识译丛·民法》,知识出版社 1981 年版,第 229~230 页。

③ [法]莱尼·达维:《英国法和法国法》,中国政法大学校内用书,第 154 页。

偿,将由受害人自己承担损失。如果加害人予以赔偿,那么受害人已经损失的财产将会得到补偿。这一性质是客观的、无可怀疑的。即使是精神损害赔偿,加害人所给付的赔偿金也有补偿性质,因为受害人的姓名、肖像、名誉、荣誉、隐私、人身自由权以及法人的名称、名誉、荣誉等人格权受到了损害,不只在心理上受到损害,而且会在经济上、在日后的活动中受到一定的影响。当然这种补偿还具有抚慰的性质。第二,受害人的财产损失必须由加害人负责赔偿,这种规定具有强制力,无论加害人情愿还是不情愿,只要判明符合侵权损害的构成要件,就必须赔偿。这一点证明,这种赔偿是对违法行为的一种制裁。一方面,是对行为人的民事惩罚;另一方面,是对其他人的儆戒,如果侵权行为造成损害,照此办理,就使其有社会防范的意义。同时,《侵权责任法》也规定了必要的惩罚性赔偿责任。第三,这种赔偿不能超过一定的限度,因而不是单纯的惩罚手段。

既然民事赔偿责任主要是补偿性质的一种财产责任,那么,除了对人格权的损害之外,责任范围的大小只能以财产损失的多少为依据。财产的价值是可以计量的,受害人财产的损失,就是受害人财产的价值的损失。例如,加害人的违法行为致死受害人的一头牛,这头牛原有价值减去处理牛肉、牛皮等的价值,就是这一损失的真实价值。那么,对于加害人的责任范围,只有依据损失了多少财产来确定才是合情合理的,用其他别的标准来确定是不合适的。

二、全部赔偿原则的内容

全部赔偿原则的内容包括以下三点:

第一,对损害赔偿责任范围的确定,不能采用刑事责任的确定方法。首先,不能以过错程度来作为赔偿范围的依据。不能认为故意造成的损害应该全赔或者多赔,过失造成的损害就可以少赔。其次,也不能以行为的损害程度作为赔偿范围的依据。刑事责任的主要标准在于社会危害程度。损害程度指的是损害所达到的地步,很难加以准确计算。而赔偿损失的责任是财产责任,应当是比较精确的，符合等价有偿的原则，因此，赔偿范围依据行为的损害程度来确定是不科学的。最后，认识态度的好坏也不能作为赔偿范围的依据。刑事责任会因被告人的悔罪程度而发生变化，而民事责任绝不会如此，无论加害人如何悔悟，损失财产的价值则是不变的。简言之，套用刑事责任的确定依据来作为侵权损害赔偿责任的确定依据，既不科学，也不公平。

既然是损害赔偿的目的一方面是补偿受害人的财产损失；另一方面是制裁违法行为；既然确定赔偿责任范围的唯一依据是财产损失的大小，那么，对于财产的损失必须给予全部赔偿。在受害人没有过错的情况下，赔偿数额少于损失数额，会使受害人的合理损失得不到全部补偿。赔偿数额高于财产损失数额，又会给受害人得到不当利益。这与损害赔偿的根本目的是相违背的。只有全部赔偿，才符合民法的公平、正义观念。

第二，全部赔偿包括直接损失和间接损失。加害人既要对现有财产的直接减少进行赔偿，也要对在正常情况下实际上可以得到的利益即间接损失进行赔偿。

直接损失是行为人的加害行为所直接造成的受害人的财产减少，例如，侵犯财产权而造成的财物的损坏、灭失，侵犯人身权而造成的医药费、诊查费、就医差旅费的支出，都属于直接损失，都应当全部赔偿。例如，崔某诉马某案。崔某委托马某为其放牧一头乳牛和一头牛犊，放牛费为 250 元。由于马某不负责任，将牛放在野外过夜，致乳牛被雷电击死，数日后被发现，牛体已腐烂变质。该乳牛价值 3274 元，扣除卖牛皮得 260 元，其余 3014 元为受害人崔某的全部损失，法院判决马某全部赔偿。

间接损失也应当全部赔偿。在正常情况下，受害人本应当得到这些利益，只是由于加害人的侵害才使这些可得利益没有得到。这种损失虽然与直接损失有一定区别，但这种区别只是形式上的，在实质上并没有根本区别。对间接损失如果不能全部予以赔偿，受害人的权利就得不到合理的保护，同时加害人的违法行为也得不到应有的制裁。因此，间接损失也应当全部赔偿。至于目前有人认为当前我国公民收入偏低，间接损失不宜全部赔偿，是不对的，那是考虑当事人经济状况原则的适用,而不是对全部赔偿原则的否定。

第三,适用全部赔偿原则必须有一个前提,就是予以赔偿的损失必须是合理的。不合理的损失不应赔偿。例如,袁某诉刁某案。袁某暂借村里的饲养所居住。同年年底经村民大会讨论,将此房卖给刁某。乡政府决定让袁某搬出,而袁某拒不搬家。刁某强行维修房屋,将袁某的粮食、衣物等压在房内。事后,村和乡派人进行了清点登记,并让袁某将物品收回,刁某按损失程度进行赔偿。袁某拒不收回东西,使被压物品长期放于院内,造成了新的损失,并向法院诉讼,要求刁某全部赔偿。法院认为,刁某强行维修房屋,致袁某造成损失,虽然袁某拒不搬家有一定责任,但应承担赔偿责任;然而袁某借机刁难,对造成的新的损失,是袁某的过错所致,不属于全部赔偿的损失范围,因而只判决刁某赔偿原来所造成的损失。

第二节 财产赔偿原则

一、财产赔偿原则概述

(一)财产赔偿原则的概念

财产赔偿原则也是侵权损害赔偿的基本原则之一,是指侵权行为无论是造成财产损害、人身损害还是精神损害,均以财产赔偿作为唯一方法,不能以其他方法为之。这是确定侵权损害赔偿责任范围大小的又一个原则。

(二)确立财产赔偿原则的目的

我们认为,确立财产赔偿原则的根本目的有以下三点:

1. 对于财产损害只能以财产的方式赔偿

对于财产损害只能以财产的方式赔偿,不能以其他方式赔偿。就是因为财产损失以财产赔偿最符合民法的等价有偿原则。以支付劳务、人身拘禁等方式偿付财产损失或者其他损害,有人身制裁的性质,都是不允许的。

2. 对于人身损害也只能以财产的方式予以赔偿

对于人身损害也只能以财产的方式予以赔偿，不能用其他方式赔偿。这是因为：首先，人身损害不能用同态复仇的方式进行补偿。在野蛮时代，曾经有过同态复仇的原则，采取以血还血、以牙还牙的方式进行报复性补偿，平复受害人及其血族的情感和创伤，这是极端野蛮、愚昧的。在人类文明进步的今天，绝不允许也不可能再适用这种原则。财产赔偿原则与同态复仇原则划清了界限。其次，人身损害不能用金钱计算其价值，既不能用金钱计算出受害人损伤器官的价格，也无法用金钱予以补偿人身损害的本身。最后，对人身损害，如致死、致伤、致残，应以财产的方式补偿因医治伤害所造成的财产损失，损失多少财产，就应当赔偿多少财产，不但公平合理，而且容易计算。人身损害引起的痛苦，应适用精神损害赔偿的方法，以财产方式予以赔偿。

3. 对于精神损害无论是否造成经济损失都应当以财产赔偿

对于纯粹的精神利益损害和精神痛苦损害，也只能以财产的方式予以赔偿，没有其他更合适的救济方式。对于这两种损害赔偿的区分，最高人民法院《关于审理名誉权案件若干问题的解答》第 10 条第 4 款做了规定："公民、法人因名誉权受到侵害要求赔偿的，侵权人应赔偿侵权行为造成的经济损失；公民并提出精神损害赔偿要求的，人民法院可根据侵权人的过错程度、侵权行为的具体情节、给受害人造成精神损害的后果等情况酌定。"这里明确区分了侵害名誉权等人格权可以造成经济损失和精神损害这两种不同的损害，并且都应当以财产赔偿的方式予以救济。但是这一条司法解释也有明显的不当之处，即不承认法人有精神损害问题。法人作为拟制的法律人格，不可能存在精神痛苦的损害，这是不言而喻的，但是，精神损害并不仅仅指精神痛苦的损害，而是主要包括其他精神利益的损害。认为精神痛苦损害就是精神损害，法人没有精神痛苦，因而也就没有精神损害，也就不得请求精神损害赔偿的观点，显然是不正确的。《侵权责任法》第 22 条规定精神损害赔偿，只规定了"侵害他人人身权益"，并没有限制"他人"只能是自然人而不得包括法人。

二、财产赔偿原则的内容

确认财产赔偿原则,就是明确侵权行为造成的一切损害,都必须以财产的方式予以赔偿。从这一原则出发,处理一切侵权损害赔偿案件,都必须公平、合理,体现民法等价有偿的原则。受害人因损害而得到的赔偿,恰好是能够填补实际损害,不能赔偿不足,也不能使之不当得利。同时,判令加害人承担赔偿责任,也与其造成的损害相适应,不能让其负担过重的赔偿责任。

全部赔偿的范围,必须是合理的损失才能予以赔偿,如果是不合理的损失也让加害人负担,则悖于损害赔偿的宗旨,既给加害人增加了不应有的经济负担,也助长了受害人的不正当行为,有损社会道德风尚。审判实践中,受害人借机随意扩大赔偿范围的现象,是比较常见的。如果不认真区别而一律赔偿,一方面会助长受害人借机讹人的恶劣倾向;另一方面也会使加害人负担不合理的经济负担,有失法律的公正性。

对此,必须查清事实,把医疗机关做出的医疗诊断或鉴定与调查群众结合起来,准确确定行为人应负的赔偿责任,对于不合理的损失不能予以赔偿。例如,孙某、李某口角后,发生厮打,孙某的脸被抓破,李某的脸致淤血。李某称头疼,迷糊,经多方治疗,共花医药费3000多元,要求孙某全部赔偿。法官审查61张药费单据和33张处方,证明了用药全都不是治外伤的,群众也证明李某有肝炎病史,与诊断书上的外伤结论有矛盾。医疗机关重新鉴定,证明李某是小病大养,治肝炎与厮打无关;经治医生也承认了应李某要求填写外伤结论的错误。法官据理批评李某,对李某的要求不予以支持。

另外,对于上述标准的执行也不能过于机械,应当根据民法公平、正义、诚实信用原则加以判断。例如,一行为人致害一少年右眼,地方医院介绍去北京同仁医院做手术。受害人家因经济困难,委托当地一私立医师治疗,花千余元治愈。而转院进京治疗,治疗费需数万元。就此医疗费应否赔偿,法官不敢拍板。这是完全不必要的,因为这种医疗费尽管是私立医生诊治的,但对此损失予以赔偿是完全公平的。

第三节　损益相抵原则

一、损益相抵原则的概念及特征

损益相抵,亦称损益同销,是指赔偿权利人基于发生损害的同一原因受有利益者,应由损害额内扣除利益,而由赔偿义务人就差额予以赔偿的确定赔偿责任范围的原则。《侵权责任法(草案)》曾经规定损益相抵的原则,但很快就删掉了,确定由司法实践掌握,不必做规定。

损益相抵原则有以下特征:

第一,损益相抵原则是损害赔偿之债的原则,适用于一切损害赔偿责任确定的场合,不仅是侵权损害赔偿的原则,也是违约损害赔偿的原则。

第二,损益相抵原则是确定侵权损害赔偿责任范围大小及如何承担的原则。它不是解决损害赔偿责任应否承担的原则,而是在损害赔偿责任已经确定应由加害人承担的前提下,确定加害人应当怎样承担民事责任,究竟应当承担多少赔偿责任的原则。

第三,损益相抵所确定的赔偿标的,是损害额内扣除因同一原因而产生的利益额之差额,而不是全部损害额。例如,房屋因爆炸震塌,对于房屋所有权人而言,为损害,房屋所有权人固得请求赔偿,因倒塌而呈现之建筑材料,对于房屋所有权人而言,则是种利益。[①]损益相抵就是要求受害人在请求损害赔偿时,须从房屋损害数额中扣除因此所得建筑材料之利益额,仅就该差额行使赔偿权利。

第四,损益相抵由法官依职权行使。在诉讼中,法官可以不待当事人主张,径以职权,根据确认的证据,适用该原则。

二、确认损益相抵的理论依据

确认损益相抵原则以何种理论为依据,大抵分为两种学说:

---

① 曾世雄:《损害赔偿法原理》,三民书局 1988 年版,第 188 页。

(一)利益说

这种理论认为,损害即被害人对于损害事故所经受的利害关系,亦即其对于损害事故的利益,而利益的计算,则以被害人二种财产状况的差额为准。二种财产状况,一指损害事故如未发生,被害人财产应有的状况;二指损害事故发生后,被害人财产实有的状况,损害事故发生后,被害人财产究竟剩多少,其计算应将被害人所受损害与所得利益全部计算相抵始可求得。如此,则如被害人因一损害原因而受有利益者,该利益亦应列入。

(二)基于禁止得利说

这种理论认为,损害赔偿旨在填补损害,故赔偿应与损害大小相一致,不可少亦不可多,基于这一原则,损害赔偿的结果,受害人不得较无损害事故发生时更为优越,依此,凡因一损害原因受损害并受利益者,则所谓损害,仅存于损害与利益二者间的差额。①

上述两种学说,主要区别在于确认损益相抵的着眼点不同,前者主要着眼于损害致利益的实际减损,后者主要着眼于禁止受害人额外得利。两者相较,后者更符合公平原则,所以为多数国家学说所接受。我国亦采第二种理论作为损益相抵的理论依据,它不仅符合民法公平、正义原则,而且完整地体现了侵权法补偿功能的基本要求,符合侵权法设立的基本宗旨,易于被人所接受,在实务中也便于理解、掌握和操作。

三、损益相抵的构成要件

在侵权责任中,损益相抵的构成必须具备以下要件:

(一)须有侵权损害赔偿之债的成立

构成损益相抵,必须以损害赔偿之债的成立为必要要件。没有侵权损害赔偿之债的成立,亦即缺乏损害赔偿之债的要件,尚未构成侵权损害赔偿之债,不具备此要件。

(二)须受害人受有利益

这是损益相抵的必备要件。如果受害人未因受损害而受有利

---

①　以上两种理论的论述,参见曾世雄:《损害赔偿法原理》,三民书局1988年版,第190页。

益，则无适用损益相抵的余地。此种利益，包括积极利益和消极利益。积极利益为受害人现有财产的增加，后者为应减少的财产未损失。例如，对于积极利益中的诸如房屋被毁所遗建筑材料，往往认为是尚未损失的利益，因而不计算在损失之中。这是不正确的。房屋的损害应作为一个完整的损失额，再计算所遗建筑材料价值为所得积极利益，不仅使损失价值计算更准确，从道理上也更具说服力。一般认为，应当扣减的利益包括：物的毁损而发生的新生利益；实物赔偿新旧相抵的利益；原应支出因损害事实的发生而免支出的费用；原无法获得因损害的发生而获得的利益；将来的多次赔偿给付改为现在的一次性给付的中间利息。

（三）须有构成损害赔偿之债的损害事实与所得利益间的因果关系

对于此点，学说上曾经经历了损益必须同源、相当因果关系和法规意旨三种理论主导的时期。通说认为，尽管损益相抵不以相当因果关系为绝对标准，然而因果关系作为损益相抵构成的必要要件之一，为判例和学说所公认，即须利益与损害系于同一的发生损害之原因间，有相当因果关系而后可，即须利益与损害于同一之相当原因而发生。[①]在具体判断因果关系的构成时，基于同一赔偿原因所生直接结果的利益，成为不可分离或合一关系者；基于同一赔偿原因所生间接结果，彼此之间或者与直接结果为不可分离或合一关系者，均为有相当因果关系。通常认为不具有相当因果关系者，为损害与利益无适当关系，因此不得适用损益相抵原则。诸如：（1）第三人对于受害人赠与的财产，或受慈善机关救治，或国家、单位予以补助；（2）因继承而得的利益；（3）退休金、抚恤金获得的利益；（4）非加害人所送的慰问金。

四、损益相抵的计算

具备以上三个要件，即构成损益相抵，应在损害额中扣除所得利益额。

---

① 何孝元：《损害赔偿之研究》，商务印书馆1980年版，第45页。

损益相抵的计算与折抵方法,主要有以下五种,可以根据不同情况选择适用:

第一,损害造成的损失与利益均可以金钱计算时,直接相减,扣除利益,直接赔偿差额。赔偿计算公式是:

$$\text{赔偿数额}=\text{原有价值}-\frac{\text{原有价值}}{\text{可用时间}}\times\text{已用时间}-\text{新生利益}$$

这一公式中的“原有价值-原有价值/可用时间×已用时间”,即为被损害之物的损失额;损失价值等于损失额与新生利益额相减的差额,即为赔偿的数额。这种方法适用于财产损害赔偿。至于人身损害的损益相抵,则直接相减得出损害与利益的差额,即已实行了损益相抵。

第二,对于损害造成的损失已经金钱赔偿者,应当由赔偿权利人将新生之利益退还给赔偿义务人,实行损益相抵。例如,致毁他人的汽车或房屋,如果对所损坏的汽车、房屋的损失全额赔偿,则所余残存零部件或建筑材料应归赔偿义务人所有,否则违背公平原则。

第三,实物赔偿,新旧物的差价,应由赔偿权利人退还赔偿义务人,否则权利人对差价为不当得利。

第四,返还原物,对所得消极利益,应退还返还义务人。例如,侵占他人耕牛,应负返还义务,对侵占期间受害人所受损失,亦应予以赔偿,但受害人在侵占期间减少草料、喂养人工等费用,应作为消极利益,从中扣除。

第五,在人身损害致残、致死的场合,赔偿义务人对丧失劳动能力的人或其他间接受害人应定期给付生活补助费的,如果要把将来的多次给付变成现在的一次性给付,应当依霍夫曼计算法扣除中间利息。

值得注意的是,有些部门提出“定期支付损害赔偿金的,其每一期的实际支付数额应当以上一期的实际支付数额为基数,加上该期银行存款利率”的意见,这是完全不对的。因为这些损害赔偿金是针对将来发生的费用进行赔偿,每年赔多少,固定数额就行,不应加利息。如果是针对现在的损失,要判决将来分批赔偿,那可能是要加利息;但是现在是要把将来发生的费用,变成现在的一次性给付,就应该减利息。最关键的就是这些费用是将来发生的,因此这里就不应该规定加利息,这是一个常识性的错误。

第四节 考虑当事人经济状况原则

一、考虑当事人经济状况原则概述

考虑当事人经济状况原则,也叫作衡平原则,是指在加害人确无能力赔偿的情况下,可以根据具体情况适当减免加害人赔偿责任的原则。它不是对全部赔偿原则的否定,而是对全部赔偿原则的补充和变通。在通常情况下,即在加害人有赔偿能力的情况下,应当适用全部赔偿的原则。只有在加害人确实无力全部赔偿的情况下,才可以适用考虑当事人经济状况原则,适当减免加害人的赔偿责任。

这一原则体现了实事求是的思想路线。民事责任虽然具有法律上的强制力,但是法律的强制力却不能改变当事人的经济状况。如果加害人没有全部赔偿的经济能力,法律的强制力也不能起作用,对他施以财产制裁在事实上也是不可能的。

二、适用考虑当事人经济状况原则的前提

适用这一原则的必要前提是,加害人的经济状况不好,全部赔偿后将使加害人及其家属的生活陷入严重困难。当前我国公民的经济收入尽管还不算高,但是总的来说是有很大提高,承担一般的赔偿责任不会严重影响加害人及其家庭的一般生活标准。但是,某些特殊情况,例如,独自一人收入,且收入较低的,或者赔偿数额过高的,或者本人生活水平原来就是最低生活标准的,如果全部赔偿,就会陷入严重的生活困难。只有在这个前提下,才得适用这一原则。由此可见,这一原则体现的是法律的人道主义精神。法国比较法学家勒内·达维德曾经说,中国"在任何情况下,解决争端的办法

应不受法律框框的局限,而要符合公正和人情的原则。因此,应承担的损害赔偿的数目不应该超过应对损害行为负责的人的负担能力,不能使他本人及其家属因之陷入绝境”。[①] 他的这一段对考虑当事人经济状况原则内容的描述,可以说是比较客观的,尽管他的立论并不完全正确。

在这里,应当把考虑当事人经济状况原则与归责原则中的公平责任加以区别。首先,过错情况不同。公平责任是在受害人和加害人都没有过错的情况下,由双方当事人公平地分担损失;而考虑当事人经济状况原则却是在一方或双方当事人具有过错的情况下,只是由于考虑经济状况而适当减免加害人赔偿当事人责任。其次,适用的前提不同。公平责任是在双方的责任没有确定的情况下适用,而考虑当事人经济状况原则是在赔偿责任已经确定的前提下适用。最后,性质不同。公平责任是一种侵权责任形态,用以确定双方责任的有无,而考虑当事人经济状况原则是确定赔偿范围的原则,是一个根据实际情况变通赔偿范围的原则。

三、适用考虑当事人经济状况原则应当注意的问题

在适用考虑当事人经济状况原则的时候,应当注意以下四个方面的问题:

第一,必须确定加害人的赔偿责任。一是查清事实,明辨是非,弄清加害人是否应负赔偿责任。二是明确赔偿范围,确定赔偿数额,为减免责任打下计算的基础。责任不清,赔偿数额不明,将使纠纷案件无法处理。

第二,查清加害人的真实经济状况。包括收入、人口、财产、债务等,只有在这些状况都调查清楚的时候,才能根据实际可能,确定赔偿责任减或免。

第三,关键在于受害人的谅解。受害人的损失是客观存在的,而加害人的责任又是明确的。如果办案人不做过细的思想工作,一

---

① [法]勒内·达维:《当代世界主要法律体系》,漆竹生译,上海译文出版社 1984 年版,第 486 页。

判了事,纠纷不但难以解决,甚至会激化矛盾,产生不良后果。在这里,受害人的谅解是非常重要的。在调解中,法官说清利害关系,较易收到良好效果,使案件的解决有更扎实的基础。例如,徐某年少,赶驴走横冲直撞,将刘某左腿撞成肌肉断裂伤。徐家有六口人,只有一个劳力,原本生活就很困难,如全部赔偿,徐家的生活将陷入严重困难。而刘某的生活状况较优裕。法官在调解中,启发刘某考虑徐家的经济生活状况。刘某主动不要徐某赔偿护理工资损失,其余的赔偿数额也同意分两次给付。双方顺利达成协议,既照顾了徐某的困难,又增进了两家人的团结。

第四,在当事人双方的经济状况都困难的情况下,可请有关部门对受害人予以适当救济。这应当从实际出发,加害人赔偿责任的减免,必然会造成受害人的部分或全部财产损失得不到补偿。如果受害人的经济状况不好,也会陷入严重的生活困难。我们是社会主义国家,对严重生活困难者,有给予救济的责任。法院可以与民政部等有关部门协商给予适当的经济救济,这对于整个社会是有好处的。

第十章　侵权损害赔偿的赔偿方法

赔偿方法是指对侵权行为造成的损害进行赔偿的具体方法，是侵权损害赔偿的主要责任方式。侵权行为按照其直接侵害的客体，可分为对人身权利的侵害和对财产权利的侵害，针对不同损害具体的赔偿方法分为人身损害赔偿、财产损害赔偿和精神损害赔偿。不同的侵权损害赔偿的赔偿方法不同，因此对人身损害赔偿、财产损害赔偿和精神损害赔偿应当采取不同的方法进行。只有对不同的损害采取不同的方法进行赔偿，才能达到对侵权行为准确进行民事制裁、追究侵权赔偿责任、消除侵权行为造成的后果、弥补损失、使受害人的人身权利和财产权利得到充分保护的目的，并教育群众遵守法律，预防侵权行为的发生。由于《侵权责任法》对于损害赔偿责任并没有确定详细的计算方法，只是规定了一些基本原则，因此，还需依照司法解释中规定的方法进行。

第一节　人身损害赔偿

一、人身损害赔偿的类型和赔偿范围

人身损害赔偿，是指民事主体的生命权、健康

权、身体权受到不法侵害,造成致伤、致残、致死的后果以及其他损害时,要求侵权人以财产赔偿等方法进行救济和保护的侵权法律制度。《侵权责任法》第 16 条规定:"侵害他人造成人身损害的,应当赔偿医疗费、护理费、交通费等为治疗和康复支出的合理费用,以及因误工减少的收入。造成残疾的,还应当赔偿残疾生活辅助具费和残疾赔偿金。造成死亡的,还应当赔偿丧葬费和死亡赔偿金。"第 17 条规定:"因同一侵权行为造成多人死亡的,可以以相同数额确定死亡赔偿金。"

人身伤害所概括的内容:一是侵害身体权所造成的损害,这种损害,不以受害人感受身体上的痛苦为必要,也不以肉体上的实际损伤为必要;二是人体致伤,以人体造成伤害为起点,以伤害经治愈为临界点,与人体致残相区别;三是人体致残,以造成人体伤害为前提,以经治疗仍留有残疾为必要条件,与致伤、致死相区别;四是致人死亡,以受害人生命丧失为必要条件的人身权侵害,仍以人身伤害为必要前提;五是由侵害身体权、健康权、生命权所致的精神损害,其中身体权、健康权受损害的受害人精神损害是自己的损害,侵害生命权则是生命权丧失之人的近亲属所受的精神损害。

对于人身伤害的以上内容,按照最高人民法院人身损害赔偿司法解释的规定,其赔偿范围是:

第一,人身伤害的常规赔偿。这种赔偿,是指侵害身体权、健康权、生命权造成人身伤害的一般的赔偿范围,即造成人身伤害一般都要赔偿的项目。无论致伤、致残、致死,凡有常规赔偿所列项目的费用支出的,均应予以赔偿。

第二,劳动能力丧失的赔偿。这种赔偿,是指人身伤害所致残疾、造成劳动能力丧失所应赔偿的范围。它是在常规赔偿的基础上,对因伤害致残而丧失劳动能力的,赔偿生活费以及相关的项目。

第三,致人死亡的赔偿。这种赔偿,是侵权行为致受害人死亡所应赔偿的项目。它主要包括丧葬费等赔偿,对于常规赔偿项目,也应予以赔偿。

第四,间接受害人的扶养损害赔偿。侵权行为致受害人劳动能力丧失或生命权丧失,对残者、死者在致残前或生前有法定扶养义务的人,因丧失扶养,应赔偿其扶养费损失。

第五,慰抚金赔偿。侵害身体权、健康权、生命权,给受害人造成精神痛苦和精神创伤的,应当予以慰抚金赔偿。

二、人身损害常规赔偿

(一)医疗费赔偿

医疗费根据医疗机构出具的医药费、住院费等收款凭证,结合病历和诊断证明等相关证据确定。赔偿义务人对治疗的必要性和合理性有异议的,应当承担相应的举证责任。医疗费的赔偿数额,按照一审法庭辩论终结前实际发生的数额确定。器官功能恢复训练所必要的康复费、适当的整容费以及其他后续治疗费,赔偿权利人可以待实际发生后另行起诉。但根据医疗证明或者鉴定结论确定必然发生的费用,可以与已经发生的医疗费一并予以赔偿。

(二)误工费赔偿

误工费根据受害人的误工时间和收入状况确定。误工时间根据受害人接受治疗的医疗机构出具的证明确定。受害人因伤致残持续误工的,误工时间可以计算至定残日前一天。受害人有固定收入的,误工费按照实际减少的收入计算。受害人无固定收入的,按照其最近三年的平均收入计算;受害人不能举证证明其最近三年的平均收入状况的,可以参照受诉法院所在地相同或者相近行业上一年度职工的平均工资计算。

(三)护理费赔偿

护理费根据护理人员的收入状况和护理人数、护理期限确定。护理人员有收入的,参照误工费的规定计算;护理人员没有收入或者雇佣护工的,参照当地护工从事同等级别护理的劳务报酬标准计算。护理人员原则上为1人,但医疗机构或者鉴定机构有明确意见的,可以参照意见确定护理人员人数。护理期限应计算至受害人恢复生活自理能力时止。受害人因残疾不能恢复生活自理能力的,可以根据其年龄、健康状况等因素确定合理的护理期限,但最长不超过20年。受害人定残后的护理,应当根据其护理依赖程度并结合配制残疾辅助器具的情况确定护理级别。

（四）转院治疗的交通费、住宿费的赔偿

交通费根据受害人及其必要的陪护人员因就医或者转院治疗实际发生的费用计算。交通费应当以正式票据为凭；有关凭据应当与就医地点、时间、人数、次数相符合。

（五）伙食补助费和营养费的赔偿

住院伙食补助费可以参照当地国家机关一般工作人员的出差伙食补助标准予以确定。受害人确有必要到外地治疗因客观原因不能住院，受害人本人及其陪护人员实际发生的住宿费和伙食费，其合理部分应予赔偿。是否赔偿营养费，应当根据受害人伤残情况参照医疗机构的意见确定。

三、丧失劳动能力的赔偿

劳动能力丧失是受害人健康权遭受侵害所致的严重后果使其无法继续劳动以维持生计，因而必须予以赔偿。

对于劳动能力丧失的赔偿理论基础，原来采用的是“生活来源丧失说”。认为受害人劳动能力丧失与降低，必致其生活来源丧失，因而应当赔偿受害人的生活补助费，使其生活来源能够恢复。赔偿所救济的，既不是劳动能力丧失的本身，亦不是受害人致残前后的收入差额，而是受害人致残前后生活来源的差额。人身损害赔偿司法解释采用“收入丧失说”，赔偿的是受害人因为人身损害而减少的收入。

具体的赔偿范围是：

（一）残疾赔偿金

残疾赔偿金根据受害人丧失劳动能力的程度或者伤残等级，按照受诉法院所在地上一年度城镇居民人均可支配收入或者农村居民人均纯收入标准，自定残之日起按 20 年计算。但 60 周岁以上的，年龄每增加 1 岁减少 1 年；75 周岁以上的，按 5 年计算。受害人因伤致残但实际收入没有减少，或者伤残等级较轻但造成职业妨害严重影响其劳动就业的，可以对残疾赔偿金做相应调整。这个标准是否可行，还须进行研究，以新的司法解释规定为准。

(二)残疾辅助器具费赔偿

残疾辅助器具费按照普通适用器具的合理费用标准计算。伤情有特殊需要的,可以参照辅助器具配制机构的意见确定相应的合理费用标准。辅助器具的更换周期和赔偿期限参照配制机构的意见确定。

四、造成死亡的赔偿

侵害生命权致受害人死亡的,应当赔偿丧葬费以及常规赔偿费用和死亡赔偿金。其中丧葬费和死亡赔偿金的赔偿属于致人死亡的特有赔偿项目。

(一)丧葬费赔偿

丧葬费按照受诉法院所在地上一年度职工月平均工资标准,以6个月总额计算。

(二)死亡赔偿金

最高人民法院人身损害赔偿司法解释中规定的方法,即"死亡赔偿金按照受诉法院所在地上一年度城镇居民人均可支配收入或者农村居民人均纯收入标准,按二十年计算。但六十周岁以上的,年龄每增加一岁减少一年;七十五周岁以上的,按五年计算",备受指责,但《侵权责任法》第16条也没有规定明确的方法,只是第17条规定了大规模侵权行为造成多人死亡的,可以采用相同数额确定死亡赔偿金。关于死亡赔偿金的计算,以确定中间线、根据受害死者年龄以及经济收入的不同,适当确定具体数额的方法较为稳妥。

五、人身损害的抚慰金赔偿

(一)一般原则

《民法通则》没有规定人身损害赔偿的精神损害抚慰金赔偿。《最高人民法院人身损害赔偿司法解释》第18条规定,受害人或者死者近亲属遭受精神损害,赔偿权利人向人民法院请求赔偿精神损害抚慰金的,适用《最高人民法院关于确定民事侵权精神损害赔偿责任若干问题的解释》予以确定。同时规定,精神损害抚慰金的请求权,不得让与或者继承。但赔偿义务人已经以书面方式承诺给予金钱赔偿,或者赔偿权利人已经向人民法院起诉的除外。《侵权责任法》第22条规定精神损害赔偿责任,并没有规定具体办法,还应当参照上述司法解释的规定确定人身损害抚慰金赔偿责任。

(二)抚慰金赔偿的范围

人身损害抚慰金赔偿的范围:一是侵害身体权。对于侵害身体权的,应当以赔偿抚慰金作为救济的主要方法,辅之以财产损失应予赔偿的方法。二是侵害健康权。造成一般伤害结果或者造成残疾、侵害健康权的,应当赔偿精神损害抚慰金。三是侵害生命权。造成死亡结果的,对遭受精神损害的死者的近亲属应当赔偿精神损害抚慰金。基本的赔偿方法,是由人民法院斟酌案件的全部情况,确定赔偿金额。

六、恶意产品侵权的惩罚性赔偿责任

修订后的《消费者权益保护法》第55条规定了恶意产品致害和恶意服务致害的惩罚性赔偿责任的计算方法,这个方法可以适用于《侵权责任法》第47条规定的惩罚性赔偿责任的计算。恶意服务致害责任超出了《侵权责任法》第47条规定的范围,属于新的法律规范,是新的请求权的法律基础,其惩罚性赔偿责任的计算方法相同。这种侵权惩罚性赔偿责任计算的具体规则是:

1. 赔偿实际损失

在确定恶意产品致害的惩罚性赔偿,首先应当计算受害人人身损害的实际损失,依照《消费者权益保护法》第49条、第51条以及《侵权责任法》第16条、第17条和第22条规定,确定侵权损害赔偿责任的实际赔偿数额,依此确定赔偿人身损害和精神损害的具体赔偿数额,予以赔偿。

2. 侵权惩罚性赔偿责任数额的确定方法

恶意产品致害的惩罚性赔偿责任的数额确定,是实际损失的"2倍以下"。这是法定的计算方法:

第一,计算倍数的基准,是《消费者权益保护法》第49条规定的人身损害赔偿数额和第51条规定的精神损害赔偿数额,既包括人身损害赔偿,也包括精神损害赔偿,是将人身损害的赔偿数额和财产损害的赔偿数额加起来的 2 倍以下。

第二,具体的惩罚性赔偿数额是 2 倍以下,即最高为 2 倍,在 2 倍以下确定,法官对此有自由裁量权,可以根据实际情况,在 2 倍以下确定具体的惩罚性赔偿数额,可以是 2 倍,可以是 1 倍半,也是可以 1 倍,还可以是半倍。

第三,法官对具体赔偿数额自由裁量权的考量因素包括:一是经营者的故意程度,是间接故意还是直接故意;二是受害人或者受害人的近亲属所受伤害、所受痛苦或者精神损害的程度;三是实际赔偿数额的大小。根据以上三个要素,法官根据情况自由裁量具体赔偿数额,而不拘泥于受害人关于惩罚性赔偿数额主张的限制。

第二节 财产损害赔偿

一、财产损害的概念和种类

财产损害,是指侵权行为侵害财产权,使财产权的客体遭到破坏,其使用价值和价值贬损、减少或者完全丧失,或者破坏了财产权人对于财产权客体的支配关系,使财产权人的财产利益受到损失,从而导致权利人拥有的财产价值的减少和可得财产利益的丧失。《侵权责任法》第 19 条规定了基本的财产损害方法,即“侵害他人财产的,财产损失按照损失发生时的市场价格或者其他方式计算”。

就一般意义上而言,财产损害从其物理形态上分析,是物的本身的损害,即物的毁损和被侵占。但是,财产权的客体,不仅仅指有形物,还包括他物权、占有权、债权、知识产权中的无形财产利益,这些无形财产对于权利人而言,其重要性绝不亚于有形物。广义的财产权利,应当包括自物权、他物权以及债权和知识产权。因此,财产损害中的财产,就绝不仅仅指的是财物或者是有形物,更大的范围是指他物权、债权和知识产权中的财产利益。

因此,从侵权法的救济手段上来认识财产损害的种类,应当包括三种:侵占财产、损坏财产和损害其他财产利益。侵占财产、损坏财产和其他财产利益损失是财产损害的基本表现形态。研究财产损害赔偿，就是要从这三种具体形态出发，研究对它们的具体救济手段。

二、财产损害的赔偿范围

确定财产损害赔偿范围，应当以全部赔偿为原则。也就是说，财产损害赔偿数额的确定，以客观的财产、财产利益所损失的价值为客观标准，损失多少赔偿多少。

对财产损害的全部赔偿，包括直接损失和间接损失。加害人既要对现有财产的直接减少进行赔偿，也要对在正常情况下实际上可以得到的利益即间接损失进行赔偿。直接损失是行为人的加害行为所直接造成的受害人的财产减少，如侵犯财产权而造成的财物的损坏、灭失，都属于直接损失，都应当全部赔偿。间接损失原则上也应当全部赔偿。因为在正常情况下，受害人本应当得到这些利益，只是由于加害人的侵害才使这些可得利益没有得到。

三、财产损害赔偿的具体方法

根据加害人对财物损害的程度不同和财物种类的不同，在具体的赔偿过程中，可以采取以下几种方法：

（一）对财物损害程度较轻的赔偿

损害程度较轻，指的是财物的主要部分没有损坏，基本功能没有受到大的影响，经过维修或者配换零件即可发挥正常效能的损害。对这种损害，应由加害人或受害人将被损害的物品加以修复、恢复原状。其修理和换配零件的费用，由加害人支付。例如，被损坏的物品是手表的表蒙子和表针，不仅手表的原状没有什么改变，其质量也基本未受到什么影响，手表的计时功能仍然正常发挥，其费用由加害人赔偿即可。这样做，不仅保护了受害人的合法财产权利，对过错的一方（加害人）追究民事责任，而且能防止受害人一方对对方的过错行为抓住不放、提出不合理要求，也避免给过错的一方（加害人）造成过重的、不应有的经济负担。特别是当前我国物质资料的生产尚未全部满足人们的需要，有些贵重、紧俏物品不是有钱就能买得到的,在这种情况下,采取修复的方法尤为必要。

当然,也可以采取由加害人出资,由受害人自行使受损害的财物恢复原状的方法进行赔偿。也就是说,计算出物品损失的价值,包括修复所需要的修理费用,由加害人按损失的价值和修复费用进行赔偿,具体物品的维修等事宜由受害人自行处理。加害人的出资额,就是财物的损失价值加修理费用,这个出资额就是赔偿的总额。

在损害的物品无须维修,但其使用价值受到损害的时候,可以采取直接由加害人补偿损失的方法,即计算出财物的损失价值,由加害人直接用金钱赔偿。

可以维修的财物损害的赔偿方法与下面将要讲到的方法相似,应用时,可以参考下面说的内容。

(二)对财产损害较重的赔偿

损害程度较重,指的是物品的损坏严重,物品的主要部件受到损坏,基本功能虽没有丧失,但却受到较大影响,维修后虽然可以正常使用,但其质量和价值受到较大影响,使用寿命将缩短。对这种损害的赔偿,可由加害人实事求是地按照实际的损失价值予以经济补偿,以弥补受害人的财产损失。

每个被损害的物品在损坏前后的质量是不同的。有的被损坏以前完全是新的或者基本上是新的;有的是旧的或者已经使用过的,而且旧的程度也不一样。由于损害的程度不同,损坏后的质量也不同。计算损失的价值,应以物品被损害的现状与被损害以前的质量相比较,求出该物品损害前后价值的差。物品的价值与损坏程度成反比,即损坏程度越大,其被损坏后的价值就越小;损失的价值与损坏程度成正比,即损坏程度越大,其损失价值就越大。按照"对财产损失要全部赔偿"的原则要求,受害人财物的损失价值,就是加害人应该赔偿的数额。

确定加害人的赔偿数额可以用下列公式计算,即设定应赔偿的数额为S,被损害的物资的原价为m,损害以前的质量为P,被损害以后的质量为q,用公式表示为:

$$S = m \times P - m \times q$$

例如,某人一台九成新的自行车被损坏,损坏的是主要部分车

架子,车子质量成为四成新。该自行车的原价是 175 元,那么对这一车子损害的赔偿数额的计算是:

175 元 ×90/100 －175 元 ×40/100 ＝87.50 元

这一自行车被损害以前的价值是 157.5 元,被损害后的价值是 70 元,损害前后价值的差是 87.5 元。这个差即是受害人财产损失的价值,又是加害人赔偿的数额。当然,这一计算方法只能是相对的,因为物价本身往往是上下波动,原价和现实价格会有差异,同时,质量的估价也只能是大体上正确。因此,有条件的当事人,在运用上述公式的时候,要经过专家的技术鉴定,或者是经过公正的评议。

(三)对原物已经毁坏原状难以恢复的赔偿

这类赔偿可以采取两种方法:一是用种类和质量相同的实物赔偿;二是按损坏物资的实际价值,折合现金赔偿。当同种类物品可以购买到而可以用实物赔偿的情况下,可以从两种方法中任选一种;当同种类物品不能买到因而不能用实物赔偿的情况下,只能用第二种方法处理。例如,加害人一棒子将受害人的钻石牌手表打坏,手表的内部零件全部毁坏,无法修理。在这种情况下,加害人或者用质量相同的手表赔偿,或者按被损毁以前的钻石牌手表的实际价值,折合成人民币予以赔偿。

这类情况的处理,在实践中往往出现由于实物的价格发生变化使其赔偿价格难以掌握的问题。在损失计算中遇到确定价格时,主要有三种情况,均须按不同情况酌情处理:第一,原价高、现价低的物品。例如,受害人三年前购买钻石牌手表的价格是 125 元,而现在这类手表的价格却降到了 80 元。这样,折合现金赔偿就遇到了一个问题,即应按原价计算,还是按现价计算?我们认为,应实事求是地按现价处理。因为这样处理,受害人并不受到损失,例如,上边说的手表是八成新,加害人可以赔偿 64 元,受害人再加 16 元,就可以买到新的同等质量的手表,损失即得到了全部补偿。第二,原价低、现价高的物品。有的物品相比之下提价了,在这种情况下,也应从现实价格考虑,否则,受害人的合法财产权益就会得不到切实的保护。例如,受害人被损害的是一间房屋,他买此房时,花了 35,000

元,而现在这个房子的价值为100,000元,若按原价计算加害人应赔偿的数额,就会给受害人造成很大损失。第三,原价高、现价低的特殊物品。如某些贵重首饰、珍藏等,现价低于原价,而且市场上难以买到。对于这类物品的损害,应当实事求是地按照受害人购进的价格计算。不过,这种计算应当有证据证明,避免有的受害人趁机虚报损害物的价值。

损害财物的赔偿纠纷有的是比较复杂、比较难处理的。比如说,被损坏的某种东西是受害人平时非常喜爱的,而且是在市场上买不到的奇缺物品,虽然按东西的实际价值可以折价,但满足不了受害人的要求,为此,双方纠缠不休。处理时,要在分清是非责任的基础上,本着互谅互让,有利于团结的精神,根据实际情况,合情合理地予以处理。

四、财产损害数额的具体计算

(一)直接损失赔偿

直接损失是指现有财产的减少。侵害财产权的直接损失,就是指加害人侵权行为侵占或损坏受害人的财产,致使受害人现在拥有的财产价值量的实际减少。

计算直接损失的赔偿范围,首先必须确定原物的价值。原物价值的确定,必须根据原物的原有价格,可以结合可用时间、已经使用时间等因素,综合判断。其公式是:

原物价值=原物价格-原物价格/可用时间×已用时间

(二)间接损失赔偿

间接损失就是可得利益的减少。财物损害的间接损失,是指加害人侵害受害人所有的财物,致使受害人在一定范围内的未来财产利益的损失,它属于“其他重大损失”的范围。

计算财产损害间接损失的赔偿范围,同样要计算间接损失的价值,以间接损失价值的数额,作为间接损失的赔偿数额。在间接损失价值的计算中,必须注意两个问题:一是财产的损害本身不是间接损失,而是直接损失,不能将财产损害的本身计入间接损失当中;二是在侵害的财产是生产、经营资料,受害人因财产被侵害而无法进行生产、经营的时候，不能在计算财产损害的间接损失的同时，再计算受害人停产的误工工资，因为这两项内容是同一性质的损失，是一个损失，不能重复计算。

计算间接损失价值的公式是：

间接损失价值＝单位时间/增值效益×影响效益/发挥的时间

在这一公式中，“单位时间增值效益”是一个关键的量。确定这个量，通常用三种方法：一是收益平均法，即计算出受害人在受害之前一定时间里的单位时间平均收益值。二是同类比照法，即确定条件相同或基本相同的同类生产、经营者，以其为对象，计算该人在同等条件下的平均收益值，作为受害人损失的单位时间增值效益的数额，按此数额确定受害人的单位时间增值效益。使用这种计算方法要注意同等条件，如同等劳力，同等财产，同等生产、经营因素，等等。条件越相似，计算就越接近准确。三是综合法，即将以上两种方法综合使用，使计算的结果更趋于准确。

（三）其他财产利益损失的推算

在其他财产利益的损害赔偿中，绝大部分是赔偿间接损失。这种间接损失，主要又是预期利益损失。

对于预期利益损失的计算，首先必须准确地确定预期利益的数额，在此基础上，减去已得利益额和必要支出的费用，其余额即是预期利益的赔偿数额。

五、对财产损失的精神损害赔偿

（一）对财产损失精神损害赔偿的必要性

在侵害财产的场合不适用精神损害赔偿制度，曾经是一个通行的惯例，各国法律不约而同地做出规定，不准许财产权利的受害人请求精神损害赔偿。

不过还是有例外和突破。日本，战后修订民法，更注重对人的权利的保护，尤其是对人格权利的保护，因此，在更广泛的领域中，准许受害人请求精神损害赔偿。根据这一规定，日本民法准许在财产权受到损害的时候请求精神损害赔偿。尽管这项制度在实际的应用中还有很多的限制，对财产权受到损害场合认定抚慰金赔偿请求的判例并不多,[①]但是,这说明对财产权损害的场合完全排斥精神损害赔偿的适用,是不适当的。这个历史的突破,开辟了精神损害赔偿适用的新领域。

最高人民法院《关于确定民事侵权精神损害赔偿责任若干问题的解释》确定了中国关于侵害财产权精神损害赔偿的制度。确立这样的制度是完全必要的。第一,对侵害财产权的侵权行为完全排斥精神损害赔偿制度的适用,是不适当的。第二,对某些侵害财产权的侵权行为进行适当的精神损害赔偿,可以更好地保护受害人的合法权益。第三,对某些财产权的损害采用精神损害赔偿方式进行救济,实际上还是保护受害人的人格利益。尽管《侵权责任法》对此没有规定,但其第22条规定的"人身权益"并不排斥特定纪念物品中所包含的人格利益,也不禁止对此适用精神损害赔偿责任。因此,可以继续使用这个侵权责任制度。

(二)确定侵害财产权精神损害赔偿责任的一般原则

确定侵害财产权的精神损害赔偿责任,应当把握好以下原则:

1. 必要原则

在确定侵害财产权的精神损害赔偿责任时,一定要把握好必要原则。这一原则有两层含义:第一,就是坚持这种精神损害赔偿责任,认清其必要性,不能否认其存在的必要性;第二,就是在审理这类案件的时候,要对确有必要的才给予赔偿。

2. 严格原则

严格原则的含义,就是在确认侵害财产权精神损害赔偿责任的时候,要严格坚持这种责任构成的要件,不能轻易、随意地认定这种赔偿责任;同时,在决定精神损害赔偿数额的时候,也要严格掌握,不能判决过高的赔偿数额。要严格限制在侵害财产所有权的场合中请求精神损害赔偿,对财产权受到侵害的也不能全部都请求精神损害赔偿,只有法律和司法解释所确定的范围内的财产所有权受到侵害,才能够请求精神损害赔偿。

---

① 于敏:《日本侵权法》,法律出版社1998年版,第355页。

(三)侵害财产权精神损害赔偿责任的构成要件

构成侵害财产权精神损害赔偿责任的前提条件,就是某一违法行为构成侵害财产权的侵权责任。

在认定侵害财产权精神损害赔偿责任构成的时候,除了要具备侵害财产权的基本的责任构成要件以外,还必须具备特别要件。这个特别要件就是:该侵权行为所侵害的财产是具有人格利益因素的特定纪念物品。这个要件的具体要求是:

第一,侵权行为所侵害的财产不是普通的财产,而是一种特定的具有纪念意义的物品。侵害一般的财产不会产生精神损害赔偿责任,只有侵害特定的纪念物品,才有可能构成精神损害赔偿责任。

所谓的特定的纪念物品,首先应当是特定的物品。该物品特定的缘由,是就所有人而言不仅仅是特定物,而且对所有人而言还具有特定的特别意义。其次,这种特定物品还应当是纪念物品,对所有人而言,具有相当的纪念意义。只有这样的特殊的具有纪念意义的物品,才有可能成为需要承担侵害财产权精神损害赔偿责任的侵权行为的侵害对象。

第二,在受到侵害的特定纪念物品中,须具有人格利益因素。在一般的财产中,财产就是财产,不具有人格利益因素,因此,侵害这样的财产不产生精神损害赔偿责任。但是,在特定的具有纪念意义的物品中,有的会具有人格利益的因素,侵害这样的财产,就会产生侵害财产权的精神损害赔偿责任。这就是说,一般的具有纪念意义的物品不一定就具有人格利益因素。侵害具有纪念意义的物品,不一定都产生侵害财产权的精神损害赔偿责任,只有侵害具有人格利益因素的特定的纪念物品,才会产生侵害财产权的精神损害赔偿责任。

这种人格利益因素,就是在一个特定的物品中渗进了人的精神利益和人格价值,使这个特定的物具有了不同寻常的人的意志或者人的品格,成为人的精神寄托、人格的寄托或者人格的化身。只有这样的财物受到损害后,才能够给该物品的所有人造成精神损害,须用精神损害赔偿的方式进行救济。

第三,财产所具有的这种人格利益因素来源于与其相对应的人的特定关系,双方当事人在这一特定关系中赋予了特定的物的人格利益因素。物品中的人格利益不会凭空产生,必须依据一定的人与人之间的关系才会产生。当人与人之间具有这种特定的关系,并且将这种关系寄托于某一种具体的纪念物品之上时,这种具体的纪念物品就具有了人格利益因素。例如,初恋时情人赠送的定情物,虽然价值不大,但是在当事人之间具有不同凡响的意义,从而成为某种象征。这样的物品就具有了人格利益的因素。在某一个案件中,一位在延安鲁艺学院毕业的老先生珍藏了 14 枚当时女朋友赠送的红豆,这 14 枚红豆,就是双方当事人在特定的关系中,赋予了它极为珍贵的人格利益因素。

(四)赔偿数额的计算

在确定加害人要承担侵害财产权的精神损害赔偿责任之后,应当研究这种精神损害赔偿的具体数额应如何确定。

侵害财产权精神损害赔偿责任的具体数额确定,应当遵循一般的侵害精神性人格权精神利益损害赔偿数额确定的方法进行,这就是由法官斟酌案件的具体情况、确定具体的赔偿数额。对此,最高人民法院《关于确定民事侵权精神损害赔偿责任若干问题的解释》第 10 条做了原则的规定,可以按照这个规定,由法官决定具体的赔偿数额。

我们认为,即使是对侵害财产权的精神损害赔偿数额的确定,也要贯彻确定精神损害赔偿数额的三条原则,这就是:第一,能够对受害人的精神损害起到抚慰作用;第二,能够对加害人的违法行为起到制裁作用;第三,能够对社会起到一般的警示作用。符合这三项原则的赔偿数额,就是一个适当的赔偿数额,而不在于具体赔偿数额的大小。

第三节 精神损害赔偿

一、精神损害赔偿的概念和结构

精神损害赔偿是民事主体因其人身权益受到不法侵害,使其人格利益和身份利益受到损害或遭受精神痛苦，要求侵权人通过财产赔偿等方法进行救济和保护的民事法律制度。《侵权责任法》第22条规定："侵害他人人身权益，造成他人严重精神损害的，被侵权人可以请求精神损害赔偿。"这是我国法律第一次规定精神损害赔偿的法律条文。

精神损害是指对民事主体精神活动的损害。侵权行为侵害公民、法人的民事权利，造成公民生理、心理上的精神活动和公民、法人维护其精神利益的精神活动的破坏，最终导致精神痛苦和精神利益丧失或减损。精神损害的最终表现形式，就是精神痛苦和精神利益的丧失或减损。

与此相适应，精神损害赔偿分为两部分：一是精神利益的损害赔偿；二是精神痛苦的抚慰金赔偿。精神利益的损害赔偿，主要是对精神性人格权和身份权损害的民事救济手段，保护的对象是名誉权、人身自由权、肖像权、姓名权、隐私权、性自主权以及一般人格权等人格权和身份权。精神痛苦的抚慰金赔偿，是对人格权、身份权损害造成精神痛苦的民事救济手段，保护的对象是民事主体不受精神创伤的权利，因而它只能对自然人适用，不能对法人适用。当自然人的人格权、身份权受到损害，除应当赔偿其财产上的损害以外，对其本人或亲属造成的精神痛苦，应以一定数额的金钱予以抚慰。抚慰金赔偿制度既包括精神性人格权受侵害的救济，也包括物质性人格权受侵害的救济，同时也包括身份权受侵害的救济。

二、精神损害赔偿的范围

确定精神损害赔偿的范围：一是适用范围，指受精神损害赔偿制度保护的权利的范围；二是赔偿范围，即精神利益受到损害应当赔偿的范围。

精神损害赔偿的适用范围，包括以下方面：

一是侵害物质性人格权，可以请求精神损害抚慰金赔偿；二是侵害精神性人格权，可以请求精神损害赔偿；三是侵害一般人格权或者其他人格利益，可以请求精神损害赔偿；四是侵害身份权，可以请求精神损害赔偿；五是侵害具有人格利益因素的特定纪念物品，可以请求精神损害赔偿。

从损害利益的角度研究精神损害赔偿,可以确定精神损害的赔偿范围。

精神利益的损害,在客观上表现为三种形式:

(一)精神利益损害所引起的直接财产损失

精神性人格权和身份权被侵害以后,造成人格利益和身份利益的损害,有可能导致直接的财产损失。这种直接的财产损失主要有两种:其一,身份权被侵害以后,使受扶养人的扶养请求权丧失。这种情况主要是侵害直接受害人的健康权和生命权,致使间接受害人的扶养请求权丧失。此外,还包括扶养义务人拒不提供扶养费用,第三人断绝扶养义务人与扶养权利人之间的关系而无法提供扶养费用,等等。其二,精神性人格权和身份权被侵害,为恢复权利而支出的必要费用。例如,为恢复名誉、消除影响而支出的广告宣传费,为消除侵害后果而支出的其他费用,等等。

(二)精神利益中的财产利益因素的损失

在人格利益和身份利益中,除了扶养请求权是明显的财产权利以外,其他权利的基本利益都是精神利益。在这些精神利益中,一般都具有一定的财产利益因素,有的表现很明显,如名称权、肖像权、信用权;有的表现较为明显,如姓名权、名誉权、隐私权、荣誉权、婚姻自主权等;有的则表现不甚明显,如人身自由权、性自主权、一般人格权等。当侵权行为发生以后,财产利益因素明显的权利受到侵害,其中的财产利益必遭损失,形成明显的财产损失,如肖像权被侵害、名称权被侵害和信用权被侵害,均可造成其中财产利益的损失。例如,某企业非法盗用中国科学院的名称,原告起诉后,被告赔偿了550万元。财产利益较为明显的权利受到侵害,也可能引起财产利益的损失,例如,某公司采用诽谤手段,侵害某厂的名誉,造成大批客户退货。这种损失,应是精神利益中的财产利益损失。财产利益不甚明显的权利被侵害,也可能造成财产利益的损失,如人身自由权被侵害所损失的劳动收入和劳动报酬,等等。

(三)纯粹的精神利益的损害

纯粹的精神利益损害,是指人格利益和身份利益的非财产因素的损害。这种损害是无形损害,纯粹表现为精神利益的损害,无法用金钱衡量。

三、计算精神损害赔偿金的基本方法

确定精神损害赔偿金的原则有三个,其中一个是基本原则,另外两个是辅助性原则。

(一)法官自由酌量原则

这是确定精神损害赔偿金的基本原则,它赋予法官在处理精神损害赔偿案件时,依自由裁量权确定精神损害赔偿金的具体数额。自由裁量权不是无限制的权利,并不意味着法官在确定精神损害赔偿金数额时可以随心所欲、主观臆断,而是必须遵循一定的规则和办法。

(二)区别对待原则

在法官自由酌量原则的基础上,在具体确定精神损害赔偿金的时候,必须对精神损害中不同利益因素的损害予以区别对待,根据不同特点,依据不同的算定规则,分别计算出应赔偿的数额,最后酌定总的赔偿金数额。

(三)适当限制原则

在实行法官自由酌量原则的基础上,实行适当限制原则,目的是克服自由酌量原则的不利因素,防止人们盲目追求高额赔偿的倾向。

四、算定精神损害赔偿金的具体规则

算定精神损害赔偿金的具体规则,也就是计算精神损害赔偿金所遵循的具体方法。《侵权责任法》第20条规定:“侵害他人人身权益造成财产损失的,按照被侵权人因此受到的损失赔偿;被侵权人的损失难以确定,侵权人因此获得利益的,按照其获得的利益赔偿;侵权人因此获得的利益难以确定,被侵权人和侵权人就赔偿数额协商不一致,向人民法院提起诉讼的,由人民法院根据实际情况确定赔偿数额。”这个条文规定的损害赔偿的计算方法,就是指这种财产损害赔偿。

根据这样的规定和实践经验,算定精神损害赔偿责任的规则主要是以下几种:

(一)概算规则

对于纯精神利益损害的赔偿和精神痛苦的慰抚金赔偿的算定,适用概算规则。适用概算规则,法官应将案件情况分为加害人过错程度的轻重、受害人被侵害的精神利益损害后果及所受精神痛苦程度、双方的经济负担能力、受害人的资力这四种因素,确定具体的数额。

(二)比照规则

现行立法对于精神损害赔偿金算定已有明确规定的,应当比照该规定算定赔偿数额。目前立法中,只有《国家赔偿法》对由国家的行政侵权和司法侵权行为造成的人身自由权侵害、生命权侵害和扶养请求权侵害有具体的赔偿规定。

(三)参照规则

当确定精神利益中财产利益损失的数额时,可以参照其他标准确定赔偿金数额。例如,《侵权责任法》第 20 条规定的"被侵权人的损失难以确定,侵权人因此获得利益的,按照其获得的利益赔偿"就是参照规则。

(四)全部赔偿规则

对于因侵害精神性人格权和身份权而造成的财产直接损失,应当比照侵害财产权的全部赔偿原则,以全部财产损失作为赔偿金数额。应注意的是,其财产损失应是合理的、必要的费用支出,不合理、不必要的支出,不应计算在内。

第四节　侵害公开权的损害赔偿

一、侵害公开权的损害赔偿的概念

侵害公开权的损害赔偿,是指侵害他人人格权益造成财产损失,对被侵权人受到的损失予以赔偿的侵权损害赔偿责任。例如,侵害他人的姓名权、肖像权、名誉权、名称权、信用权、隐私权等人格权以及其他人格利益，造成被侵权人的财产利益损失，就是人格权的财产利益损害，对这种财产利益的损害赔偿，就是侵害人格权财产利益的损害赔偿。

公开权是指民事主体包括自然人、法人和其他组织对其具有一定声誉或吸引力的人格标识利益进行商品化利用并享有利益的权利，属于抽象人格权的范畴。

公开权保护的是能够被商业化开发的人格利益，属于人格利益中的一类。民事主体对自己的姓名、名称、肖像、信用、名誉、隐私、声音、形象等人格标识进行支配、利用，是以主体的人格的独立性、完整性与不可侵犯性为基础，同时也为了使自身的价值得到充分的发挥。对人物的姓名、肖像等人格利益的商业化使用的保护，最初正是衍生于对人格利益的保护。自然人因其姓名或肖像被用于商业使用而感到窘迫和羞辱，或者因他们的姓名或肖像被投入商业使用未得到任何报酬而感到愤怒，因而才将一个人控制其姓名或肖像的商业化利用的权利称为公开权。[①] 同时，被商品化利用的人格标识与人格的社会评价密不可分，如知名人物的声音、形体、习惯性动作等，之所以可能成为商品化的对象，并非基于上述形象因素本身的艺术美感，而是利用了消费者对依附于其上的知名人物社会影响力所产生的信赖。对于这样的人格利益的损害，必然造成被侵权人的财产利益的损害，理应得到侵权责任法的保护，获得财产损害赔偿。这正是《侵权责任法》第 20 条规定的理论基础。

二、侵害公开权的损害赔偿的方法

对于侵害公开权的损害赔偿的方法，《侵权责任法》第 20 条规定的基本赔偿方法是：

（一）按照被侵权人受到的损失赔偿

侵害他人的人格权益造成财产利益损害的，如果其财产利益损害是能够计算的，应当按照被侵权人因此受到的损失进行赔偿。例如侵害名称权，造成了被侵权的法人或者其他组织的财产利益损

① 参见董炳和：《论形象权》，载《法律科学》1998 年第 4 期。

失,包括直接损失和间接损失,对于这些损失都应当予以赔偿。被侵权人在被侵权期间因被侵权所受到的损失,包括人格利益受到侵害造成的财产利益的直接损失,如对某公司的信用权进行损害,造成大批客户退货;侵害人身自由权所损失的劳动收入和劳动报酬等;以及被侵权人为制止侵权行为所支付的合理开支。其计算方法,应当参照财产损害赔偿的一般方法进行。

(二)按照侵权人获得的利益进行赔偿

侵害他人的人格权益造成的财产损失如果难以确定,无法计算财产利益的损失数额,应当按照侵权人因此获得的利益进行赔偿。例如,侵害姓名权、肖像权、隐私权以及形象利益等,被侵权人的损失无法计算,但侵权人非法利用他人的姓名、肖像、隐私、形象等做广告,因而获得了财产上的收益,应当按照被侵权人获得的财产收益确定赔偿责任,进行赔偿。

(三)根据实际损害情况进行赔偿

侵害他人人格权益造成的财产损失不仅难以确定,无法按照前述两种方法计算损失数额进行赔偿,而且被侵权人和侵权人就损害数额协商不一致,向人民法院起诉的,由人民法院根据实际情况确定赔偿数额。这种酌定的赔偿方式,是人民法院按照被侵权人的人格权益的实际损害,以及侵权人实施侵权行为的实际情况进行斟酌,确定一个适中的损失数额进行赔偿。

第五节　其他民事责任方式

一、返还财产

返还财产即返还原物,是普遍适用的侵权民事责任方式。不法侵占他人财产,应当返还原物。

返还原物责任因不法行为人非法占有财产而产生。无法律和合同的根据而占有他人的财产,侵害了财产所有人或者占有人的权利,构成非法占有即侵占,所有人享有返还原物的请求权,有权要求非法占有人返还原物。

适用返还原物的侵权民事责任方式时,应注意以下几点:第一,返还原物适用的条件,是侵占财产,且原物依然存在。如果原物已经灭失,返还原物在客观上已经不可能,所有人只能要求赔偿损失,而不能要求返还原物。第二,返还原物应当返还原物所生的孳息,占有人应负责返还其在恶意占有期间所获得的一切孳息,并且亦无权请求所有人补偿其支付的费用。第三,有权请求返还原物的人,一般是物的所有人,物的占有人也有权请求返还原物。第四,返还原物的请求权只能针对非法占有人提出,而不能要求合法占有人返还原物。

二、恢复原状

恢复原状是指恢复权利被侵犯前的原有的状态。一般是指将损害的财产修复,即所有人的财产在被他人非法侵害遭到损坏时,如果能够修理,则所有人有权要求加害人通过修理恢复财产原有的状态。

适用恢复原状的责任形式,应当具备的条件是:第一,须有修复的可能。恢复原状可以通过多种方式实现,但无论通过何种形式,恢复原状不仅要在实际上可能,而且要在经济上合理,否则,就不应该采取这种方式。第二,须有修复的必要。如果财产被破坏得已无法修复,或者虽可修复,但所有人已不需要,则不能适用恢复原状的民事责任,而应当折价赔偿。

三、停止侵害

行为人实施的侵权行为仍在继续中,受害人可依法请求法院责令侵害人承担停止侵害的民事责任方式。任何正在实施侵权行为的不法行为人都应立即停止其侵害行为。所以,停止侵害的责任形式可适用于各种侵权行为。此种责任形式的主要作用在于能够及时制止侵害行为,防止扩大侵害后果。但这种责任形式以侵权行为正在进行或仍在延续中为适用条件,对尚未发生的或业已终止的侵权行为则不得适用。

在实践中适用停止侵害责任方式时,应当注意的是:第一,停止侵害可以先予执行,在司法解释中称为先行裁定。先予执行的条件,就是侵害正在进行没有结束。这对一般的侵权案件都可以适用。先行裁定停止侵害,由于尚没有确认侵权责任构成,是在责任还没有确定之前采取的先予执行措施,因此,有可能出现执行错误的情况。为防止出现这样的情况,在采取这样的民事责任方式时,应当责令申请人提供担保。第二,在案件审理终结时适用这一民事责任方式,应当在判决书中一并载明,一经发生法律效力,立即执行,使侵权行为完全停止下来。

四、消除影响、恢复名誉

行为人实施侵权行为侵害了公民或法人的人格权,对于其所造成的影响,应当在影响所及的范围内消除不良后果,这就是消除影响。行为人实施侵权行为侵害了公民或法人的名誉,对于受害人的名誉毁损,应在影响所及的范围内将受害人的名誉恢复至未受侵害时的状态,这就是恢复名誉。

消除影响、恢复名誉是侵害公民、法人的精神性人格权所承担的责任方式。在适用中,消除影响适用的范围较宽,可以适用于多种场合。恢复名誉则只适用于侵害名誉权的场合,是侵害名誉权加害人应承担的责任。这主要是因为侵害名誉权的直接后果是造成受害人的名誉毁损,只有使加害人承担恢复名誉的责任,才能彻底消除侵害名誉权的直接后果,消除造成受害人精神痛苦和财产损失的根源。

消除影响、恢复名誉的具体适用,要根据侵害行为及造成影响所及的范围和名誉毁损的后果来决定。例如,在报纸杂志上发表文章损害他人的名誉权,则应当在曾刊载该有侵权内容的文章的报纸杂志上刊登书面声明,对错误内容进行更正,并向被侵害人赔礼道歉,仅仅用口头的形式就不能达到消除影响、恢复名誉的目的。如果是在某个场所对一群人散布了诽谤的言辞,则应在适当的场合消除影响,若采用登报等方式消除影响,则反而扩大了侵权的影响,造成了新的损害。处理的原则是,加害人应根据侵害名誉权造成的不良影响的大小,采取程度不同的措施为受害人消除不良影响。

五、赔礼道歉

赔礼道歉是指加害人向受害人承认错误、表示歉意,以求得受害人的原谅。赔礼道歉有两种方式:一是口头道歉的方式;二是书面道歉的形式。口头道歉由加害人直接向受害人表示。书面的道歉以文字形式为之,可以登载在报刊上,张贴于有关场所,或者以信件的方式转交受害人。加害人拒不执行赔礼道歉的民事责任方式的,法院可以按照判决确定的方式进行,费用由侵权人承担。

赔礼道歉是一种承担民事责任的法定方式,这与一般道义上的赔礼道歉不同,是靠国家强制力保障实施,反映了国家、社会对该不法行为的谴责。运用好赔礼道歉的民事责任方式,可以缓和矛盾,促进当事人之间的团结。

六、排除妨碍

排除妨碍是指侵权行为人实施的行为使受害人无法行使或不能正常行使自己的财产权利、人身权利,受害人请求加害人将妨碍权利实施的障碍予以排除的民事责任方式。

适用排除妨碍时,应注意如下问题:第一,妨碍行为必须是不正当的,如果某种"妨碍"行为是合法的,即是正当行使权利的行为,则"妨碍人"可拒绝受害人的请求。第二,对于妨碍的后果妨碍人在主观上是否预见,均不影响所有人提出排除妨碍的诉讼请求,即确认妨碍适用客观标准,而不是主观标准。第三,对于妨碍的存在形式,一般应是实际存在的,对于可能出现的妨碍也可以予以排除。

七、消除危险

消除危险是指行为人的行为和其管领下的物件对他人的人身和财产安全造成威胁,或存在侵害他人人身或财产的可能,该他人有权要求行为人采取有效措施,将具有危险因素的行为或者物件予以消除。

适用消除危险的责任方式,必须是危险存在,确有可能造成损害的后果,对他人造成威胁但是损害尚未实际发生,没有妨碍他人民事权利的行使。适用此种责任方式,能有效地防止损害的发生,充分保护民事主体的民事权利。

第十一章　监护人责任与暂时丧失心智损害责任

第一节　监护人责任

一、监护人责任的概念和特征

《侵权责任法》第32条规定："无民事行为能力人、限制民事行为能力人造成他人损害的，由监护人承担侵权责任。监护人尽到监护责任的，可以减轻其侵权责任。有财产的无民事行为能力人、限制民事行为能力人造成他人损害的，从本人财产中支付赔偿费用。不足部分，由监护人赔偿。"这是对监护人责任的规定。监护人责任的另外一种称谓，是法定代理人责任。在多数侵权法的著作中，都对这种侵权行为采用法定代理人责任的称谓。①

监护人责任是指无民事行为能力人或者限制民事行为能力人因自己的行为致人损害，由行为人的父母或者其他监护人承担赔偿责任的特殊侵权责任。

我国《侵权责任法》规定的监护人责任具有以下特点：

---

① 张新宝：《侵权责任法原理》，中国人民大学出版社2005年版，第306页。

第一,监护人责任是对人的替代责任。监护人责任是替代责任,无民事行为能力人或者限制民事行为能力人实施具体的侵害行为,造成了被侵权人的人身损害或者财产损害,侵害了被侵权人的权利,但是,承担侵权责任的不是造成损害的行为人,而是行为人的监护人,是监护人替代实施加害行为的行为人承担侵权责任。因此监护人责任是典型的替代责任。

第二,监护人责任是过错推定责任。监护人责任是过错责任,这种过错并没有体现在具体的加害人身上,而是体现在行为人的监护人身上。监护人的过错表现为监护人对未成年人或者精神病人没有尽到监护责任的过错,并由此作为这种侵权责任构成的过错要件。由于实行过错推定责任原则,因此,监护人的过错并不需要原告证明,而是由具体的加害行为人的侵害行为而推定其监护人未尽监护职责的过错。

第三,监护人责任的确定受行为人财产状况的制约。在各国的侵权法中,对于监护人责任的确定都是依据行为人的责任能力而确定,即没有民事责任能力的未成年人或者心智丧失之人,不承担侵权责任,而由他们的监护人承担责任。我国立法没有采纳这种规则,而是确定监护人责任的承担,受无行为能力或限制行为能力的行为人有无财产的制约。行为人自己有财产的,应当先从他自己的财产中支付赔偿金,赔偿不足部分,则由其监护人承担补偿性的连带责任。至于行为人的财产,可以是受赠的财产、继承的财产,以及其他合法所得财产。行为人没有财产的,则由其监护人自行承担赔偿责任。

第四,监护人责任以公平责任为补充。我国的监护人责任实行过错推定原则,但是,在监护人能够证明自己对于实施加害行为的未成年人或者精神病人已经善尽监护职责的时候,即监护人自己无过错的时候,并不免除监护人的侵权责任,而是"可以适当减轻他的民事责任",这是公平责任的适用,是考虑平衡双方当事人的经济利益而采取的措施。

第五,对于成年监护制度,我国民法尚未建立,本条留出适当空间。丧失民事行为能力的老年人、植物人等,都没有或者是限制民事行为能力，应当设置监护制度保护，在制定《民法总则》的时候，是应当补充这个制度的。本条留出适当空间，可以容纳无民事行为能力人和限制民事行为能力人的成年人的监护人责任。

二、监护人责任的归责原则

《侵权责任法》沿用《民法通则》第133条规定的精神，确认我国监护人责任的归责原则是过错推定原则，并以公平责任做补充。

（一）监护人责任的归责原则是过错推定原则

确定监护人责任，适用过错推定责任原则归责，即从加害行为人致人损害的事实中，推定其监护人有疏于监护的过失。监护人认为自己无过错的，实行举证责任倒置，即监护人可以举证证明自己无过错，不能证明自己无过错的，监护人应当承担侵权替代责任。如果对监护人责任适用过错责任原则，被侵权人将因不能举证证明监护人的过错而无法得到赔偿。

（二）以公平责任作为补充

确定监护人责任，在适用过错推定原则的基础上，如果监护人证明确已善尽监督责任，即监护人无过错，本应免除监护人的侵权责任，但是为了平衡当事人之间的利益关系，按照法律的规定，则适用公平责任进行调整，合理确定赔偿责任归属。在根据公平责任原则确定当事人的责任时，应注重考虑当事人的财产状况、经济收入、必要的经济支出和负担、造成损害的程度等因素，公平合理地分配损失。

三、监护人责任的构成要件

监护人责任适用过错推定责任原则，其责任构成必须具备损害事实、违法行为、因果关系和主观过错这四个要件。在监护人责任构成的四个要件中，损害事实的要件并没有特别之处，其他三个要件具有显著特点。

（一）违法行为

监护人责任是替代责任，其违法行为的要件必然是行为人与责任人相脱离，是责任人为行为人承担赔偿责任。

构成监护人的侵权责任最首要的是违法行为人必须是无民事行

为能力人或者限制民事行为能力人,包括精神病患者和未成年人。

构成监护人责任的行为人的违法行为,应当是无民事行为能力人或者限制民事行为能力人自己实施的行为,而不是他人利用无民事行为能力人或者限制民事行为能力人而实施侵权的行为。最高人民法院司法解释依此推理,认为受他人帮助实施侵权行为的无民事行为能力人也不构成共同加害人,则欠周全,是值得研究的。如果未成年的或者患有精神病的侵权行为人正在实施侵权行为,他人予以帮助构成帮助行为,但是基本的、主要的行为,是无民事行为能力人所实施,还应当由无民事行为能力人的监护人承担主要的民事责任;或者他人实施侵权行为,无民事行为能力人或限制民事行为能力人对其进行帮助,都是无民事行为能力人或者限制民事行为能力人自己实施的行为,其监护人未尽监督责任者,即构成监护人的侵权责任,与侵权行为人共同承担侵权责任。这样才比较合理。如果无论是无民事行为能力人还是限制民事行为能力人受人帮助或者帮助他人,都由帮助人或者被帮助人自己承担责任,显然是不合理、不公平的。

无民事行为能力人或者限制民事行为能力人实施的加害行为应当具有违法性。否则不足以认定构成监护人责任。

监护人在监护人责任构成中的行为,是未尽监护职责的行为,主要表现为不作为的行为方式。法律明确规定,监护人对于无民事行为能力人或者限制民事行为能力人负有监护义务,这种义务是作为义务,监护人必须履行。监护人没有履行监护义务,没有教育管教好无民事行为能力人或者限制民事行为能力人,使其造成他人的损害,因此构成不作为的违法行为。

(二)主观过错

监护人责任构成中的主观过错要件,最主要的特点是主观过错与行为人相分离,即主观过错不是行为人的过错,而是对行为人负有监督之责的监护人的过错。监护人责任构成中的过错,就是监护人自己的过错,是监护过失的过错。

监护人过错的第二个特点是,监护人的主观过错只能是过失,不能是故意。监护人主观过错的内容是未能善尽监督责任,具体表现为疏于教养、疏于监护或者疏于管理。这些都是监护人应当注意而未能注意的,因而为过失的心理状态。

此外,监护人责任构成中的主观过错要件不采证明形式,而采推定形式。如果监护人认为自己无过错,则实行举证责任倒置,由监护人自己举证,证明自己已尽监督责任。监督是否疏懈,应以加害人行为之时为准,即于此时监护人是否以善良管理人之注意,尽其监督责任,过去因监督之不得其宜而养成不良之倾向,尚不能以为对于第三人负责的原因。唯于行为时,对于有此不良倾向者,是否为其必要的特别注意,以定其疏懈之有无。①

(三)因果关系

监护人责任构成中的因果关系,具有双重关系。

首先,加害行为人的行为与损害事实之间须具有因果关系,即损害事实须因行为人的行为所引起,两者之间有引起与被引起的客观联系。无此联系,不构成侵权责任。判断的标准,应以相当因果关系理论衡量。这与一般侵权责任的因果关系的要求是一致的。

其次,监护人的疏于监督责任与损害事实之间亦应有因果关系。但是,这种因果关系在因果关系链上相距较远而不是直接的因果关系。具体要求是,监护人的疏于监督职责,是行为人即受监督人实施加害行为的原因,受监督人因为监护人疏于监督而实施加害行为,并因此而导致被侵权人的权利被侵害。尽管疏于监督之责与损害事实之间的因果关系非为直接,但却必须具备这种因果关系,不具备这种因果关系,就不构成监护人的侵权责任。学者认为,监督之疏懈与损害之发生,应有因果关系。如证明其无此关系,监护人亦可免责,这是完全正确的。

四、监护人责任的法律关系与当事人

(一)监护人责任的赔偿法律关系

1. 理论上的应然做法

监护人责任是替代责任,因而,这种赔偿法律关系的当事人,是

① 史尚宽:《债法总论》,荣泰印书馆1978年版,第178页。

被侵权人和监护人。其中,被侵权人为侵权法律关系的赔偿权利主体,监护人为侵权法律关系的赔偿义务主体。对此,《最高人民法院人身损害赔偿司法解释》第1条第3款做了明确规定:“本条所称‘赔偿义务人’,是指因自己或者他人的侵权行为以及其他致害原因依法应当承担民事责任的自然人、用人单位。”监护人作为赔偿义务主体,就是为他人的侵权行为承担责任的自然人。

如果致人损害的受监督人即无民事行为能力人或者限制民事行为能力人有财产,则该加害行为人亦为当事人,在赔偿义务主体方面,增加加害行为人作为被告,与监护人为共同被告。

2. 实务操作上的差别

在实务中的操作方法,与上述规则相反。在通常的情况下,多数法院在判决书中,首先确认无民事行为能力人或者限制民事行为能力人的被告地位,以及被侵权人的原告地位,而监护人则只以监护人的身份列入其中;然而在判决主文中,却判决监护人承担赔偿责任,而实际列的被告则不承担任何责任;只有在行为人有财产时,才判决行为人承担侵权责任或者判决行为人与监护人共同承担赔偿责任。对于这种理论与实务相矛盾的状况,学者和专家早有论述,但多数法院在实务上始终沿袭这样的操作方法。对此,还是应该继续宣传替代责任的理论,尽早纠正实践中的错误做法。

(二)监护人责任的当事人

1. 责任人

监护人侵权法律关系中的赔偿义务主体,是监护人。

监护人的身份包括三种:第一种是未成年人的亲权人;第二种是丧失亲权监督的未成年人的监护人;第三种是精神病患者的监护人。

行为人致人损害时没有明确的监护人,应当按照监护顺序指定由顺序在前的监护人承担赔偿责任。《民法通则》并没有规定监护顺序,但在事实上,不能不存在一个监护顺序问题。因此,最高人民法院在《〈民法通则〉司法解释(一)》中规定,将《民法通则》第16条第2款和第17条第1款的规定视为监护顺序,即未成年人的监护顺序是:一是祖父母、外祖父母;二是兄姐;三是关系密切的其他亲属、朋友。精神病人的监护顺序：一是配偶；二是父母；三是成年子女；四是其他近亲属；五是关系密切的其他亲属、朋友。依照这一顺序，由顺序在前的监护人作为赔偿责任人。

2. 行为人

监护人责任案件中的行为人，就是实际致人损害的未成年人和精神病人，以及无民事行为能力人和限制民事行为能力人的成年人。

行为人是否合格，必须按照《民法通则》的有关规定确认。对于未成年人，应当按照《民法通则》第 11 条和第 12 条的规定，确认其是无民事行为能力人还是限制民事行为能力人。对于已满 16 周岁不满 18 周岁的公民，以自己的劳动收入为主要生活来源的，应视为完全民事行为能力人，不应再作为监护人责任中的行为人，而应作为独立的侵权行为人。对于精神病人，应当按照《民法通则》第 13 条规定，确认其民事行为能力。

3. 被侵权人

在监护人侵权法律关系中，被侵权人是赔偿权利人。对于这种特殊侵权责任中的被侵权人，法律没有做特别的规定和要求，只要具备一般被侵权人的资格即可。

五、法律适用的基本规则

在司法实践中应用本条，应当遵守的规则是：

（一）四种基本规则

本条规定的监护人责任的基本规则有四点：

1. 监护人承担责任

无民事行为能力人、限制民事行为能力人造成他人损害的，由监护人承担侵权责任。这里实行的是过错推定原则，即从无民事行为能力人或者限制民事行为能力人致人损害的事实中，推定监护人有过错，推定成立的，就应当由监护人承担赔偿责任。

2. 使用公平责任

监护人尽到监护责任的，可以减轻其侵权责任。监护人证明自己没有过失，也就是能够证明自己已经尽到监护责任的，适用公平责任规则,减轻其责任,由双方当事人分担损失。

3. 被监护人自己有财产的自己赔偿

有财产的无民事行为能力人、限制民事行为能力人造成他人损害的,从本人财产中支付赔偿费用。不管是未成年人还是精神病人,以及丧失民事行为能力的老年人、植物人等,自己有财产的,就不必由监护人承担赔偿责任,在行为人的财产中直接支付赔偿金即可。

4. 监护人补充责任

如果行为人的财产不足以支付全部赔偿责任,则由监护人承担补充责任。这一规定,是完全的补充责任,只要行为人不能承担的部分,全部由监护人补充承担。这一规定,与《侵权责任法》第37条规定违反安全保障义务人等承担的"相应的补充责任"完全不同。

(二)监护人的赔偿责任及承担

监护人侵权赔偿责任有两种形式:第一种是基本的赔偿责任方式,即由监护人单独承担替代责任,被监护的行为人不承担赔偿责任,也没有对行为人的追偿关系;第二种是特别的赔偿责任方式,按照《侵权责任法》第32条第2款的规定,是一种补充责任。当被监护的行为人本人有财产时,应由本人的财产支付赔偿费用;对赔偿不足的部分,由监护人负补充责任。这种责任不是连带责任,监护人不是就全部赔偿责任负责,而只对有财产的行为人赔偿不足部分承担补充赔偿责任。如果行为人的财产足以赔偿被侵权人的损失,就不用监护人承担赔偿责任。这两种赔偿责任适用的标准,就是行为人是否有财产。有财产的,可以采用第二种责任方式;没有财产的,则一律由监护人单独负责。

第二节　暂时丧失心智损害责任

一、暂时丧失心智损害责任概述

暂时丧失心智损害责任这种特殊侵权责任类型,在我国以前的侵权法中从来没有规定过,《民法通则》以及最高人民法院的有关司法解释都没有规定过,但在司法实践中确实存在这样的案例。《侵权责任法》第 33 条规定："完全民事行为能力人对自己的行为暂时没有意识或者失去控制造成他人损害有过错的，应当承担侵权责任；没有过错的，根据行为人的经济状况对受害人适当补偿。完全民事行为能力人因醉酒、滥用麻醉药品或者精神药品对自己的行为暂时没有意识或者失去控制造成他人损害的，应当承担侵权责任。"

暂时丧失心智损害责任，是指完全民事行为能力人对于因过错引起暂时心智丧失，或者因醉酒或者滥用麻醉、精神药品暂时丧失心智，造成他人损害，所应当承担的特殊侵权责任。

暂时丧失心智损害责任的构成，须具备以下要件：

第一，侵权人是完全民事行为能力人。这种特殊侵权责任的行为主体即侵权人，必须是完全民事行为能力人，而不是限制民事行为能力人或者无民事行为能力人。无民事行为能力人和限制民事行为能力人造成他人损害，由其监护人承担责任，专门有监护人责任的特殊侵权责任规则调整。而完全民事行为能力人存在暂时丧失心智的情况，需要专门规定规则调整。

第二，被侵权人须受到实际损害。在损害事实要件中，被侵权人须造成实际损害，这种损害，既可以是人身损害，也可以是财产损害。对于造成人身损害的，对发生的精神损害，当然构成损害事实要件。但这种特殊侵权行为是否能够侵害精神性人格权造成精神利益的损失，例如，暂时丧失心智而进行诽谤、侮辱等，笔者认为，心智丧失中的胡言乱语者，既然能够确认，不应当认定为侵权行为。但恶意诽谤、侮辱，借口心智丧失而主张者，不应当免除其责任。

第三，侵权人造成他人损害时暂时丧失心智。这种特殊侵权责任的被侵权人在受到侵害时，侵权人须在暂时丧失心智状态下，侵权人由于丧失心智，无法控制自己的行为，因此造成被侵权人的损害。因此，这种特殊侵权责任的致人损害原因，须是侵权人暂时丧失心智，二者之间有因果关系。应当注意的是，暂时丧失心智与间歇性精神病不同，间歇性精神病造成损害的责任应当适用《侵权责任法》第 32 条规定，为监护人责任，并非本条调整范围。

第四，侵权人暂时丧失心智是因自己的过错所致。构成这种特殊侵权责任，被侵权人须具有过错，即侵权人的心智暂时丧失是基于自己的过失而发生。丧失心智的过错,除了本条第 2 款规定的醉酒、滥用麻醉药品或者精神药品之外,其他故意或者过失所为都包括在内,构成这种特殊侵权责任。这种特殊侵权责任的过错认定,应当实行过错推定原则,即被侵权人已经证明其他责任构成要件后,法官可以推定侵权人对其心智丧失有过错,丧失心智的行为人如果主张自己没有过错,应当举证证明。不能够证明自己没有过错的,侵权责任成立,应当承担赔偿责任。

二、暂时丧失心智损害责任的法律适用

在司法实践中应用本条,暂时丧失心智损害责任的承担规则如下:

1. 侵权人承担过错责任

因过错导致暂时心智丧失致人损害的,应当由侵权人承担赔偿责任。完全民事行为能力人由于自己的过错,导致暂时心智丧失,因此造成他人损害的,应当为自己的过错所造成的损害负责,因此,应当对被侵权人承担侵权责任。

2. 醉酒等属于侵权人的过错

因醉酒、滥用麻醉药品或者精神药品对自己的行为暂时没有意识或者失去控制造成他人损害的,应当由侵权人承担赔偿责任。这种情形同样是侵权人的过错所致,当然应当由其承担侵权责任。事实上,第 33 条第 2 款规定的这种情形,是第 1 款规定的过错的特殊表现形式,适用同样的规则,只不过这种过错已经证明,无须适用下文的公平责任而已。

3. 没有过错的实行公平责任

完全民事行为能力人对自己暂时心智丧失没有过错的,应当依照公平责任规则,由双方当事人公平负担损失。由于暂时丧失心智损害责任实行过错推定原则,因此,必须有过错才承担责任。所不同的是,这种承担赔偿责任须是全部责任,如果行为人能够证明自己没有过错,则并不免除责任,而是按照公平责任的要求,根据行为人的经济状况对受害人予以适当补偿。行为人经济状况良好的适当多赔,经济状况不好的适当少赔。

第十二章　用人者责任与网络侵权责任

第一节　用人者责任

《侵权责任法》第 34 条和第 35 条规定的是用人者责任，包括用人单位责任、劳务派遣责任和个人劳务责任。本条规定的是前两种用人者责任。

一、用人者责任概述

（一）用人者责任的概念

用人者责任，是一种特殊侵权责任类型，它所概括的是用人单位的工作人员或者劳务派遣人员以及个人劳务关系中的提供劳务一方在工作过程中或者在提供劳务过程中造成他人损害，用人单位或者劳务派遣单位以及接受劳务一方应当承担赔偿责任的特殊侵权责任。

（二）用人者责任的基本特征

用人者责任是侵权替代责任，它具有以下法律特征：

1. 三种侵权责任都是发生在工作过程中致人损害

用人者责任都是发生在工作过程中的侵权行为。无论是用人单位责任、劳务派遣责任还是个人劳务责任,都是劳动者在工作过程中发生的侵权行为,其基本特点是,在工作过程中,一方支配另一方劳动。不是在工作过程中发生的这种支配他人劳动的行为,不能构成用人者责任。

2. 行为人与责任人相脱离

这种侵权责任类型是最典型的替代责任,因此,其典型表现是行为人与责任人相脱离。在造成损害的过程中,直接行为人是用人单位的工作人员,或者叫作劳动者;而承担侵权责任的不是这些行为人,而是对他们有支配关系的用人者。

3. 行为人造成损害的行为与责任人监督、管理不力的行为相区别

在用人者责任中,实际上存在两个行为:一个行为是造成损害的工作人员的行为,这是造成损害的具体行为;另一个行为则是用人单位、劳务派遣单位或者雇主的监督不力、管理不当。仅仅研究一个行为,仅仅研究单位或者工作人员、雇员的行为,是不够的,还必须研究用人单位、派遣单位以及接受劳务一方的行为。他们的行为作用在工作人员或者劳动者的身上,才造成了劳动者的具体行为的发生。因此,在用人者责任的责任构成中,因果关系存在造成损害的直接原因和间接原因,两种原因行为相结合,才能构成侵权责任。

4. 责任人的过错与行为人的过错作用不同

在用人者责任中,对过错的直接要求,是用人者的过错。没有用人者的过错,就不可能构成用人者责任。但是,在处理这种侵权责任的时候,规则要求也要考察工作人员、雇员的过错。这些过错尽管对侵权责任构成不起重要作用,但是在确定追偿关系上还是很重要的。因此,这两种过错的作用并不相同。

(三)用人者责任的类型及意义

《侵权责任法》将用人者责任规定为三种类型,即用人单位责任、劳务派遣责任和个人劳务责任。

区别三种不同的用人者责任类型,主要意义在于:第一,三种用人者责任的基础,都是劳动合同关系,但三种劳务关系的性质不同。用人单位责任的劳务合同,是工作单位和工作人员形成的单一的劳

务关系,工作人员在工作过程中造成了他人损害,用人单位必须负责。而劳务派遣责任,实际上形成了两种合同关系,既有劳务派遣单位和劳动者的合同关系,又有接受劳务派遣的用工单位与劳务派遣单位的合同关系,并且接受派遣单位在实际上支配工作人员的劳动。个人劳务尽管也是劳务关系,但内容较为简单,关系明确。第二,正因为如此,三种用人者责任的规则并不相同。对此,《侵权责任法》第34条和第35条做出了不同的规定,都是有针对性的,具有特点。在司法实践中适用时,应当认真分析,保证准确适用法律。

二、用人单位责任

(一)用人单位责任的概念和特征

用人单位责任,是指用人单位的工作人员在工作过程中造成他人损害,由用人单位作为赔偿责任主体,为其工作人员致害的行为承担损害赔偿责任的特殊侵权责任。《侵权责任法》第34条第1款规定:"用人单位的工作人员因执行工作任务造成他人损害的,由用人单位承担侵权责任。"

用人单位责任的基本特征是:第一,其实施侵权行为的主体特定化,只有用人单位的工作人员造成侵权后果的时候,才能够成立这种侵权行为。第二,其侵权行为发生的场合特定化,就是只有用人单位的工作人员在工作过程中造成他人损害,才能构成这种侵权行为。第三,其侵权损害的被侵权人即损害赔偿权利人特定化,只有用人单位的工作人员在工作过程中造成第三人的损害,才能构成这种侵权责任。第四,这种侵权行为的责任形态是替代责任,用人单位工作人员造成第三人损害,承担责任的不是行为人即用人单位的工作人员,而是用人单位,是典型的替代责任形态。

(二)用人单位责任的归责原则

用人单位责任应当适用过错推定责任。过错推定原则的适用,能够从工作人员致被侵权人损害的事实中,推定用人单位疏于选任、监督之责的过错,实行举证责任倒置,由用人单位举证证明自己已经相当的注意,无须被侵权人举证证明而直接推定法人的过失,就使被侵权人处于有利地位,使其合法权益能够得到更好的保护。

(三)用人单位责任的构成要件

依据过错推定责任原则的规定,用人单位责任的构成,须具备以下要件:

1. 违法行为

这种侵权行为的违法行为要件,是指用人单位的法定代表人、负责人及其他工作人员须有执行职务行为,且该行为违反法律。

用人单位,是指依法成立的法人以及没有法人资格的其他组织。举凡不是个人劳务的私人雇佣关系,也不是劳务派遣关系,就都是本条所指的用人单位。

用人单位工作人员的行为须是执行职务的行为,才能构成用人单位责任。《侵权责任法》第 34 条规定使用的概念不是执行职务,而是“执行工作任务”。对于“执行工作任务”的理解,应当按照执行职务过程中理解更为妥当。只有在执行职务过程中造成损害的,才是职务行为,用人单位才有必要为其造成的损害负责。法定代表人、负责人及其他工作人员虽然造成他人损害,但如果不是执行职务的行为,则用人单位不承担侵权责任,只能由行为人自己承担责任,变成直接责任的一般侵权行为。上述人员实施与职务无关的行为致人损害的,应当由行为人承担赔偿责任。

用人单位的工作人员是否执行职务,是用人单位承担替代责任的决定性因素。确定用人单位的工作人员执行职务范围的依据,应当采用客观说,即以执行职务的外在表现形态为标准,如果行为在客观上表现为与用人单位指示办理的事件要求相一致,就应当认为是属于执行职务的范围。因此,下列行为不属于执行职务范围:一是超越职责行为。工作人员执行职务包括为了实现其职能的一切行为在内,但工作人员超越了他的职责范围而实施的行为,用人单位不承担责任。二是擅自委托行为。工作人员未经授权,擅自将自己应做的事委托他人去办,用人单位对于他人所为的侵权行为不负责任。三是违反禁止行为。用人单位明令禁止的行为工作人员而为之,不属于执行职务行为。四是借用机会行为。工作人员利用职务提供的机会,趁机处理私事而发生的损害,如果行为与执行职务没有关联,不属于执行职务范围。如果工作人员在执行职务中,以执行职务为方法，故意致害他人，以达到个人不法目的，虽然其内在动机是出于个人的私利，但其行为与职务有内在的关联，因此也认为是执行职务的行为。

行为的违法性判断，适用侵权责任构成要件的一般规则，即违反法定义务、违反保护他人的法律和故意违背善良风俗致人损害，都构成违法行为。应当注意的是，行为违法性要件主要表现在具体的行为人方面，即用人单位的法定代表人、负责人、工作人员的执行职务行为，具有违法性，造成了他人的损害，因此才要求用人单位承担侵权责任。

2. 损害事实

用人单位责任的损害事实要件，包括侵害人身权利和财产权利所造成的损害后果。损害事实可以是人身损害事实，可以是精神损害事实，也包括财产损害事实。

3. 因果关系

用人单位责任的因果关系要件，与其他侵权责任构成要件中的因果关系要件没有太大的差别，就是要求用人单位的法定代表人、负责人及其他工作人员的行为须与损害事实有引起与被引起的因果关系。首先，要求这种因果关系必须是客观存在的，即执行职务行为是损害事实的原因，该损害事实确系该执行职务行为造成的客观结果。其次，判断这种因果关系以直接因果关系和相当因果关系为标准，有直接因果关系的，当然构成侵权责任；如果依通常的社会知识经验判断，执行职务行为是损害事实发生的适当条件的，为相当因果关系，确认其有因果关系。有因果关系的，可以构成侵权责任，无因果关系不构成侵权责任。最后，这一因果关系是指直接实施加害行为的行为人的行为，即用人单位的法定代表人、负责人和工作人员的行为与损害事实之间的因果关系。用人单位与损害事实之间，只具有间接因果关系。

4. 过错

用人单位责任的过错要件，为用人单位主观上须有过错。

用人单位责任构成要件中的主观过错，是用人单位本身的过错。过错的内容主要是指用人单位对于选任、监督、管理其工作人员上的过错,基本内容是过失。尽管在很多情况下,用人单位的工作人员在执行职务中并没有过错,但由于用人单位本身具有过错,仍构成用人单位责任。

对于用人单位的法定代表人、负责人以及工作人员的过错,也要进行考察,但这不是侵权责任构成要件的要求,而是对用人单位对于造成损害的法定代表人、负责人或者工作人员是否构成追偿权的要件。如果法定代表人、负责人或者工作人员在造成损害中有过错,则用人单位在承担了侵权责任之后,对法定代表人、负责人或者工作人员享有追偿权。

认定用人单位责任的主观过错责任要件,采纳推定方式,即工作人员执行职务行为造成他人损害,即可依此推定用人单位的主观过错。过错推定之后,实行举证责任倒置。如果用人单位认为自己无过错,应当依法举证,证明自己无过错。证明成立的,免除侵权责任;不能证明或证明不足的,推定成立,认定其有过错。

(四)用人单位的替代责任

用人单位责任是替代责任,其赔偿法律关系与其他替代责任一样,具有赔偿主体与直接行为人相脱离的特点。在该种赔偿责任关系中,直接侵权人是用人单位的法定代表人、负责人和其他工作人员;而赔偿义务主体为用人单位,即致害他人的法定代表人或者其他工作人员所属的用人单位。在用人单位责任中,用人单位作为赔偿义务人,直接对被侵权人承担责任,而不是由直接行为人承担责任。用人单位在承担了赔偿责任之后,对于有过错的直接行为人,可以依法追偿。被侵权人不得向直接行为人请求赔偿,因为直接行为人不具有义务主体资格。

该种赔偿法律关系的赔偿权利主体不具有特殊性,凡属遭受用人单位的工作人员执行职务行为侵害造成损害的,都有赔偿权利主体资格,有权请求用人单位予以赔偿。

(五)举证责任

法院受理赔偿权利主体的起诉,不要求原告举证证明用人单位有过错,而以证明违法行为、损害事实、工作人员执行职务行为与损害结果有因果关系、加害人为用人单位工作人员为已足。至于用人单位是否已尽选任、监督之注意义务，则须用人单位自己举证证明，用人单位欲免除自己的责任，应当证明它选任工作人员及监督工作人员职务的执行已尽了相当的注意。

选任工作人员已尽相当的注意，就是指在选任之初，对工作人员的能力、资格与对所任的职务能否胜任，已经做了详尽的考察，所得结论符合实际情况。监督其职务执行已尽相当的注意，就是指用人单位对工作人员执行职务的总体行为是否予以适当的教育和管理，其标准应以客观情况决定。用人单位如果能够证明对上列事项确实已尽了相当的注意，即可证明用人单位并无过失，可以免除其赔偿责任。

用人单位不能证明自己没有过失，即应承担赔偿责任。如果工作人员致人损害在主观上有过错，用人单位赔偿被侵权人的损失以后，即对工作人员取得求偿权，工作人员应当赔偿用人单位因赔偿被侵权人的损失所造成的损失，此时形成一个新的损害追偿法律关系。如果工作人员在主观上没有过错，则由用人单位单独承担赔偿责任，用人单位对工作人员不取得求偿权。尽管《侵权责任法》第34条没有规定追偿关系的规则，但替代责任的追偿关系是必然的规则，是不可否认的。因此，必须确认用人单位对有过错的工作人员的追偿权，并且在实践中予以执行。

三、劳务派遣责任

（一）劳务派遣的概念和法律关系

劳务派遣，又称为劳动派遣，也被称为人力派遣或人才租赁，是指劳务派遣单位与用工单位签订派遣协议，将工作人员派遣至用工单位，在用工单位指挥、监督下提供劳动的劳务关系。《侵权责任法》第34条第2款规定：“劳务派遣期间，被派遣的工作人员因执行工作任务造成他人损害的，由接受劳务派遣的用工单位承担侵权责任；劳务派遣单位有过错的，承担相应的补充责任。”

劳务派遣的典型特征是劳动力雇佣与劳动力使用相分离，被派遣的工作人员不与用工单位签订劳动合同，不建立劳动关系，而是与劳务派遣单位存在劳动关系，但却被派遣至用工单位劳动，形成

“有关系没劳动,有劳动没关系”的特殊用工形态。

劳务派遣的法律关系有两个合同关系:

第一个合同关系,是劳务派遣单位与工作人员之间的劳动关系。按照《劳动合同法》的规定,劳务派遣单位是这个劳动合同的用人单位,履行用人单位的义务,《劳动合同法》规定的用人单位的应尽义务,劳务派遣单位均应当执行,包括被派遣的劳动者符合无固定期限劳动合同签订条件时,应当签订无固定期限劳动合同。

第二个合同关系,是劳务派遣单位与用工单位的合同关系。当用工单位需要劳务派遣单位派遣劳务时,则应当签订合同,确定派遣的工作人员,协商具体的劳动派遣的内容,确立劳务派遣合同关系。

劳务派遣单位应当将劳务派遣协议的内容告知被派遣的工作人员。劳务派遣单位不得克扣用工单位按照劳务派遣协议支付给被派遣工作人员的劳动报酬。劳务派遣单位和用工单位不得向被派遣的工作人员收取费用。在劳务派遣关系中,用工单位虽不是劳动法意义上的用人单位,但由于被派遣的工作人员实际在用工单位提供劳动,接受用工单位的管理,因此,用工单位同样需对被派遣劳动者负有相应的义务。用工单位应当履行的义务是:(1)执行国家劳动标准,提供相应的劳动条件和劳动保护;(2)告知被派遣劳动者的工作要求和劳动报酬;(3)支付加班费、绩效奖金,提供与工作岗位相关的福利待遇;(4)对在岗被派遣劳动者进行工作岗位所必需的培训;(5)连续用工的,实行正常的工资调整机制。

(二)劳务派遣责任的概念和构成

劳务派遣责任,是指在劳务派遣期间,被派遣的工作人员在工作过程中造成他人损害的,由接受劳务派遣的用工单位承担责任,劳务派遣单位承担补充责任的特殊侵权责任。

构成劳务派遣责任,应当具备以下要件:

1. 在当事人之间存在劳务派遣的劳动关系

构成劳务派遣责任,首先三方当事人之间必须存在劳务派遣的劳动关系。劳务派遣单位与被派遣的工作人员之间有劳动合同关系,劳务派遣单位与用工单位之间有劳务派遣合同关系。根据上述两个合同关系，被派遣的工作人员在用工单位提供劳动。没有这样的劳务派遣的劳动关系，不存在劳务派遣责任。

2. 被派遣的工作人员在劳务派遣工作过程中造成他人损害

劳务派遣责任中的损害事实要件，同样是致他人损害，包括人身损害和财产损害。这个损害事实应当发生在被派遣的工作人员执行派遣的工作过程中，也就是被派遣的工作人员在工作过程中造成他人损害的客观事实。如果不是在执行派遣的劳务过程中造成损害，则不构成劳务派遣责任，而可能是一般的用人单位的责任。例如，在被派遣的工作人员在去往用工单位的途中尚未到达即造成损害，或者在完成派遣任务回到派遣单位中造成他人损害，则不构成劳务派遣责任，而应当按照用人单位责任的要求，由劳务派遣单位承担责任。

3. 损害事实的发生与被派遣的工作人员的执行职务行为有因果关系

造成他人损害的事实，应当是被派遣的工作人员执行派遣工作的职务行为所致，二者之间有因果关系。在接受派遣劳务之后，被派遣的工作人员在执行职务中，造成他人损害，就构成劳务派遣责任。在本条中，法律使用的也是“因执行工作任务”，对此的理解应当也是执行职务。

4. 用工单位在指挥监督工作人员工作中有过失

构成劳务派遣责任，用工单位须有过失。过失的表现，是用工单位在指挥、监督工作人员执行职务行为中，应当注意而未尽注意义务。确定用工单位的过失，应当采用推定方式，在被侵权人已经证明前述三个要件的基础上，推定用工单位存在上述过失。用工单位认为自己没有过失的，应当自己提供证据证明。能够证明自己没有过失的，不承担侵权责任。不能证明的，过失推定成立，应当承担赔偿责任。

在本条规定中，明确规定了劳务派遣单位的过错。这一过错要件的作用，在于劳务派遣单位承担补充责任，而不是确定用工单位的责任。

(三)劳务派遣责任的承担

劳务派遣责任分为两种,《侵权责任法》第 34 条第 2 款分别做了规定:

1. 接受派遣用工单位的责任

具备前述劳务派遣责任构成要件的,成立接受派遣用工单位的责任,接受派遣用工单位应当承担赔偿责任。之所以在劳动派遣责任中不由劳务派遣单位承担责任,而由用工单位承担责任,原因在于用工单位在支配工作人员的劳动,工作人员是在用工单位的指挥、监督下,直接为用工单位进行劳动的。

如果工作人员在执行派遣劳务的工作过程中致人损害有过错的,则用工单位在承担了赔偿责任之后,有权向有过错的工作人员追偿。

2. 劳务派遣单位的责任

派遣的工作人员在工作过程中造成他人损害,派遣单位也有过错的,由于派遣单位与被派遣的工作人员之间有劳动关系,那么,本条法律规定,劳务派遣单位应当承担相应的补充责任。理解相应的补充责任应当把握两点:第一,补充责任是补充用工单位的责任,如果用工单位能够承担全部赔偿责任,就不存在补充责任,在用工单位不能承担或者不能全部承担赔偿责任的时候,才由劳务派遣单位补充赔偿。第二,相应的责任,劳务派遣单位责任应当与劳务派遣单位的过错程度和行为的原因力相适应,即以过错程度和原因力的作用确定其应当承担的责任。相应的补充责任与补充责任的区别在于:补充责任是全部补充,即凡是直接责任人不能承担的责任都由补充责任人承担,承担补充责任之后,可以向直接责任人追偿;而相应的补充责任,即使是补充责任,也与补充责任人的过错程度和行为的原因力相适应,且不得主张向直接责任人追偿。

四、个人劳务责任

(一)个人劳务责任的概念和特征

个人劳务责任是一种特殊的用人者责任,属于特殊侵权责任,是指在个人之间形成的劳务关系中,提供劳务一方在执行劳务过程中,由于执行劳务活动造成他人损害,接受劳务一方应当承担替代赔偿责任的特殊侵权责任。《侵权责任法》第 35 条规定:“个人之间形成劳务关系,提供劳务一方因劳务造成他人损害的,由接受劳务一方承担侵权责任。提供劳务一方因劳务自己受到损害的,根据双方各自的过错承担相应的责任。”

个人劳务责任与其他侵权责任相比较,具有以下法律特征:第一,接受劳务一方与提供劳务一方之间具有个人劳务关系;第二,提供劳务一方执行劳务活动所造成的损害等于是接受劳务一方的行为造成的损害;第三,个人劳务责任的侵权责任形态是替代责任。

在各国侵权法中,个人劳务责任包括在雇主责任中,因此范围相当宽。我国的个人劳务责任范围较窄,仅仅限于在个人之间形成的劳务关系中,实际上就是个人雇用个人。在私人企业中,即使也是雇工形式,但属于法律规定的劳动关系,不属于个人劳务关系,因此适用用人单位责任,不适用个人劳务责任。

(二)个人劳务责任的归责原则和构成要件

个人劳务责任适用何种归责原则,《侵权责任法》第 35 条前段没有明确规定。个人劳务责任应当与其他用人者责任一样,适用过错推定原则。

实行过错推定责任,被侵权人只需证明损害事实、损害结果与行为人的行为之间的因果联系、行为人与被告的特殊关系,不必证明被告对行为人实施的侵权行为具有过错。对于被告来说,必须反证证明其对损害的发生没有过错。个人劳务责任适用过错推定原则,实行举证责任倒置,可以减轻被侵权人的举证责任,使其合法权益得到有效的保护。

在替代责任中,存在三种主体,即行为人、责任人和被侵权人。当行为人致他人损害以后,依据法律的规定,由责任人承担损害赔偿责任。个人劳务责任的替代责任同样如此,应当具备以下四个条件:

1. 接受劳务一方与提供劳务一方之间须有特定关系

构成个人劳务责任,首先必须在责任人和行为人之间具有劳务关系。接受劳务一方与提供劳务一方之间的特定关系主要表现为:

提供劳务一方在受雇期间所实施的行为,直接为接受劳务一方创造经济利益以及其他物质利益,接受劳务一方承受这种利益,提供劳务一方据此得到报酬。

2. 接受劳务一方须处于特定地位

在个人劳务责任中,接受劳务一方就应当处于这样带有支配性质的地位,这种支配地位的产生,就是基于劳动合同,由于接受劳务一方购买的是提供劳务一方的劳动力,因此,接受劳务一方也就取得了对提供劳务一方人身的某种支配权。

3. 提供劳务一方在造成第三人的损害中应处于特定状态

替代责任中的加害人处于特定状态,是必要条件。个人劳务责任的替代责任,接受劳务一方是提供劳务一方的雇主,提供劳务一方在造成损害的时候是执行劳务活动行为。考察提供劳务一方致人损害时是否执行劳务,该因素为接受劳务一方承担替代责任的决定性因素。确定提供劳务一方是否从事劳务活动的规则是:第一,接受劳务一方有明确指示授权的,按照接受劳务一方的明确指示确定。从事劳务活动,是指从事接受劳务一方授权或者指示范围内的劳务活动。接受劳务一方指定提供劳务一方做什么,提供劳务一方按照接受劳务一方的指示所做的事情,就是执行职务。第二,超出接受劳务一方授权的范围,即接受劳务一方没有明确指示的,如何确定执行职务,一般通说采纳客观说,即以从事劳务活动的外在表现形态为标准,如果行为在客观上表现为与接受劳务一方指示办理的事件要求相一致,就应当认为是属于从事劳务活动的范围。我国司法实践采纳客观说,应当按照客观说确定执行职务。

提供劳务一方的行为在某些特定情形下不属于执行职务行为:(1)超越职责行为;(2)擅自委托行为;(3)违反禁止行为,接受劳务一方明令禁止的行为,提供劳务一方而为之,不属于执行职务;(4)借用机会行为。

4. 接受劳务一方在主观上存在过错

考察接受劳务一方主观上是否有过错,不同于一般侵权责任的过错。这种主观过错表现在接受劳务一方身上,而提供劳务一方在主观上是否有过错一般不问。只是在确定接受劳务一方对提供劳务一方是否享有求偿权时，才考察提供劳务一方的主观过错。

接受劳务一方的过错内容，表现为对提供劳务一方的选任、监督、管理上的疏于注意义务。如果接受劳务一方故意指使提供劳务一方侵害他人权利，则是共同侵权行为，而不是接受劳务一方的替代责任。只要接受劳务一方在选任、监督、管理上有疏于注意义务的心理状态，即应承担替代赔偿责任。确定接受劳务一方的过错，应采过错推定的形式。

（三）个人劳务责任的处理规则

在司法实践中应用本条，应当把握：一是提供劳务一方在提供劳务过程中造成他人损害的规则；二是提供劳务一方在提供劳务过程中造成自己损害的规则。

1. 提供劳务一方在提供劳务过程中造成他人损害的规则

接受劳务一方的赔偿责任确定之后，接受劳务一方承担替代责任应当按照下列步骤进行：

第一，确定损害赔偿的责任主体。个人劳务责任既然是替代责任，其责任主体就是接受劳务一方，而不是提供劳务一方。被侵权人是当然的赔偿权利主体。

第二，赔偿权利主体举证。法院受理被侵权人的起诉，不要求原告举证证明责任主体即接受劳务一方的过错，而以证明损害事实、提供劳务一方行为与损害结果的因果关系、加害人与接受劳务一方存在个人劳务关系为已足。

第三，赔偿责任主体举证责任倒置。接受劳务一方是否已尽选任、监督之注意义务，须自己举证证明。接受劳务一方欲免除自己的责任，应当证明他选任提供劳务一方及监督提供劳务一方职务的执行，已尽了相当的注意。选任提供劳务一方已尽相当的注意，就是指在选任之初，对提供劳务一方的能力、资格与其对所任的职务能否胜任，已经做了详尽的考察，所得结论符合实际情况。监督其职务的执行已尽相当的注意，就是指接受劳务一方对提供劳务一方从事劳务活动的总体行为是否予以适当的教育和管理，其标准应以客观情况决定。接受劳务一方如果能够证明其对上列事项确实已尽了相当的注意，即可证明其并无过失，可以免除其替代赔偿责任。

第四,接受劳务一方承担赔偿责任。接受劳务一方不能证明自己没有过失,即应承担赔偿责任。如果提供劳务一方在致人损害时有过错,接受劳务一方赔偿被侵权人的损失以后,即对提供劳务一方取得求偿权,提供劳务一方应当赔偿接受劳务一方因赔偿被侵权人的损失所造成的损失,形成一个新的损害追偿法律关系。如果提供劳务一方主观上没有过错,则由接受劳务一方单独承担赔偿责任,接受劳务一方对提供劳务一方不取得求偿权。

第五,接受劳务一方的追偿权。在接受劳务一方为提供劳务一方承担替代责任后,如果提供劳务一方有重大过失或故意,则该接受劳务一方有追偿的权利。接受劳务一方享有追偿权,一方面是为了弥补接受劳务一方的损失,另一方面是为了规范提供劳务一方,要求其在执行职务的过程中谨慎行事,减少损害的发生。

2. 提供劳务一方在提供劳务过程中造成自己损害的规则

《侵权责任法》第35条后段规定:“提供劳务一方在劳务过程中自己受到伤害的,根据双方各自的过错承担相应的责任。”这里规定的,实际上是个人劳务关系中的工伤事故责任,依我所见,在这里规定是不应当的。因为《侵权责任法》根本就没有规定工伤事故责任,而交由行政法规解决。既然《侵权责任法》对此已经做出了规定,当然其效力高于行政法规,具有优先适用的效力。

个人劳务关系中的工伤事故责任规则与一般的工伤事故责任规则不同。其区别是个人劳务关系原则上不进行工伤保险,因此,确定提供劳务一方在劳务过程中自己的伤害,应当根据双方各自的过错承担相应的责任。这就是说,提供劳务一方在提供劳务过程中受到伤害,是否由接受劳务一方承担责任,实行过错责任原则,有过错的,当然承担责任,没有过错的,就不承担责任。相应的责任,就是与过错程度相应,与原因力相应。

分析具体情形,应当有三种情况:第一,提供劳务一方自己有过错。提供劳务一方对于自己在提供劳务的过程中造成自己损害,是因为自己的过错造成,接受劳务一方没有过错的,应当对自己的过错承担后果,接受劳务一方不承担责任。第二,接受劳务一方有过错。接受劳务一方对于提供劳务一方在提供劳务过程中造成损害有过错，而提供劳务一方没有过错的，当然应当由接受劳务一方承担全部赔偿责任。提供劳务一方有权请求损害赔偿。第三，提供劳务一方和接受劳务一方均有过错。在这种情况下，构成过失相抵，应当按照双方过错程度和原因力，确定各自应当承担的责任。

第二节　网络服务提供者侵权责任

《侵权责任法》第36条规定："网络用户、网络服务提供者利用网络侵害他人民事权益的，应当承担侵权责任。网络用户利用网络服务实施侵权行为的，被侵权人有权通知网络服务提供者采取删除、屏蔽、断开链接等必要措施。网络服务提供者接到通知后未及时采取必要措施的，对损害的扩大部分与该网络用户承担连带责任。网络服务提供者知道网络用户利用其网络服务侵害他人民事权益，未采取必要措施的，与该网络用户承担连带责任。"本条规定的是网络服务提供者侵权责任。随着互联网的迅速发展，网络侵权行为在不断增加，《侵权责任法》有必要对网络侵权责任做出规定，以制裁违法行为、保护人的权利、维护互联网的正常秩序。网站责任与网络侵权责任不同，网络侵权责任是在网络上发生的侵权行为责任，包括网络用户侵权责任和网络服务提供者侵权责任即网站责任，以及其他网络侵权责任。本条规定的是网络服务提供者责任，不包括网络用户侵权责任等网络侵权责任。其他网络侵权责任应当依照过错责任原则，适用《侵权责任法》第6条第1款过错责任原则的规定处理。

一、网络服务提供者的范围

互联网的网络服务提供者根据其职能可以做如下区分：(1)ISP(Internet Service Provider)，即"网络服务商"，是指提供通路以使使用者或者网络连线的从业者，为用户提供接入网络服务。(2)IAP(Internet Access Provider)，主要投资建立网站中转站、租用信道和电话线路，以及提供中介服务，包括连线服务、IP地址分配、电子布告版 BBS(Bulletin Board System)等。(3)ICP(Internet Content Provider),即网络内容提供者,是利用 IAP 线路,通过设立的网站提供信息服务,大到如 YAHOO、新浪网等大网站,小到设立 Web 网页的个人用户。(4)OSP(Online Service Provider),容易与网络连线服务者(ISP)混淆的另一类网上服务是在线服务提供者,实际上是提供上网后网际网络数据库、检索查询、论坛(Forums)服务等。(5)IPP(Internet Plat Provider),即"网络平台提供商",为用户提供一个信息交流和技术服务的空间。(6)IEP(Internet Equipment Provider),是新出现的一种网络服务提供商,即为 ICP、ISP 等提供所有接入设备和技术服务的专业化网络产品厂商。(7)ASP(Application Service Provider),即"应用服务供应商",是向用户提供一切可能性的 Internet 应用服务。向其用户提供各种 Internet 应用外包租用服务业务,ASP 向用户提供服务的应用系统本身属于 ASP,用户租用服务之后对应用系统拥有使用权。(8)IMP(Internet Media Provider),网上媒体提供者,如我国的网盟。

网络服务提供者简称 ICP 和 IPP,就是指网站,提供信息服务,为用户提供信息交流和技术服务的空间。在《侵权责任法》第 36 条中,网络服务提供者就是指网站。

二、网络用户和网络服务提供者的侵权责任

《侵权责任法》第 36 条第 1 款规定的是网络用户和网络服务提供者的直接责任:"网络用户、网络服务提供者利用网络侵害他人民事权益的,应当承担侵权责任。"

网络用户利用网络,侵害他人民事权益,构成侵权责任,应当由自己对被侵权人承担赔偿责任。这是过错责任,应当适用第 6 条第 1 款的规定确定责任。

网络服务提供者自己利用网络侵害他人民事权益的表现形式,例如,自己在网络上发表作品、信息诽谤、侮辱他人,网络服务提供者在网络上抄袭、剽窃他人著作,未经著作权人同意而在网站上发表他人作品等,按照《侵权责任法》第 6 条第 1 款的规定,都构成侵权责任,应当承担赔偿责任。

这种侵权责任是过错责任，也是自己的责任，与本条第2款和第3款规定的网络服务提供者的连带责任并不相同。

三、网络服务提供者的连带责任

网络服务提供者的连带责任，是指网络用户利用网络实施侵权行为，网络服务提供者在何种情况下与网络用户一起承担连带责任的网络侵权特殊形式。按照第36条第2款和第3款规定，网络服务提供者承担连带责任，适用以下两种规则：

（一）通知规则

通知规则，是《侵权责任法》第36条第2款规定的网络服务提供者连带责任："网络用户利用网络服务实施侵权行为的，被侵权人有权通知网络服务提供者采取删除、屏蔽、断开链接等必要措施。网络服务提供者接到通知后未及时采取必要措施的，对损害的扩大部分与该网络用户承担连带责任。"

与后一种网络服务提供者连带责任不同，网络服务提供者不知道网络用户利用该网站实施侵权行为，对网络服务提供者无论是要求已知还是应知，都有所不妥。因此，采取通知规则，被侵权人知道自己在该网站上被侵权，向网络服务提供者提示，告知其网站的文章构成侵权，网络服务提供者应当进行删除、屏蔽、断开链接等必要措施。经过提示，网络服务提供者其实已经明知，其接到该通知之后未及时采取必要措施的，也属于对网络用户侵权行为的放任，具有间接故意，视为共同侵权行为，应当与侵权的网络用户就损害扩大部分，与网络用户承担连带责任。这个规则是完全正确、合情合理的。

何为扩大部分的损害？笔者认为应当以网络服务提供者被提示之后确定，凡是被提示之后造成的损害，就是损害的扩大部分。网络用户侵权行为实施之后提示网站的，当然是被提示之后的损害为扩大部分。如果网络用户实施侵权行为之时，或者之前，网络服务提供者就明知的，则全部损害都是扩大部分，应当就全部损害承担连带责任。

在起草《侵权责任法》过程中，对此存在的疑问是，如果提示者认为侵权,但其实没有侵权的,网络服务提供者所采取必要措施进行删除、屏蔽、断开链接的行为就可能构成侵害网络内容提供者的权利。如果网络内容提供者主张网络服务提供者侵权,应当如何处理呢？笔者认为,"被侵权人"提出提示,应当提供担保,如果按照提示的要求,网络服务提供者采取了必要措施而侵害了网络内容提供者的权利,需要承担侵权责任的,应当由提示者承担责任,最起码也应当在由网络服务提供者承担责任之后,对提示者有追偿权。非如此,不能保护网络服务提供者的合法权益。

按照通知规则,网络服务提供者承担的连带责任的范围应当如何确定,《侵权责任法》第 36 条第 2 款不像第 3 款那样规定承担全部的连带责任,而是明确规定就"扩大部分"承担连带责任。这就意味着,网络服务提供者在经过提示之后的连带责任,范围不是全部损害,而是经过提示之后没有及时采取措施而扩大的损失部分。

(二)知道规则

知道规则,是《侵权责任法》第 36 条第 3 款规定的网络服务提供者的连带责任:"网络服务提供者知道网络用户利用其网络服务侵害他人民事权益,未采取必要措施的,与该网络用户承担连带责任。"

由于网络侵权的特殊性,并非网络上发表的所有内容构成侵权时,网络服务提供者就必须承担侵权责任。这一点,与传统媒体的新闻侵权不同。传统媒体发表文章,需要进行审查、编辑,如果发表的文章构成侵权,编辑出版者应当承担侵权责任,因为其未尽必要注意义务,因而构成侵权责任。网络发表作品、信息,并没有编辑或者审查的过程,任何网络用户都可以上传文章,而网络服务提供者仅仅是提供网络平台支持而已。如果让网络服务提供者承担与新闻媒体的编辑出版者同样的责任,对作品进行事先审查,是不公平的,也是不合理的。

网络服务提供者的知道规则,就是网络服务提供者明知网络用户利用其网络实施侵权行为,而未采取必要措施,任凭侵权行为实施,对被侵权人造成损害,对于该网络用户实施的侵权行为就具有放任的间接故意,因此,对网络服务提供者的这种明知的行为,视为共同侵权行为，在所造成的后果中，就有网络服务提供者的责任份额，其应当承担连带责任。

本条规定的知道规则，在表述中是“知道”。对此，专家在起草过程中多次建议应当改为“明知”，但立法者并没有接受。按照一般理解，知道包括已经知道和应当知道，而明知就是已经知道。确定网络服务提供者侵权责任，如果凡是应当知道的，也应当承担上述连带责任，似乎过严，应当区别。我们认为，对于侵害知识产权的网络用户侵权行为，采取知道规则较为妥当。而对于其他形式的网络用户侵权行为，则采取知道规则更为妥当。应当明确的是，网站对发布信息不承担事先审查义务，并非实行知道规则就认为网站负有发布信息的事先审查义务。

四、在司法实务操作中应当注意的问题

在司法实践中应用本条确定网络服务提供者的侵权责任，应当特别注意本条规定前后三款责任的不同。

第 1 款规定的是网络侵权责任的一般规则，对于网络用户和网络服务提供者都适用，适用过错责任原则，网络用户和网络服务提供者利用网络实施侵权行为的，都构成侵权责任，自己承担。

第 2 款和第 3 款规定通知规则和知道规则都适用连带责任，但连带责任的范围不同。

第一，违反通知规则，网站承担的是“对损害的扩大部分与该网络用户承担连带责任”。这个连带责任的规则是正确的，网站仅仅是对网络用户的侵权行为经过提示而没有采取必要措施，是对损害的扩大有因果关系，因而就损害的扩大部分承担连带责任。

第二，违反知道规则，网站承担的是“与该网络用户承担连带责任”。这个连带责任规则，有人认为不正确，其实不然。经过提示，网络用户的行为构成侵权，网站仍不及时采取必要措施，对于损害的扩大部分当然有责任，但对于造成的损害后果也有放任的态度，因此，就网络侵权的全部责任连带负责，也有其道理。

第三，与网站承担连带责任的是作为直接侵权人的网络用户。在通常情况下，连带责任需要由连带责任人共同承担，但网络侵权

行为的特点决定,被侵权人多数只知道侵权的网站,很难知道网络用户是谁,在实践中,被侵权人通常只起诉网络服务提供者,而不起诉或者无法起诉直接侵权人。对此,并不违反《侵权责任法》第13条和第14条规定的连带责任规则。在网络服务提供者承担了全部赔偿责任之后,其责任性质为中间责任,其有权向侵权的网络用户就自己支付的超出自己赔偿数额的部分,进行追偿。

第十三章　违反安全保障义务与学生伤害事故责任

第一节　违反安全保障义务的侵权责任

《侵权责任法》第37条规定了违反安全保障义务的侵权责任："宾馆、商场、银行、车站、娱乐场所等公共场所的管理人或者群众性活动的组织者，未尽到安全保障义务，造成他人损害的，应当承担侵权责任。因第三人的行为造成他人损害的，由第三人承担侵权责任；管理人或者组织者未尽到安全保障义务的，承担相应的补充责任。"

一、违反安全保障义务的侵权行为概念和特征

违反安全保障义务的侵权行为，是指依照法律规定或者约定对他人负有安全保障义务的人，违反该义务，因而直接或者间接地造成他人人身或者财产权益损害，应当承担损害赔偿责任的侵权行为。

违反安全保障义务的侵权责任的特征是：第一，行为人是对受保护人负有安全保障义务的人，即负有安全保障义务的公共场所管理人或者群众性活动的组织者，受保护人是进入到行为人公共场所或者群众性活动领域之中的人。第二，行为人对

于受安全保障义务保护的相对人违反安全保障义务。第三,受安全保障义务人保护的相对人遭受了人身损害或财产损害。第四,违反安全保障义务的行为人应当承担侵权损害赔偿责任。

二、违反安全保障义务侵权责任的主体及安全保障义务的来源

(一)安全保障义务的主体范围确定

1. 义务主体的确定

按照最高人民法院人身损害赔偿司法解释第 6 条规定,负有安全保障义务的义务主体应当是经营者和其他社会活动的组织者,包括自然人、法人和其他组织。可见,第一种主体是经营活动的经营者,第二种主体是其他社会活动的组织者。在司法解释中列举的“住宿、餐饮、娱乐等经营活动”并不是完全的列举,一个“等”字应该把它们都概括进去。

《侵权责任法》第 37 条改变了这样的规定,而是将违反安全保障义务侵权责任的义务主体范围界定为“宾馆、商场、银行、车站、公园、娱乐场所等公共场所的管理人或者群众性活动的组织者”,即“公共场所的管理人或者群众性活动的组织者”。这个范围比原来司法解释规定的范围窄,不利于保护受保护的人的利益,在司法实践中可以适当扩大。《消费者权益保护法》第 18 条将具改为“经营场所的经营者”,是比较适当的。

对此,借鉴英美法系的土地利益占有人或者土地占有者的概念,更容易处理实际问题。不论是经营者,还是社会活动的组织者,他们都占有土地,在土地上进行活动。即使不是公共场所的管理人或者群众性活动的组织者的其他人,如果占有土地进行活动,对于进入土地范围的人也应当承担安全保障义务。例如,私人的房屋和庭院存在现实危险,造成他人损害,是不是也要承担侵权责任呢?不仅如此,还可以通过这种标准界定义务主体负有安全保障义务的范围。

2. 权利主体的确定

受到安全保障义务保护的人,就是安全保障义务的权利主体。

《侵权责任法》第37条规定为“他人”，没有规定具体的范围。事实上，安全保障义务的权利主体应当是受安全保障义务保护的当事人。按照一般推论，既然义务主体是公共场所的管理人或者群众性活动的组织者，那么，权利主体就一定是参加公共场所和群众性活动的参与者。可是，如果仅仅这样理解，就会限制权利主体的范围。对此，应当按照本条规定确定为“他人”。

（二）安全保障义务来源的确定

确定违反安全保障义务侵权责任的责任，最重要的就是确定行为人是不是负有安全保障义务、负有什么样的安全保障义务。因此，首先要确定公共场所的管理人或者群众性活动的组织者的安全保障义务来源。安全保障义务的来源主要有以下三个方面：

1. 法律直接规定

法律直接规定安全保护义务，是最直接的安全保障义务的来源。例如，《消费者权益保护法》第7条规定：“消费者在购买、使用商品和接受服务时享有人身、财产安全不受损害的权利。消费者有权要求经营者提供的商品和服务，符合保障人身、财产安全的要求。”

2. 合同约定的主义务

如果在当事人约定的合同义务中规定，合同的一方当事人对另一方当事人负有安全保障义务的，合同当事人应当承担安全保障义务。例如，订立旅客运输合同，旅客的人身安全保障义务就是合同的主义务，当事人必须履行这种义务。[①]

3. 法定的或者约定的合同附随义务

按照诚信原则，一方当事人应该对另一方当事人提供安全保障义务，该方当事人也应该负有安全保障义务。例如，餐饮业、旅馆业向顾客提供服务，按照诚信原则的解释，应当对接受服务的客人人身安全负有保障义务。[②]

---

① 崔建远主编：《合同法》，法律出版社2003年版，第414页。

② 其实，前文所述银河宾馆案，即使是宾馆没有承诺“二十四小时保障客人安全”，依照诚信原则，亦应承担这种安全保障义务。

(三)安全保障义务性质的确定

按照上述分析,公共场所的管理人或者群众性活动的组织者承担的安全保障义务的基本性质有两种:一是法定义务;二是合同义务。事实上,这两种义务是竞合的。例如,经营者的安全保障义务既是法律规定的义务,也是合同约定的义务。那么,经营者违反这种安全保障义务,既可能构成侵权责任,也可能构成违约责任。因此,会发生民事责任竞合,即违反安全保障义务的行为发生侵权责任和违约责任竞合,被侵权人产生两个损害赔偿的请求权。对此,应当按照《合同法》第122条的规定,由赔偿权利人进行选择,选择一个最有利于自己的请求权行使,救济自己的权利损害。

三、违反安全保障义务侵权责任的归责原则和构成要件

(一)归责原则

对违反安全保障义务侵权责任的过错认定,应当采用过错推定原则。推定的事实基础,就是被侵权人已经证明了被告的行为违反了安全保障义务。在此基础上,推定被告具有过错。如果否认自己的过错,则过错的举证责任由违反安全保障义务的行为人自己承担,由他证明自己没有过错的事实。如果他能够证明自己没有过错,则推翻过错推定,免除其侵权责任;如果他不能证明自己没有过错,或者证明不足,则过错推定成立,应当承担侵权责任。

(二)构成要件

1. 违反安全保障义务的行为

构成违反安全保障义务侵权责任,首先就需要具有违反安全保障义务的行为。在实践中判断义务人是否违反安全保障义务,需要有一个客观的标准。可以从以下四个方面加以把握:

(1)法定标准。如果法律对于安全保障的内容和安全保障义务人必须履行的行为有直接规定时,应当严格遵守法律、法规的明确规定判断。例如,公安部《高层建筑消防管理规则》规定:"建筑物内的走道、楼梯、出口等部位,要经常保持畅通,严禁堆放物品。疏散标志和指示灯要完整好用。"这就是一种法定标准,用以衡量高层建筑所有者或管理者是否尽到对火灾的预防义务的一条法定判断

标准。违反这个标准,造成了被保护人的人身损害或财产损害,构成违反安全保障义务。

(2)特别标准。对于未成年人的安全保障义务,应当采用特别标准。这样的标准是,如果在一个经营活动领域或者一个社会活动领域,存在对儿童具有诱惑力的危险时,公共场所的管理人或者群众性活动的组织者必须履行最高的安全保障义务。应当采取的保障义务包括:其一,消除这个危险,使之不能发生;其二,使未成年人与该危险隔绝,使其无法接触这个危险;其三,采取其他措施,保障避免对儿童造成损害。没有实施这些保障措施,即为违反安全保障义务。

(3)善良管理人的标准。如果法律没有规定确定的标准,是否履行了安全保障义务的判断标准,要高于侵权法上的一般人的注意标准。在美国侵权法中,对于受邀请而进入土地利益范围的人,土地所有人或者占有人应当承担的安全保障义务是很高的,标准是要保证受邀请人的合理性安全。这种安全注意义务可以扩展到保护受邀请者免受第三者的刑事性攻击。在法国,最高法院在判例中认为,在欠缺法定的作为义务的情况下,行为人是否对他人负有积极作为的义务,应根据善良家父的判断标准加以确立。如果被告在一个善良家父会积极作为时却没有作为,即表明被告有过错,在符合其他责任构成的条件下即应承担过错侵权责任。[①] 善良家父、保障合理性安全的标准,就是善良管理人注意的标准。这种标准与罗马法上的"善良家父之注意"和德国法上的"交易上必要之注意"相当,都是要以交易上的一般观念,认为具有相当知识经验的人,对于一定事件的所用注意作为标准,客观地加以认定。行为人有无尽此注意的知识和经验,以及他向来对于事务所用的注意程度,均不过问,只有依其职业斟酌,所用的注意程度应比普通人的注意和处理自己事务为同一注意要求更高。这种注意的标准,是使用客观标准。[②]

① 张民安:《过错侵权责任制度研究》,中国政法大学出版社2002年版,第328页。
② 杨立新:《侵权法专论》,高等教育出版社2005年版,第112页。

(4)一般标准。这种标准分为两个方面:一方面,公共场所的管理人或者群众性活动的组织者对于一般的被保护人,如主动进入经营场所或社会活动场所的人或者非法进入者,所承担的义务就是对于隐蔽性危险负有告知义务。对这种告知义务没有履行,则构成违反安全保障义务。例如,对于进入商场不是意欲购买物品,只是要通过商场过道的人,经营者只对隐蔽危险负有告知义务,并非承担善良管理人的注意义务。另一方面,公共场所的管理人或者群众性活动的组织者对于受邀请者进入经营领域或者社会活动领域的一般保护事项,如商场、列车、公共交通工具遭受窃贼侵害的危险,负有一般的告知义务和注意义务,并非遭受窃贼损害,都是义务人违反安全保障义务。

按照上述标准,以下四种行为是违反安全保障义务的行为:第一,怠于防止侵害行为。对于负有防范制止侵权行为的安全保障义务的人,没有对发生的侵权行为进行有效的防范或制止。第二,怠于消除人为的危险情况。这就是对于管理服务等人为的危险状况没有进行消除。第三,怠于消除经营场所或者活动场所具有伤害性的自然情况。如对设施、设备存在的不合理危险,没有采取合理措施予以消除。第四,怠于实施告知行为。对于经营场所或者社会活动场所中存在的潜在危险和危险因素,没有尽到告知义务,亦未尽适当注意义务。对于上述安全保障义务标准,如果超出了合理限度范围,则即使造成了进入经营或者活动领域的人的损害,也不应当承担损害赔偿责任。

2. 负有安全保障义务的相对人受到损害

构成违反安全保障义务侵权责任,应当具备损害事实要件,包括人身损害和财产损害。违反安全保障义务的人身损害赔偿责任所保护的是自然人的健康权和生命权。财产损害事实是由于违反安全保障义务行为造成了受保护人的财产或者财产利益受到损害的事实。

3. 损害事实与违反安全保障义务行为之间具有因果关系

在违反安全保障义务侵权责任构成中,义务人的违反义务行为与受保护人的损害之间,应当具有引起与被引起的因果关系。不过,由于违反安全保障义务的侵权行为的类型不同,这种因果关系的要求也不相同。

在违反安全保障义务的侵权责任构成中,由于其侵权行为类型不同,对因果关系要件的要求也不同。

第一,在违反安全保障义务行为直接造成损害事实的情况下,对因果关系的要求应当是直接因果关系或者相当因果关系,违反安全保障义务行为是损害发生的原因。例如,在设施、设备违反安全保障义务的侵权行为、服务管理违反安全保障义务的侵权行为和对儿童违反安全保障义务侵权责任中,对于因果关系要件的要求,是具有确定的直接因果关系或者相当因果关系,表现为,违反安全保障义务的行为就是引起受保护人损害事实的原因。

第二,在防范、制止侵权行为违反安全保障义务的侵权行为中,对于因果关系的要求比前三种侵权行为的要求要低,其侵权责任构成的因果关系应当是间接因果关系,违反安全保障义务行为仅仅是损害发生的间接原因,不要求是直接原因。这是因为,侵权行为人对受保护人所实施的侵权行为,就是直接针对受保护人的,并且直接造成了受保护人的损害。这种情形,该侵权行为是受保护人受到损害的全部原因。但是,安全保障义务人的违反安全保障义务行为也是造成受保护人的损害的全部原因,因为如果其尽到了保护义务,就会完全避免这种损害。事实上,安全保障义务人的行为是受保护人受到损害的一个必要条件,也具有因果关系,只是这种因果关系是间接因果关系而已。

4. 违反安全保障义务行为的行为人具有过错

构成违反安全保障义务侵权责任,行为人应当具有过错。

(1)过错性质

违反安全保障义务人的过错性质,是未尽注意义务的过失,不包括故意。如果违反安全保障义务人在造成损害中具有故意,包括直接故意和间接故意,则不属于这种侵权行为类型,而是故意侵权。这种过失的表现,就是应当注意而没有注意,是一种不注意的心理状态。这种心理状态实际地表现在其违反安全保障义务的行为中,应当通过对其行为的考察做出判断。具体来说,违反安全保障义务的行为人有无过错的标准是,行为人是否达到了法律、法规、规章等所要求达到的注意义务,或者是否达到了同类公共场所管理人或者群众性活动组织者所应当达到的注意程度,或者是否达到了诚信、善良的公共场所管理人或者群众性活动组织者所应当达到的注意程度。①

(2)过错的证明责任

违反安全保障义务侵权责任适用过错推定原则,因此,过错的证明实行举证责任倒置。这就是,只要被侵权人证明义务人未尽安全保障义务,并且已经造成了被侵权人的损害,就直接从损害事实和违反安全保障义务的行为中推定义务人有过错。如果义务人认为自己没有过错,应当自己举证,证明自己没有过错。证明自己没有过错的,推翻过错推定,义务人不承担侵权责任;反之,不能证明或者证明不足的,过错推定成立,构成侵权责任。

(3)义务人如何证明自己没有过错

义务人如果要证明自己没有过错,应当做到:证明自己的注意标准是什么,自己的行为已经达到了这样的注意标准,因此没有过失,或者证明自己虽然没有达到要求的注意标准,但是另有抗辩的原因,或者由于不可抗力,或者由于自己意志以外的原因,或者是第三人的原因行为所致等。义务人能够证明这些内容,应当认定其不具有过错要件,不构成侵权责任。

四、违反安全保障义务侵权责任的类型

违反安全保障义务侵权责任具体分为以下四种类型:

(一)设施、设备违反安全保障义务

公共场所的管理人或者群众性活动的组织者在设施、设备方面的安全保障义务,主要是不违反相关的安全标准。经营场所或者社会活动场所设施、设备必须符合国家的强制标准要求,没有国家的强制标准的,应当符合行业标准或者达到进行此等经营活动所需要达到的安全标准。设置的硬件没有达到保障安全的要求,存在缺陷

① 张新宝:《侵权责任法原理》,中国人民大学出版社 2005 年版,第 281 页。

或者瑕疵，造成了他人的损害，因此，经营者应当对被侵权人承担人身损害赔偿责任。例如，某商场在通道上安装的玻璃门未设置警示标志，一般人很难发现这是一扇门，顾客通过时撞在门上，造成伤害。对此，商场应当承担违反安全保障义务的人身损害赔偿责任。

（二）服务管理违反安全保障义务

公共场所的管理人或者群众性活动的组织者在服务管理方面的安全保障义务，主要包括以下三个方面：第一，加强管理，提供安全的消费、活动环境。第二，坚持服务标准，防止出现损害。在经营和活动中，应当按照确定的服务标准进行，不得违反服务标准。第三，必要的提示、说明、劝告、协助义务。

服务管理违反安全保障义务，就是经营者或者组织者的工作人员违反上述安全保障义务，存在瑕疵或者缺陷，因此造成他人损害，构成侵权责任。

（三）对儿童违反安全保障义务

儿童是祖国的未来，是民族的未来，因此法律对儿童予以特别的关照和保护。对儿童的保护适用特别标准，公共场所的管理人或者群众性活动的组织者必须竭力做到保护儿童的各项措施，以保障儿童不受场地内具有诱惑力危险的侵害。公共场所的管理人或者群众性活动的组织者对儿童违反安全保障义务，造成儿童的损害，应当承担赔偿责任。

（四）防范制止侵权行为违反安全保障义务

对于他人负有安全保障义务的公共场所的管理人或者群众性活动的组织者，在防范和制止他人侵害方面未尽义务，造成受保护人损害的，也构成违反安全保障义务的侵权责任，是一种特定的类型。

五、违反安全保障义务侵权责任的责任形态

违反安全保障义务侵权责任的赔偿责任分为三种：自己责任、替代责任和补充责任。

（一）自己责任

自己责任，就是违法行为人对自己实施的行为所造成的他人人身损害和财产损害的后果由自己承担的侵权责任形态。从公共场

所的管理人或者群众性活动的组织者的经营或者活动而言,违反安全保障义务造成受保护人的人身损害,自己承担责任,就是自己责任。在设施设备违反安全保障义务的侵权行为、服务管理违反安全保障义务和对儿童违反安全保障义务的侵权行为中,违反安全保障义务的行为人如果是单一的自然人主体,那么他就要承担自己责任。《侵权责任法》第 37 条第 1 款规定的责任就是违反安全保障义务侵权责任的自己责任。

(二)替代责任

但是,如果公共场所的管理人或者群众性活动的组织者是法人或者雇主,违反安全保障义务的具体行为人是公共场所的管理人或者群众性活动组织者的成员或者雇员,而且符合法人侵权或者雇主责任的要求,那么,在设施设备违反安全保障义务的侵权行为、服务管理违反安全保障义务和对儿童违反安全保障义务的侵权行为中,这种侵权责任形态实际上是替代责任,而不是自己责任。对此,应当适用《侵权责任法》第 34 条和第 35 条的规定,确定侵权责任。因此,无论是公共场所的管理人或者群众性活动的组织者自己违反安全保障义务,还是其成员或者雇员违反安全保障义务,都是要由作为公共场所的管理人或者群众性活动的组织者的法人、其他组织或者雇主承担责任的。不过,如果公共场所的管理人或者群众性活动的组织者的成员或者雇员违反安全保障义务造成损害的,公共场所的管理人或者群众性活动的组织者在承担了赔偿责任之后,可以向有过错的成员或者雇员求偿。

(三)补充责任

《侵权责任法》第 37 条第 2 款规定:“因第三人的行为造成他人损害的,由第三人承担侵权责任;管理人或者组织者未尽到安全保障义务的,承担相应的补充责任。”在违反安全保障义务的侵权行为中,防范制止侵权行为违反安全保障义务的一方当事人承担的损害赔偿责任,是补充责任。按照这一规定,防范制止侵权行为违反安全保障义务的侵权损害赔偿责任,是指第三人侵权导致被侵权人损害的,安全保障义务人对此有过错,承担相应的补充赔偿责任。

侵权法上的补充责任,是指两个以上的行为人违反法定义务,对一个被侵权人实施加害行为，或者不同的行为人基于不同的行为而致使被侵权人的权利受到同一损害，各个行为人产生同一内容的侵权责任，被侵权人享有的数个请求权有顺序的区别，首先行使顺序在先的请求权，该请求权不能实现或者不能完全实现时，再行使其他请求权的侵权责任形态。

侵权补充责任的基本规则是：

第一，在侵权补充责任形态中，即构成自己责任与补充责任的竞合时，被侵权人应当首先向自己责任人请求赔偿，自己责任人应当承担侵权责任。自己责任人承担了全部赔偿责任后，补充责任人的赔偿责任终局消灭，被侵权人不得向其请求赔偿，自己责任人也不得向其追偿。

第二，被侵权人在自己责任人不能赔偿、赔偿不足或者下落不明无法行使第一顺序的赔偿请求权时，可以向补充责任人请求赔偿。补充责任人应当满足被侵权人的请求。补充责任人的赔偿责任范围，并不是直接责任人不能赔偿的部分，而是“相应”的部分。如何理解相应的补充责任，笔者认为应当与违反安全保障义务人的过错程度和行为的原因力“相应”。并且仅此而已，并不承担超出相应部分之外的赔偿责任。

第三，相应的补充责任还意味着，其责任只是补充性的，如果直接侵权人有能力全部赔偿，则应当承担赔偿责任，违反安全保障义务的人不承担补充责任，因为已经不存在补充的必要。所以，相应的补充责任不是连带责任。现在在司法实践中很多法官将其理解为连带责任，是不正确的。故补充责任中“补充”的含义，是指补充责任的顺序是第二位的，自己责任人承担的赔偿责任是第一顺序的责任，补充责任人承担的赔偿责任是第二顺序的责任。因此，补充责任是补充自己责任的侵权责任形态。

第二节　学生伤害事故责任

《侵权责任法》第 38 条、第 39 条和第 40 条规定的是学生伤害事故责任。第38条规定:“无民事行为能力人在幼儿园、学校或者其他教育机构学习、生活期间受到人身损害的,幼儿园、学校或者其他教育机构应当承担责任,但能够证明尽到教育、管理职责的,不承担责任。”第39条规定:“限制民事行为能力人在学校或者其他教育机构学习、生活期间受到人身损害,学校或者其他教育机构未尽到教育、管理职责的,应当承担责任。”第40条规定:“无民事行为能力人或者限制民事行为能力人在幼儿园、学校或者其他教育机构学习、生活期间,受到幼儿园、学校或者其他教育机构以外的人员人身损害的,由侵权人承担侵权责任;幼儿园、学校或者其他教育机构未尽到管理职责的,承担相应的补充责任。”

一、学生伤害事故概述

(一)学生伤害事故的概念

学生伤害事故是指无民事行为能力或者限制民事行为能力的学生在幼儿园、学校或者其他教育机构学习、生活期间,受到人身损害,应当由幼儿园、学校或者其他教育机构承担赔偿责任的特殊侵权责任。

界定学生伤害事故,应当准确界定以下概念:

1. 学生

按照教育部颁布的《学生伤害事故处理办法》的规定,学生伤害事故中所指的学生,包括各类全日制学校的全日制学生、幼儿园的幼儿和儿童、在全日制学校注册和在其他教育机构就读的其他受教育者。最高人民法院人身损害赔偿司法解释第7条规定,则仅指未成年学生,保护对象是学校、幼儿园或者其他教育机构中的未成年人。《侵权责任法》第38条至第40条规定,是在“幼儿园、学校或者其他教育机构学习、生活的”“无民事行为能力人或者限制民事行为能力人”,未成年学生当然在其中,已经成年的无民事行为能力人或者限制民事行为能力人,当然也在其中。

2. 在幼儿园、学校或者其他教育机构学习生活期间

幼儿园、学校或者其他教育机构是指所有的这类机构,被保护的学生在其中教育、生活期间,应当采用“门至门”的原则,就是学生

从进校门到出校门期间参加的学校教育教学活动。例外的是，学校组织的校外的活动不在此限，学校或者幼儿园有接送班车的，应当以班车的门为限，包括上下车的安全保护。

3. 事故

事故的种类，包括学生本人的人身伤害事故和死亡事故，按照《侵权责任法》的规定，不包括学生在学校造成他人人身伤害或者死亡的事故。

（二）学校承担学生伤害事故赔偿责任的法理基础

幼儿园、学校或者其他教育机构与在校学生的关系，基本性质是依据《教育法》成立的教育关系。其成立的基础不是依据合同而成立，而是依据《教育法》成立，《教育法》是幼儿园、学校或者其他教育机构与在校学生发生法律关系的基础。这种法律关系的基本性质属于准教育行政关系，既区别于纯粹的教育行政关系，也区别于民事法律关系，是学校对学生的教育、管理和保护的法律关系。教育、管理和保护构成这一法律关系的基本内容，学校对学生有教育、管理的权力，同时对学生有保护的义务；学生有接受教育、接受管理的义务，享有受到保护的权利。《侵权责任法》对此规定的说法是教育、管理职责。

二、学生伤害事故责任的归责原则和构成要件

（一）学生伤害事故责任的归责原则

《侵权责任法》第38条至第40条明确规定，对于无民事行为能力人在幼儿园、学校或者其他教育机构学习、生活期间受到人身损害的，适用过错推定原则；对于限制民事行为能力人在幼儿园、学校或者其他教育机构学习、生活期间受到人身损害的，适用过错责任原则；对于第三人的行为造成学生受到损害的，适用过错责任原则。对此，《侵权责任法》规定十分明确。

学生伤害事故责任不适用公平分担损失规则。

（二）学生伤害事故责任的构成

1. 学生遭受人身损害的客观事实

损害事实是指由于行为人的侵权行为致使他人的财产和人身

等利益损害的客观事实。学生在校期间遭受人身伤害的损害事实,是构成学生伤害事故人身损害赔偿责任的前提性要件。

在学生伤害事故中,损害事实主要表现为学生的人身伤害和死亡。由此产生的财产性损失,主要如医疗费、护理费、交通费、住宿费、营养费、住院伙食补助费、伤残用具费和丧葬费等费用支出。在人身伤害的损害中,还导致精神损害的损害事实发生,这是责任主体承担精神抚慰金赔偿责任的条件。存在以上所述损害事实,才能构成学生伤害事故责任。

2. 学校等教育机构在学生伤害事故中存在违法行为

学校在学生伤害事故中的违法行为,是指学校在实施教育和教学活动中,违反或者未能正确履行《教育法》等法律、法规关于学校对学生的教育、管理和保护职责的行为。

(1)学校疏于管理的行为。学校在教育和教学活动中,疏于管理义务,致使在这个过程中,造成学生遭受人身损害后果的发生。这种管理,是对学校活动的管理,不是指对学生的管理。这种行为是学校自己的行为,是自己的行为致人损害,因而属于普通的侵权行为,学校应当对自己的行为负责。

(2)学校疏于保护的行为。学校对在校的未成年学生负有安全保护义务。学生在校接受教育,学校虽然不承担监护义务,但是仍然应当承担安全保护义务。负担这种义务,就应当恪尽职守,不能因为自己的疏忽和懈怠而使学生受到人身伤害。学校疏于对这种学生安全的注意义务,致使学生受到人身伤害,学校的行为构成违法性。

(3)学校疏于教育的行为。这种教育行为,是专指对学生的教育,而不是指广义上的教育活动。在对学生的教育中,没有尽到教育职责,使学生在教学活动中造成他人的人身伤害,应当承担人身损害赔偿责任。

学校的上述行为,既包括学校的行为,也包括负该种责任的教师的行为。学校的疏于职守行为,学校应当承担责任。学校教师和其他管理人员在教育和教学活动中行为不当,违反法律规定的义务,造成学生伤害或者学生伤害他人的,学校应当承担替代责任。

（三）学校的违法行为与事故发生有因果关系

学校疏于教育、管理和保护职责的行为，必须与学生遭受伤害或者学生伤害他人的损害事实之间具有引起与被引起的因果关系。在判断上，应当采取相当因果关系学说。

（四）学校在学生伤害事故中存在过错

学校承担学生伤害事故责任须具有主观上的过错。只有学校在主观上具有过错，学校才对自己的行为承担赔偿责任，不具有主观上的过错，则不承担责任。

确定学校过错的标准，就是对履行《教育法》规定的教育、管理和保护的职责是否尽到了必要的注意义务。对这种注意义务的违反，就是过失。

认定学校在学生伤害事故中的过失，要注意以下三个方面：

第一，学校对学生是否具有注意义务。过失以是否具有注意义务为前提，无注意义务当然不构成过失。学校的注意义务是一种特殊的注意义务，这种义务是基于学校对学生的教育、管理和保护职责。这种注意义务既包括基于法律法规、行政规章等规定而产生的法定性注意义务，也包括基于有关部门颁布的教育教学管理规章、操作规程等规定而产生的一般性注意义务，以及学校与学生家长签订合同约定的注意义务。

第二，学校对学生是否尽了相当注意义务。所谓尽了相当注意义务，是指学校按照法律法规、规章规程以及合同要求的注意义务等而付出一定的意志努力，尽到了对学生人身健康安全的合理的、谨慎的注意。

第三，学校是否能尽相当注意义务。对侵害结果的可预见性和可避免性，是能否尽相当注意义务的条件。认定学校在学生伤害事故中的过错，还要考虑学校的预见能力，如果学校不具有预见能力，不应该预见也无法预见，即损害结果无可预见性，学校就无法尽相当的注意义务而采取合理行为避免损害结果的发生，因而主观上也就没有过失。

三、三种不同的学生伤害事故责任类型

(一)无民事行为能力人受到损害的学校责任

《侵权责任法》第 38 条规定,幼儿园、学校或者其他教育机构承担的责任是过错推定责任。其条件非常清楚,即受到损害的学生是无民事行为能力人。对于学生伤害事故,受到伤害的学生是无民事行为能力人还是限制民事行为能力人,法律是否予以区分,其实在 1988 年制定《关于贯彻执行〈民法通则〉若干问题的意见(试行)》时就想解决,但都没有提出解决的办法。在制定《学生伤害事故处理办法》时对此也没有解决。在制定人身损害赔偿司法解释时,仍然采取同样的归责原则处理。《侵权责任法》根据实际情况和侵权法法理,最终做出这样的规定,确定对无民事行为能力的学生受到人身损害采用过错推定原则,解决了这个问题。

对于无民事行为能力人受到损害的学校责任,适用过错推定原则。被侵权人主张学校承担侵权责任,应当证明违法行为、损害事实和因果关系要件。证明成立的,直接推定幼儿园、学校等教育机构有过失。幼儿园、学校等教育机构主张无过失的,应当实行举证责任倒置,由其举证证明自己没有过错。幼儿园、学校或者其他教育机构不能证明自己没有过失的,应当承担侵权责任;能够证明尽到了教育、管理职责的,不承担侵权责任。

(二)限制民事行为能力人受到损害的学校责任

按照《侵权责任法》第 39 条的规定,对于限制民事行为能力的未成年学生在学校受到人身损害,确定学校等教育机构的责任,实行过错责任原则,有过错的承担赔偿责任,没有过错的不承担赔偿责任。

确定过错,须由被侵权人承担举证责任。

(三)第三人伤害学生的责任

第三人责任事故,是指学生伤害事故的发生,不是由于学校的过错,而是由于第三人的过错行为所引起,应当由第三人承担民事责任的事故责任。

无民事行为能力人或者限制民事行为能力人在幼儿园、学校或

者其他教育机构学习、生活期间，受到幼儿园、学校或者其他教育机构以外的人员人身损害的，由侵权人承担侵权责任。这种第三人责任，与《侵权责任法》第 28 条规定的“损害是由第三人造成的，第三人应当承担侵权责任”基本相同，是在此基础上，以学校等教育机构相应的补充责任为补充。

确定第三人造成学生人身伤害，应当根据造成学生伤害的具体侵权行为类型，确定不同的归责原则：第一，造成学生伤害事故的第三人实施的侵权行为是一般侵权行为，应当依照《侵权责任法》第 6 条第 1 款规定，实行过错责任原则。第二，造成学生伤害事故的第三人实施的侵权行为，是法律规定应当适用过错推定责任的侵权行为，则应当按照《侵权责任法》的有关具体规定，参照《侵权责任法》第 6 条第 2 款的规定确定第三人的责任。第三，造成学生伤害事故的第三人实施的侵权行为，是法律规定应当适用无过错责任原则的侵权行为，则应当按照《侵权责任法》的有关具体规定，参照《侵权责任法》第 7 条的规定，确定第三人的责任。

第三人造成学生人身损害，如果第三人能够承担全部赔偿责任，则按照该规定，由第三人承担全部赔偿责任，不存在学校的相应的补充责任问题。

本条后段规定幼儿园、学校或者其他教育机构未尽到管理职责的，承担相应的补充责任，是在第三人无力承担赔偿责任的情形下规定的具体规则。

学校承担相应的补充赔偿责任，除了具备学生伤害事故责任的构成要件之外，还必须具备以下三个要件：第一，学生人身损害是由于第三人的原因所致，如果是完全由于学校的过错所致，就是一般的学生伤害事故赔偿责任；第二，幼儿园、学校或者其他教育机构有过错，无过错则不产生补充赔偿责任，损害的赔偿责任应当完全由加害的第三人承担；第三，幼儿园、学校或者其他教育机构的过错与第三人的致害应当有间接的或者直接的因果关系，如果不存在因果关系，不应当让学校承担补充责任。

学校承担补充赔偿责任的法理依据，在于学校存在过错，使本来可以避免或者减少的损害得以发生或者扩大，因此，学校应当在被侵权人向第三人求偿得不到赔偿或者得不到完全赔偿时承担补充的赔偿责任。补充责任的“相应”,是与学校的过错程度和原因力相适应。

四、学生伤害事故的赔偿责任的责任承担规则

(一)学生伤害事故的赔偿当事人

学校承担赔偿责任,在实体法律关系上,学校应当是赔偿的义务主体,是赔偿责任的承受者。在诉讼法律关系上,学校应当是被告。受到伤害的学生向学校请求损害赔偿。

学校承担赔偿责任的权利主体,是受到伤害的学生或者他人。受到伤害的是学生的,学生是赔偿权利主体,如果该学生是未成年人,在诉讼中作为原告,其亲权人或者监护人是监护人。学生伤害他人,学校承担责任的,受到伤害的人是赔偿权利主体,作为原告;伤害他人的学生是利害关系人,伤害他人的学生是未成年人的,其亲权人或者监护人是利害关系人,在诉讼中可以作为无独立请求权第三人参加。

至于学生自己应当承担责任或者学生的监护人承担责任的,应当按照侵权法的规定确定责任,学校不是当事人,不是赔偿法律关系的主体。

在学校应当承担赔偿责任,但订立有学生伤害事故保险合同的,应当依照保险合同确定赔偿关系。保险公司赔偿不足的部分需要学校承担赔偿责任的,学校是赔偿义务主体,赔偿权利主体可以继续向学校请求承担赔偿责任。

(二)免责事由

在一定的条件下,即使发生了学生人身伤害事故,学校也不承担赔偿责任,这就是学校责任的免除。凡是符合《侵权责任法》第三章规定的不承担责任或者减轻责任法定情形的,应当免除学校责任。

除此之外,由于学生及其监护人责任引发的人身损害,学校也不承担责任。学生及其监护人责任事故,是指学生伤害事故的发生,学校没有过错,而是由于学生自己的过失或者是由于其监护人

没有尽到监护责任而造成的，损害应当自己负担的事故责任。这里的监护人，应当是亲权人以及其他监护人，统一称作监护人更为妥当。对此，可以参考《学生伤害事故处理办法》第10条的规定。学生或者未成年学生监护人由于过错，有下列情形之一，造成学生伤害事故，应当依法承担相应的责任：一是学生违反法律法规的规定，违反社会公共行为准则、学校的规章制度或者纪律，实施按其年龄和认知能力应当知道具有危险或者可能危及他人的行为的；二是学生行为具有危险性，学校、教师已经告诫、纠正，但学生不听劝阻、拒不改正的；三是学生或者其监护人知道学生有特异体质或者患有特定疾病，但未告知学校的；四是未成年学生的身体状况、行为、情绪等有异常情况，监护人知道或者已被学校告知，但未履行相应监护职责的；五是学生或者未成年学生监护人有其他过错的。这些事故的责任，应当由学生或者未成年学生监护人承担。

第十四章　产品责任

第一节　产品责任概述

一、产品责任的概念和特征

产品责任是指产品生产者、销售者因生产、销售缺陷产品致使他人遭受人身伤害、财产损失或有致使他人遭受人身伤害、财产损害之虞而应承担的赔偿损失、消除危险、停止侵害等责任的特殊侵权责任。

产品责任具有以下法律特征：

第一，产品责任发生在产品流通领域。产品进入流通领域的标志，是产品经过交易、转让等合同行为，由制造、生产者之手，转入消费者之手，中间可以经过若干流通环节，即批发、销售、仓储、运输等过程。产品责任发生在这个领域之中。

第二，致人损害的产品必须存在缺陷。产品责任并不是产品自身质量问题和自身损坏造成的产品本身的财产损失，而是产品因缺陷造成使用人的人身伤害或者缺陷产品以外的财产损害。这个问题关系到产品责任的性质是侵权责任还是合同责任。早期的产品责任属于合同责任范畴，产品侵权责任源于合同责任。

第三，产品责任是特殊侵权责任。产品责任是物件致人损害的特殊侵权责任，是人对物所造成的损害负责任。产品致人损害时，与该致害产品有关联的人，即制造者、销售者等对所造成的损害承担赔偿责任，是一种特殊侵权责任。

二、产品缺陷的概念和种类

《产品质量法》第46条对产品缺陷做了界定："本法所称缺陷，是指产品存在危及人身、他人财产安全的不合理的危险；产品有保障人体健康、人身、财产安全的国家标准、行业标准的，是指不符合该标准。"《侵权责任法》对产品缺陷没有界定，应当继续使用《产品质量法》的上述规定。缺陷的具体含义是：

第一，缺陷是一种不合理的危险，合理的危险不是缺陷。在耐用期限内的，在通常或合理的可能预见的使用状态下，无任何危险性，或虽具有危险性，但该危险性是被加以容许，而且被认为是与每个人的安全与健康的保护相互一致，仅在产品使用的最小限度内有危险性的，则认为不存在不合理的危险。

第二，这种危险危及人身和产品之外其他的财产安全。产品缺陷这种危险直接危及的是产品使用者的人身财产安全，其中人身安全，是使用人的生命或者健康所面临的危险；财产安全，是使用人所拥有的除了缺陷产品之外的其他所有财产所面临的危险。危险一旦发生，必将造成使用人的人身损害和财产损害。

第三，缺陷是指产品不符合保障人体健康、人身、财产安全的标准。当产品有保障人体健康、人身、财产安全的国家标准、行业标准的，产品的缺陷就是指不符合该标准。违反安全标准，是产品缺陷的一个简单的评判准则。

产品缺陷的种类有以下四种：

（一）制造缺陷

产品制造缺陷是指产品在制造过程中所产生的不合理的危险。导致危险的原因多样，包括质量管理不善、技术水平差等。此种缺陷可能发生于从原材料、零部件的选择到产品的制造、加工和装配工序等各个环节。

(二)设计缺陷

产品设计缺陷是指产品的设计,例如,产品结构、配方等存在不合理危险。[①] 考察设计缺陷,应当结合产品的用途,如果将产品用于所设计的用途以外的情形,即使存在不合理危险,也不能认为其存在设计缺陷。

(三)警示缺陷

警示缺陷是指产品存在合理危险而销售产品时没有适当的警示与说明。警示包括警告和指示说明,警告是对产品所具有的危险性运用标志或文字所做的提示;指示说明则是对产品的主要性能、正确的使用方法以及错误使用可能招致的危险等所做的文字表述。产品的警示缺陷是指因产品提供者未对产品的危险性和正确使用做出必要的说明与警告所造成的不合理的危险。产品的合理危险是指产品虽然包含危险,但该危险只要依照合理的方法使用,危险就不会发生。凡是具有合理危险的产品,就必须进行充分的警示说明。

(四)跟踪观察缺陷

跟踪观察缺陷,是指在发展风险中,生产者将新产品投放市场后,违反对新产品应当尽到的跟踪观察义务,致使该产品造成使用人的人身损害或者财产损害的不合理危险。《侵权责任法》第46条规定的"产品投入流通后发现存在缺陷的,生产者、销售者应当及时采取警示、召回等补救措施。未及时采取补救措施或者补救措施不力造成损害的",就是跟踪观察缺陷。产品生产者将未能发现有缺陷的产品投放市场后,应当尽到必要的跟踪观察义务,在法律确定的较长的观察期中如果没有发现产品存在的问题,并且因此而造成了损害,应当承担侵权责任。确定了跟踪观察缺陷,就更能够发挥产品侵权责任保护消费者权益的作用。在新产品投放市场以后,生产者必须跟踪观察,对于用户的反映和提出的问题必须付诸行动,要进行研究,并且提出改进的方法。如果存在损害的可能性的,则要召回;有的还要向用户进行可靠使用的说明。没有做到这一点,

---

① 张新宝:《中国侵权法》(第2版),中国社会科学出版社1998年版,第493页。

致使新产品的隐蔽缺陷造成了损害,就应当承担跟踪观察缺陷的侵权责任。确立跟踪观察缺陷的意义在于对一般的产品侵权责任免责事由即"将产品投放流通时的科学技术尚不能发现缺陷存在"的突破,因而给产品使用者提供更加安全的权利保护。

三、产品责任的归责原则和构成要件

产品责任在性质上是无过错责任。

这不是说产品缺陷的制造者和销售者没有过错,因为产品存在缺陷本身就是一种过错,现代社会对产品质量的规定越来越具体,如果产品不符合规定的质量要求,产品的生产者就有过错,除非现有的科学技术无法发现。但是,产品责任确定的是严格责任、无过错责任,其立意是确定这种侵权责任不考察过错,无论其有没有过错,在所不论,只要受害人能够证明产品具有缺陷,即可构成侵权责任。因而受害人不必证明产品制造者或者销售者的过错,因而也就减轻了权利人的诉讼负担,有利于保护受害人的权利。

根据无过错责任原则的规定性,构成产品责任须具备以下要件:

(一)产品存在缺陷

产品及其缺陷在产品责任构成中处于极其重要的地位,前面已对缺陷做了专门论述,下面主要对产品概念进行阐释。

《侵权责任法》对产品的概念没有做出明确规定,应当适用我国《产品质量法》的规定。该法第 2 条第 2 款规定,产品责任中的产品是指"经过加工、制作,用于销售的产品"。产品须具备两个条件:一是经过加工、制作,未经过加工制作的自然物,不是产品;二是用于销售,因而是可以进入流通领域的物,按照该法第 41 条第 1 项关于未进入流通的产品,生产者不承担赔偿责任的免责规定,产品应进入流通领域。应当区别的是,产品未进入流通领域,是免责条件;用于销售,是指生产、制造该产品的目的,而不是已经进入流通。

上述产品存在缺陷,就构成本要件。

(二)人身、财产受到损害

产品责任中的损害事实包括人身损害、财产损害和精神损害。

人身损害包括致人死亡和致人伤残。财产损失,不是指缺陷产品本身的损失即购买该产品所付价金的损失,而是指缺陷产品外的其他财产的损失,其范围包括直接损失和间接损失。受害人应对损失的存在及其范围负举证责任。精神损害,是指缺陷产品致人损害,给受害人所造成的精神痛苦和感情创伤。对于产品责任是否应当包括精神损害,立法未有明文规定。学者认为《产品质量法》第44条关于"受害人因此遭受其他重大损失,侵权人应当赔偿损失"的规定是指精神损害。因为从逻辑结构分析,该条规定的"其他重大损失"显然不是指生命、健康方面的损害,也不是指财产损失,应指人身方面的损害以及由此产生的精神损害。①

(三)因果关系

产品责任中的因果关系要件,是指产品的缺陷与受害人的损害事实之间存在的引起与被引起的关系,产品缺陷是原因,损害事实是结果。确认产品责任的因果关系,要由受害人证明,证明的内容是损害是由于使用或消费有缺陷的产品所致。使用,是对可以多次利用的产品的利用;消费,是对只能一次性利用的产品的利用。这两者在构成侵权责任时无原则性区别,因此一般统称作使用也可以。

四、产品责任的法律关系主体

(一)产品责任法律关系的权利主体

我国《侵权责任法》和《产品质量法》未明确界定产品责任的权利主体,仅指"他人"。有学者主张,在产品责任法中,"权利主体主要包括个人消费者,即为个人消费目的购买或使用产品的个体社会成员""法人一般不宜作为产品责任赔偿关系的权利主体"。从广义上说,产品包括消费资料和生产资料,故产品的消费可分为消费资料的消费和生产资料的消费,而后者主要是通过法人和其他组织来进行的。尤其在现代社会,随着专业化分工越来越细,产品的技术含量越来越高,其危险程度也日益增加,缺陷产品不仅危及私人

---

① 张新宝:《中国侵权法》(第2版),中国社会科学出版社1998年版,第499页。

消费者的合法权益,同样严重威胁法人和其他组织的财产安全。为维系加害人与受害人之利益平衡,促进生产者、销售者努力降低产品危险、消除产品缺陷,界定"他人",应当将法人和其他组织纳入产品责任的保护范围,产品责任法律关系的权利主体应当包括因产品存在缺陷造成人身伤害或者财产损害的一切受害者,无论是自然人还是法人或其他组织都应在其内。

(二)产品侵权法律关系义务主体

1. 生产者

我国《侵权责任法》和《产品质量法》使用"生产者"的概念,对生产者的责任主体地位做了原则规定,但未明确生产者的范围。生产者应当包括:第一,成品制造者。成品制造者是产品责任的主要承担者。第二,零部件制造者、原材料生产者。产品缺陷由零部件制造者、原材料生产者造成的,受害人向其请求损害赔偿时,其应承担侵权责任。第三,准制造者。对他人制造的产品像自己制造的产品一样进行销售或者以其他形式经营,视为制造者。例如,在他人的产品上以自己的名称、商标或其他具有识别性的标志表明自己为生产者,此种情形下,其对销售的产品,应当承担产品制造者的责任。另外,为出售、出租、转让等营业目的的进口商也视为制造者,这主要是为了避免受害人因管辖权的障碍无法对外国产品生产者起诉而蒙受损失。

2. 销售者

销售者是指生产者外的产品经销商。由于销售者的过错使产品存在缺陷,造成他人人身、财产损害的,销售者应当承担赔偿责任。销售者不能指明缺陷产品的生产者或不能指明缺陷产品的供货者的,销售者应当承担赔偿责任。产品责任中的销售者应满足的条件是:第一,以经营该产品为业的人,例如,私车转让人不是销售者;第二,此种经营应是长期的,而不是临时或偶尔的;第三,不要求该致害产品是其主营业或唯一的营业,如影院出售的爆米花。至于销售者的范围,根据产品提供或经营方式,主要包括批发商、零售商、出租人、行纪人等。

五、产品责任的不真正连带责任

《侵权责任法》第 41 条至第 43 条规定的是生产者与销售者在承担产品责任的基本责任形态。第 41 条规定:“因产品存在缺陷造成他人损害的,生产者应当承担侵权责任。法律规定不承担责任或者减轻责任的,依照其规定。”第 42 条规定:“因销售者的过错使产品存在缺陷,造成他人损害的,销售者应当承担侵权责任。销售者不能指明缺陷产品的生产者也不能指明缺陷产品的供货者的,销售者应当承担侵权责任。”第 43 条规定:“因产品存在缺陷造成损害的,被侵权人可以向产品的生产者请求赔偿,也可以向产品的销售者请求赔偿。产品缺陷由生产者造成的,销售者赔偿后,有权向生产者追偿。因销售者的过错使产品存在缺陷的,生产者赔偿后,有权向销售者追偿。”这种责任形态是不真正连带责任。

侵权法上的不真正连带责任,是指多数行为人对一个受害人实施加害行为,或者不同的行为人基于不同的行为而致使受害人的权利受到损害,各个行为人产生的同一内容的侵权责任,各负全部赔偿责任,并因行为人之一的履行而使全体责任人的责任归于消灭的侵权责任形态。

在产品侵权责任中,生产者和销售者之间的责任就是不真正连带责任,不论受害人向法院起诉生产者还是起诉销售者,只要生产或者销售的产品有缺陷,造成了损害,就应当由被起诉的被告承担责任。如果起诉的是销售者,而产品缺陷又是生产者造成的,那么,销售者在承担了侵权责任之后,可以向生产者求偿。

(一)产品责任不真正连带责任的对外关系

产品责任不真正连带责任的对外关系,是第 43 条第 1 款规定的内容,即“因产品存在缺陷造成损害的,被侵权人可以向产品的生产者请求赔偿,也可以向产品的销售者请求赔偿”。因产品存在缺陷造成损害的,被侵权人可以向产品的生产者请求赔偿,也可以向产品的销售者请求赔偿。其要点是:

第一,被侵权人对于产品生产者或者销售者均享有损害赔偿请求权,可以从中选择一个作为侵权责任人。对此,被侵权人享有选择权，法官应当完全尊重被侵权人的选择。在这种情况下责任人承担的责任，是中间责任，而不是最终责任。

第二，无论是生产者还是销售者，承担中间责任，都适用无过错责任原则。这个规则，对生产者没有意义，因为生产者无论承担中间责任还是最终责任，都适用无过错责任。而对于销售者则不同，承担最终责任为过错责任，承担中间责任为无过错责任。在被侵权人主张销售者承担中间责任的时候，销售者不得以自己对产品缺陷的产生无过错而进行抗辩。

第三，在司法实践中，如果被侵权人将两个被告同时起诉，具体做法有两种：一是判决直接确定负有最终责任的一方承担赔偿责任，直接确定最终责任；二是确定各个被告的总体责任，即负有不真正连带责任，被侵权人可以主张任何一方承担中间责任。以上两种做法均可采用。

第四，不真正连带责任不分份额，在一般情况下，不能判决生产者与销售者承担不同的份额，既不能按份承担，也不能连带承担。除非产品缺陷的产生是由生产者和销售者共同原因造成的，不过，如果是这样，则成立共同侵权责任，当然是连带责任。

（二）产品责任不真正连带责任的对内关系

产品责任不真正连带责任的对内关系，就是承担中间责任的一方向应当承担最终责任的一方的追偿关系。这就是本条第 2 款和第 3 款规定的内容，即“产品缺陷由生产者造成的，销售者赔偿后，有权向生产者追偿”“因销售者的过错使产品存在缺陷的，生产者赔偿后，有权向销售者追偿”。

第一，在本条第 2 款规定的情形中，“产品缺陷由生产者造成的，销售者赔偿后，有权向生产者追偿”，是销售者对产品缺陷的产生没有过错，而产品缺陷是由生产者造成的，在被侵权人向其主张损害赔偿请求权，销售者承担了中间责任之后，可以向生产者主张追偿。生产者应当承担最终责任，向销售者赔偿损失。

第二，在本条第 3 款规定的情形中，“因销售者的过错使产品存在缺陷的，生产者赔偿后，有权向销售者追偿”，是销售者对产品缺陷的产生有过错，即因销售者的过错造成产品缺陷，而被侵权人主张对产品缺陷产生没有过错的生产者承担中间责任,生产者承担了中间责任之后,对承担最终责任的销售者享有追偿权。生产者行使该追偿权,可以向销售者追偿,请求其承担最终责任,赔偿生产者因此造成的损失。

六、产品责任的免责事由与诉讼时效

(一)免责事由

1. 特有免责事由

根据《产品质量法》第 41 条规定,产品生产者能够证明有下列情形之一的,不承担赔偿责任:其一,未将产品投入流通的;其二,产品投入流通时,引起损害的缺陷尚不存在的;其三,将产品投入流通时的科学技术水平尚不能发现缺陷的存在的。对此,《侵权责任法》没有规定,应当按照第 5 条规定,适用《产品责任法》的规定。

"未将产品投入流通",是各国产品责任法普遍规定的免责事由。投入流通的含义,包括任何形式的出售、出租、租赁以及抵押、出质、典当等。处于生产阶段或者已经生产完毕但没有出厂而是在仓储中,不认为已经投入流通。未投入流通的产品,即使有缺陷并造成了他人损害,生产者也不承担责任。例如,工人在生产线或者成品库中夹带出厂的产品,即使有缺陷并造成损害,也不得请求生产者承担损害赔偿责任。

"产品投入流通时引起损害的缺陷不存在",也是产品责任的免责事由,生产者不承担赔偿责任;如果在销售环节也不存在缺陷的,则销售者也不承担赔偿责任。投入流通,是指产品从生产厂家出厂进入流通环节,将产品交付给使用者之前。如果生产者将产品投入流通时产品无缺陷,而在销售中形成缺陷,则不适用该免责事由,生产者与销售者应当承担不真正连带责任。

"将产品投入流通时的科学技术水平尚不能发现缺陷的存在的",称作发展风险抗辩或者科技发展水平抗辩。各国法律用语或表述略有不同,内容大体一致,即制造者无法控制的产品致损风险。对此,我们的立法规定是明确的。应当注意的是,适用发展风险抗辩,应当与《侵权责任法》第 46 条的跟踪观察缺陷相联系,即"将产品投入流通时的科学技术水平尚不能发现缺陷的存在的”,应当规定生产者以跟踪观察义务。该为强制性义务,发现危险或者损害,必须召回,否则构成跟踪观察缺陷,应当承担产品责任。

2. 一般免责事由

在实践中,以下事由也可据以抗辩:

第一,受害人自身的原因引起的损害。例如,受害人在使用产品的时候,没有按照产品所标示的使用说明加以使用,产品的销售者或者制造者不承担损害赔偿责任。

第二,第三人的原因导致产品缺陷。如果产品造成的使用者或者第三人的损害,是由于第三人的原因而引起的,则应当由该第三人承担责任,不能由产品的制造者或者销售者承担责任。对此,可以参照《侵权责任法》第28条关于“第三人造成损害”的规定处理。

第三,旧产品。美国《产品责任示范法》规定,产品出售人只对产品在有效期限内造成的损害负责。①

第四,明显的危险无警告义务。明显的危险性就是指公众普遍认知或意识到的产品危险性。这种危险性本身就能引起消费者、所有者的注意,如果使用者知其危险而不权衡利弊,不减少乃至避免此风险,则可将这理解为受害人的“同意”,即受害人自担风险,或将其作为重大共同过失。法律要求制造人对于产品的可预见的危险予以警告以避免损害的发生,但不应不合理地要求制造人对产品引起的每一损害承担责任,如刀锋利可以伤人等。

(二)诉讼时效

《民法通则》《产品质量法》和《消费者权益保护法》等法律规定的诉讼时效期间各不相同,相比较而言,《产品质量法》第45条规定较为全面。按照《侵权责任法》第5条关于“其他法律对侵权责任另有特别规定的,依照其规定”的规定,应当适用《产品质量法》的这一规定,即因产品存在缺陷造成损害要求赔偿的诉讼时效期间为2年,自当事人知道或者应当知道其权益受到损害时起计算。因产品存在缺陷造成损害要求赔偿的请求权,在造成损害的缺陷产品交

① 朱克鹏、田卫红:《论产品责任法上的产品缺陷》,载《法学评论》1994年第6期。

付最初消费者起满10年丧失;但是,尚未超过明示的安全使用期的除外。

第二节　关于产品责任的特别规定

一、产品责任的第三人责任

《侵权责任法》第44条规定:“因运输者、仓储者等第三人的过错使产品存在缺陷,造成他人损害的,产品的生产者、销售者赔偿后,有权向第三人追偿。”本条规定的是产品责任的第三人责任,即第三人的过错使产品存在缺陷造成他人损害,生产者或者销售者先承担的替代责任。

替代责任,是指责任人为他人的行为和为人之行为以外的自己管领下的物件所致损害负有的侵权赔偿责任。替代责任的主要法律特征有三点:一是责任人与致害行为人或致害物相分离;二是责任人为致害人或致害物承担责任须以他们之间的特定关系的存在为前提;三是责任人为赔偿义务主体承担赔偿责任。在产品责任中,替代责任其实是基本的责任形态,原因在于,缺陷产品的产生,通常是因为生产者或者销售者的员工因操作失误而导致,而对受害人承担责任的是生产者或者销售者,因此,这种侵权责任形态是替代责任。但是,在产品责任中,这种替代责任并不需要特别规定或者明确。

本条规定的替代责任并不是上述传统意义上的替代责任,而是产品责任不真正连带责任中的替代责任,即生产者、销售者对运输者、仓储者等第三人承担责任的替代责任。

这种替代责任在构成时,造成损害的产品存在缺陷,已经造成了他人的损害,两者存在因果关系,但产品缺陷的形成不是由于生产者或者销售者的过错,而是由运输者、仓储者等第三人的过错所致。符合这种要求的,就构成产品责任的第三人责任,被侵权人有权主张生产者或者销售者承担中间责任的赔偿责任,生产者或者销售者承担赔偿责任之后,有权向第三人追偿。

在司法实践中应用本条规定的“因运输者、仓储者等第三人的过错使产品存在缺陷，造成他人损害的，产品的生产者、销售者赔偿后，有权向第三人追偿”规则，应当掌握以下几点：

第一，由于生产者或者销售者承担的产品责任中间责任是无过错责任，因此，无论有无过错，都应当对被侵权人承担赔偿责任。但是，如果缺陷不是由生产者或者销售者造成，而是仓储者或者运输者等第三人造成的，那么，生产者或者销售者承担了中间责任之后，就有权向仓储者或者运输者等第三人追偿。在这里，不适用《侵权责任法》第 28 条关于第三人造成损害应当由第三人承担侵权责任的规则，而实行替代责任的形式，由生产者或者销售者按照产品责任的规则承担中间责任。这是产品责任的第三人责任的对外责任关系。

第二，产品的生产者或者销售者承担了中间责任之后，对仓储者或者运输者等第三人享有追偿权。在生产者和销售者之间就产品责任承担责任的责任形态，是不真正连带责任。在生产者或者销售者承担了中间责任之后，如果使产品存在缺陷并不是生产者或者销售者造成的，他们就享有一个对制造缺陷的第三人的追偿权。在这种情况下，其实生产者或者销售者就是为第三人承担替代责任。在生产者或者销售者承担了赔偿责任之后，对有过错的第三人享有追偿权，有权请求第三人赔偿自己因为承担中间责任而造成的损失。这是产品责任第三人责任的对内关系，表现为对第三人的追偿关系。

第三，至于何为第三人，本条明确规定的有运输者和仓储者，在其后规定的“等”字中包含的，还有原材料提供者、零部件提供者以及进口商等。凡属于生产者、销售者之外的其他对缺陷产生具有过错的人，都是第三人。生产者或者销售者承担了赔偿责任之后，都有权对他们进行追偿。

二、跟踪观察缺陷产品责任

德国在司法实务中，为了克服发展风险抗辩所招致损害的分配有违公平正义的弊端，更好地保护消费者的合法权益，确立了制造商的跟踪观察义务。制造商将产品投入流通之后,还负有跟踪监视义务,即必须对所生产产品的性能以及实际使用效果进行不间断的了解,必要时应做出警告甚至召回产品。由于人类的认识能力和科技水平不断提高,生产者应及时了解最新的科技成果,对新发现的产品危险应及时予以警告、说明。[①] 制造商将新产品投放市场后,必须尽到详尽的跟踪观察义务,对于用户反映和提出的问题必须付诸行动,要进行研究,并且提出改进的方法。如果产品制造商对于投放市场的新产品没有尽到跟踪观察义务,应当发现而没有发现新产品存在的缺陷,或者已经发现新产品的缺陷而没有及时召回,或者没有进行必要的指示说明,致使消费者受到侵害的,应当确认构成跟踪观察缺陷,承担侵权责任。[②] 受害人可以据此对抗"将产品投放流通时的科学技术尚不能发现缺陷存在"的免责事由。这种做法值得借鉴。

在产品推向市场时的科学技术水平不能发现该产品是否存在缺陷的,生产者应当负有跟踪观察义务,发现缺陷应当及时召回产品,应当发现而没有发现或者已经发现没有及时召回,即构成跟踪观察缺陷。[③]《侵权责任法》第 46 条规定:"产品投入流通后发现存在缺陷的,生产者、销售者应当及时采取警示、召回等补救措施。未及时采取补救措施或者补救措施不力造成损害的,应当承担侵权责任。"这是对跟踪观察缺陷的法律确认。

按照这一规定,跟踪观察缺陷侵权的归责原则,应当适用过错推定原则。理由在于:一方面,《侵权责任法》第 46 条规定的"未及时采取补救措施或者补救措施不力"本身,就说明产品生产者具有过失;另一方面,鉴于跟踪观察缺陷是违反跟踪观察义务导致的损害,显然属于过失认定的范畴。据此,其归责的基础应该是生产者的过错,即应当尽到相应的注意而没有尽到,以具备道德上可责难性为基础。考虑到消费者和制造商之间的实力对比,以及生产者在

---

① 赵相林、曹俊:《国际产品责任法》,中国政法大学出版社 2000 年版,第 105 页。

② 杨立新:《产品跟踪观察缺陷与警示说明缺陷的认定》,载 http://www.civillaw.com.cn/article/default.asp? id =28032。

③ 杨立新:《侵权损害赔偿》,法律出版社 2008 年版,第 227 页。

跟踪观察义务履行中的积极地位,应该实行过错推定责任,先推定其存在过错,然后由其反证其没有过错。从未及时采取补救措施或者补救措施不力以及违反跟踪观察义务两个方面考虑,跟踪观察缺陷产品责任实行过错推定原则,是完全有道理的。

在司法实践中应用本条,最主要的是应当把握跟踪观察缺陷产品责任的构成要件。产品跟踪观察缺陷的侵权责任构成要件包括以下四个方面。

第一,违法行为。违反产品跟踪观察义务的不法行为包括不履行跟踪观察义务和不当履行跟踪观察义务的行为。例如,产品存在致人重大损害的危险或该损害已实际发生时,生产者对该产品应当召回而没有召回,就违反法定义务,构成行为不法。不当召回,是生产者虽然实施了召回措施,但违反通常标准采取补救措施不力,同样也是违法行为。

第二,已经造成损害。跟踪观察缺陷所致损害,主要是对生命、健康权的损害,以及由此而生的财产损失和精神痛苦。在损害事实方面,跟踪观察缺陷产品责任没有特别的要求。

第三,因果关系。确定跟踪观察缺陷产品责任的因果关系,应当适用相当因果关系规则。依照社会通常观念,该种缺陷产品能够造成该种损害,且在实际上已经由该种产品造成了该种损害,该种产品的缺陷为损害发生的适当条件的,就应当确认其具有因果关系。

第四,生产者或者销售者未尽跟踪观察义务,有主观过失。判断生产者违反产品跟踪观察义务中的过失的判断标准,应当采取"理性人"的分析方法,同时适用消费者合理期待的标准。以理性人的标准要求生产者在履行产品跟踪观察义务时,未尽到善尽交易上的注意(以善良管理人的注意为妥)即可认定为有过失,当然这种义务的要求不能绝对化,而应该进行个案分析。由于消费者对产品安全需求会因个人因素而异,即使是客观一般典型理性消费者期待产品应有的安全性,也会受到制造商于设计、制造过程或透过产品呈现、指示或其他形式,赋予产品使用的目的与标准,影响消费者对于产品之认识与安全期待。[①] 所以,在过失判断上应当以生产者所履行的产品跟踪观察义务不背离一般消费者的通常安全期待为标准。

至于跟踪观察缺陷产品责任的赔偿问题,应当按照《侵权责任法》第41条至第43条规定的规则进行。

三、恶意产品责任的惩罚性赔偿金

(一)确立恶意产品责任惩罚性赔偿金的必要性

《侵权责任法》第47条规定了恶意产品责任的惩罚性赔偿金制度:“明知产品存在缺陷仍然生产、销售,造成他人死亡或者健康严重损害的,被侵权人有权请求相应的惩罚性赔偿。”这一规定继《食品安全法》规定侵权的惩罚性赔偿金制度之后,再一次肯定了惩罚性赔偿金的适用。因此,这一规定具有重要意义。不过,这个规定对于如何计算惩罚性赔偿金没有具体规定,应当进一步明确惩罚性赔偿金的计算方法。

设定恶意产品责任的惩罚性赔偿责任制度,目的在于参酌英美法系关于惩罚性赔偿金制度的做法,以惩罚不法行为,并吓阻不法行为再度发生,而维护消费者之合法权益。[②] 实践证明,《侵权责任法》设立惩罚性赔偿责任的这种立法思想是正确的,应当在司法实践中全面适用。

(二)恶意产品责任适用惩罚性赔偿责任的必要条件

借鉴以上经验,恶意产品责任适用惩罚性赔偿责任的要件是:

1. 明知产品存在缺陷

明知产品存在缺陷,是生产者或者销售者已经确定地知道生产的或者销售的产品存在缺陷,具有损害他人生命或者健康的危险。在客观上,该产品确实存在缺陷,有造成他人生命健康损害的危险;在主观上,则生产者或者销售者已经明确地知道该产品存在缺陷,有造成他人生命健康损害的危险。明知的要求,是主观过错中故意

---

① 朱柏松:《德国商品制造商责任论——侵权行为责任法的分析》(下),载《法学丛刊》第36卷第3期。

② 戴志杰:《两岸“消保法”惩罚性赔偿金制度之比较研究》,载《台湾大学法学论丛》第53期。

的要求,明知危险而继续行为,是放任的故意形式,即间接故意。

2. 仍然生产、销售

仍然继续生产、销售,是生产者或者销售者继续将缺陷产品投入流通,并且希望其销售到消费者的手中。仍然生产、销售,是明知之后或者明知当中所为,但也包括在生产销售之后,通过已经发生损害之后明知。无论怎样,只要是明知产品有缺陷可能造成他人损害,仍然生产、销售的,就具备本要件。

3. 造成他人生命健康损害

造成他人生命健康损害,是所有侵权行为人承担人身损害赔偿责任的要件,恶意产品责任当然须具备本要件。所不同的是,恶意产品责任的人身损害后果其实在恶意产品责任人的主观意料之中,不出其所料。因此,确定其承担惩罚性赔偿责任,具有科以惩罚性赔偿责任的必要性,是完全应当的。

(三)确定恶意产品责任惩罚性赔偿责任的计算方法

确定惩罚性赔偿责任的计算标准及方法,应当着重解决以下三个问题:

第一,以价金作为计算标准抑或以实际损害作为计算标准。计算惩罚性赔偿金,究竟是以价金作为计算标准好,还是以损害数额作为计算标准好,值得研究。我国现行法律规定的惩罚性赔偿金的计算都是以价金作为计算标准的。这样的做法在计算违约惩罚性赔偿责任时是比较适当的,因为产品欺诈与服务欺诈的违约行为通常较少有实际损害,因此以价金作为标准容易计算。但在侵权的惩罚性赔偿责任计算中,以价金作为计算标准就不适当,而应以实际损失额作为计算标准更为妥当。且通常各国和地区计算惩罚性赔偿金也都是以实际损失额作为标准的。

第二,最高限额应当以3倍计算还是以1倍计算。我国《消费者权益保护法》第49条规定的惩罚性赔偿,虽说叫做双倍赔偿,其实惩罚性赔偿金仅仅是价金的1倍,赔偿的数额不高,惩罚性不强。笔者的意见是,侵权的惩罚性赔偿金,应当是实际损失数额的两倍。这样的标准比较符合实际情况,也具有较强的惩罚性。在具体适用中,法官可以根据具体案件情节,在最高限额之下,确定具体的赔偿数额。

第三,精神损害赔偿数额是否可以作为计算惩罚性赔偿金的标准。在没有造成实际的人身损害和财产损害而仅造成精神损害的侵权案件中,尽管也构成产品欺诈或者服务欺诈,但由于没有造成实际的财产损失,缺少计算标准的依据,同时,惩罚性赔偿与精神损害赔偿具有同样的功能,都有惩罚违法行为的作用,因此,仅仅造成精神损害并予以赔偿的侵权案件不应再请求惩罚性赔偿金,对请求者亦不应予以支持。

(四)确定恶意食品侵权责任的惩罚性赔偿责任

2015年修订《食品安全法》,规定了严格的恶意食品侵权责任的惩罚性赔偿责任,即第148条第2款。该条款的内容是:“生产不符合食品安全标准的食品或者经营明知是不符合食品安全标准的食品,消费者除要求赔偿损失外,还可以向生产者或者经营者要求支付价款十倍或者损失三倍的赔偿金;增加赔偿的金额不足一千元的,为一千元。但是,食品的标签、说明书存在不影响食品安全且不会对消费者造成误导的瑕疵的除外。”这一规定的内容是:

1. 恶意食品违约责任

对于生产不符合食品安全标准的食品,或者经营明知是不符合食品安全标准的食品,如果没有造成受害人的实际损害的,就是违约的责任问题,因此,应当承担价款10倍的惩罚性赔偿责任。这不是侵权责任,而是违约责任。

2. 恶意食品侵权责任

对于生产不符合食品安全标准的食品,或者经营明知是不符合食品安全标准的食品,造成受害人的实际损害的,应当在承担了赔偿了实际损失之外,再承担损失3倍的惩罚性赔偿责任。这样的赔偿标准,高于恶意产品侵权责任的惩罚性赔偿,高出1倍。

3. 最低赔偿数额

在上述惩罚性赔偿责任中,无论是违约损害赔偿,还是侵权损害赔偿责任,凡是承担惩罚性赔偿责任的数额不足一千元的,都可以直接请求承担一千元的惩罚性赔偿责任。

4. 除外条款

该条款规定:“但是,食品的标签、说明书存在不影响食品安全且不会对消费者造成误导的瑕疵的除外。”这是恶意食品侵权责任的除外条款，其含义是，恶意食品侵权责任是指食品本身不符合安全标准，并非是指食品的标签、说明书存在不影响食品安全且不会对消费者造成误导的瑕疵。如果是食品的标签、说明书存在不影响食品安全并且不会对消费者造成误导的瑕疵的，不构成恶意食品侵权责任，也不构成恶意食品违约责任，不承担惩罚性赔偿责任。

第十五章　机动车交通事故责任

第一节　机动车交通事故责任基本规则

《侵权责任法》第48条规定："机动车发生交通事故造成损害的，依照道路交通安全法的有关规定承担赔偿责任。"按照这一规定，首先必须准确理解《道路交通安全法》第76条规定的基本规则。

一、修正后的《道路交通安全法》第76条规定的机动车交通事故责任基本规则

在司法实践中应用本条，应当特别掌握《道路交通安全法》第76条规定的基本规则。对此，笔者总结出如下规则：

（一）保险优先原则

机动车发生交通事故，首先是由机动车强制保险赔付。在强制保险范围内，不适用《侵权责任法》的规则，不问过错，只按照机动车强制保险的规则进行。机动车强制保险赔付不足部分，适用《侵权责任法》的规则处理。

（二）二元规则原则体系

机动车交通事故责任的归责原则为二元化归责原则体系：机动车造成非机动车驾驶人或者行人

人身损害的，适用过错推定原则，实行过错推定。机动车相互之间造成损害，以及其他机动车交通事故责任，适用过错责任原则。

（三）适当的过失相抵规则

机动车与非机动车驾驶人或者行人在交通事故中各有过错的，构成与有过失，实行过失相抵规则。但应当注意的是，由于实行优者危险负担规则，因此，在按照过错程度和原因力规则确定了机动车一方的责任后，应当适当增加，以不超过10%为妥。例如，双方责任为同等责任，则机动车一方应当承担不超过60%的责任。

（四）机动车一方无过错

机动车一方无过错，损害是由非机动车驾驶人或者行人一方的过失引起的，机动车一方承担不超过10%的责任。具体数额，可以按照非机动车驾驶人或者行人的过错程度具体确定，不应低于5%。

（五）受害人故意

交通事故损失是因非机动车驾驶人或者行人的故意引起的，机动车一方不承担责任。对此，新修订的《道路交通安全法》第76条规定为“故意碰撞机动车”，其范围过窄，应当凡是非机动车驾驶人或者行人故意引起的交通事故损失，都应当免除机动车一方的责任。

二、机动车交通事故责任的概念

（一）界定道路交通事故概念和特征

《道路交通安全法》第119条第5项对交通事故的概念做出了法律上的规定：“‘交通事故’，是指车辆在道路上因过错或者意外造成的人身伤亡或者财产损失的事件。”

在学理上，机动车交通事故概念应当界定为：机动车交通事故，是指机动车与非机动车驾驶人员、行人、乘车人以及其他在公路、城市道路和虽在单位管辖范围但允许社会机动车通行地方，以及在广场、公共停车场等用于公众通行的场所上进行交通活动的人员，因违反《道路交通安全法》和其他道路交通管理法规、规章的行为，过失或者意外造成人身伤亡或者财产损失的事件。

机动车交通事故责任的法律特征是：第一，机动车交通事故责任发生在道路交通领域；第二，责任人与受害人在事故发生之前不存在相对性的民事法律关系;第三,机动车交通事故责任的主要形式是人身损害赔偿但常有财产损害赔偿;第四,机动车交通事故责任既受特别法调整也受一般法调整。

机动车交通事故责任与医疗事故责任、工伤事故责任、学生伤害事故责任以及火灾事故责任相似,基本上都由特别法具体规范。但是,机动车交通事故责任的法律调整除了有特别法的调整即《道路交通安全法》之外,还有《侵权责任法》的调整,而且在《侵权责任法》的调整中也存在特殊规定和一般规定的调整问题。《侵权责任法》专门规定了"机动车交通事故责任"一章,对机动车交通事故责任的特殊责任主体做出了特别规定,并且在赔偿责任的具体规则上,要适用《侵权责任法》的一般性规定。因此,在对机动车交通事故责任适用法律的时候,必须既要适用特别法的规定,也要适用一般法的规定。

(二)构成机动车交通事故的要素

1. 车的要素

在机动车交通事故责任法律关系中,车的要素是其客体要素,包括机动车和非机动车。《道路交通安全法》第119条第3项规定:"'机动车',是指以动力装置驱动或者牵引,上道路行驶的供人员乘用或者用于运送物品以及进行工程专项作业的轮式车辆。"第4项规定:"'非机动车',是指以人力或者畜力驱动,上道路行驶的交通工具,以及虽有动力装置驱动但设计最高时速、空车质量、外形尺寸符合有关国家标准的残疾人机动轮椅车、电动自行车等交通工具。"

2. 人的要素

在机动车交通事故责任法律关系中,人的要素是主体要素,是该法律关系的责任主体、行为主体和权利主体要素。

(1)机动车保有人。机动车保有人是指保有机动车并且对机动车享有支配权和利益归属的法人、其他组织或者自然人。简言之,机动车保有人实际上就是车主。使用车主这个概念更为简洁,并且更符合我国语言习惯,便于群众理解。

(2)机动车驾驶人。机动车驾驶人是指符合国务院公安部门规定的驾驶许可条件,依法取得机动车驾驶证,在道路上正在驾驶机动车的自然人。

(3)非机动车驾驶人。《道路交通安全法实施条例》第 70 条、第 72 条和第 73 条规定了三种非机动车驾驶人:一是年满 12 周岁,在道路上驾驶自行车、三轮车的人;二是年满 16 周岁,在道路上驾驶电动自行车、残疾人机动轮椅车的人;三是年满 16 周岁,在道路上驾驭畜力车的人。除了这三种非机动车驾驶人之外,还有其他能够驾驶不属于机动车,同时也不属于高速运输工具的机动车的自然人,如驾驶设计时速不超过 20 公里的轮式手扶拖拉机的人。

(4)行人。行人,就是在道路上行走的自然人。

(5)受害人。机动车交通事故责任中的受害人,是损害赔偿法律关系的权利主体,享有侵权损害赔偿的请求权,有权向机动车交通事故责任人请求承担侵权责任。

3. 道路与交通的要素

(1)道路。《道路交通安全法》第 119 条第 1 项规定:"'道路',是指公路、城市道路和虽在单位管辖范围但允许社会机动车通行的地方,包括广场、公共停车场等用于公众通行的场所。"

(2)交通。交通,是指机动车、非机动车以及行人在道路上往来通达,实现交往沟通目的的社会活动。

4. 事故与责任的要素

(1)事故。《道路交通安全法》第 119 条第 5 项规定:"'交通事故',是指车辆在道路上因过错或者意外造成的人身伤亡或者财产损失的事件。"

(2)责任。机动车交通事故责任中的责任,应当属于损害赔偿责任,是民事责任,是侵权责任,是财产责任。在民法领域研究机动车交通事故责任,并不包括其他法律责任,特别是不包括刑事责任和行政责任。

三、机动车交通事故责任的归责原则及构成要件

(一)归责原则

我国《道路交通安全法》新修订的第 76 条规定机动车交通事故

责任归责原则的二元体系，包括过错推定原则和过错责任原则。

适用过错推定原则的机动车交通事故，是机动车造成非机动车驾驶人或者行人人身损害的交通事故。

适用过错责任原则的情况比较复杂，具体分为以下几种情形：第一，机动车相互之间发生交通事故的实行过错责任原则；第二，非机动车驾驶人或者行人相互之间造成损害的适用过错责任原则；第三，非机动车驾驶人或者行人与机动车之间发生交通事故造成财产损害的适用过错责任原则。

(二)构成要件

1. 道路交通事故的违法行为

机动车交通事故责任中的违法行为是指在道路交通过程中，道路交通参与人违反法律规定的权利的不可侵犯义务以及以保护他人为目的的法律所规定的义务的作为和不作为。

对于机动车交通事故责任中行为的违法性，是指道路交通事故致害人的行为在客观上与法律的规定相悖，有违于法律所确认的法秩序，其中主要是结果不法以及违反保护他人为目的的法律。

对于机动车作为一方的机动车交通事故责任中，机动车处于运行的状态是其违法行为的必要条件。

2. 道路交通事故的损害事实

机动车交通事故责任中的损害事实，是指由于道路交通参与人的过失行为造成的权利主体的人身权利以及财产权利的不利状态，机动车交通事故责任中的损害主要是人身权利受到侵害，也存在财产权利受到侵害的情况。道路交通事故中的损害可以分为人身损害、精神损害和财产损害。

3. 道路交通事故的因果关系

机动车交通事故责任中的因果关系，是指道路交通参与人的违法行为作为原因，对于损害事实的引起与被引起的关系，他们之间存在前者引起后者，后者被前者所引起的客观联系。

机动车交通事故责任中的因果关系具有复杂化和多样化，确定道路交通事故中的因果关系在理论上和实践中具有重要意义，道路交通事故中因果关系的判断可以采纳直接因果关系规则、相当因果关系规则等确定。

4. 机动车交通事故责任的主观过错

机动车交通事故责任中的过错，在一般情况下都表现为过失，只有在受害人故意引起道路交通事故损害的时候，才表现为故意。故意以交通肇事伤害他人，构成刑事犯罪。

在机动车交通事故责任中，机动车一方违反善良管理人的注意义务，为有过失；违反普通人的注意义务，则为重大过失。非机动车驾驶人或者行人一方违反与处理自己的事务为同一注意，为有过失；违反普通人的注意义务，为重大过失。

四、机动车交通事故责任的责任形态

机动车交通事故责任就是道路交通事故损害赔偿责任，其基本责任形态是替代责任和自己责任。其中替代责任是常态，凡是机动车保有人与机动车驾驶人相分离的机动车交通事故责任，都属于替代责任；而机动车保有人自己驾驶机动车造成交通事故致人损害的，是自己责任。同时，道路交通事故构成共同侵权，则无论是自己责任还是替代责任，都构成连带责任。

（一）机动车交通事故责任中的替代责任

道路交通事故替代责任，是指机动车保有人作为责任主体，为机动车驾驶人的过失行为造成的道路交通事故致他人人身损害或者财产损害，应当承担赔偿责任；机动车保有人承担了赔偿责任之后，有权向有过错的机动车驾驶人追偿的侵权责任形态。

在侵权法的侵权责任形态体系中，自己责任是常态，替代责任是非常态。但在机动车交通事故责任中，由于道路交通事故是特殊侵权行为，因此，替代责任是机动车交通事故责任的常态，而自己责任则是非常态。

承担替代责任的机动车交通事故责任的类型主要有：一是法人或者其他组织作为所有人与其工作人员作为机动车驾驶人的替代责任；二是雇主雇佣雇工驾驶机动车的替代责任；三是机动车保有人借出机动车使他人作为机动车驾驶人的替代责任；四是承揽人为定作人执行承揽活动的特殊情形的替代责任；五是未成年子女驾驶

机动车发生交通事故致人损害的替代责任。

在侵权法领域,承担替代责任的侵权行为的基础,是行为人与责任人相分离。也就是说,在承担替代责任的侵权行为中,在加害人一方一定要有两个主体,一个主体是实施侵权行为的行为人,一个主体是承担侵权责任的责任人。在这两个主体之间具有特定关系,相互处于特定地位,并且在特定状态下造成他人损害,才能构成替代责任。机动车交通事故责任由机动车保有人承担替代责任,必须符合这样的条件要求。符合这样要求的机动车交通事故责任,只有在机动车的所有人与驾驶人相分离的情形,才具备上述条件要求。

(二)机动车交通事故责任中的自己责任

道路交通事故自己责任,就是机动车保有人自己驾驶机动车,或者家庭成员驾驶家庭保有的机动车,由于自己的过错造成道路交通事故致他人人身损害或者财产损害,应当由自己或者家庭承担赔偿责任的道路交通事故的责任形态。

在道路交通事故损害赔偿的责任形态中,作为侵权责任形态常态的自己责任却成为非常态,是机动车交通事故责任中非常态的责任形态。虽然如此,自己责任也是机动车交通事故责任的基本形态之一,与替代责任一起构成基本的侵权责任形态体系。

适用自己责任的机动车交通事故责任主要有以下几种类型:一是自己驾驶自己保有的机动车的责任;二是驾驶私家车的责任;三是合伙事务执行人驾驶合伙共有机动车的责任。

(三)机动车交通事故责任中的连带责任

机动车交通事故责任存在共同侵权行为,因此存在连带责任的侵权责任形态。机动车交通事故责任中的共同侵权只能是由过失构成。机动车交通事故责任中的共同侵权有两种情形:第一种,两个以上的机动车因为共同过失造成同一个受害人损害,其因果关系具有同一性,造成的损害不可分割,两个以上的机动车构成共同侵权行为。第二种,共有的机动车发生道路交通事故致人损害,数个机动车共有人应当承担的责任也是共同侵权责任。两种共同侵权的机动车交通事故责任,都是连带责任,存在替代责任的连带责任和自己责任的连带责任。与替代责任和自己责任在机动车交通事故责任中的地位一样,本来应当作为连带责任常态的自己责任,在机动车交通事故责任中却成为非常态;而作为非常态的连带责任的替代责任,却成为机动车交通事故责任中的常态,是常见的连带责任方式。

第二节 道路交通事故损害赔偿特殊责任主体

在机动车交通事故责任中,除了基本的责任形态即替代责任、自己责任和连带责任的主体外,还有其他特殊的侵权责任主体。这主要是机动车保有人和机动车使用人在机动车交通事故责任究竟应当由谁承担侵权责任的问题。

一、确定机动车交通事故责任特殊主体的依据

机动车交通事故责任主体的一般规则,是替代责任、自己责任以及连带责任。但是,在机动车交通事故责任中,还存在各种不同的特殊责任主体问题,比如,在机动车保有人与机动车使用人相分离的情形下,则应当从机动车运行利益和运行支配两个方面进行考量:首先考量机动车的运行支配,即谁有能力来控制发生事故的机动车的风险;其次考量谁对机动车的运行享有利益,即谁从机动车的运行利益中获利。只有将两个方面结合考虑,才能正确确定机动车交通事故责任的特殊主体。

(一)我国确定道路交通事故赔偿特殊责任主体的理论基础

1. 运行支配与运行利益结合的"二元说"道路交通事故赔偿主体理论

道路交通事故损害赔偿责任主体,是指承担此种赔偿责任者。道路交通事故损害赔偿责任主体认定原则,目前学者和审判实务大都认同以运行支配与运行利益归属的"二元说",即从运行支配和运行利益两个方面考量。所谓运行支配,即谁对机动车的运行具有支配和控制的权利;所谓运行利益的归属,即谁从机动车运行中获得

利益。最高人民法院做出的相关司法解释也同样体现了以运行支配与运行利益作为认定道路交通事故损害赔偿责任主体的基本原则。如《关于被盗机动车肇事后由谁承担损害赔偿责任的批复》《关于购买人使用分期付款购买的机动车从事运输因交通事故造成他人财产损失保留机动车所有权的出卖方不应承担民事责任的批复》《关于连环购车未办理过户手续,原机动车保有人是否对机动车发生交通事故致人损害承担责任的请示的批复》等相关规定,都说明了我国立法者对道路交通事故赔偿主体认定的基本思路。

我国法学理论界和司法实践对以"二元说"为原则认定道路交通事故损害赔偿责任主体基本没有太大的争议,至于如何确定运行支配与运行利益则有广义与狭义之分。广义说认为,运行支配包括具体的实际的支配,如机动车保有人本人驾驶、借用人驾驶、擅自驾驶的情形,也包括潜在的、抽象的支配,如机动车保有人将机动车借给他人、租给他人、承包给他人驾驶以及机动车的挂靠经营等情形。运行利益的归属包括因机动车运行而取得的直接利益,也包括间接利益,以及基于心理感情的因素而发生的利益,如精神上的满足、快乐、人际关系的和谐等。狭义说认为,运行支配和运行利益的归属仅指在发生道路交通事故这一具体的、实际的运行过程中对机动车的实际支配和运行利益的具体归属,不包括潜在、抽象的支配和间接的利益归属。

2. 道路交通事故赔偿特殊责任主体中"二元说"的广义性与狭义性辨析

在理论和实践中,对于道路交通事故赔偿责任主体认定存在的差异,大都源于对运行支配理论与运行利益理论结合"二元说"的广义与狭义认识的不同。法学界通说认为,以运行支配与运行利益作为机动车交通事故的责任主体的认定标准,即某人是否为机动车交通事故责任主体,要同时符合两个标准,既要看其对该机动车的运行是否在事实上处于支配管理地位,又要看其对该机动车的运行本身是否获得利益。一般情况下,依该原则确定赔偿责任主体是可行的,但在一些特殊情况下,认定依据只能是运行支配。因为支配足以决定一切,况且在有些情况下,运行利益与运行支配的归属是分离的。例如,机动车保有人令机动车驾驶人为朋友无偿搬运物品,运行利益归属其友人,而运行支配管理权仍属于机动车保有人,若依据运行支配与运行利益两个标准则无法确切认定。[①]

笔者认为,对道路交通事故赔偿责任主体的认定应该将运行支配理论与运行利益理论结合起来考量,以运行支配理论为基础,强调支配者应承担责任,在特定情形下加入运行利益理论作为补充:

第一,从性质上来讲,道路交通事故损害赔偿责任是侵权损害赔偿责任,应该以自己责任为核心。认定赔偿责任者承担赔偿责任或者承担连带赔偿责任应当适用侵权民事责任的构成要件和归责原则。从这个意义上来讲,认定道路交通事故损害赔偿责任主体,首先应当立足于确认机动车发生道路交通事故致他人人身及财产损害这一具体的、实际的运行过程中的侵权行为,即行为人的行为与事故之间的具体因果关系,并因此引申出认定谁应当对这一侵权行为承担损害赔偿责任。这也可以从侵权行为的四个规范要素,即行为、损害、制裁、补救以及行为与制裁关系、损害与补救关系这两个基本规范关系中得出这样的结论。针对道路交通事故赔偿主体问题来看,当运行支配人与机动车使用人为同一人时,其即为侵权行为人与侵权责任人,对造成的损害承担赔偿责任;当运行支配人与机动车使用人非为同一人时,则以运行支配为依据确认运行实际支配人为责任人并承担赔偿责任。所以,认定道路交通事故损害赔偿责任主体的基本依据应为机动车运行中的具体的、实际的支配,而不包括潜在的、抽象的支配。这是由道路交通事故是因机动车运行所致以及人对机动车实际运行过程的控制和支配决定的。换言之,认定道路交通事故损害赔偿责任主体,应以机动车运行支配为基本原则或者主要原则。但是,考虑到特殊情况下运行支配与运行利益是分离的,如运行支配者为他人利益无偿为他人搬家、接新娘、运送货物等,如果在此过程中发生交通事故致他人人身及财产损害,由运行支配者承担全部赔偿责任显失公平,在此种情况下,由运行支配者承担赔偿责任,运行利益归属者或者运行利益期待者承担

---

① 王志娟:《论机动车交通事故的赔偿主体》,载《当代法学》2003 年第 4 期。

部分赔偿责任或者承担连带赔偿责任,是公平合理的。由此得出的结论是,认定道路交通事故损害赔偿责任主体,以机动车运行支配为基本原则或主要原则,在运行支配与运行利益相分离的情况下,以运行利益的归属为补充原则。这里所说的运行支配与运行利益归属显然是狭义上的,而不是广义上的。

第二,自己对行为的后果承担责任,是现代民法基本原则之一,就是自己只对自己的过错或者自己的行为承担责任,不能为别人的过错行为承担责任。适用狭义的运行支配与运行利益归属认定道路交通事故损害赔偿责任主体则符合这一原则。最高人民法院《关于购买人使用分期付款方式购买的机动车从事运输,因交通事故造成他人财产损失,保留机动车所有权的出卖方不应承担民事责任的批复》指出:“采取分期付款方式购车,出卖方在购买方付清全部车款前保留机动车所有权的,购买方以自己名义与他人订立货物运输合同并使用该车运输时,因交通事故造成他人财产损失的,出卖方不承担民事责任。”其中使用“购买方以自己名义与他人订立货物运输合同并使用该车运输”,也在实际上反映了运行支配与运行利益的确定性以及责任者的行为与事故之间具体的因果关系。

(二)我国确定道路交通事故赔偿特殊责任主体的基本规则

关于道路交通事故赔偿责任主体的特别规定,必须寻求利益关系的平衡。如果法律将其规定得过于宽泛,不利于社会效率的进步;如果法律将其规定得过于狭窄,则不利于社会的公平。效率与公平之间的平衡是法律始终追求的目标,舍弃任何一方,都不符合民法的立法宗旨。判断道路交通事故赔偿主体的运行支配和运行利益结合的“二元论”理论,只是确定机动车交通事故责任主体的一个基本依据,具体问题,需要制定出具体的规则,使其建立在寻求效率和公平的最佳契合点之上。我国《道路交通安全法》在确定道路交通事故赔偿责任的基本原则为过错推定原则的时候,实际上已经倾斜于对社会公平方向,“撞了也白撞”当然不能成为法律所遵循的宗旨,但是如果使机动机动车保有人承担过分的责任,也会得不偿失。根据法经济学理论,过分沉重的法律责任会使运营成本上升,进而加重整个社会的负担,从而不利于社会进步。在确定责任主体的过程中，我们认为，应该偏重于运行支配理论，尽量做到侵权者负担自己责任，以保障社会效率，另外要完善机动车第三人强制保险制度，保障社会公平。在完善道路交通事故赔偿责任法制建设的同时，进一步完善机动车保险制度，将第三人责任强制保险与商业保险相结合，使机动车保险真正成为社会的“减震器”，针对道路交通事故赔偿的问题，要立足国情，在保障社会效率的基础上强调社会公平，不同情形要区分对待。

道路交通事故赔偿责任主体的确认主要有两个方面：一是机动车保有人肇事；二是机动车使用人肇事。前者责任主体与行为主体是同一人，行为人当然是对自己实施的行为负责，而不是责任主体对他人实施的行为负责，也不是对自己所有或管理的物件致人损害的后果负责，此时机动车驾驶人既是机动车运行的支配者，又是运行利益的归属者，驾驶人驾车发生交通事故，当然应由机动车驾驶人承担损害赔偿责任。主要问题和争议集中在后者上。机动车使用人肇事，即机动车交通事故发生在机动车支配权和所有权分离的情形中。对待支配权和所有权的分离时责任主体的确定，应该区分三种情形对待：一是非基于机动车保有人的意思而导致的支配权与所有权分离的情形，主要包括盗窃、抢夺、抢劫驾驶、擅自驾驶等情形；二是基于机动车保有人的意思而导致的支配权与所有权的分离，主要包括出租、友情出借、挂靠等情形；三是机动车未过户肇事、保管机动车肇事、所有权保留等道路交通事故特殊责任主体的情形。对于第一种情形，原则上应该本着运行支配理论分担肇事责任；对于第二种情形，可以结合运行支配理论与运行利益理论具体区分责任主体；对于第三种情形，原则上除非有重大过失或者故意，否则机动车保有人不承担责任，由驾驶人独自承担责任。

二、出租、出借机动车损害责任

《侵权责任法》第 49 条规定：“因租赁、借用等情形机动车所有人与使用人不是同一人时，发生交通事故后属于该机动车一方责任的，由保险公司在机动车强制保险责任限额范围内予以赔偿。不足部分，由机动车使用人承担赔偿责任；机动车所有人对损害的发生有过错的,承担相应的赔偿责任。”这样的规定是正确的。

(一)光车出租

光车出租,是出租公司仅出租机动车,并不附带驾驶人。这种情况,应当完全按照本条规定确定责任。承租人租用机动车使用,发生交通事故,承租人作为使用人,应当承担赔偿责任。本条规定的机动车出租,主要是指这种机动车租赁业务。

如果出租人有过错,按照本条规定,应当承担相应的赔偿责任。确定相应的赔偿责任,应当与出租人的过错程度以及行为的原因力确定。

(二)带驾驶人出租

带驾驶人的出租机动车在发生交通事故致人损害时,究竟应当怎样承担侵权责任,有不同的意见。我们认为,带驾驶人出租机动车,其性质应当属于承揽合同。承租人相当于定作人,出租人相当于承揽人,承揽的事项是按照承租人的指示提供车辆并且按照指示运行。因此,所谓的带驾驶人的机动车出租,其实并非出租机动车,而是定作人与出租人达成合意,出租人出车出人,为定作人完成运营。这个运营,就是承揽的劳动成果。因此,所谓的承租人其实就是定作人,出租的也不是车,而是连人带车一起为承租人服务。对于双方当事人的权利义务确定,应当适用承揽合同的规定进行,不适用《侵权责任法》第 49 条规定。

对带驾驶人的出租机动车发生交通事故致人损害,应当承担责任的,应当按照最高人民法院人身损害赔偿司法解释第 10 条关于“承揽人在完成工作过程中对第三人造成损害或者造成自身损害的,定作人不承担赔偿责任。但定作人对定作、指示或者选任有过失的,应当承担相应的赔偿责任”的规定进行。首先,当因驾驶人的过失导致事故发生的情形下,无论是造成自己损害还是造成他人损害,都应当由出租人承担侵权责任。其次,即使在机动车一方没有过错,非机动车驾驶人或者行人因为自己的过错造成损害,机动车一方应当承担不超过 10% 的责任的时候,该侵权损害赔偿责任也须由出租人承担,无须承租人承担。再次,由于机动车承租人的定作过失或者指示过失,造成机动车驾驶人损害,或者造成他人损害,依照定作人指示过失的规则，由承租人承担定作人指示过错责任，承担损失赔偿责任。最后，如果机动车驾驶人有过失，承租人在定作和指示上也有过失，则应当按照客观关连共同的共同侵权行为规则，双方承担连带责任。

（三）出借机动车损害责任

《侵权责任法》第 49 条将机动车出租和出借两种情形规定在一起，适用同样的规则。对待友情出借机动车致人损害的赔偿责任主体问题，应当持谨慎态度。对于出租和出借机动车发生交通事故，在处理的规则上是一样的，但在掌握中有所不同。首先，借用人借用他人机动车造成交通事故，借用人应当自己承担损害赔偿责任，机动车的出借人不承担责任。其次，机动车所有人即出借人对损害的发生有过错的，承担相应的赔偿责任。这种过错，应当是重大过失。理由是友情出借机动车并不存在运行物质利益，而且机动车车主即出借方对机动车的运行也没有支配力，又因为中国社会结构有其特殊性。

（四）具体规则

在司法实践中应用本条，具体规则是：

第一，机动车出租人、出借人对于出租或者出借后的机动车交通事故造成的损失，只要是属于机动车一方责任的，原则上应当由承租人或者借用人承担赔偿责任，出租人或者出借人对于造成的损害不承担责任。

第二，机动车所有人也就是出借人或出租人对于造成事故发生损害有过错的，应当承担相应的赔偿责任。

第三，确定机动车所有人有过错，主要是：一是出借人明知借用人没有驾驶资质，不具备驾驶技能而出借。这种情形要求出借人明知借用人没有资质，此时出借人应承担连带责任。如果借用人采取欺骗方法，或者隐瞒自己没有资质的事实，骗取借用机动车，出借人应当发现而没有发现的，应对损害与自己的过失承担相应的赔偿责任。二是出借人明知出借的机动车存在故障而出借。出借人将有瑕疵的机动车出借给借用人的，如果没有事先说明情况，故意隐瞒机动车瑕疵造成损害的，出借人应承担完全责任；如果出借人已经说明情况,借用人仍借用造成损害的,出借人对赔偿应承担与自己的过错相应的赔偿责任。三是其他过错。

第四,所谓的相应责任,就是机动车所有人对于损害的发生,按照自己的过错程度或者原因力,承担与其相适应的责任比例,而不是全部赔偿。在实践中操作,可以是被侵权人只起诉承租人或者借用人,令其承担全部赔偿责任,之后由承租人或者借用人向机动车所有人追偿,机动车所有人按照过错程度和原因力,承担相应的责任。也可以是被侵权人向法院起诉的时候,一并起诉借用人或者承租人以及机动车所有人,法院根据按份责任的规则,确定各自的赔偿责任份额。

三、买卖未办理过户登记的机动车损害责任

《侵权责任法》第 50 条规定:“当事人之间已经以买卖等方式转让并交付机动车但未办理所有权转移登记,发生交通事故后属于该机动车一方责任的,由保险公司在机动车强制保险责任限额范围内予以赔偿。不足部分,由受让人承担赔偿责任。”本条规定的是买卖机动车未过户的赔偿责任主体责任规则。

在二手机动车的买卖中经常有这种情况,即原机动车所有人(登记机动车保有人,也叫作登记车主)将机动车交付给买受人(实际机动车保有人,也叫作事实车主)后,并未照规定办理过户手续,导致登记机动车保有人和实际机动车保有人相分离的现象。

对此,最高人民法院曾经做出《关于连环购车未办理更名过户手续原机动车保有人是否对机动车发生交通事故致人损害承担责任的复函》,规定连环购车未办理过户手续,因机动车已交付,原机动车保有人既不能支配该车的运营,也不能从该车的运营中获得利益,故原机动车保有人不应对机动车发生交通事故致人损害承担责任。《侵权责任法》仍然坚持这样的立场,明确规定了“当事人之间已经以买卖等方式转让并交付机动车但未办理所有权转移登记,机动车发生交通事故后,属于机动车一方责任的,由受让人承担赔偿责任”的规则。

《侵权责任法》第 50 条规定的理由是,按照我国《物权法》第 24

条规定,船舶、航空器、机动车等物权的设立、变更、转让、消灭,未经登记的,不得对抗善意第三人。据此可以确认,我国对机动车买卖进行登记过户,采取的是登记对抗主义,即交付就已经发生所有权转移的效力,仅仅是不得对抗已经登记的善意第三人而已。同时,机动车所有权变动的登记,更大程度上是一种行政管理措施,而非所有权变动的公示方式。因此,在机动车买卖未过户的情况下,只要交付,其所有权就发生了转移,登记过户只是针对买卖合同对抗第三人的效力来说的,未过户登记并不影响所有权转移和风险承担。

在司法实践中应用本条,应当注意的是:

第一,适用本条的要件:一是当事人之间已经以买卖等方式转让并交付机动车。交付的含义,就是转移所有权,这是《物权法》第23条规定的原则,机动车是动产,所有权转移不是登记转移,而是交付转移。二是双方当事人未办理所有权转移登记。事实上,机动车转移登记也叫作过户登记,并非是所有权的转移登记,而是管理的登记,即车主的登记,因此,登记并不是转移所有权的手续,而是行政管理的手续。三是转让的机动车发生交通事故。在交通事故中,转让的该机动车也就是事实车主的机动车,是肇事车辆的一方。四是交通事故责任属于机动车一方责任。经过交通事故责任认定,该交通事故责任属于事实车主的机动车一方承担责任,即事实车主的责任。

第二,符合上述四个条件,由受让人即机动车的事实车主承担赔偿责任,登记车主也就是机动车出让人不承担责任。

四、非法转让机动车损害责任

《侵权责任法》第51条规定:“以买卖等方式转让拼装或者已达到报废标准的机动车,发生交通事故造成损害的,由转让人和受让人承担连带责任。”本条规定的是非法转让机动车造成交通事故致人损害的连带责任。

在机动车管理中,严禁拼装机动车,也不准转让已经达到报废标准的机动车。违反法律规定,非法转让拼装的机动车或者已经达到报废标准的机动车,属于严重的违法行为,转让人和受让人的主观上都具有故意违法的意图。采取这种非法方式转让拼装的机动车或者达到报废标准的机动车,并且发生交通事故造成损害的,无论是造成他人损害,还是造成自己损害,对于损害的发生,就将双方在非法转让中的故意,视为对损害发生的放任,因此,在转让人和受让人之间就具有共同的间接故意。具有共同的故意,又发生了交通事故造成损害,构成共同侵权行为。本条规定由转让人和受让人承担连带责任,完全符合侵权责任法原理,也符合《侵权责任法》第8条关于共同侵权行为应当承担连带责任的规定。

在司法实践中应用本条应当注意的是,本条条文中规定的损害中,没有加上通常的"他人"的字样。这个规定是否另有含义?这种表述方法体现的是,造成的损害不仅包括造成他人损害,也包括造成自己损害。如果受让人使用拼装机动车或者达到报废标准的机动车,发生交通事故造成自己损害的,实际上也是共同侵权行为,只不过使用人自己的损害自己应当承担的份额,并非叫作连带责任而已,但应当按照连带责任的规则,确定双方应当承担的责任份额,按照过失相抵的规则,确定赔偿责任。

五、盗抢机动车损害责任

在盗窃、抢夺或者抢劫驾驶机动车的情况下,机动车处于非法持有者的完全控制之下,原机动车保有人此时对机动车既不存在实际的运行支配,又没有对机动车享有运行利益,因此,非法持有机动车的人既是机动车的运行支配者又是运行利益的归属者,理应成为损害赔偿的责任主体。因此,《侵权责任法》第52条规定:"盗窃、抢劫或者抢夺的机动车发生交通事故造成损害的,由盗窃人、抢劫人或者抢夺人承担赔偿责任。保险公司在机动车强制保险责任限额范围内垫付抢救费用的,有权向交通事故责任人追偿"。

在司法实践中应用本条,应当特别注意,盗窃、抢夺或者抢劫作为一种非法行为,其发生往往具有突发性和不可预见性,非法行为的发生中断了机动车保有人对机动车的运行支配,也切断了其对机动车运行利益的合法归属,而且机动车保有人对机动车管理的过失与交通事故的发生结果之间并无直接因果关系，交通事故的发生完全是非法行为人独立支配机动车运行的结果，因此，要求机动车保有人承担赔偿责任确有不当。①

在这种情况下，经常会出现没有直接责任人的情形，例如，盗窃、抢夺、抢劫机动车发生肇事后罪犯逃逸，受害人无法得到赔偿。由于该机动车车主有强制保险，因此，强制保险应当在责任范围内垫付抢救费用。对此，保险公司在垫付了抢救费用后，对肇事的责任人取得追偿请求权，当肇事的责任人出现时，有权向其追偿。对于没有投保交强险的，在制定《侵权责任法》过程中讨论过，因为交强险是每一个车主都必须投保的强制性保险，是必须投保的。没投保，就有过错，因此，车主应当在交强险保险的范围内，承担赔偿责任。

第三节 机动车驾驶人肇事逃逸的责任负担

《侵权责任法》第53条规定了机动车驾驶人肇事逃逸的责任负担问题，即"机动车驾驶人发生交通事故后逃逸，该机动车参加强制保险的，由保险公司在机动车强制保险责任限额范围内予以赔偿；机动车不明或者该机动车未参加强制保险，需要支付被侵权人人身伤亡的抢救、丧葬等费用的，由道路交通事故社会救助基金垫付。道路交通事故社会救助基金垫付后，其管理机构有权向交通事故责任人追偿"。这一规定分为三个问题：

第一，机动车驾驶人发生交通事故后逃逸的，该机动车参加强制保险的，由保险公司在机动车强制保险责任限额范围内予以赔偿。在发生交通事故后，机动车驾驶人逃逸的，只要该机动车参加了强制保险，就由保险公司在强制保险责任的限额赔偿范围内予以赔偿。这是机动车交通事故责任保险优先原则的体现，无论何种情况，只要参加了机动车强制保险，出现事故造成损害，就应当按照强

① 彭思颖：《论道路交通事故损害赔偿案件中的责任主体》，载《西安政治学院学报》2005年第4期。

制保险的规则理赔。对此,保险公司不得以任何理由予以拒绝。

第二,机动车不明或者该机动车未参加强制保险,需要支付被侵权人人身伤亡的抢救、丧葬等费用的,由道路交通事故社会救助基金垫付。所谓“机动车不明”,是指机动车的权属不明,即不知道该机动车归属于谁所有。在这种情况下发生机动车交通事故,以及发生交通事故的机动车未参加强制保险的,就无法得到强制保险的赔偿。为了保护受害人的合法权益,使其损害得到及时救济,法律规定由道路交通事故社会救助基金垫付被侵权人的人身伤亡的抢救、丧葬等费用。救助基金承担的,不是赔偿责任,也不是补偿责任,而是垫付责任,即不应当由其承担责任,只是暂时为侵权人垫付。

关于垫付责任,我们在《侵权责任法草案建议稿》中曾经设计了条文,即“法律规定对行为人的侵权行为承担垫付责任的,垫付责任人在承担了侵权责任之后,有权向行为人追偿。”垫付责任作为一种立法设计选择,是一种补充性的选择,适用于有明确的责任人但无法实际承担责任,而由受害人承担损害显失公平的情况,实际上是一种公平原则的适用,是利益衡量的结果。①

第三,道路交通事故社会救助基金垫付后,其管理机构有权向交通事故责任人追偿。道路交通事故社会救助基金对被侵权人的损失垫付之后,其取得了对侵权人的追偿权。这种追偿权的取得,究竟是基于让与请求权,还是基于赔偿代位,没有明确规定。对此,德国及我国民国时期的民国民法基本上采取让与请求权的立法例。在我国的实践中,有些求偿关系采用赔偿代位说理论,有的采用请求权让与说理论。笔者认为,以采取请求权让与立场为妥,这样能够更充分地保护被侵权人的合法权益,并且保护好公众利益。垫付之后,道路交通事故社会救助基金的管理机构基于让与权请求,取得受害人的损害赔偿请求权,有权向交通事故责任人追偿。应当注意的是,道路交通事故社会救助基金享有追偿权的,仅仅是其已经

---

① 杨立新主编:《中华人民共和国侵权责任法草案建议稿及说明》,法律出版社2007年版,第8页。

垫付的部分,没有垫付的其他损害的请求权,仍由被侵权人享有,其仍然有权向侵权人行使,以保护好自己的权益。

第四节　司法解释补充的机动车交通事故责任的规则

2012 年 11 月 27 日,最高人民法院《关于审理道路交通事故损害赔偿责任案件适用法律若干问题的解释》提出了很多有价值的交通事故赔偿纠纷的裁判规则,主要有以下六个方面。

一、对道路交通事故损害赔偿责任的责任主体作出明确规定

《侵权责任法》第 49 条至第 53 条对机动车所有人和使用人相分离的交通事故赔偿问题作的规定不够全面。道路交通事故损害责任司法解释对此做出了解释,十分详尽。比较重要的规定有:

(一)妨碍通行物损害责任的主体

《侵权责任法》第 89 条规定了“在公共道路上堆放、倾倒、遗撒妨碍通行的物品造成他人损害的,有关单位或者个人应当承担侵权责任”的规则,司法解释第 10 条补充规定了“当事人请求行为人承担赔偿责任的,人民法院应予支持。道路管理者不能证明已按照法律、法规、规章、国家标准、行业标准或者地方标准尽到清理、防护、警示等义务的,应当承担相应的赔偿责任”的规则,在实践中更容易操作。

(二)道路缺陷责任主体

对于道路缺陷责任主体,司法解释规定了两个规则:一是道路管理维护缺陷的责任主体,规定的是第 9 条第 1 款:“因道路管理维护缺陷导致机动车发生交通事故造成损害,当事人请求道路管理者承担相应赔偿责任的,人民法院应予支持,但道路管理者能够证明已按照法律、法规、规章、国家标准、行业标准或者地方标准尽到安全防护、警示等管理维护义务的除外。”二是道路设置缺陷的责任主体,司法解释规定的是第 11 条:“未按照法律、法规、规章或者国家

标准、行业标准、地方标准的强制性规定设计、施工,致使道路存在缺陷并造成交通事故,当事人请求建设单位与施工单位承担相应赔偿责任的,人民法院应予支持。”这两个规定,分别规定了道路维护管理缺陷损害责任的主体和道路设置缺陷责任的主体,责任明确。

(三)擅自进入高速公路损害责任

对于依法不得进入高速公路的车辆、行人,擅自进入高速公路造成自身损害的,《侵权责任法》没有作出规定,司法解释第 9 条第 2 款补充规定:“依法不得进入高速公路的车辆、行人,进入高速公路发生交通事故造成自身损害,当事人请求高速公路管理者承担赔偿责任的,适用侵权责任法第 76 条的规定。”这是将擅自进入高速公路的行人和车辆比照《侵权责任法》第 76 条擅自进入高度危险区域责任的规定,“未经许可进入高度危险活动区域或者高度危险物存放区域受到损害,管理人已经采取安全措施并尽到警示义务的,可以减轻或者不承担责任”。对此应当适用不承担责任的规定,因为擅自进入高速公路的危险性极大,远远超过进入高度危险区的危险。

(四)机动车产品责任

机动车存在缺陷,发生交通事故造成损害的,是否适用产品责任并不明确。司法解释第 12 条明确规定:“机动车存在产品缺陷导致交通事故造成损害,当事人请求生产者或者销售者依照侵权责任法第五章的规定承担赔偿责任的,人民法院应予支持。”按照这一规定,这种交通事故责任完全适用产品责任规则,应当由产品的生产者或者销售者承担侵权责任,责任的形态是不真正连带责任。

(五)多辆机动车发生交通事故造成第三人损害的责任主体

在司法实践中,对于多辆机动车发生交通事故造成第三人损害的,究竟应当怎样承担侵权责任,意见比较分歧。司法解释第 13 条明确规定:“多辆机动车发生交通事故造成第三人损害,当事人请求多个侵权人承担赔偿责任的,人民法院应当区分不同情况,依照侵权责任法第 10 条、第 11 条或者第 12 条的规定,确定侵权人承担连带责任或者按份责任。”按照这样的规定,除了不适用《侵权责任法》第 8 条规定外，构成共同危险行为的，应当适用第 10 条关于共同危险行为承担连带责任的规则；对于二人以上分别实施侵权行为，造成同一损害，每个人的侵权行为都足以造成全部损害的，作为叠加的共同侵权行为，承担连带责任；对于二人以上分别实施侵权行为造成同一损害，一般情况下，按照分别侵权行为的规则，承担按份责任。

二、对机动车交通事故损害赔偿的概念和范围作出准确界定

道路交通事故损害责任司法解释对机动车交通事故的损害赔偿范围和有关概念，做出了准确规定。例如，对于人身伤亡概念的解释，第 14 条第 1 款明确规定："'人身伤亡'是指机动车发生交通事故侵害被侵权人的生命权、健康权等人身权益所造成的损害，包括侵权责任法第 16 条和第 22 条规定的各项损害。"这样的解释，就明确了机动车交通事故造成的人身伤亡，不仅包括人身损害造成的财产损失，也包括造成的精神损害，避免发生争论，造成法律适用上的分歧。第 14 条第 2 款明确规定："道路交通安全法第七十六条规定的'财产损失'，是指因机动车发生交通事故侵害被侵权人的财产权益所造成的损失。"这对道路交通事故损害责任的财产损失概念也做出了明确的规定，清晰明了，便于掌握。同时，第 15 条对维修被损坏车辆所支出的费用、车辆所载物品的损失、车辆施救费用，因车辆灭失或者无法修复，为购买交通事故发生时与被损坏车辆价值相当的车辆重置费用；依法从事货物运输、旅客运输等经营性活动的车辆，因无法从事相应经营活动所产生的合理停运损失；非经营性车辆因无法继续使用，所产生的通常替代性交通工具的合理费用，都认定为道路交通事故损害责任中的财产损害，为司法实践统一掌握作了界定，使法院在审判中能够准确掌握，科学确定赔偿数额。

三、对责任承担特别是交强险责任的承担规则作出明确规定

司法解释第三节"关于责任承担的认定"，主要规定的是交强险、商业险以及侵权责任的承担规则。主要的内容是：

(一)交强险、第三者责任商业险和侵权责任的承担顺序

对于同时投保机动车第三者责任强制保险和第三者责任商业保险的机动车发生交通事故造成损害,司法解释第15条规定,如果当事人同时起诉侵权人和保险公司的,人民法院应当按照下列规则确定赔偿责任:首先,由承保交强险的保险公司在责任限额范围内予以赔偿;其次,交强险理赔的不足部分,由承保商业三者险的保险公司根据保险合同予以赔偿;最后,如果仍有不足的,依照道路交通安全法和侵权责任法的相关规定由侵权人予以赔偿。同时,被侵权人或者其近亲属请求承保交强险的保险公司优先赔偿精神损害的,人民法院应予支持。

(二)非投保人的驾驶人造成损害的责任

投保人一般是机动车所有人。如果投保人允许的驾驶人驾驶机动车致使投保人遭受损害的,应当在交强险的承包范围之内。因此,司法解释第16条规定,当事人请求承保交强险的保险公司在责任限额范围内予以赔偿的,人民法院应予支持。除外的规则是,如果投保人为本车上人员的,应当适用车内人员的损害赔偿规则,不适用交强险赔偿的规则,因为交强险承包的是第三人责任险,而不是车内人员险。

(三)驾驶人违章发生交通事故导致第三人人身损害的交强险责任

在实践中,对于驾驶人违章驾驶机动车造成第三人人身损害的,例如"非驾"、醉酒、故意制造交通事故的,交强险条例都规定不予赔偿,存在较大的争议,焦点在于,交强险承保的是第三人损害责任,如果交强险不赔,显然对受害人不利。司法解释第18条对此明确规定,原则上交强险应当赔偿,赔偿后,保险公司再向侵权人进行追偿。追偿权的诉讼时效期间自保险公司实际赔偿之日起计算。

(四)未投保交强险的责任承担

对于未投保交强险的,发生交通事故造成第三人损害的,不能适用《道路交通安全法》第76条规定的强制保险优先的原则,不能从保险公司得到交强险的赔偿。这样一来,交强险应当承担的赔偿部分,应当由有投保义务的人承担赔偿责任。因此,司法解释第19

条规定,未依法投保交强险的机动车发生交通事故造成损害,当事人请求投保义务人在交强险责任限额范围内予以赔偿的,人民法院应予支持。如果投保义务人和侵权人不是同一人,当事人请求投保义务人和侵权人在交强险责任限额范围内承担连带责任的,人民法院应予支持。

(五)保险公司违反交强险法定义务的责任

承担交强险业务的保险公司违反交强险法定义务,拒绝承保、拖延承保或者违法解除交强险合同的,应当承担责任。司法解释第20条规定:具有从事交强险业务资格的保险公司违法拒绝承保、拖延承保或者违法解除交强险合同,投保义务人在向第三人承担赔偿责任后,请求该保险公司在交强险责任限额范围内承担相应赔偿责任的,人民法院应予支持。

(六)多辆机动车发生交通事故的交强险责任承担

多辆机动车发生交通事故的交强险承担比较复杂,司法解释规定了比较详细的规则:

第一,第21条第1款规定,多辆机动车发生交通事故造成第三人损害,损失超出各机动车交强险责任限额之和的,由各保险公司在各自责任限额范围内承担赔偿责任;损失未超出各机动车交强险责任限额之和,当事人请求由各保险公司按照其责任限额与责任限额之和的比例承担赔偿责任的,人民法院应予支持。

第二,该条第2款规定,依法分别投保交强险的牵引车和挂车连接使用时发生交通事故造成第三人损害,当事人请求由各保险公司在各自的责任限额范围内平均赔偿的,人民法院应予支持。

第三,该条第3款规定,多辆机动车发生交通事故造成第三人损害,其中部分机动车未投保交强险,当事人请求先由已承保交强险的保险公司在责任限额范围内予以赔偿的,人民法院应予支持。保险公司就超出其应承担的部分向未投保交强险的投保义务人或者侵权人行使追偿权的,人民法院应予支持。

(七)交强险责任的其他规则

司法解释对于交强险等责任的承担,还规定了以下规则:

第一,同一交通事故的多个被侵权人同时起诉的,人民法院应当按照各被侵权人的损失比例确定交强险的赔偿数额。

第二,机动车所有权在交强险合同有效期内发生变动,保险公司在交通事故发生后,以该机动车未办理交强险合同变更手续为由主张免除赔偿责任的,人民法院不予支持。机动车在交强险合同有效期内发生改装、使用性质改变等导致危险程度增加的情形,发生交通事故后,当事人请求保险公司在责任限额范围内予以赔偿的,人民法院应予支持。如果在这种情形下,保险公司另行起诉请求投保义务人按照重新核定后的保险费标准补足当期保险费的,人民法院应予支持。

第三,当事人主张交强险人身伤亡保险金请求权转让或者设定担保的行为无效的,人民法院应予支持。

四、对机动车交通事故责任的具体法律适用作出解释

《侵权责任法》第49条规定的"机动车所有人对损害的发生有过错",司法解释第1条作出规定:一是知道或者应当知道机动车存在缺陷,且该缺陷是交通事故发生原因之一的;二是知道或者应当知道驾驶人无驾驶资格或者未取得相应驾驶资格的;三是知道或者应当知道驾驶人因饮酒、服用国家管制的精神药品或者麻醉药品,或者患有妨碍安全驾驶机动车的疾病等依法不能驾驶机动车的;四是其他应当认定机动车所有人或者管理人有过错的。这四种情况概括了机动车所有人、出租人过错的全部情形,应当以此规定确认机动车所有人、出租人的过错。

五、运用侵权责任形态规则合理分配机动车交通事故赔偿责任

多数人侵权行为存在适用不同的侵权责任形态规则,科学分配赔偿责任的问题。在道路交通事故损害责任司法解释中,大量运用不同的侵权责任形态规则,对机动车交通事故责任中的多数人侵权行为的赔偿责任进行合理分配,作出科学规制。

(一)连带责任

在构成共同侵权行为的机动车交通事故责任,规定适用连带责

任规则。

一是挂靠的连带责任。司法解释对挂靠机动车造成损害的责任,采纳了连带责任的主张。第3条规定,以挂靠形式从事道路运输经营活动的机动车发生交通事故造成损害,属于该机动车一方责任,当事人请求由挂靠人和被挂靠人承担连带责任的,人民法院应予支持。

二是套牌的连带责任。关于套牌车发生交通事故的责任,首先是套牌车的责任,如果被套牌车同意的,则是连带责任。第5条规定,套牌机动车发生交通事故造成损害,属于该机动车一方责任,当事人请求由套牌机动车的所有人或者管理人承担赔偿责任的,人民法院应予支持;被套牌机动车所有人或者管理人同意套牌的,应当与套牌机动车的所有人或者管理人承担连带责任。

三是多次非法买卖拼装车、报废车的连带责任。多次非法买卖拼装车、报废车的,仍然适用《侵权责任法》第50条规定,承担连带责任。本司法解释第6条规定,拼装车、已达到报废标准的机动车或者依法禁止行驶的其他机动车被多次转让,并发生交通事故造成损害,当事人请求由所有的转让人和受让人承担连带责任的,人民法院应予支持。

四是多辆机动车造成第三人损害连带责任。多辆机动车发生交通事故造成第三人损害,究竟应当如何承担侵权责任,实践中和理论上争论较大。司法解释第13条作出了明确的规定,即多辆机动车发生交通事故造成第三人损害,当事人请求多个侵权人承担赔偿责任的,人民法院应当区分不同情况,依照《侵权责任法》第10条、第11条或者第12条的规定,确定侵权人承担连带责任或者按份责任。构成共同危险行为的,以及构成叠加的共同侵权行为的,承担连带责任。

(二)按份责任

在多辆机动车发生交通事故造成第三人损害的,如果不构成共同危险行为,也不构成叠加的共同侵权行为的,则构成分别侵权行为的机动车交通事故责任,规定适用按份责任。司法解释第13条规定,多辆机动车发生交通事故造成第三人损害,当事人请求多个侵权人承担赔偿责任的,如果符合《侵权责任法》第12条规定的情形的,确定侵权人承担按份责任。

(三)不真正连带责任

在道路交通事故责任中,适用不真正连带责任的情形不多,只有司法解释第12条规定的是不真正连带责任,即机动车存在产品缺陷导致交通事故造成损害,当事人请求生产者或者销售者依照《侵权责任法》第五章的规定承担赔偿责任的,生产者和销售者承担的责任形态,就是不真正连带责任。

(四)单向连带责任

司法解释规定道路交通事故责任中适用单向连带责任的,只有第2条规定的情形,即未经允许驾驶他人机动车发生交通事故造成损害,当事人依照侵权责任法第49条的规定请求由机动车驾驶人承担赔偿责任的,人民法院应予支持。这就是单向连带责任。如果机动车所有人或者管理人有过错的,承担相应的赔偿责任,但具有《侵权责任法》第52条规定的盗抢机动车的情形,则除外。

六、对机动车交通事故案件审理的程序问题作出了规定

道路交通事故损害责任司法解释对机动车交通事故赔偿纠纷案件的受理和审理程序,也作出了很好的规定。

(一)保险公司作为当事人的列法

在道路交通事故责任诉讼中,如果起诉保险公司,其当事人的身份应当如何处理,司法解释第25条作出了规定。第一,人民法院审理道路交通事故损害赔偿案件,应当将承保交强险的保险公司列为共同被告。但该保险公司已经在交强险责任限额范围内予以赔偿且当事人无异议的,就不再列为被告。第二,人民法院审理道路交通事故损害赔偿案件,当事人请求将承保商业三者险的保险公司列为共同被告的,人民法院应予准许,也列为共同被告。

(二)被侵权人无近亲属或者近亲属不明,他人主张损害赔偿的程序

被侵权人无近亲属,或者近亲属不明,他人主张损害赔偿责任,究竟应当怎样处理,争论很大。司法解释对此采取保守的立场,在

第26条规定了以下规则：

第一，被侵权人因道路交通事故死亡，无近亲属或者近亲属不明，未经法律授权的机关或者有关组织向人民法院起诉主张死亡赔偿金的，人民法院不予受理。这个解释看起来没有什么问题，但实际上是否认了民政部门作为原告起诉的做法。对此，应当继续探索，如果不准许民政部门起诉，侵权人势必逃脱了侵权责任。如果准许民政部门起诉，将索赔的赔偿金作为公益，存放在社会救济基金中，就可以依照《民事诉讼法》关于公益诉讼的规定，作为原告起诉。这样的做法应当更好，也符合则以司法解释的规定精神。

第二，对于被侵权人死亡，没有近亲属或者近亲属不明的，如果侵权人以已向未经法律授权的机关或者有关组织支付死亡赔偿金为理由，请求保险公司在交强险责任限额范围内予以赔偿的，是不符合侵权责任法的原理和规定的，当然人民法院不予支持。

第三，被侵权人死亡，没有近亲属或者近亲属不明，在对被侵权人的死亡救济支付了医疗费、丧葬费等合理费用的单位或者个人，有权请求交强险进行赔偿。如果其起诉请求保险公司在交强险责任限额范围内予以赔偿的，人民法院应予支持。

（三）交通事故责任认定书的证据效力

司法解释第27条特别规定了公安机关交通管理部门的交通事故责任认定书的证据效力问题。即公安机关交通管理部门制作的交通事故认定书，人民法院应依法审查并确认其相应的证明力，但有相反证据推翻的除外。其规则是：对于交通事故责任认定书，人民法院有权进行审查，审查确认其具有证明力的，予以采信；如果审查证明认定责任错误，有其他证据推翻责任认定书的结论的，则认定其不具有证明力，不予以采信。

第十六章　医疗损害责任

第一节　我国现行医疗损害责任制度基本状况及改革目标

《侵权责任法》第54条至第64条全面规定了医疗损害责任。改革前的医疗损害责任制度是三个双轨制构成的二元化医疗事故与医疗过错救济体制，改革后的医疗损害责任制度则为一元化与三类型的医疗损害责任救济体制。《侵权责任法》对医疗损害救济体制改革的背景和理论基础，需要全面掌握。

一、《侵权责任法》改革医疗损害责任的背景和理论基础

《侵权责任法》规定医疗损害责任制度的背景，是我国现行司法实务实行的由三个双轨制构成的二元化医疗损害责任制度。三个双轨制的具体内容是：一是医疗损害责任诉因的双轨制，既有医疗事故责任，又有医疗过错责任；二是医疗损害赔偿标准的双轨制，医疗事故责任按照《医疗事故处理条例》规定的赔偿标准赔偿，数额很低，医疗过错责任适用人身损害赔偿标准，数额较高；三是医疗损害责任鉴定的双轨制，医学会作为官方代表进行医疗事故责任鉴定，司法鉴定机构进行医疗过错责

任鉴定。据此形成了二元化的医疗损害救济机制，典型地表现了我国医疗损害责任制度的现实状况和法律适用的混乱程度。

我国医疗损害责任制度形成二元化结构的基本原因是：一是行政机关片面强调医疗机构的特殊性，用不适当的方法予以特别保护；二是受害患者一方寻找新的保护方法形成双轨制；三是司法机关将错就错认可医疗事故和医疗过错的差别形成二元化结构。二元结构的医疗损害责任制度存在的弊病是：第一，分割完整的医疗损害责任制度，造成受害患者一方相互之间的矛盾；第二，加重医疗机构举证责任，形成防御性医疗，损害全体患者的利益；第三，造成审判秩序混乱，损害司法权威。

二、《侵权责任法》实行医疗损害责任改革的基本目标和内容

（一）医疗损害责任改革的理论基础和基本目标

在制定《侵权责任法》之初，就确定了改革医疗损害责任制度的目标。

改革所依据的理论基础是：其一，坚持人格平等，实行统一的医疗损害责任制度是医疗损害责任改革的基本方向；其二，兼顾受害患者、医疗机构和全体患者利益关系是医疗损害责任制度改革的基本要求；其三，过错责任原则是建立和谐医患关系调整三者利益的最佳平衡器；其四，坚持民事诉讼武器平等原则，妥善处理诉讼机会和诉讼利益的平衡。

改革我国医疗损害责任制度应当遵循的基本目标是：建立一个一元化结构的医疗损害责任制度，改变二元结构医疗损害责任的法律适用矛盾状况，建立统一的、完善的医疗损害责任制度，统筹兼顾，公平、妥善地处理受害患者的利益保护、医疗机构的利益保护以及全体患者利益保护之间的平衡关系，推进社会医疗保障制度的健全发展，保障全体人民的医疗福利。

（二）医疗损害责任改革的概括内容

《侵权责任法》重新构造我国的医疗损害责任制度，其基本内容是“一元化三类型”，包括以下六个方面：（1）统一医疗损害责任概念。《侵权责任法》应当摒弃医疗事故责任和医疗过错责任两个不

同概念,使用统一的“医疗损害责任”概念。[①] (2)确定医疗损害责任的基本类型和归责原则。根据医疗损害责任的具体情形和法律规则的不同,将医疗损害责任分为三种基本类型,即医疗技术损害责任、医疗伦理损害责任和医疗产品损害责任,分别适用不同的归责原则和具体规则。(3)确定认定医疗过失的一般标准。《侵权责任法》明确规定认定医疗过失的标准是违反注意义务,医疗机构违反自己的注意义务,即存在医疗过失。[②] 根据不同医疗损害责任的类型,将医疗过失分为医疗技术过失和医疗伦理过失。分别确定医疗技术过失的标准和医疗伦理过失的标准。(4)确定医疗损害责任纠纷案件举证责任规则。在三种不同的医疗损害责任类型中,分别适用不同的举证责任,科学分配诉讼风险。(5)适用统一的人身损害赔偿标准并予以适当限制。医疗损害责任的赔偿不应当单独制定标准,应当实行统一的人身损害赔偿标准。应当特别注意的是,医疗损害责任的赔偿有自己的特点,为了保障全体患者的利益不受损害,对医疗机构的损害赔偿责任应当进行适当限制。[③] (6)医疗损害责任鉴定的性质为司法鉴定。《侵权责任法》对医疗损害责任的鉴定没有明文规定,但既然医疗损害责任不再以医疗事故作为基本类型,那么,也就没有必要执行《医疗事故处理条例》关于医疗事故鉴定制度的规定。

第二节　医疗损害责任的四种不同类型

一、医疗技术损害责任概述

《侵权责任法》第 57 条和第 58 条规定的是医疗技术损害责任。

---

① 关于医疗损害责任概念的研究,请参见杨立新:《医疗损害责任概念研究》,载《政治与法律》2009 年第 3 期。

② 对于医疗过失的一般标准,作者还专门写了文章。参见杨立新:《医疗过失的证明及举证责任》,载《法学杂志》2009 年第 6 期。

③ 对此,可以参见杨立新:《医疗过失损害赔偿责任的适当限制原则》,载《政法论丛》2008 年第 6 期。

第54条规定的是医疗损害责任的一般条款:“患者在诊疗活动中受到损害,医疗机构及其医务人员有过错的,由医疗机构承担赔偿责任。”

(一)医疗技术损害责任的概念和特征

医疗技术损害责任,是医疗损害责任的基本类型之一,是指医疗机构及医务人员在医疗活动中,违反医疗技术上的高度注意义务,具有违背当时的医疗水平的技术过失,造成患者人身损害的医疗损害责任。这种医疗损害责任的构成,必须具备医疗技术过失的要件,即违背当时医疗水平的疏忽和懈怠,造成患者人身损害,因而应当承担侵权责任。

医疗技术损害责任的法律特征是:

1. 构成医疗技术损害责任以具有医疗过失为前提

医疗技术损害责任以具备医疗过失为构成前提,以此与医疗产品损害责任相区别。如果医疗机构以及医务人员认为自己不存在医疗过失,就不构成医疗技术损害责任。

2. 医疗技术损害责任的过失是医疗技术过失

医疗技术损害责任构成中所要具备的过失,是以当时的医疗水平所确定的医疗机构及医务人员所应当承担的高度注意义务为标准,是违反医学科学上或者技术上应尽的高度注意义务的疏忽或者懈怠,因此与医疗伦理过失不同。

3. 医疗技术过失的认定方式主要是原告证明

医疗技术过失采取原告证明的方式。受害患者一方不仅要证明医疗违法行为、损害事实以及因果关系要件的成立,还必须证明医疗机构及医务人员具有医疗技术过失。只有在特殊情况下,在受害患者一方已经证明到一定程度或者在法律规定的情况下,才可以推定医疗机构及医务人员具有医疗技术过失。

4. 医疗技术损害责任的损害事实只包括人身损害事实

在医疗技术损害责任构成中,损害事实只包括受害患者的人身损害事实,不包括其他民事权益的损害。

(二)医疗技术损害责任的类型

1. 诊断过失损害责任

诊断过失损害责任是常见的医疗技术损害责任。最典型的诊断过失就是误诊。一般认为,只有当根本未进行一些基本的诊断程序,或者在进一步的治疗过程中未对初始的诊断发现并加以审查时,才能构成误诊,并导致赔偿责任。判断误诊的标准是,一个理性的医师在疾病诊断中,做出了不符合医疗时的医疗水平的对患者疾病的错误判断,而如果是一个理性的医师则不可能出现这样的错误,就是诊断过失。

2. 治疗过失损害责任

医疗机构及医务人员在治疗中,未遵守医疗规范、规章、规程,未尽高度注意义务,实施错误的治疗行为,造成患者人身损害的,即为医疗过失损害责任。例如,脊椎穿刺行为本身就具有一定的危险,只有当这种方式没有必要或者在施行过程中有错误,并且造成了患者的人身损害时,才能被认定为治疗过失,构成治疗过失的医疗技术损害责任。

3. 护理过失损害责任

医护人员在护理中违反高度注意义务,造成患者人身损害,也构成医疗技术损害责任。

4. 感染传染损害责任

医疗机构承担的是治病救人的高尚职责,在医疗机构内部,必须管控感染,防止感染、传染。如果医疗机构以及医务人员未尽高度注意义务,出现院内感染或者传染,造成患者感染新的疾病损害生命健康的,应当承担医疗过失损害责任。[①]

5. 孕检生产损害责任

在妇产科医疗机构中,由于孕检中未能检出胎儿畸形,请求“错误出生”医疗损害责任不断出现。这种医疗技术损害责任是在妇产科医院中,对胎儿状况的检查存在医疗疏忽或者懈怠,应当发现胎儿畸形而未发现,胎儿出生后才发现畸形造成损害的医疗技术损害责任。

6. 组织过失损害责任

医疗机构在医疗组织中,违反医院管理规范,疏于及时救助义

---

① 对此,台湾成功大学侯英泠有专门的研究,参见侯英泠:《论院内感染之民事契约责任》,正典出版文化有限公司 2004 年版。

务，或者延误治疗时间等，构成组织过失损害责任。

（三）医疗技术损害责任的性质

医疗关系的性质是一种非典型的契约即无名合同关系，是指医院与患者之间就患者疾患的诊察、治疗、护理等医疗活动形成的意思表示一致的民事法律关系，[①]即为医疗服务合同。医院一方在医疗过程中因医务人员的过失造成损害患者的健康甚至造成死亡后果的，属于违约行为，应当承担违约责任，但同时又是侵权行为，应当承担侵权责任。按照《合同法》第122条关于“因当事人一方的违约行为，侵害对方人身、财产权益的，受损害方有权选择依照本法要求其承担违约责任或者依照其他法律要求其承担侵权责任”的规定，责任竞合应遵从有利于受害人进行选择的原则，选择权在受害患者及其近亲属。人民法院审理医疗侵权赔偿责任案件，都是把它作为侵权案件处理的。但是，如果受害患者一方坚持选择违约责任请求赔偿，法院应当准许。

（四）医疗技术损害责任的归责原则和构成要件

《侵权责任法》明确规定，医疗技术损害责任适用过错责任原则确定侵权责任。据此，确定医疗机构承担侵权赔偿责任，应当具备侵权责任的一般构成要件，即违法行为、损害事实、因果关系和医疗过失。在证明责任上，实行一般的举证责任规则，即“谁主张，谁举证”，四个要件均须由受害患者承担举证责任。

构成医疗技术损害责任，应当具备以下四个要件。

1. 医疗机构在医疗活动过程中的违法行为

医疗技术损害责任的行为主体，是医疗机构及医护人员。医疗技术损害责任的违法行为必须发生在医疗活动过程中，如诊断、治疗、护理、管理等，都是发生在医疗技术损害的违法行为的场合，否则不构成医疗侵权责任。行为的违法性，是指医疗机构违反了对患者的生命权、健康权、身体权不得侵害的法定义务，这种违法性是形式违法，而不是实质违法。

---

① 杨立新：《疑难民事纠纷司法对策》（第2集），吉林人民出版社1994年版，第138页。

2. 医疗技术损害责任的损害事实是人身损害事实

医疗侵权责任构成中的损害事实,是医疗机构及其医护人员在医疗活动中造成患者人身损害的事实。主要包括:受害人的生命权、健康权或者身体权受到侵害,使患者的生命权丧失,或者使患者的健康权受到侵害,或者身体权受到侵害。其具体的表现形式,就是生命的丧失或者人身健康和身体的损害等。

3. 医疗技术损害责任的因果关系

构成医疗技术损害责任,医疗违法行为与患者人身损害后果之间必须具有因果关系。医疗机构只在有因果关系存在的情况下,才就其过失行为负赔偿责任。

4. 医疗技术过失

构成医疗技术损害责任,医疗机构必须具备医疗技术过失。这是对医疗机构违法性医疗行为中的主观因素的谴责,正因为医疗机构具有过失,才对其科以侵权责任,以示对医疗机构过失的法律谴责。医疗行为造成患者损害,如果医疗机构及医务人员没有过错,医疗机构就不承担医疗技术损害责任。

(五)医疗技术损害责任的责任形态

医疗技术损害责任的责任分担形态是替代责任。医务人员在执行职务中,由于违反技术规范等,造成患者人身损害,构成医疗技术损害责任的,其直接责任人是医疗机构,而不是医务人员。医疗机构对医务人员造成的损害承担责任,受害患者一方应当直接向医疗机构请求赔偿。医疗机构承担了侵权责任之后,可以向有过错的医务人员进行追偿,赔偿自己因承担赔偿责任而造成的损失。《侵权责任法》第54条规定的正是替代责任的规则。

二、医疗伦理损害责任

(一)医疗伦理损害责任的概念和特征

医疗伦理损害责任,是指医疗损害责任的基本类型之一,是指医疗机构和医务人员违背医疗良知和医疗伦理的要求,违背医疗机构和医务人员的告知或者保密义务,具有医疗伦理过失,造成患者人身损害以及其他合法权益的医疗损害责任。医疗伦理损害责任的法律特征是：

1. 构成医疗伦理损害责任以具有医疗过失为前提

医疗伦理损害责任也以具备医疗过失为构成前提，以此与医疗产品损害责任相区别。如果医疗机构以及医务人员没有过失，就不构成这种医疗损害责任。

2. 医疗伦理损害责任的过失是医疗伦理过失

医疗伦理损害责任所要具备的过失是医疗伦理过失，以此与医疗技术损害责任相区别。医疗伦理过失与医疗技术过失不同，不是违反当时的医疗水平所确定的高度注意义务，而是违反医疗良知和医疗伦理，违反告知义务、违反保密义务等伦理性义务的疏忽或者懈怠。

3. 医疗伦理过失的认定方式是过错推定

医疗伦理过失与医疗技术过失的认定方式不同，不是采取证明的方式，而是采取推定的方式。只要受害患者一方已经证明了医疗违法行为、损害事实以及因果关系的要件，法官就可以直接推定医疗机构及医务人员具有医疗伦理过失。

4. 构成医疗伦理损害责任不仅包括患者的人身损害而且包括其他民事权益损害

在医疗伦理损害责任构成中，不仅包括受害患者人身损害事实，而且包括患者的其他民事权益的损害事实，并且更主要的不是人身损害而是其他民事权益的损害，如知情权、自我决定权、隐私权等的损害是医疗伦理损害责任损害事实的常态。

（二）医疗伦理损害责任的类型

1. 违反资讯告知损害责任

违反资讯告知损害责任，是指医疗机构未对病患充分告知或者说明其病情、未对病患提供及时有用的医疗建议的医疗损害责任。这种医疗损害责任违反的是医疗良知和医疗伦理，没有善尽对患者所负的告知义务、说明义务、建议义务等积极提供医疗资讯义务的过失，侵害患者知情权的侵权行为。

2. 违反知情同意损害责任

违反知情同意损害责任，是指医疗机构及医护人员违反其应当尊重病患自主决定意愿的义务,未经病患同意,即积极采取某种医疗措施或者消极停止继续治疗的医疗损害责任。这种医疗损害责任类型,违反的也是医疗良知和医疗伦理,不经患者同意,就采取积极行为或者消极行为,构成侵害患者自我决定权的医疗损害责任。

3. 违反保密义务损害责任

由于医患关系的特殊性,医生掌握着患者的病患情况、病史情况以及其他的个人重要信息,这些都是患者的重大隐私信息,医疗机构及医生和相关知情人员负有保密义务。《侵权责任法》第62条规定:"医疗机构及其医务人员应当对患者的隐私保密。泄露患者隐私或者未经患者同意公开其病历资料,造成患者损害的,应当承担侵权责任。"

4. 违反管理规范损害责任

违反管理规范损害责任,是医疗机构违反行政管理规范,造成受害患者的身份权等权利损害的医疗损害责任。在医疗过程中造成的这种患者的损害,不能不认定为是医疗损害责任。这种侵权行为的违法行为是违反管理规范,造成的尽管不是人身损害事实,但违反了医疗良知和医疗伦理,使受害患者的身份权受到损害,承担责任的也是医疗机构,认定为医疗损害责任是完全有道理的。

(三)医疗机构和医务人员履行告知义务的重要意义

违反资讯告知和违反知情同意的医疗伦理损害责任的基础,是医疗机构和医务人员负有的告知义务,确定过失的基准,都是医疗机构及医务人员违反其告知义务。

医疗机构的告知义务是一种法定的合同义务,体现了法定性和意定性的交融。换言之,医疗机构的告知义务既是合同义务,也是法定义务。

医疗机构告知义务的来源,是患者享有的知情权和自我决定权。正是由于患者享有知情权和自我决定权,医疗机构才应当对患者履行告知义务。在医疗领域,创设告知义务是因为具有侵袭性的医疗行为必须获得正当性基础,而患者的知情权和自我决定权就是阻却侵袭性医疗行为违法性的法定事由。

医疗机构告知义务的范围主要是对患者做出具有决定性影响

的信息。概括地说,医疗机构告知义务是医务人员在一般诊疗活动中应当向患者说明病情和医疗措施的义务。需要实施手术、特殊检查、特殊治疗的,医务人员应当及时向患者说明病情、医疗措施、医疗风险、替代医疗方案等情况,并取得其书面同意。不宜向患者说明的,医务人员应当向患者的近亲属说明,并取得其书面同意。具体的告知义务内容是:一是医疗机构的医疗水平、设备、技术状况等;二是患者的病情以及医疗机构的检查、诊断方案;三是检查、诊断结果的告知义务;四是转医或转诊的告知义务。

《侵权责任法》第55条规定医务人员告知义务分为三种形式:一是一般告知义务,即医务人员在一般诊疗活动中应当向患者简要说明病情和医疗措施。二是特殊告知义务,即需要实施手术、特殊检查、特殊治疗的,医务人员应当及时向患者说明病情、医疗措施、医疗风险、替代医疗方案等情况,并取得其书面同意。三是不宜告知的须向患者近亲属告知。不宜向患者说明的,医务人员应当向患者的近亲属说明,并取得其书面同意。医务人员应当按照上述规定,履行告知义务。

(四)医疗伦理损害责任的归责原则与构成要件

应当借鉴法国医疗伦理过错的概念,确定医疗伦理损害责任实行过错推定原则,直接推定医疗机构的过失,除非医疗机构能够证明自己的医疗行为没有过失,否则应当就其医疗伦理过错造成的损害(包括人身损害和精神损害)承担赔偿责任。

医疗伦理损害责任的构成要件是:

1. 违法行为

构成医疗伦理损害责任的违法行为,表现为违反法定义务。医疗机构和医务人员的告知或保密等义务是一种法定义务。行为人违反这些法定义务,其行为就具有了违法性。

违反告知义务的类型是:第一,未履行告知义务;第二,未履行充分告知义务;第三,错误告知;第四,迟延履行告知义务;第五,履行了告知义务,但未经同意而实施医疗行为。

违反保密义务的损害事实是患者的隐私权;而抱错孩子的医疗伦理损害,其损害事实则是违反医疗管理规范造成亲权关系的损害。能够证明医疗机构及医务人员违反了保密义务或者其他义务,使患者的隐私利益、亲权利益等受到损害的,就是没有尽到保密义务等绝对义务,具有违法性。

2. 损害事实

医疗伦理损害责任构成要件的损害事实主要表现为侵害了患者的知情权、自我决定权、隐私权和身份权等,因此造成患者现实权益损害和期待利益的损害,以及其他间接性损害。

3. 因果关系

医疗伦理损害责任构成中的因果关系主要表现为未善尽告知义务的行为与知情权、自我决定权、隐私权、身份权以及相关利益受到损害之间的引起与被引起的关系,前者为因,后者为果。这种因果关系的证明,受害患者一方应当承担举证责任。

4. 医疗过失

医疗伦理损害责任构成的过失要件采取推定规则,即存在未善尽告知义务,即推定医疗机构和医务人员具有过失。

(五)医疗伦理损害责任的分担形态和赔偿范围

医疗伦理损害责任的责任分担形态是替代责任。责任人为他人的行为和为人的行为以外的自己管领下的物件所致损害承担的侵权赔偿责任形态,就是替代责任。[①] 医务人员在执行职务中,造成患者人身损害或者其他损害,构成医疗伦理损害责任的,其直接责任人是医疗机构,而不是医务人员。医疗机构对医务人员造成的损害承担责任,受害患者一方应当直接向医疗机构请求赔偿。医疗机构承担了侵权责任之后,可以向有过错的医务人员进行追偿,赔偿自己因承担赔偿责任而造成的损失。

医疗伦理损害责任损害赔偿范围,与一般的医疗损害赔偿有明显区别。原因是,医疗伦理损害责任的损害事实主要不是人身损害事实(尽管也有人身损害事实),而是知情同意权、自我决定权、隐私权、身份权等民事权利的损害。因此,医疗伦理损害责任的赔偿,主要的方式应当是精神损害抚慰金赔偿,当然也包括造成财产损失的

① 杨立新:《侵权法专论》,高等教育出版社2005年版,第258页。

赔偿。规则是:第一,如果违反告知或者保密等义务造成患者人身损害,能够确定违反告知或者保密等义务的医疗行为与损害后果具有因果关系的,应当承担人身损害赔偿责任;第二,如果违反告知或者保密等义务,没有造成患者人身损害,仅仅是造成了知情同意权、自我决定权、隐私权、身份权等精神性民事权利损害的,则应当承担的赔偿责任是精神损害抚慰金赔偿,但这种赔偿通常是象征性赔偿。

三、医疗产品损害责任

(一)医疗产品损害责任的概念和性质

医疗产品损害责任,是指医疗机构在医疗过程中使用有缺陷的药品、消毒药剂、医疗器械以及血液及制品等医疗产品,因此造成患者人身损害,医疗机构或者医疗产品生产者、销售者应当承担的医疗损害赔偿责任。《侵权责任法》第59条规定的是医疗产品损害责任。

医疗产品损害责任既是医疗损害责任,也是产品责任,是两种性质兼有的侵权行为类型,是医疗损害责任中的一个基本类型。由于医疗产品损害责任具有产品责任性质,应当适用无过错责任原则,以更好地保护患者的合法权益。

在医疗产品损害责任纠纷中,受害患者作为医疗合同关系的当事人,其固有利益受到侵害,既构成加害给付责任,同时也构成产品责任。因此,构成了医疗损害责任中具有医疗侵权责任和产品侵权责任的双重性质。

(二)医疗产品损害责任的归责原则及责任构成

医疗产品损害责任是无过错责任,这是确定医疗产品损害责任的中间责任的归责原则。医疗机构承担医疗产品损害责任的最终责任,《侵权责任法》第59条没有明确规定。笔者认为,医疗机构直接使用医疗产品,应用于患者造成损害的,医疗机构当然是责任主体,应当承担过错责任;如果医疗机构不能指明缺陷医疗产品的生产者,也不能指明缺陷产品的供货者,以及医疗机构就是医疗产品生产者的,应当承担无过错责任。

医疗产品损害责任的构成,应当具备产品侵权责任的构成要件要求,须具备以下要件:

1. 医疗产品须为有缺陷产品

构成医疗产品损害责任的首要条件,是医疗产品具有缺陷。产品属于医疗产品,包括四种:一是药品;二是消毒药剂;三是医疗器械;四是血液及血液制品。医疗产品造成损害构成医疗产品损害责任,也必须具有缺陷。

2. 须有患者人身损害事实

构成医疗产品损害责任,须将医疗产品应用于患者,由于医疗产品存在缺陷,造成了患者的人身损害。

3. 须有因果关系

医疗产品损害责任中的因果关系,是指医疗产品的缺陷与受害人的损害事实之间存在的引起与被引起的关系,医疗产品缺陷是原因,损害事实是结果。确认医疗产品责任的因果关系,要由受害人证明。

在医疗机构承担医疗产品损害责任中,在适用过错责任原则的情况下,应当具备过失的要件。

(三)医疗产品损害责任的竞合

医疗产品损害责任发生责任竞合,患者受到缺陷医疗产品的侵害,因为有医疗服务合同的基础,受害患者取得两个请求权,一个是产品责任请求权,另一个是医疗合同违约责任请求权。在一般情况下,应按照侵权责任行使请求权并适用法律,但受害患者坚持行使违约损害赔偿请求权的,当然也没有问题。要注意的是,两种请求权的赔偿内容不同。要研究的是,受害患者行使违反医疗义务损害责任请求权,还是医疗产品损害责任请求权,是不是也由患者选择呢?这个问题不影响赔偿责任范围的法律适用,但涉及受害患者一方向谁行使请求权的问题。如果受害患者一方行使违反医疗义务损害责任请求权,应当向医疗机构请求;选择行使医疗产品损害责任请求权,则既可以向医疗机构行使请求权,也可以向医疗产品的生产者、销售者行使请求权。无论怎样,应当坚持的是,医疗机构承担责任,须有过失存在,无过失即无责任,不能让医疗机构承担无过错责任，除非医疗机构不能指明缺陷医疗产品的生产者也不能指明缺陷医疗产品的供货者，或者医疗机构就是医疗产品的生产者。

（四）医疗产品损害责任的分担形态

医疗产品造成患者损害，其责任分担形态是不真正连带责任，其基本规则是：

1. 责任主体是医疗机构和医疗产品的生产者、销售者

医疗产品损害责任的责任主体有三种：一是医疗机构。医疗机构直接使用医疗产品，应用于患者身上，造成损害的，医疗机构当然是责任主体，应当承担过错责任；如果医疗机构既不能指明缺陷医疗产品的生产者，也不能指明缺陷产品的供货者的，应当承担无过错责任。二是医疗产品生产者，其制造了有缺陷的医疗产品，并且造成了患者的损害，应当承担责任。三是医疗产品的销售者，按照《侵权责任法》第 41 条至第 43 条和《产品质量法》的相关规定，销售者对于缺陷产品造成损害具有过失，不论其是否为产品缺陷的生产者，都应当承担侵权责任；如果销售者不能指明缺陷产品的生产者也不能指明缺陷产品的供货者，则销售者应当承担无过错责任。

2. 实行最近规则受害患者可以选择请求医疗机构、生产者或者销售者承担责任

按照产品责任的最近规则，受害患者有权在上述三种侵权责任主体中，根据自己的利益，选择对自己最为有利的、法律关系“最近”的一个请求权行使。因此，受害患者有理由选择医疗机构作为索赔主体，请求其承担赔偿责任、也有理由选择医疗产品的生产者或者销售者请求其承担赔偿责任。不过，选择医疗机构承担医疗产品损害责任，须证明其具有过失。如果确认医疗机构在使用医疗产品过程中没有过失，也不存在不能指明缺陷医疗产品生产者、供货者，自己也不是医疗产品的生产者的，受害患者一方不能直接选择医疗机构承担中间责任，只能选择医疗产品的生产者或者销售者请求赔偿，即直接依照产品责任的规则适用法律。这样做，有利于保护医疗机构的合法权益。如果医疗机构使用医疗产品有过失，则准许受害患者一方全面选择。

3. 实行最终规则准许首先承担责任的一方向缺陷生产者追偿

按照产品责任的最终规则,在有过失的医疗机构承担了赔偿责任之后,其取得对医疗产品缺陷生产者、销售者的追偿权。医疗机构可以向其请求承担因缺陷医疗产品造成损害的全部赔偿责任。这种赔偿请求权是全额的请求权,包括在前手诉讼中所造成的损失,凡是缺陷医疗产品造成的损害,都有权请求生产者或者销售者赔偿,只有基于自己的过失造成患者损害的部分,才不能进行追偿。

4. 患者将医疗机构和生产者、销售者同时起诉的应按照最终规则处理

在诉讼中,如果受害患者将医疗机构、制造者和销售者一并作为共同被告起诉的,法院在审理中,应当直接适用最终规则,确定缺陷的直接制造者承担侵权责任,不必先实行最近规则让医疗机构先承担责任再使其进行追偿。

四、医疗管理损害责任

(一)医疗管理损害责任的概念和特征

医疗管理损害责任是指医疗机构和医务人员违背医政管理规范和医政管理职责的要求,具有医疗管理过失,造成患者人身损害、财产损害的医疗损害责任。

医疗管理损害责任的特点,一是构成医疗管理损害责任以具有医疗过错为前提;二是医疗管理损害责任的过错是医疗管理过失国;三是医疗管理过失的认定方式是原告证明;四是医疗管理损害责任的主要损害事实是人格、身份和财产损害。

(二)医疗管理损害责任的归责原则和构成要件

医疗管理损害责任适用的归责原则是过错责任原则。构成医疗管理损害责任须具备以下要件:

1. 医疗机构及医务人员在诊疗活动中违反管理规范或管理职责的行为

在诊疗活动中,须有医疗机构及医务人员实施的违法行为才能构成医疗损害责任。医务人员不仅指医生和护士,还包括与诊疗活动有关的其他人员。构成医疗管理损害责任,医疗机构及医务人员

须具备在诊疗活动中实施了违反管理规范和管理职责的医政管理行为,这个行为须具有违法性。凡是在医疗机构业务范围内,与医务人员的诊疗行为有关的医政管理活动,都是诊疗活动。在这些活动中,医疗机构及医务人员违反管理规范或者管理职责,而不是伦理性质以及技术性质的规范或者职责,就构成这种行为的要件。其违法性,在于这些行为会造成侵害患者合法权益的后果,违反了法律规定的对患者这些权益的不可侵义务。

2. 患者受到损害

患者受到损害,是构成医疗管理损害责任的客观事实要件。患者在医疗管理损害责任中的损害事实比较宽泛,泛指患者的一切权利和利益的损害,但集中的还是患者的生命权、健康权、身体权、知情权、隐私权、亲权、所有权等有关的权利和利益。特别值得注意的是,亲权这种身份权及身份利益也能够成为医疗管理损害责任的侵害客体。妇产医院将产妇的亲子错误认作其他产妇的亲子,交给其他产妇抚养,并将其他产妇的亲子交给该产妇扶养,不仅侵害了该产妇及亲子的身份权,而且也侵害了另一位产妇及亲子的身份权,而且还有可能造成多个产妇及亲子的身份权以及父亲身份权的损害。这样的损害事实造成极为严重的后果,是在诊疗活动中发生的,虽然不是违反伦理道德或者技术规范,但是违反的是医疗机构及医务人员的管理规范和管理职责,具有严重的违法性。

3. 违反管理规范或者管理职责行为与损害事实之间有因果关系

医疗机构及医务人员违反管理规范或者管理职责的违法行为,须与患者的损害事实之间具有引起与被引起的关系,即构成医疗管理损害责任的因果关系要件。确定医疗管理损害责任的因果关系要件适用相当因果关系规则,通常依据事实就可以认定因果关系,并非需要医疗损害责任鉴定。受害患者只要证明自己在该医疗机构接受诊疗活动中,医疗机构及医务人员实施了具有违反管理规范或者管理职责的行为,自己因此受到了损害,就可以确认因果关系。例如,未经产妇同意医务人员将其胎盘擅自处置;救护车迟延到达,在此期间患者在等待中而死亡,这些就能够证明因果关系。必要时可以采取因果关系的举证责任缓和,在原告证明因果关系的可能性后,推定有因果关系,医疗机构主张没有因果关系的,应当举证证明。

4. 医疗管理过失

医疗管理过失是指医疗机构及医务人员在诊疗活动中违反管理规范或者管理职责的不注意的主观心理状态。医疗管理过失的表现形式是医疗机构及医务人员对医政管理规范或者管理职责的疏忽或者懈怠,通常不表现为故意。疏忽是医疗机构及医务人员对待管理规范或者管理职责的不经心、不慎重的不注意心理,因而应当做到的却没有做到。懈怠是医疗机构及医务人员轻信自己不会违反管理规范或者管理职责,但却因为不注意而实际违反了管理职责和管理规范。医疗管理过失也包括故意,例如,拒绝向患者提供病历资料,擅自将患者有价值的人体医疗废物赠送他人等,属于故意而为,构成故意的医疗管理损害责任。

(三)医疗管理损害责任的主要表现形式

1. 违反紧急救治义务的损害责任

《侵权责任法》第56条规定:“因抢救生命垂危的患者等紧急情况,不能取得患者或者其近亲属意见的,经医疗机构负责人或者授权的负责人批准,可以立即实施相应的医疗措施。”这一条文规定的是医疗机构对生命垂危的患者的紧急救治义务。这一条文只是从正面规定了紧急救治义务,但没有规定医疗机构违反紧急救治义务造成患者损害的侵权责任。

2. 违反病历资料管理职责致害责任

按照《侵权责任法》第61条规定,病历资料在医疗机构保管,有些医务人员甚至医疗机构将病历资料当成自己的私有财产,随意处置,拒绝提供,甚至进行隐匿、伪造、销毁、篡改等,这是严重的违法行为。《侵权责任法》直接规定医疗机构及医务人员对病历资料负有依规填写、妥善保管和提供查询的义务,并且规定这一义务属于强制性义务,医务人员和医疗机构不得违反。医疗机构在履行对患者病历资料的保管义务中未尽管理职责,造成病历资料丢失,具有重大过失,构成医疗管理损害责任,应当对患者的损失予以赔偿。

3. 救护车急救不及时损害责任

救护站接到患者及近亲属的呼救，组织救护不及时，致使患者受到损害，也属于医疗管理损害责任。医疗救护站接到求救应当及时进行救护，由于过失而延误时间，致使救护不及时，致使患者发生损害的，应当承担侵权责任。如果医疗机构救护及时，即使有损害，也不承担责任。[①]

4. 违反管理职责致使产妇抱错孩子致害责任

妇产医院违反管理职责，将产妇生产的孩子抱错，造成亲属关系的严重损害，是典型的医疗管理损害责任。

5. 违法处理患者医疗废物侵害患者权利

违法处理患者由自己的身体变异而成的医疗废物，侵害了患者对医疗废物的所有权，也构成侵权，应当适用《侵权责任法》第 54 条规定确定侵权责任。人体医疗废物从患者人体变异而来，成为特殊物，所有权属于患者所有。医疗机构及医务人员将其据为己有，或未经告知患者而擅自处理，侵害患者的所有权。[②]

6. 医务人员擅离职守

医疗机构在医政管理中，医务人员以及其他工作人员擅离职守，危害最大，后果也很严重。例如，不坚守岗位，工作时间睡觉、看书、请客吃饭，以及后勤水电锅炉等维修部门工作人员失职，导致供水供电中断、仪器故障等，造成患者损害。[③]

（三）医疗管理损害责任的赔偿法律关系

医疗管理损害责任的赔偿责任形态是替代责任，即“医疗机构及医务人员有过错，由医疗机构承担赔偿责任”。具备上述侵权责任构成要件的，发生医疗管理损害责任替代责任形态，被侵权人应当依照《侵权责任法》第 54 条请求医疗机构承担医疗管理损害责任。

---

① 典型案例参见杨太兰主编：《医疗纠纷判例点评》，人民法院出版社 2003 年版，第 212 页以下。

② 典型案例参见杨立新主编：《民法物格制度研究》，法律出版社 1998 年版，第 100 页。

③ 定庆云、赵学良：《医疗事故损害赔偿》，人民法院出版社 2000 年版，第 190 页。

第三节　医疗过失的证明及举证责任

一、医疗过失的概念和类型

(一)医疗过失的概念和特征

医疗损害责任中的主观过错要件表现为医疗机构及医务人员在诊疗护理中的过失,而不是故意。

医疗过失是指医疗机构在医疗活动中,医务人员未能按照当时的医疗水平通常应当提供的医疗服务,或者按照医疗良知、医疗伦理应当给予的诚信、合理的医疗服务,没有尽到高度注意义务;通常采用违反医疗卫生管理法律、行政法规、部门规章、医疗规范或常规,或者未尽法定告知、保密义务等的医疗失职行为作为标准进行判断的主观心理状态,以及医疗机构存在的对医务人员疏于选任、管理、教育的主观心理状态。简言之,医疗过失就是医疗机构及医务人员未尽必要注意义务的疏忽和懈怠。

医疗过失也是一种过失,与一般的过失概念相比较,医疗过失的法律特征是:

1. 医疗过失的主体是医疗机构和医务人员

医疗过失既表现在医疗机构身上,也表现在医务人员身上。医疗过失主要表现在医务人员身上,医务人员必须具有过失,才能够认定为是医疗过失。医务人员的医疗过失还必须表现在医疗机构身上,事实上,只要医务人员构成医疗过失,医疗机构就存在选任、管理和教育的过失。因此,医疗过失是一个过失,却体现在医疗机构和医务人员这两个不同主体的主观状态中。

2. 医疗过失是主观要件而不是客观要件

医疗过失是侵权责任构成中的主观要件,是医疗损害责任的主体即医疗机构及医务人员在主观上的心理状态,因此,医疗过失主要表现形式仍然是疏忽和懈怠,而不是客观行为。[①]

3. 医疗过失的认定通常采用客观标准

认定医疗过失以客观标准进行,通常是以医疗卫生管理法律、行政法规、部门规章和诊疗护理规范、常规等对于医疗机构注意义务的规定为标准,或者以医疗机构及医务人员应尽的告知、保密等法定义务为标准,只要医方未履行或者违反这些义务,就被认为是有过失。

4. 医疗过失违反高度注意义务的标准是当时的医疗水平或者违反医疗良知和医疗伦理

医疗机构及医务人员在医疗活动中承担高度注意义务。通常认为,高度注意义务是比善良管理人的注意[②]更高的注意义务。确定医疗过失,应以实施医疗行为当时的医疗水平为标准,同时适当参考地区、医疗机构资质和医务人员资质,确定医疗机构和医务人员应当达到的注意义务,违反之,即为存在医疗过失。在医疗伦理损害责任,医疗过失则是违反告知、保密以及其他注意义务,其标准是医疗良知和医疗伦理。

(二)医疗过失的分类

医疗过失分为医疗技术过失和医疗伦理过失。

1. 医疗技术过失

医疗技术过失借鉴的是法国法医疗科学过错[③]的概念,是指医疗机构及医务人员从事病情的检验、诊断、治疗方法的选择,治疗措施的执行以及病情发展过程的追踪,术后照护等医疗行为中,不符合当时的医疗专业知识或技术水平的疏忽或者懈怠。确定这种医疗过失,适用当时的医疗水平标准,适当考虑地区、医疗机构资质和医务人员资质,通常以医疗法律、法规、规章以及医疗诊断规范和常

---

① 我们不接受法国法的客观过错概念,认为过失仍然是主观概念,是行为人的主观心理状态。

② 善良管理人的注意也叫作善良家父的注意,采用的是客观标准,其标准高于与处理自己的事务为同一的注意,更高于普通人的注意。

③ 关于法国医疗科学过错的概念,请参见陈忠五:《法国法上医疗过错的举证责任》,载朱柏松等:《医疗过失举证责任之研究》,元照出版公司2008年版,第124页。

规的违反为客观标准。其表现形式是:

医疗技术过失 = 当时的医疗水平→高度注意义务→违反义务

2. 医疗伦理过失

医疗伦理过失,是指医疗机构及医护人员在从事各种医疗行为时,未对病患充分告知或者说明其病情,未对病患提供及时有用的医疗建议,未保守与病情有关的各种隐私、秘密,或未取得病患同意即采取某种医疗措施或停止继续治疗等,违反医疗职业良知或职业伦理上应遵守的告知、保密等法定义务的疏忽和懈怠。确定这种医疗过失,判断标准是医疗良知和医疗伦理,通常为违反法律、法规、规章、规范、常规规定的医务人员应当履行的告知、保密等法定义务为标准,违反之,即为有过失,因此,通常并不需要医疗过失的鉴定,法官即可依据已知的事实做出推定。其表现形式是:

医疗伦理过失 = 医疗职业良知和职业伦理→告知保密等义务→未履行

二、医疗技术过失的证明及举证责任

(一)医疗技术过失的认定标准是当时的医疗水平

医疗技术过失就是合理的医师未尽高度注意义务。因此,认定医疗技术过失的注意义务,应当采取当时的医疗水平为标准确定。《侵权责任法》第 57 条规定的就是这个规则:“医务人员在诊疗活动中未尽到与当时的医疗水平相应的诊疗义务,造成患者损害的,医疗机构应当承担赔偿责任。”

医疗水平是指已由医学水平加以解明的医学问题,基于医疗实践的普遍化并经由临床经验研究的积累,且由专家以其实际适用的水平加以确定的,已经一般普遍化的医疗可以实施的目标,并在临床可以作为论断医疗机关或医师责任基础的医疗时的医疗水平。

确定医疗过失,应以医疗行为当时的医疗水平为标准,同时参考地区、医疗机构资质和医务人员资质,确定医疗机构和医务人员应当达到的高度注意义务。违反这样的注意义务,就是医疗过失。在具体判断医务人员是否违反注意义务时,还应当适当考虑不同地区、不同医疗机构资质、不同医务人员资质等因素。“当时的国家标准＋差别”原则，能够解决标准和个性化的冲突，应以医疗时的医疗水平为基本的判断基准，是合理的医师标准，并且在诊断和治疗时也是合理的，而不是后来审判时的水平。[①]

（二）原告应当证明的程度

在医疗技术损害责任诉讼中，受害患者一方承担举证责任。其证明程度应如何界定，应当考虑医疗活动中患者不具备医疗专业知识、相较于医师和医疗机构处于资讯绝对不对称的劣势地位的基本特点，既不能使受害患者一方推卸证明责任而使医疗机构陷入完全被动的诉讼地位，也不能完全不考虑现实情况而使受害患者一方无力承受重大的诉讼压力，以致其完全不能证明而丧失胜诉机会。

因此，应当区分情况，采取以下两个不同方法：

1. 受害患者一方能够证明医疗机构存在医疗过失

在医疗技术损害责任纠纷诉讼中，受害患者一方可以举出足够的证据，证明医疗机构具有医疗过失。这种证明的最好方法，就是受害患者一方申请医疗过错责任鉴定，确认医疗过失。如果原告提供这样的医疗过错责任鉴定，且经医疗机构质证，法官审查确信的，即可确认医疗过失，不存在举证责任缓和问题。

2. 受害患者一方的证明符合表现证据规则

受害患者一方的证明程度，也可以借鉴德国的表现证据规则。表现证据规则，是指依据经验法则，有特定事实即发生特定典型结果者，则于出现该特定结果时，法官在排除其他可能性的情形下，得推论有该特定事实的存在。在此情况下，实行举证责任缓和。

（三）原告举证责任缓和即可以推定医疗过失的具体情形

受害患者一方承担举证责任达到表现证据规则要求的，法官即可推定医疗机构的医疗过失，实行举证责任缓和，将举证责任转换由医疗机构承担。

按照《侵权责任法》第58条规定，受害患者如果能够证明医疗

---

① 张新宝：《大陆医疗损害赔偿案件的过失认定》，载朱柏松等：《医疗过失举证责任责任之比较》，元照出版公司2008年版，第93页。

机构存在法定的情形,则即可推定医疗过失:第一,医疗机构及医务人员违反法律、行政法规、规章等有关诊疗规范的规定。在制定《侵权责任法》过程中,很多学者提出,违反法律、行政法规、规章等有关诊疗规范的规定的,其实就是有过失,因为证明医疗技术过失的标准之一,就是违反有关诊疗规范的规定。因此,具备本项规定的要求的,为有技术过失,没有举证责任倒置的问题。第二,医疗机构及医务人员隐匿或者拒绝提供与纠纷有关的医学文书及有关资料。医疗机构及医务人员在发生医疗损害责任纠纷时,隐匿或者拒绝提供上述医学文书及有关资料的(主要就是病历),就可以直接推定存在医疗技术过失,原告不必再举证证明。第三,医疗机构及医务人员伪造或者销毁医学文书及有关资料。前项规定的推定过错事由,是对医学文书及有关资料采取消极行为的态度,是隐匿或者拒绝提供,属于不作为。而本项规定的行为,是对医学文书及有关资料采取积极行为的态度,即伪造或者销毁。对此,同样应当推定有医疗技术过失。

(四)医疗机构的证明程度及医疗损害责任鉴定的举证承担

医疗机构的证明程度,应当是推翻医疗过失的有条件推定,证明自己没有过失。对于举证责任缓和的推定与法定的医疗过失推定,医疗机构都可以举证推翻医疗过失推定。能够证明自己没有过失的,即可否认医疗机构的过失,不构成医疗损害责任。不能证明者,医疗过失推定成立,构成医疗技术损害责任。

在医疗损害责任纠纷诉讼中,医疗过错责任的鉴定结论究竟应当是谁的举证范围,是一个重要的问题。对此,应当按照前述医疗过失举证责任的基本规则,谁负有举证责任,就由谁提供医疗过失的鉴定结论:(1)在一般情况下,应当是受害患者一方的举证责任范围。(2)如果受害患者一方的证明符合表现证据规则的要求,以及具有法律规定的理由,符合医疗过失举证责任缓和要求的,则由医疗机构承担举证责任,证明自己没有过失,医疗过错责任的鉴定结论则是医疗机构一方证明自己的医疗行为与受害人的人身损害后果之间没有因果关系,或者医疗机构的医疗行为不存在过失的证据。

三、医疗伦理过失的证明及举证责任

（一）医疗伦理过失的概念

医疗伦理过失，是指医疗机构或医护人员从事医疗行为时，违反医疗职业良知或职业伦理应遵守的告知、保密等法定义务的疏忽和懈怠。具体表现是未对病患充分告知或者说明其病情，未对病患提供及时有用的医疗建议，未保守与病情有关的各种隐私、秘密，或未取得病患同意就采取某种医疗措施或停止继续治疗，或者违反管理规范造成患者其他损害。事实上，医疗伦理过失就是医疗机构及医务人员未善尽告知、保密等法定义务的过失，这本身就构成医疗过失。

（二）医疗伦理过失的证明责任负担

医疗伦理过失的证明责任，实行推定过错，即过错要件的举证责任倒置。如前所述，这种医疗过失的概念来源于法国医疗责任法的医疗伦理过错概念。

确定医疗伦理过失，判断标准采用医疗良知和医疗伦理，通常以违反法律、法规、规章规定的医务人员应当履行的告知义务为标准，违反之，即为有过失，因此，通常并不需要医疗过失的鉴定，法官即可推定。同样，医疗机构未履行保密等义务，也推定其有过失。

（三）医疗伦理过失的类型

在前述未对病患充分告知或者说明其病情，未对病患提供及时有用的医疗建议，未保守与病情有关的各种隐私、秘密，或未取得病患同意就采取某种医疗措施或停止继续治疗等医疗伦理过失情形中，分为医疗资讯上的过错和病患同意上的过错。根据我国的实际情况，可以分为：(1)违反资讯告知义务的伦理过失；(2)违反知情同意的伦理过失；(3)违反保密义务的伦理过失；(4)违法管理规范的伦理过失。这些不同的伦理过失在适用法律上可能有所区别，但在举证责任上没有原则区别。

（四）医疗伦理过失的过错推定和举证责任倒置

对医疗伦理过失的证明，实行过错推定。受害患者在举出证据证明自己的损害和医疗行为具有违法性,并证明因果关系成立之后,就推定医疗机构具有医疗伦理过失。对此,并不像医疗技术过失的举证责任缓和那样,或者像因果关系推定那样,存在原告首先进行证明的前提即原告要证明过失的表现证据或者因果关系的盖然性,而是直接实行过错推定。

法官推定过错的前提,就是原告已经证明了医疗机构的医疗违法行为要件和自己的损害事实要件,同时,还应当确认因果关系已经得到证明。在这个基础上,只要有违反上述法定义务的行为,法官即可推定医疗机构存在医疗伦理过失。

实行过错推定之后,医疗机构如果认为自己的医疗行为没有过失,则实行完全的举证责任倒置规则,由医疗机构自己举证证明,举出自己已经履行法定义务不具有医疗过失的证据。能够举证证明的,不构成侵权责任;不能举证证明的,过错推定成立,构成医疗损害责任。

因此,医疗伦理损害责任构成中的过错推定规则,重点在于医疗机构一方如何举证证明自己无过失。首先,在原则上,任何证据方法均得作为医疗机构或者医务人员已善尽医疗资讯义务或者已取得病患同意的证明方法,不以书面文件为必要。其次,在事实上,大多仍依据医疗专业科别、疾病或症状类型、医疗处置方法或手术种类的不同,以事先拟订印刷的制式说明书或同意书,交由患者阅读或签署,作为医疗机构或医务人员已善尽义务的证明方法。最后,在有些情况下,这种方法尚不足以证明已善尽医疗资讯义务或已经取得病患同意,而必须依据个别病患的具体情况,伴随一些个人化的、可以理解的、充分的、适当的、有用的说明告知,始能免除损害赔偿责任。[①] 能够证明自己依照医疗伦理和良知已经履行了告知义务,即可确认医疗机构不存在医疗伦理过失。

---

① 陈忠五:《法国法上医疗过错的举证责任》,载朱柏松等:《医疗过失举证责任责任之比较》,元照出版公司 2008 年版,第 142 页。

第四节　医疗机构的免责事由和对患者与医疗机构的特别保护

一、医疗机构的免责事由

《侵权责任法》第60条规定了医疗机构免除责任的法定事由："患者有损害，因下列情形之一的，医疗机构不承担赔偿责任：（一）患者或者其近亲属不配合医疗机构进行符合诊疗规范的诊疗；（二）医务人员在抢救生命垂危的患者等紧急情况下已经尽到合理诊疗义务；（三）限于当时的医疗水平难以诊疗。前款第一项情形中，医疗机构及其医务人员也有过错的，应当承担相应的赔偿责任。"

（一）法律规定的免责事由

与其他侵权责任一样，医疗事故赔偿责任也可以在一定的条件下被免除。由于医疗活动和医疗事故的特殊性，医疗事故责任的免除事由与一般的侵权责任免除事由并不相同。《侵权责任法》规定了三项免责事由，符合这样的规定情形的，应当免除医疗机构的赔偿责任：

1. 患者或者其近亲属不配合医疗机构进行符合诊疗规范的诊疗

在诊疗护理过程中，医护人员对患者进行诊疗护理，必须得到患者及其家属的配合，否则会出现不利于治疗的后果。如果由于患者及其家属的原因而延误治疗，造成患者的人身损害后果，说明受害患者一方在主观上有过错。按照过错责任原则，如果损害后果完全是由于患者及其家属延误治疗造成的，就证明医疗机构对损害的发生没有过错，应免除医疗机构的赔偿责任。

如果患者及其家属不配合治疗是构成医疗损害后果的原因之一，医护人员也有医疗过失，构成与有过失，应当依据《侵权责任法》第26条关于过失相抵规则的规定，减轻医疗机构的赔偿责任。

2. 医务人员在抢救生命垂危的患者等紧急情况下已经尽到合

理诊疗义务

在抢救危急患者等紧急情况下,例如,患者生命垂危必须采取紧急医学措施,就有可能造成不良后果。在这种情况下,由于紧急抢救措施是在危急情况下采取的,为了挽救患者生命,对紧急措施可能出现的不良后果不再考虑,两项衡量,抢救生命是第一位的,只要医务人员已经尽到合理注意义务,即使造成不良后果,并对患者的身体有一定的损害,也不认为构成医疗损害责任,因此,医疗机构不承担赔偿责任。例如,在抢救非典患者的生命时,其实能预料到大剂量注射激素类药物会有副作用,但除此没有别的医疗措施可用,因此,对造成的后遗症等,医疗机构不承担责任。

3. 限于当时的医疗水平难以诊疗的

在人类发展过程中,人类对于自己的认识是不断发展的,直至今天也不能全部认识自己。因此,医疗技术和医学水平总是有局限性的。正因如此,限于当时的医疗水平难以诊疗的病症,医务人员无法治愈,就是正常的。《侵权责任法》一方面将当时的医疗水平作为确定医疗技术过失的标准;另一方面将限于当时的医疗水平难以诊疗作为免责事由,在这个问题的两端做出了合理的规定。对此,应当注意条文中使用的“当时的医疗水平”,与第 57 条规定的内容完全一致,适用时,一定要与当时的医学科学水平相区别,不能采用当时的医学科学水平,也不能采用当时的医学科学技术的水平作为标准。在当时的医疗水平条件下,医疗机构对所发生的不良医疗后果无法预料,或者已经预料到了但没有办法防止或免除,因此而造成的不良后果,不构成医疗技术损害责任,医疗机构不承担赔偿责任。

(二)按照原则性规定应当免责的事由

1. 不可抗力造成不良后果

不可抗力造成不良后果,是《医疗事故处理条例》规定的免责事由。对此,《侵权责任法》并没有规定。那么,《侵权责任法》究竟是不承认不可抗力是医疗损害责任的免责事由,还是在医疗损害责任中可以按照《侵权责任法》第 29 条规定的不可抗力的一般规则免除责任呢?

笔者认为,《侵权责任法》第 29 条规定的不可抗力的一般规则,是普遍适用的免责事由,具有普遍适用的效力。只要法律没有不得适用的明文规定,就是可以适用的。在医疗损害责任中,尽管在医疗损害责任的免责事由中没有规定不可抗力,但也没有明确规定禁止适用不可抗力规则。因此,在医疗损害责任中,如果构成不可抗力造成不良后果,应当依据《侵权责任法》第 29 条的规定免除责任或者减轻责任。例如,医务人员在手术过程中发生地震,造成患者死亡或者其他不良后果,当然可以免除责任。

确定适用不可抗力免责或者减轻责任的规则,应当是医疗机构在正常的医疗活动中造成患者的损害,其直接原因是不可抗力,不是医疗过失所致,因而应当免责。如果不可抗力与医疗过失是作为造成损害的共同原因,则应当根据过错程度和原因力的分析,确定医疗机构减轻责任。

2. 医疗意外

《侵权责任法》没有规定医疗意外是免责事由。但是,既然构成医疗意外,那么就能够证明医疗机构没有过失。既然没有医疗过失,医疗机构当然就不承担侵权责任。因此,医疗意外即使没有明文规定为免责事由,但由于医疗损害责任实行过错责任原则,医疗意外没有过失,当然也就没有责任。

医疗意外是指由医务人员无法预料的原因造成的或者根据实际情况无法避免的医疗损害后果。通常是在医疗活动中,由于患者病情异常或者患者体质特殊而发生医疗意外。医疗意外有两个主要特征:一是医务人员或医疗机构对损害结果的发生没有医疗过失,通常是由于病情特殊或者病员体质特殊引起的;二是损害后果的发生属于医疗机构或医务人员难以防范的。具备这两个特征造成的医疗损害后果,构成医疗意外。

二、《侵权责任法》对患者权利和医疗机构权益的特别保护

《侵权责任法》第 61 条、第 63 条和第 64 条规定的是对患者权利和医疗机构权益的特殊保护。

(一)医疗机构对医学文书资料的保管查询义务

《侵权责任法》第61条规定:“医疗机构及其医务人员应当按照规定填写并妥善保管住院志、医嘱单、检验报告、手术及麻醉记录、病理资料、护理记录、医疗费用等病历资料。患者要求查阅、复制前款规定的病历资料的,医疗机构应当提供。”这一规定针对的是医疗机构及医务人员对医疗文书和资料的不负责任的疏忽以及对此采取的恶意行为。

医学文书和资料要在医疗机构中保管,有的医务人员甚至医疗机构对医学文书和资料当成是私有财产,随意处置,拒绝提供,甚至进行隐匿、伪造、销毁、篡改等,这是违法行为。本条规定,对于医学文书和资料,医疗机构以及医务人员负有依规填写、妥善保管和提供查询的义务。这一义务属于强制性义务,医务人员和医疗机构不得违反。

违反该义务的后果,《侵权责任法》第58条在推定医疗过失的规定中明确规定“隐匿或者拒绝提供与纠纷有关的病历资料”“伪造、篡改或者销毁病历资料”的行为可以直接推定为医疗过失,其基础也在于本条规定的医务人员对医疗文书和资料负有的义务,这种推定过失就是违反该义务的法律后果。

(二)不必要检查的防范与责任

《侵权责任法》第63条规定“医疗机构及其医务人员不得违反诊疗规范实施不必要的检查”的内容,针对的是医疗机构的防御性医疗行为。

形成不必要检查的原因,在于司法实践采取的全面医疗过错推定和因果关系推定规则。在这样的情形下,医疗机构及医务人员为了保护自己,采取对患者进行不必要检查的措施,既用患者的钱为自己保存了诉讼证据以保护自己,同时又增加了医疗机构的收入。因此,这是在诉讼武器不平等的诉讼规则之下形成的防御性医疗行为。这样的防御性医疗行为对患者极为不利,是必须纠正的。《侵权责任法》做此规定,体现了人民性,是对广大患者的依法保护。

(三)患者不得干扰医疗秩序和医务人员工作生活的义务

《侵权责任法》第64条规定“医疗机构及其医务人员的合法权

益受法律保护。干扰医疗秩序,妨害医务人员工作、生活的,应当依法承担法律责任"的内容,针对的是部分患者的"医闹"行为。

当前,我国医疗领域中的"医闹"行为较为严重,发生损害,患者及其家属到医院闹事者比比皆是。有的法官说,患者受损害到法院依法解决的,是有觉悟、有修养的患者。言外之意,到医院扰乱正常的医疗秩序,妨害医务人员工作、生活的,为数较多。本条规定的是警示性规定,警示患者遵守法律、保护好医疗机构和医务人员的合法权益,禁止"医闹"行为,违反者,应当依法承担法律责任。尽管没有规定应当承担什么样的法律责任,但本条含义明确,该负什么样的法律责任,就负什么样的法律责任,如行政责任、民事责任或者刑事责任都可在其中。

第十七章　环境污染责任

第一节　环境污染责任概述

《侵权责任法》第65条规定了环境污染责任的一般条款，即“因污染环境造成损害的，污染者应当承担侵权责任”。应当看到的是，对环境污染责任的法律制裁，对于保护环境、促进民生具有极大的意义。在当前，随着世界工业经济的发展、人口的剧增、人类欲望的无限上升和生产生活方式的无节制，世界气候正面临越来越严重的问题，二氧化碳排放量越来越大，地球臭氧层正遭受前所未有的危机，全球灾难性气候变化屡屡出现，已经严重危害到人类的生存环境和健康安全。对此，在全世界都在倡导减排、低碳的情况下，加强环境污染责任的法律规制，研究环境污染责任的法律适用，具有更为重要的意义。

一、环境污染责任的概念和特征

环境污染责任，是指污染者违反法律规定的义务，以作为或者不作为的方式污染环境、造成损害，依法不问过错而承担损害赔偿等法律责任的特殊侵权责任。

《侵权责任法》规定的环境污染责任有以下几个特征：

第一，环境污染责任是适用无过错责任原则的特殊侵权责任。环境污染责任是特殊侵权责任，这种特殊侵权责任的突出特点，是适用无过错责任原则。从《民法通则》第124条开始就是这样，《侵权责任法》仍然坚持这样的规则。按照《侵权责任法》第65条以及第7条规定，构成环境污染责任，在污染者的主观方面并不问过错，无论污染者在主观上有无过错，只要实施污染造成损害，都应当承担赔偿责任。

第二，环境侵权责任保护的环境属于广义概念。环境污染责任所保护的是环境。在《民法通则》第124条规定中，使用的概念是环境；而《侵权责任法》第65条规定的"环境"，应当包括生活和生态环境。这个概念更为宽泛，事实上是把生态侵权也概括在其中，使其具有了更广泛的意义，污染生态环境的内容，也在环境污染责任所保护的范围之中。

第三，污染行为是污染者的作为或者不作为。污染环境的行为，既可能是作为的行为，也可能是不作为的行为，在很大范围内，不作为的形式更为常见。不论是作为的行为还是不作为的行为，只要造成生活和生态环境的损害，都构成侵权责任。

第四，环境污染责任保护的被侵权人范围。环境污染中的造成损害，《侵权责任法》第65条的规定与众不同，不是"造成他人损害"，而是"造成损害"。这种表示方法意味着，环境损害并不仅指自然人的人身损害和财产损害，还包括更为广泛的损害。环境污染责任的受害主体不仅包括当代人，而且可能包括后代人，甚至当代人侵害的完全是后代人的权益。根据现代环境法代际公平的理论，这种侵权同样要承担侵权民事责任。因此，在环境污染责任中，很多人主张可以作为公益诉讼，[①]是有道理的。在很多情况下，环境污染责任的权利主体甚至是国家，国家可以请求损害赔偿。

第五，环境污染责任方式范围广泛。《侵权责任法》第65条规

---

① 杨立新主编：《中华人民共和国侵权责任法草案建议稿》第119条第2款："检察机关或者公益团体可以代表受害人提起环境公益诉讼。"参见《中华人民共和国侵权责任法草案建议稿及说明》，法律出版社2007年版，第29页。

定环境污染责任的责任方式,并没有采用赔偿责任的表述,而是“侵权责任”。因此,环境污染责任的责任方式,应当适用《侵权责任法》第 15 条的规定,可以适用停止侵害、排除妨碍、消除危险、返还财产、恢复原状、赔偿损失等多种责任方式,而不局限于损害赔偿责任。

二、环境污染责任的归责原则与构成要件

(一)环境污染责任的归责原则

《侵权责任法》规定环境污染责任为无过错责任。其理由是:第一,环境污染责任适用无过错责任是各国立法的通例,采用这一立法例,可以顺应世界侵权法的发展潮流,有利于我国民商法与国际民商法接轨。第二,适用无过错责任,有利于使社会关系参加者增强环境意识、强化环境观念;有利于强化污染环境者的法律责任,使其履行环保义务、严格控制和积极治理污染。第三,适用无过错责任,可以减轻被侵权人的举证责任,加重加害人的举证责任,更有利于保护被侵权人的合法权益。因此,应当确认污染环境致害责任是无过错责任。

(二)环境污染责任的构成要件

环境污染责任责任须具备以下三个要件:

1. 须有违反环境保护法律的环境污染行为

这种行为首先必须是环境污染的行为。环境污染,是指工矿企业等单位所产生的废气、废水、废渣、粉尘、垃圾、放射性物质等有害物质和噪声、震动、恶臭等排放或传播到大气、水、土地等环境之中,使人类生存环境受到一定程度的危害的行为。

环境污染行为可以由作为和不作为构成,作为的方式可以构成,不作为的方式也可以构成;多数表现为排放有害物质和有害废弃物,散发有害气体、粉尘,传播噪声、颤动,散漏化学毒品或放射性物质等。在这些表现形式中,排放、传播都表现为作为的方式,而散发、散漏既可以表现为作为的方式,如过失造成密封器的损坏;也可以表现为不作为的方式,如密封器的自然损坏。无论是作为还是不作为,都可以构成环境污染的行为。

环境污染的行为须违反国家环境保护法律，表现为违反环保法律的禁止性规范、未履行环保法律赋予的防止环境污染的义务，或者滥用环保法律授予的权利。违法性是侵权责任构成的一般要件，环境污染行为具备违法性要件也是必然的，况且环境污染行为必定是违反环境保护法律的行为，做此要求，并不会对保护被侵权人的权益不利。因此，应当坚持环境污染行为须违反国家环境保护法律的要件。

2. 须有客观的损害事实

环境污染的损害事实，就是指污染、危害环境的行为致使国家、集体财产和公民的财产、人身及环境受到损害的事实。没有这种损害事实，不构成这种侵权行为。

环境污染的损害以人身损害事实最为常见。污染水源、空气等，都可以造成大范围的人身伤害。污染环境所造成的人身损害具有一个显著的特点，即多数损害具有潜在性和隐蔽性，被侵权人往往在开始受害时显露不出明显的损害，但随着时间的推移，损害逐渐显露，如早衰、人体功能减退等。对于这种潜在的危害，也应作为人身伤害的事实。

环境污染造成财产损害，主要是财产本身的毁损，使其丧失价值和使用价值。它也包括直接损失和间接损失。

3. 须有因果关系

环境污染行为与污染损害事实之间要有因果关系。这一要件指的是环境污染行为与损害事实之间必须具有引起与被引起的客观联系。

环境污染侵权作为一种特殊侵权，在构成要件的因果关系方面也有特殊性，实行推定因果关系规则，即在环境污染责任中，只要证明企业已经排放了可能危及人身健康或造成财产损害的物质，而公众的人身或财产已在污染后受到或正在受到损害，就可以推定这种危害是由该污染行为所致。①

① 关于环境污染责任中的因果关系推定，下文专列一节说明。

三、环境污染责任的具体类型

根据不同的标准,环境污染和危害有不同的分类:按环境要素可分为大气污染、水污染等;按污染物的性质可分为生物污染、化学污染等;按照污染物的形态可分为废气污染、固体废物污染等。对此,《侵权责任法》没有具体规定。以下以环境要素污染和有毒有害物质污染为基本标准,对环境污染责任的具体表现形式进行分析。

(一)转基因农产品污染侵权行为

基因污染是在天然的生物物种基因中掺进了人工重组的基因。这些外来的基因可随被污染的生物的繁殖而得到增殖,再随被污染生物的传播而发生扩散。因此,基因污染是一种非常特殊又非常危险的环境污染。

转基因产品是现代科学技术的产物。正确使用转基因产品,对人体的健康有益;但是,转基因产品使用不正确,会造成人体的严重损害。因此,生产、销售转基因产品,未善尽说明义务,造成污染损害的,构成侵权责任。

(二)水污染侵权行为

水污染,是指水体因某种物质的介入而导致其化学、物理、生物或者放射性等方面的特性改变,从而影响水的有效利用,危害人体健康、破坏生态环境,造成水质恶化的现象。由于我国水资源严重紧缺,水污染防治在我国具有重要的特殊意义。

向水体中排放或者向地下渗透污水或废液污染水环境,对他人的人身、财产造成损害的,污染者有责任消除危害,并对直接被侵权人赔偿损失。同时,水资源受到污染,给国家造成环境损害的,可以由行政主管部门代表国家,对责任者提出损害赔偿要求。

(三)大气污染侵权行为

大气污染是人类最常见的环境污染。大气污染,是指因自然现象或人为活动使某种物质进入大气而导致其化学、物理、生物或者放射性等方面的特性改变,使人们的生产、生活、工作、身体健康和精神状态、设备及财产等直接或间接遭受破坏或者受到恶劣影响的现象。能够引起大气污染的物质称为大气污染物。为了进一步保护大气环境,应当确定两个层次的责任:首先,向大气中排放或者飞散有害物质污染大气环境,排放者有责任消除危害,这就是凡是排放者就应当承担这样的责任;其次,对他人的人身、财产造成直接损害的,排放者应当承担赔偿损失责任。

(四)固体废弃物污染侵权行为

固体废弃物污染,是指因不适当地排放、扬弃、贮存、运输、使用、处理和处置固体废弃物而造成的各种环境污染。固体废弃物本身就是污染物,同时还可以造成土壤污染、大气污染和水污染等。

向环境排放、堆放固体废弃物,污染环境的,同样是污染环境的侵权行为。确定这种侵权行为,应当从实体和程序两个方面考察:从实体上,向环境中排放或者堆放固体废弃物污染环境,对他人的人身、财产造成损害的,排放者一是有责任排除危害,二是应当对直接被侵权人承担赔偿损失的责任。从程序上,规定固体废弃物污染国有土地资源、给国家造成环境损害,国家可以起诉,由行政主管部门代表国家对责任者提出损害赔偿要求。

(五)海洋污染侵权行为

海洋污染,是指人类直接或间接地把物质或能量引入海洋环境,以致造成或可能造成损害海洋生物资源、危害人体健康、妨害渔业和其他海上合法活动、损害海水使用素质和减损环境质量等有害影响的现象。

向海洋中排放或者倾倒有害物质污染海洋环境,并对他人的人身、财产造成损害的,排放者一是应当承担消除危害的责任,二是应当对直接被侵权人承担赔偿损失的责任。同样,对于海洋环境的损害,如破坏海洋生态、海洋水产资源、海洋保护区,给国家造成环境损害的,国家可以起诉,由行政主管部门代表国家对责任者提出损害赔偿要求。

(六)能量污染侵权行为

由于科学技术的发展,能量的污染日益严重,对人们的损害是现实的、严重的。例如,城市内大量建设玻璃幕墙,形成光污染,就是一种能量污染行为。超过标准造成损害的,构成侵权责任。违反法律规定,向环境中排放噪声、电磁波、光波、热能等能量,对他人人身、财产造成损害的,排放者一是有责任消除危害,二是应当对直接被侵权人承担赔偿损失的责任。如果向环境中排放的能量未超过国家规定标准,但被侵权人证明其正常的生活、工作和学习受到严重干扰的,排放者有责任消除危害。

(七)有毒有害物质污染侵权行为

有毒有害物质,是指人们在生产或日常生活中使用的在一定条件下会污染环境、危害人体或者动植物生命和健康的物质。有毒有害物质主要包括化学物质、农药、放射性物质、电磁波辐射等。

危险物品对环境污染的损害,具有更为可怕的后果,应当进行重点防治和惩治,以加强对被侵权人的保护。向环境中排放放射性物品、有毒化学品、农药等危险品污染环境,并对他人人身、财产造成损害的,排放者一是要承担消除危害的责任,二是要对直接被侵权人承担赔偿损失的责任。

(八)环境噪声污染侵权行为

环境噪声,是指在工业生产、建筑施工、交通运输和社会生活中所产生的干扰周围生活环境的声音。环境噪声污染,是指所产生的环境噪声超过国家规定的环境噪声排放标准,并干扰他人正常生活、工作和学习的现象。当噪声污染侵权达到一定程度,超过合理限度,有关行为人应当对遭受噪声损害的被侵权人承担侵权责任。

(九)生态损害责任

在制定《侵权责任法》过程中,有的专家建议规定生态损害责任,理由是环境污染责任无法涵盖生态损害责任。在湖北发生过这样一个案例:进口的树种栽在路旁,结果寄生某种蛾,使周边 30 公里的梨树生产受到严重损害。受害人起诉后,一审法院判决构成侵权,适用《民法通则》第 124 条环境污染责任的规定,但被二审法院驳回起诉,因为该行为损害的是生态而不是环境。为了防止这种情况发生,《侵权责任法》第 65 条规定“因污染环境造成损害”的内容,涵盖了生态损害责任。

四、环境污染侵权的损害赔偿

（一）环境污染侵权赔偿法律关系

环境污染侵权法律关系的性质，是物件致害的特殊侵权责任，其法律关系主体中的权利主体是被侵权人，义务主体是污染环境行为人。其基本关系与其他物件致害的赔偿关系没有原则的区别。

对于这种赔偿法律关系，有两点要特别强调：第一，《环境保护法》规定，损害赔偿的请求权人为“直接受到损害的单位或个人”，其中“直接受到损害”这一限制语，不甚妥当。在一般观念中，直接与间接相对应。如果只有直接被侵权人有权要求赔偿，那么因环境污染的被侵权人，又将受害后果遗传后代，其后代为间接被侵权人难道无权要求赔偿吗？因而，对“直接”一词应加以修改，或者在适用中避免片面理解而造成对被侵权人保护不周的后果；第二，国家作为赔偿权利主体，如何行使权利。例如，污染海洋损害，造成国家财产损失的，应当赔偿国家的损失。对此，国家可以作为赔偿权利主体，请求赔偿。具体行使权利，可以由海洋管理部门代表国家行使赔偿权利。

（二）责任方式

我国《环境保护法》规定的环境污染责任方式包括排除危害和赔偿损失两种。《环境保护法》《水污染防治法》《大气污染防治法》等环境保护有关法律、法规，都把“排除危害”和“赔偿损失”作为承担民事责任的主要形式。

环境法上的排除危害，是指国家强令已造成或者可能造成环境危害者排除可能发生的危害或者停止已经发生的危害，并消除其影响的民事责任方式。排除危害主要适用于已经实施了侵权行为或侵权行为正在造成被侵权人损害的情形，具有防止造成损害结果的发生或避免造成更严重的损害后果的功能，是一种积极的有预防和防止作用的责任方式，在环境污染责任中应尽量采用。

环境法上的赔偿损失，是指国家强令污染危害者以自己的财产弥补对他人所造成的财产损失的民事责任方式。这是环境污染民事责任中最常采用的，也是最纯粹的民事责任方式。赔偿损失主要适用于侵害行为发生以后,已经造成了损害的情形,在补偿被侵权人的经济损失方面具有重要作用。

五、免责条件和诉讼时效

(一)免责条件

环境污染侵权的免责事由,是指环境法所规定的在因环境污染侵权致人损害时加害人可以不承担民事责任的事由。它通常是由环境污染责任的归责原则和构成要件所决定,各国立法上的规定不尽一致。

按照最高人民法院《关于民事诉讼证据的若干规定》第 4 条第 3 项规定,对于环境污染损害赔偿案件的免责事由也实行举证责任倒置。行为人提出免责事由的时候,应当自己举证证明免责事由存在的事实。能够证明的,免除其侵权责任,不能证明的,应当承担责任。我国环境保护法律规定的环境污染侵权免责事由主要包括以下情形:

1. 不可抗力

我国《环境保护法》第 41 条、《水污染防治法》第 42 条、《大气污染防治法》第 37 条、《海洋环境保护法》第 43 条等法律中都规定不可抗拒的自然灾害为民事责任的免责事由。

《环境保护法》规定的不可抗力免责条件,附加了诸多的限制。须为不可抗拒的自然灾害,并且由加害人及时采取了合理措施,仍不能避免造成环境污染致人损害时,才可以免责。构成环境污染的免责条件,一是不可抗力仅包括不可抗力中的自然原因,二是对不可抗拒的自然灾害及时采取了合理措施仍不能避免损害。具备了这样两个条件的不可抗力,才可以免责。对免责条件限制严格,有利于保障被侵权人得到赔偿。

2. 被侵权人过错

我国《水污染防治法》等法律规定,如果损害是由于被侵权人自身的责任所引起的,污染者不承担责任。被侵权人对损害的发生具有故意或重大过失,足以表明被侵权人的行为是损害发生的直接原因,即该损害与污染者无因果关系则免除污染者的责任,但被告应对被侵权人的过错举证。

3. 其他免责条件

我国《海洋环境保护法》第 43 条规定，战争行为是海洋污染造成损害的免责条件。负责灯塔或者其他助航设备的主管部门在执行职责时的疏忽或者其他过失行为造成海洋、水污染损害的，为免责条件。此外，我国《民法通则》中规定的作为一般民事免责条件的正当防卫和紧急避险，也适用于环境污染责任制度。

（二）环境污染责任的诉讼时效

《环境保护法》第 42 条规定："因环境污染损害赔偿提起诉讼的时效期间为三年，从当事人知道或者应当知道受到污染损害时起计算。"这一规定，与《民法通则》规定的普通诉讼时效期间不同。按照特别法优于普通法的原则，应当适用《环境保护法》的特别规定。

第二节　环境污染责任的因果关系推定

《侵权责任法》第 66 条规定了环境污染责任的因果关系推定规则，即"因污染环境发生纠纷，污染者应当就法律规定的不承担责任或者减轻责任的情形及其行为与损害之间不存在因果关系承担举证责任"。

一、环境污染责任因果关系要件的重要性

在环境污染责任的理论研究和司法实践中，环境污染责任构成中因果关系要件的证明及举证责任，是一个非常重要的问题，学说意见及司法实践做法多有不同。鉴于这个问题对环境污染责任构成具有的重要性，以及为了科学地平衡各方的利益关系，更好地保护环境、造福人民，对此应当进行深入研究。

在环境污染责任的构成中，环境污染行为与损害事实之间的因果关系要件具有非常重要的地位。原因在于，环境污染责任适用无过错责任原则，在确定责任构成中，不须具备过错要件，即不问过

错,那么,确定是否构成环境污染责任的最后判断标准,就是因果关系。主要能够确定被侵权人的损害事实与环境污染行为之间存在引起与被引起的逻辑联系的客观依据,具有因果关系,就能够确定环境污染行为的污染者对被侵权人承担侵权责任。在环境污染责任中,因果关系不仅是判断污染者与被侵权人的损害事实之间是否具有引起与被引起的逻辑联系的客观依据,更是判断污染者的环境污染行为是否为被侵权人造成的损害承担侵权责任的客观依据。

二、因果关系推定的不同学说和规则

(一)适用推定因果关系的必要性

因果关系推定的学说和规则,是大陆法系为了适应环境污染责任因果关系举证困难的实际情况而创设的,就是为了解决这个问题而提出的法律对策。

在环境污染责任中,由于相当因果关系学说不能充分运用,各国法律界开始重新检讨因果关系理论。如何减轻原告方的举证责任,降低因果关系的证明标准,成为研究的重点问题。于是,推定因果关系的各种学说和规则不断出现,并被应用于司法实践中。

因果关系推定规则产生于公害案件,后来有向其他领域扩展的趋向。

(二)三种主要的因果关系推定学说和规则

在大陆法系侵权法中,推定因果关系主要有三种理论:一是盖然性因果关系说;二是疫学因果关系说;三是概率因果关系说。

1. 盖然性因果关系

盖然性因果关系说也叫作推定因果关系说,是在原告和被告之间分配证明因果关系的举证责任的学说,是日本学者德本镇教授在研究德国法过程中,针对矿业损害事件诉讼而提出的一种见解。在矿业损害诉讼中,由于存在被告企业是从地下采取矿物这一特殊情况,加害行为和损害之间的因果法则常常不明确。而且被侵权人证明这一因果关系在技术上和经济上存在较大困难。所以,如果对被侵权人科以严格的对因果关系的证明责任,则日本矿业法对企业采取无过错责任的意义将会付诸东流。针对这种情况,德本镇教授指出,德国矿业损害赔偿制度为了实现公平赔偿,对因果关系的证明程度已经从确定地证明放宽为盖然地证明,参照这一情况,日本也应当在解释论上放宽事实因果关系的证明程度。同时,这一规则也可以适用于大气污染、水质污染等公害案件中。[①]

盖然性因果关系说的基本规则是盖然性就是可能性。例如,在公害案件的诉讼中,由原告证明公害案件中的侵权行为与损害后果之间存在某种程度的因果关联的"相当程度的"可能性,原告就完成了自己的举证责任,法官实行因果关系推定。然后由被告举反证,以证明其行为与原告损害之间无因果关系。这种证明的标准是高度盖然性,即极大可能性。不能反证或者反证不成立,即可确认因果关系成立。日本学者将这种学说称为"优势证据",在民事案件中,心证的判断只要达到因果关系存在的盖然性大于因果关系不存在的高度盖然性这一程度,便可认定因果关系的存在。[②]

2. 疫学因果关系

疫学因果关系说是用医学中流行病学的原理来推定因果关系的理论。日本在公害案件诉讼、药物受害案件诉讼中,对大面积人群受害、多数被侵权人提起集团诉讼的案件中,裁判所在事实因果关系认定上采取这种因果关系推定规则。具体方法是当以下四个条件充足时,认定诉讼中请求的某因素与流行病发生之间存在事实因果关系:第一,该因素在某流行病发生的一定期间前就已经存在。第二,由于该因素的作用使该流行病的罹患率显著增高。第三,当去除该因素时该流行病的罹患率下降,或者在不存在该因素的人群中该流行病的罹患率非常低,即该因素的作用的程度越高,相应地患该病的罹患率就越高。换言之,该因素作用提高,病患就增多或病情加重;该因素作用降低,病患随之减少或降低。第四,生物学已经对该因素作为该流行病发病原因的发病机制做出了明确的说明。[③] 这种因果关系推定理论和规则改变了以往就诉讼中具体个体

---

① 夏芸:《医疗事故赔偿法》,法律出版社 2007 年版,第 181 页。

② [日]加藤一郎:《公害法的生成与发展》,岩波书店 1968 年版,第 29 页。

③ 夏芸:《医疗事故赔偿法》,法律出版社 2007 年版,第 203～204 页。

对因果关系证明的方法,而转以民众的罹患率为参照系,即只要原告证明被告的行为与罹患率之间的随动关系,即为完成了证明责任。法官基于这种程度的证明,就可以推定因果关系存在。被告认为自己的行为与损害事实之间没有因果关系的,须自己举证证明、推翻推定,才能够免除自己的责任,否则即可确认因果关系要件成立。

3. 概率因果关系

概率因果关系说认为,在个别人或者少数人主张受到公害或者药害致病请求损害赔偿的诉讼中,由于不是大量人群集体发病,原告根本无法提出能够证明自己的疾病与公害或者药害的致病因素之间具有“高度盖然性”的科学数据。但是,如果根据疫学因果关系验证的危险相对发生概率方法,能够证明公害或者药害的加害因素与被侵权人的疾病的发生具有一定概率的因果关系,则可以考虑只限于在这种特定情况下放弃传统的事实因果关系判断的高度盖然性的标准,认定加害因素与被侵权人的疾病发生之间存在事实因果关系,并且在计算损害额时考虑因果关系的概率。①

三、环境污染责任因果关系要件的证明规则和举证责任倒置

因果关系推定的具体规则是:

(一)被侵权人证明存在因果关系的相当程度的可能性

被侵权人在诉讼中,应当首先证明因果关系具有相当程度的盖然性,即环境污染行为与损害事实之间存在因果关系的可能性。相当程度的盖然性就是很大的可能性,其标准是,一般人以通常的知识经验观察即可知道二者之间具有因果关系。例如,河水上游的工厂污染,污染物中含有汞的成分,河水下游的居民饮用该河水后,患有汞中毒,尽管这种证据不能证明受害人的汞中毒就是污染者排放的汞所致,但具有这种可能性。这种可能性,就是很大程度的盖然性。被侵权人没有相当程度盖然性的证明,不能直接推定因果关系。

---

① 夏芸:《医疗事故赔偿法》,法律出版社2007年版,第208页。

原告证明盖然性的标准是，被侵权人提供的证据，使法官能够形成环境污染行为与被侵权人人身损害事实之间具有因果关系的可能性的确信，其范围为相当程度的可能性，而不是高度盖然性。原告的证明如果能够使法官建立起这种相当程度的可能性或者较大的可能性的确信，原告的举证责任即告完成。

（二）法官对因果关系实行推定

法官在原告上述证明的基础上，可以做出因果关系推定。推定的基础条件是：

第一，如果无此行为发生通常不会有这种后果的发生。得出这个结论，首先应当确定事实因素，即环境污染行为和损害事实必须存在的事实得到确认，确认环境污染行为与损害事实之间可能存在客观的、合乎规律的联系。其次是顺序因素，即分清环境污染行为与损害事实的时间顺序，作为原因的环境污染行为必定在前，作为结果的患者人身损害事实必须在后。违背这一时间顺序性特征的环境污染责任，为无因果关系。污染者一方如果否认因果关系要件，直接举证证明违法污染行为和损害结果之间的时间顺序不符合要求，即可推翻这个推定。

第二，不存在其他可能原因，包括原告或者第三人行为或者其他因素介入。应当在损害事实与环境污染行为之间排除其他可能性。当确定这种损害事实没有任何其他原因所致损害的可能时，即可推定该种环境污染行为是损害事实发生的原因，才可以推定因果关系。

第三，判断有因果关系的可能性的标准是一般社会知识经验。基于健全的市民经验上直观的判断，其因果关系存在的疑点显著存在，且此疑点于事实上得为合理说明，有科学上假说存在者，则法律上即可推定因果关系的存在。推定的标准，并不是科学技术证明，而是通常标准，即按照一般的社会知识经验判断为可能，在解释上与有关科学结论无矛盾，即可进行推定。

实行因果关系推定，就意味着被侵权人在因果关系的要件的证明上不必举证证明医疗损害因果关系的高度盖然性，而是在原告证明了因果关系盖然性标准的基础上，由法官实行推定。

（三）举证责任倒置由污染者证明污染行为与损害没有因果关系

在法官推定因果关系之后，污染者认为自己的污染行为与损害结果之间没有因果关系，则须自己举证证明。只要举证证明污染行为与损害事实之间无因果关系，就可以推翻因果关系推定，能够免除自己的责任。

污染者一方证明自己的污染行为与损害结果之间没有因果关系，证明标准应当采取高度盖然性的标准，即极大可能性。被告认为自己的行为没有因果关系，应当证明到法官能够确信的程度。对此，污染者否认因果关系要件，应当针对上述三点进行：第一，无污染行为损害也会发生。第二，有他人或者被侵权人的过错存在，并且是其发生的原因。污染者如果能够证明在污染行为和损害事实之间存在其他可能造成损害的原因，例如，被侵权人自己的行为或者第三人的行为是造成损害的原因，就可以否认自己的侵权责任或者减轻自己的侵权责任。第三，自己的污染行为不是造成损害发生的原因。第四，具有科学上的矛盾。不可能存在这样的结果时，按照这个推定形式无法得出这样的结论，就可以推翻因果关系推定。

（四）污染者举证的不同后果

实行因果关系推定，要给污染者举证的机会，使其能够举出证据证明自己的污染行为与损害后果之间不存在因果关系，以保护自己不受推定的限制。如果污染者无因果关系的证明是成立的，则推翻因果关系推定，不构成侵权责任；污染者不能证明或者证明不足的，因果关系推定成立，具备因果关系要件。其证明的标准，应当是高度盖然性才能够推翻因果关系推定，[①]污染者证明因果关系的不存在达到高度盖然性标准的时候，才能够推翻因果关系推定。

---

① 德本镇：《企业的不法行为责任之研究》，一粒社 1974 年版，第 130 页以下，转引自夏芸：《医疗损害赔偿法》，法律出版社 2007 年版，第 181 页。

第三节　环境污染责任的特殊责任形态

一、市场份额规则的适用

《侵权责任法》第67条规定的是在环境污染责任中的市场份额规则:“两个以上污染者污染环境,污染者承担责任的大小,根据污染物的种类、排放量等因素确定。”

所谓市场份额责任,并不是针对环境污染责任创立的,而是美国加利福尼亚州上诉法院1980年审理的辛德尔诉阿伯特制药厂案(Sindell v. Abbort Laboratories)中确定的产品侵权责任的判例规则。该案中,被告为制造安胎药之药商,该药物名为diethylstilbestrol,简称DES,行销多年后发现其中含有致癌物质,服用该药之孕妇日后产出之女婴,易罹患癌症。而原告辛德尔的母亲正是曾于怀孕期间经由医师处方服用该种药物,致使原告成年后不幸患有癌症。于是,原告以生产该药而市场占有率共计九成以上之五家药商为共同被告(实际生产厂商约有二百家),起诉请求损害赔偿。诉讼过程如下:(1)原告无法提出有力证据证明其母系服用何家药商贩卖之药物,事实审法院驳回原告之诉。(2)上诉审法院判决原告胜诉。上诉审法院认定五家药商均有过失,每家药商须为损害之发生负全部之赔偿责任。本案系由被告之一阿伯特化工厂(Abbott Laboratories)上诉至加州最高法院,加州最高法院判决原判决废弃,各个被告公司不须负全部之赔偿责任,仅须依其产品之市场占有率比例分担之。[①]

在环境污染责任中,存在适用市场份额规则的条件。在两个以上的污染者污染环境,不能确定究竟是谁的污染行为造成损害,但都存在造成损害的可能性,这种情况与产品责任中适用市场份额规则的条件完全相同,应当适用同样的规则。正因为如此,《侵权责任

---

① 该案参见潘维大:《英美侵权法案例解析》(上),瑞兴图书股份有限公司2002年版,第270页。

法》第 67 条做出了这个规定。

《侵权责任法》第 67 条规定环境污染共同危险行为采用的是市场份额规则,有两点与共同危险行为不同:第一,每一个污染者污染行为的情形不同,对造成损害的可能性并不一样,因此,确定每一个污染者的责任份额并不相同,应当“根据污染物的种类、排放量等因素确定”。第二,承担的责任没有规定为连带责任,仅仅规定“应当承担侵权责任”。看起来,这个规定没有规定这种侵权责任的形态,但根据市场份额规则,每一个可能造成损害的污染者应当承担的是按份责任,因为本条后段规定了“污染者承担责任的大小,根据污染物的种类、排放量等确定”,已经明确了按份责任的性质。

二、第三人过错的不真正连带责任

《侵权责任法》第 68 条规定了环境污染责任中第三人过错的不真正连带责任规则,第三人过错造成环境污染损害的,不适用《侵权责任法》第 28 条关于“损害是由第三人造成的,第三人应当承担侵权责任”的一般性规定,而采用不真正连带责任规则。第 68 条的内容是:“因第三人的过错污染环境造成损害的,被侵权人可以向污染者请求赔偿,也可以向第三人请求赔偿。污染者赔偿后,有权向第三人追偿。”

在环境污染责任中,真正造成环境污染损害的,是污染者的污染,是第三人的过错行为作用于污染者,使污染者的污染行为造成了被侵权人的损害,污染者的污染行为具有较为直接的因果关系。同时,环境污染责任适用无过错责任,是为了更好地保护生活、生态环境,保护被侵权人的民事权益。因此,在这种场合不适用第三人过错的一般规则,而采用不真正连带责任规则。这是环境污染责任中的第三人过错改变一般规则,采用不真正连带责任的基本原因。[①]

因此,在环境污染责任中,处理第三人过错引起的环境污染损害责任的规则是:

---

① 采取同样规则的还有《侵权责任法》第 83 条规定的饲养动物损害责任中的第三人过错。见后文。

第一，污染者和第三人基于不同的行为造成一个损害，两个行为都是损害发生的原因，而损害事实又是一个损害结果，并不是两个损害结果，这是环境污染责任第三人过错的基本特点。符合这个特点的，才可以适用这个规则。

第二，污染者和第三人的行为产生不同的侵权责任，这个责任就救济受害人损害而言，具有同一的目的。这就是说，污染者的环境污染的赔偿责任与第三人过错的赔偿责任，都是救济被侵权人遭受的损害，都是一个目的。因此，在污染者和第三人身上分别产生的不同的侵权责任，责任的目的都是救济同一个（或者数个）受害人的同一损害，而不是救济各个不同的损害。

第三，环境污染的受害人享有的不同的损害赔偿请求权，可以"择一"行使。可以向污染者或者向第三人请求承担责任，而不是向污染者和第三人分别行使各个请求权。受害人选择的一个请求权实现之后，其他请求权消灭。这就是不真正连带责任的"就近"规则，是受害人可以选择距离自己最近的法律关系当事人作为被告起诉，承担的责任是"中间责任"。

第四，损害赔偿责任最终归属于造成损害发生的最终责任人。如果受害人选择的被告是第三人，那么，第三人就是最终责任人，则该责任人就应当最终地承担侵权责任。如果受害人选择的被告并不是第三人即最终责任人，而是污染者，污染者承担的是中间责任，那么，承担了侵权责任的污染者可以向最终责任人即第三人请求追偿，最终责任人即第三人应当向污染者承担最终责任。

第四节　环境侵权司法解释的新规定

一、确定环境侵权责任所适用的法律

2015年2月9日《最高人民法院关于审理环境侵权责任纠纷案件适用法律若干问题的解释》出台，对于人民法院审理环境侵权责任纠纷案件的法律适用问题，做出了司法解释，丰富了《侵权责任法》第八章以及《环境保护法》等关于环境污染责任的规定。

该司法解释第1条规定:“因污染环境造成损害,不论污染者有无过错,污染者应当承担侵权责任。污染者以排污符合国家或者地方污染物排放标准为由主张不承担责任的,人民法院不予支持。”“污染者不承担责任或者减轻责任的情形,适用海洋环境保护法、水污染防治法、大气污染防治法等环境保护单行法的规定;相关环境保护单行法没有规定的,适用侵权责任法的规定。”

按照这一规定,确定环境侵权责任在适用法律上,应当遵守的规则是:

第一,适用无过错责任原则。该条司法解释首先确定,因污染环境造成损害,不论污染者有无过错,污染者应当承担侵权责任。这是对《侵权责任法》第65条规定的解释,明确规定环境侵权责任适用无过错责任原则。

第二,排污符合标准不是免除环境侵权责任的理由。该条司法解释规定:污染者以排污符合国家或者地方污染物排放标准为由主张不承担责任的,人民法院不予支持。排污不论符合国家的还是地方的污染物排放标准,都不得主张因此对造成的污染损害不承担责任。即使在诉讼中提出这样的主张,人民法院也不支持。这一内容,我们在制定侵权法建议稿中都提出过,但立法没有采纳,司法解释作了这样的规定,是完全正确的。

第三,对免责事由法律适用的方法。对于环境侵权责任的免责事由的法律适用,原则上是特别法有规定的,依照特别法。例如,《海洋环境保护法》《水污染防治法》《大气污染防治法》等环境保护单行法规定的污染者不承担责任或者减轻责任的情形,应当优先适用。特别法没有规定的,即相关环境保护单行法没有规定的,则应当适用《侵权责任法》关于免责事由的规定。

二、有关多数人污染行为的责任确定

(一)环境侵权的共同侵权行为

对于环境侵权责任中的共同侵权行为,应当依照《侵权责任法》第8条规定确定,依照该法第13条和第14条规定确定连带责任承担。司法解释第2条规定:“两个以上污染者共同实施污染行为造成损害,被侵权人根据侵权责任法第八条规定请求污染者承担连带责任的,人民法院应予支持。”这个解释只是作了一般规定,并没有对具体问题作出解释。应当确定的是,环境侵权责任中的共同侵权行为,既包括主观的共同侵权行为,也包括客观的共同侵权行为。在现实生活中,环境侵权更多的是客观共同侵权行为,须具备客观关连共同的要求。

（二）环境侵权责任的分别侵权行为

在该司法解释中,最有价值的是第 3 条对分别侵权行为的解释。该条分为三款,采用了学理的意见,分别规定了叠加的分别侵权行为、典型的分别侵权行为以及半叠加的分别侵权行为。①

对于叠加的分别侵权行为,《侵权责任法》第 11 条作了规定。司法解释进一步规定,在环境侵权责任中,两个以上的污染者分别实施污染行为造成同一损害,每一个污染者的污染行为都足以造成全部损害(即行为的原因力全部叠加),被侵权人根据《侵权责任法》第 11 条规定起诉,请求污染者承担连带责任的,人民法院应予支持,按照这一规定确定连带责任承担。

对于典型的分别侵权行为,即传统学说中的无过错联系的共同加害行为,在环境侵权责任中,应当适用《侵权责任法》第 12 条规定,承担按份责任。该条第 2 款规定,两个以上污染者分别实施污染行为造成同一损害,每一个污染者的污染行为都不足以造成全部损害的,就是典型的分别侵权行为,应当承担按份责任。故被侵权人根据《侵权责任法》第 12 条规定请求污染者承担责任的,人民法院应予支持,依照该条规定确定分别侵权行为人承担按份责任。

对于半叠加的分别侵权行为,《侵权责任法》没有明确规定,但在司法实践中是存在的。具体表现是,两个以上污染者分别实施污染行为造成同一损害,部分污染者的污染行为足以造成全部损害,部分污染者的污染行为只造成部分损害,因而形成原因力的半叠加,依照学理,应当依照部分连带责任的规则分担责任。因此,本条第 3 款规定,被侵权人根据《侵权责任法》第 11 条规定请求足以造

---

① 参见杨立新《侵权责任法》,法律出版社 2015 年修订版,第 149 页以下。

成全部损害的污染者与其他污染者就共同造成的损害部分承担连带责任,并对全部损害承担责任的,人民法院应予支持。这里的含义是,在半叠加的分别侵权行为所造成的损害事实中,分成原因力叠加的部分和原因力不叠加的部分,对于原因力叠加的部分损害,由原因力叠加的行为人承担连带责任,对于原因力不叠加的部分损害,则由足以造成全部损害的行为单独承担责任,不实行连带责任。

(三)环境侵权责任中多数人侵权的责任份额确定

对于环境侵权责任中的共同侵权行为和分别侵权行为,应当如何确定责任份额,司法解释第 4 条作了规定,即两个以上污染者污染环境,对污染者承担责任的大小,人民法院应当根据污染物的种类、排放量、危害性以及有无排污许可证、是否超过污染物排放标准、是否超过重点污染物排放总量控制指标等因素确定。根据这样的标准,确定连带责任的最终责任应当承担的责任份额,以及按份责任人的责任份额。

(四)环境侵权责任中的第三人过错

对于环境侵权责任中的第三人过错责任,《侵权责任法》第 68 条排除第 28 条关于免除责任规定的适用,而采用不真正连带责任的规则分担责任。因此,司法解释第 5 条第 1 款规定,被侵权人根据《侵权责任法》第 68 条规定,分别或者同时起诉污染者、第三人的,人民法院应予受理。这样的规定是对的。

在确定适用不真正连带责任中,污染者承担的责任是中间责任,第三人承担的是最终责任。至于起诉谁承担全部责任,在于被侵权人的选择。被侵权人起诉的是污染者,污染者是中间责任人,因而法院可以直接判决污染者承担全部责任。如果污染者以第三人的过错污染环境造成损害为由,主张不承担责任或者减轻责任的,人民法院不予支持,不采信其免责事由的主张。

应当看到的是,《侵权责任法》第 68 条规定的环境侵权的第三人过错,是指第三人的过错是造成损害的全部原因,不存在第三人的过错是部分原因的情形,因为第三人过错是损害的部分原因的,构成过失相抵,应当适用《侵权责任法》第 26 条规定,减轻污染者的赔偿责任。因此,在《侵权责任法》第 68 条的情境下,损害的全部原因须为第三人的过错，因此，污染者才是中间责任人，第三人为最终责任人，应当最终承担全部责任。因此，本条司法解释的第 2 款关于"被侵权人请求第三人承担赔偿责任的，人民法院应当根据第三人的过错程度确定其相应赔偿责任"的规定，是不准确的，应当予以纠正。[①] 法官在适用本条司法解释时，应当特别注意。

三、关于环境侵权责任构成的规定

(一)构成要件和举证责任

该司法解释第 6 条规定，从表面上看似规定的环境侵权责任的举证责任，但实际上是通过规定举证责任的规则，确定环境侵权责任的构成要件。故被侵权人根据《侵权责任法》第 65 条规定请求侵权人承担赔偿责任的，应当证明对方的行为具备环境侵权的构成要件。该要件是，第一，污染者排放了污染物；第二，被侵权人的合法权益受到了损害；第三，污染者排放的污染物或者其次生污染物与损害之间具有关联性，该关联性就是因果关系要件。对此，被侵权人起诉环境侵权责任纠纷案件，应当证明上述要件。

其中，对于因果关系的证明，因为《侵权责任法》第 66 条规定为因果关系推定规则，即被侵权人证明了污染者排放了污染物，以及被侵权人的合法权益受到了损害的要件之后，就可以直接推定有因果关系的存在；如果污染者主张自己的污染行为与损害事实之间不具有因果关系，应当举证证明下列情形之一：一是排放的污染物没有造成该损害可能的；二是排放的可造成该损害的污染物未到达该损害发生地的；三是该损害于排放污染物之前已发生的；四是其他可以认定污染行为与损害之间不存在因果关系的情形。如果污染者能够证明上述情形之一，人民法院就应当认定其污染行为与损害之间不存在因果关系，因而推翻因果关系推定，认定不构成环境侵权责任。

(二)对于环境污染责任具体证据的规定

对于环境侵权责任的具体证据问题，规定了以下内容：

---

① 参见杨立新：《第三人过错造成环境污染损害的责任承担》，载《法治研究》2015 年第 6 期。

第一,对查明环境污染案件事实的专门性问题,可以委托具备相关资格的司法鉴定机构出具鉴定意见或者由国务院环境保护主管部门推荐的机构出具检验报告、检测报告、评估报告或者监测数据。鉴定意见是法定的证据。

第二,对于专家证人问题,规定当事人申请通知一名至两名具有专门知识的人出庭,就鉴定意见或者污染物认定、损害结果、因果关系等专业问题提出意见的,人民法院可以准许。当事人未申请,人民法院认为有必要的,可以进行释明。具有专门知识的人在法庭上提出的意见,经当事人质证,可以作为认定案件事实的根据。

第三,对于其他应当经过质证认定的书证,如负有环境保护监督管理职责的部门或者其委托的机构出具的环境污染事件调查报告、检验报告、检测报告、评估报告或者监测数据等,经当事人质证,可以作为认定案件事实的根据。如果没有经过质证,仅以上述文书具有权威性而作为证据使用的,是不正确的。

第四,有关环境侵权的证据保全。对于突发性或者持续时间较短的环境污染行为,在证据可能灭失或者以后难以取得的情况下,当事人或者利害关系人根据《民事诉讼法》第 81 条规定申请证据保全的,人民法院应当准许。

四、有关环境侵权责任的承担

对于环境侵权责任的具体承担问题,该司法解释规定了以下五个具体问题:

第一,环境侵权适用停止侵害和采取污染防治措施。《环境保护法》第 63 条规定了四种行为,即"(一)建设项目未依法进行环境影响评价,被责令停止建设,拒不执行的;(二)违反法律规定,未取得排污许可证排放污染物,被责令停止排污,拒不执行的;(三)通过暗管、渗井、渗坑、灌注或者篡改、伪造监测数据,或者不正常运行防治污染设施等逃避监管的方式违法排放污染物的;(四)生产、使用国家明令禁止生产、使用的农药,被责令改正,拒不改正的"。这些都是污染者承担行政责任的事实,但是,被侵权人据此作为环境侵权的事实依据的,只要具有其中情形之一,当事人或者利害关系人就可以根据《民事诉讼法》第 100 条或者第 101 条的规定，申请进行证据保全。对此，人民法院可以裁定责令被申请人立即停止侵害行为或者采取污染防治措施。

第二，构成环境侵权行为，被侵权人可以依照《侵权责任法》第 15 条规定，请求侵权人单独承担或者合并承担不同的侵权责任方式。人民法院应当根据被侵权人的诉讼请求以及具体案情，合理判定污染者承担停止侵害、排除妨碍、消除危险、恢复原状、赔礼道歉、赔偿损失等民事责任。如果被侵权人请求恢复原状的，人民法院可以依法裁判污染者承担环境修复责任，并同时确定被告不履行环境修复义务时应当承担的环境修复费用。污染者在生效裁判确定的期限内未履行环境修复义务的，人民法院可以委托其他人进行环境修复，所需费用由污染者承担。

第三，被侵权人起诉请求污染者赔偿因污染造成的财产损失、人身损害以及为防止污染扩大、消除污染而采取必要措施所支出的合理费用的，人民法院应予支持，依照《侵权责任法》第 16 条、第 17 条和第 19 条规定确定损害赔偿责任。造成精神损害的，依照该法第 22 条规定承担损害赔偿责任。

第四，环境侵权责任中的责任并合。《环境保护法》第 65 条规定："环境影响评价机构、环境监测机构以及从事环境监测设备和防治污染设施维护、运营的机构，在有关环境服务活动中弄虚作假，对造成的环境污染和生态破坏负有责任的，除依照有关法律法规规定予以处罚外，还应当与造成环境污染和生态破坏的其他责任者承担连带责任。"这种责任形态属于侵权责任并合，即环境影响评价机构、环境监测机构以及从事环境监测设备和防治污染设施维护、运营的机构，在有关环境服务活动中弄虚作假，对造成的环境污染和生态破坏负有责任的，应当与污染者承担连带责任。司法解释第 15 条规定了四种情况应当认定为《环境保护法》第 65 条规定的弄虚作假，应当承担连带责任：一是环境影响评价机构明知委托人提供的材料虚假而出具严重失实的评价文件的；二是环境监测机构或者从事环境监测设备维护、运营的机构故意隐瞒委托人超过污染物排放标准或者超过重点污染物排放总量控制指标的事实的；三是从事防治污染设施维护、运营的机构故意不运行或者不正常运行环境监测设备或者防治污染设施的;四是有关机构在环境服务活动中其他弄虚作假的情形。具备上述情形之一的,应当承担连带责任。[①]

第五,《环境保护法》第 66 条规定:"提起环境损害赔偿诉讼的时效期间为三年,从当事人知道或者应当知道其受到损害时起计算。"比普通的诉讼时效期间为长。诉讼时效主要适用范围是损害赔偿请求权。被侵权人提起诉讼请求的是污染者停止侵害、排除妨碍、消除危险的,则不受《环境保护法》第 66 条规定的时效期间的限制。

---

① 有关侵权责任并合的规则,参见本书第八章关于责任并合的具体说明。

第十八章　高度危险责任

第一节　高度危险责任概述

《侵权责任法》第69条规定了高度危险责任的一般条款，即“从事高度危险作业造成他人损害的，应当承担侵权责任”。

一、高度危险责任的概念和特征

高度危险责任，是指高度危险行为人实施高度危险活动或者管领高度危险物，造成他人的人身损害或者财产损害，应当承担损害赔偿责任的特殊侵权责任。

高度危险责任，是一种特殊侵权责任。高度危险活动是危险性工业的法律用语，是指在现有的技术条件下，人们还不能完全控制自然力量和某些物质属性，虽然以极其谨慎的态度经营，但仍有很大的可能造成人们的生命、健康以及财产损害的危险性作业。高度危险物，是对周围具有高度危险性的物品。因从事上述高度危险活动或者持有高度危险物，造成他人的损害所应承担的侵权民事责任，即高度危险责任。

高度危险责任必须具备以下基本特征：

（一）某一活动或物品对周围环境具有高度危险性

这种危险性，是对人身安全的威胁和财产安全的威胁，是对周围环境致害，而不是对自己致害。危险活动或危险物品作业致内部职工损害，也成立赔偿关系，但这种赔偿关系不是特殊侵权关系，而是工伤事故赔偿关系，属于劳动保险赔偿关系，应当根据劳动保险法律规定索赔。

（二）该活动或物品的危险性变为现实损害的概率很大

作业人所经营的活动仅仅具有一般的危险性，尚不足以构成危险活动。例如，存有少量危险物品者，不宜视其为危险活动。美国判例也认为，非法制造和销售某种手枪，亦有一定的危险性，虽可能构成犯罪，但不属于危险活动。[①] 究其原因，其中一条，就是这些情况仅仅具有一般的危险性，而不具有高度危险性。危险活动和危险物对周围环境的危险性，必须达到较高的程度，超过了公认的一般危险程度。这种高度危险性的表现，就是这种危险性变为现实的可能性，即造成现实损害的概率很大。至于这种概率应当达到多少才会被称作"很大"，则很难确定。学者曾提出一个标准，即如果某人的活动对其邻近的他人要求需比平常更要提高警惕时，那么这种活动就是高度危险。[②] 另外，虽然活动造成损害的可能性不是很大，但一旦发生事故，造成的实际损害非常大，后果比较严重的，也应视为具有高度危险性。

（三）该种活动或物品只有在采取技术安全的特别方法时才能使用

采取技术安全的特别方法应当根据具体的活动或物品的作业来确定。例如，高速轨道运输工具中的动车，2009 年试运行的武广高速列车已经达到时速 394 公里，其铁路沿线必须设置安全护栏，这就是采取技术安全的特别方法。又如，核电站周围必须设立完善的安全设施，绝对保证其安全运行，防止对周边造成损害。

（四）涉及该种活动或物品的高度危险作业具有合法性

涉及该种活动或物品的高度危险作业是合法的、正当的，至少

---

① 张新宝：《中国侵权法》，中国社会科学出版社 1995 年版，第 328 页。

② 游先德：《民事侵权与损害赔偿》，中国经济出版社 1990 年版，第 212 页。

不是为法律所禁止的。行为人从事高度危险活动是经过法律的许可,是利用现代科学技术服务于社会,既有利于国计民生,也增进了人类福祉,所以这些活动不仅不具有法律上的应受非难性,而且大多是应受法律所鼓励的行为。①

二、高度危险责任的归责原则和构成要件

(一)高度危险责任的归责原则

高度危险责任应当适用无过错责任,理由是:第一,自高度危险责任确定时的出发点就是基于无过错责任。第二,对高度危险责任实行无过错责任原则有利于消除或减少社会危险因素。第三,在市场经济条件下,危险活动和危险物经营多是营利性的活动,有的甚至是高利润的垄断性经营,因此,风险说和公平说也是可以作为无过错责任的理论基础来解释高度危险责任的赔偿责任的。②

(二)高度危险责任的构成要件

根据无过错责任,高度危险责任的构成要件为:

1. 须有危险活动或危险物对周围环境致损的行为

危险活动中的活动,是指完成特定任务的活动,一般是指生产经营活动,也包括科研活动和自然勘探活动,不包括国家机关的公务活动和军队的军事活动。活动的危险性,是对周围环境造成损害的概率高,足以超过一般性作业的损害概率。周围环境,是危险活动以外的,处于该危险活动及其发生事故可能危及范围的一切人和财产,它的特点是,并非指特定的人和财产,而是某一范围内的一切人和财产。

构成高度危险活动还须具备以下特征:第一,它是一种合法行为,至少是不为法律所禁止的行为。如前所述,人类为了享受现代科技文明所带来的巨大经济利益,就必须允许从事某些高空、高压、易燃、易爆、剧毒、放射性以及高速运输等活动的存在和发展,并赋予它们合法性。第二,加害人从事的这种活动对于周围环境的高度

---

① 王利明:《论无过错责任》,载《比较法研究》1991 年第 2 期。

② 张新宝:《侵权责任法原理》,中国人民大学出版社 2005 年版,第 326 ~ 327 页。

危险以及可能造成的损害具有不可避免性。

2. 须有损害后果存在和严重危险的存在

危险活动或危险物的致害后果,包括人身损害和财产损害。其中人身损害包括致伤、致残、致死;财产损害包括直接损失和间接损失,其计算方法,与一般侵权行为损害后果的计算相同。只要危险活动或危险物造成人身损害或财产损害,就构成这一要件。

在危险活动或危险物侵权责任中,由于危险活动的危险性,有一种特殊的情况,就是当损害结果还没出现,仅仅出现致害的危险时,就可以承担民事责任。最高人民法院《关于贯彻执行〈民法通则〉若干问题的意见(试行)》第 154 条规定:“从事高度危险作业,没有按有关规定采取必要的安全防护措施,严重威胁他人人身、财产安全的,人民法院应当根据他人的要求,责令作业人消除危险。”这就是把危险的存在作为起诉的诉因,其应承担的民事责任是消除危险。这种规定,将损害事实要件的内容做了扩大解释。《侵权责任法》第 21 条继续肯定这一做法。

3. 须有因果关系存在

危险活动或危险物与损害后果(包括某些严重危险)之间须有因果关系,才构成高度危险责任的侵权责任。这种因果关系,原则上应由受害人证明。如果在某些高科技领域,受害人只能证明危险活动或危险物和损害事实在表面上的因果关系,甚至仅能证明危险活动或危险物是损害后果的可能原因的,可以依据这些事实推定因果关系存在,如果危险活动人或危险物保有人不能证明危险活动或危险物与损害结果之间没有因果关系,则推定成立,确认其因果关系要件成立,构成侵权责任。

在很多情况下,损害的发生是由多种原因造成的。如果因危险活动或危险物所造成的损害以及该损害以外的其他损害,是由危险活动或危险物以及其他原因共同造成的,这就是多种原因造成的一个损害。这时候,如果危险活动或危险物所造成的损害与该损害以外的其他损害无法完全划分的,就应当视为由危险活动或危险物造成损害,适用危险活动或者危险物所致损害的法律规定。

三、高度危险责任的损害赔偿内容

（一）赔偿法律关系主体

危险活动或危险物的作业人是赔偿义务主体。作业人可以是危险活动和危险物的所有人，也可以是危险活动和危险物的经营者。当所有人与占有人相分离时，应当如何确定赔偿义务主体，有不同的认识。例如，危险活动和危险物由他人承包，所有人与承包人相分离，有的认为由所有人承担，有的认为由承包人承担，有的认为由承包人与所有人共同承担。我们认为，承包人承包危险活动和危险物后，承包人是危险活动和危险物的占有人，由他进行具体作业，因而应由他作为赔偿义务主体，承担赔偿责任，所有人不承担责任，但承包合同另有规定的除外。又如，非法从事危险活动或占有危险物致人损害的，有的认为由所有人承担赔偿责任，有的认为非法作业人与所有人共同承担责任。我们认为，非法占有人是危险活动的实际操作人，应当承担赔偿责任；所有人只有在非法占有人无力赔偿时，承担补充责任。

高度危险责任，赔偿权利主体是受害人。受害人死亡或终止后，由其权利承受人享有赔偿请求权。

（二）责任方式

1. 停止侵害

对于尚在持续的危险活动，受害人有权请求危险活动人停止侵害。

2. 消除危险

《侵权责任法》第21条将严重威胁他人人身、财产安全作为可以提起“消除危险”的诉因。严重威胁他人人身和财产安全，是指危险活动或危险物出现了特别异常的危险情况，如核电站出现泄漏、有毒物品外溢、高压输电电缆落地等。这种特别异常的危险情况超出了危险活动和危险物通常所具有的危险性，对他人的人身和财产具有迫在眉睫的危险。在此情形，一切受到威胁的人均可提起诉讼，请求消除危险。

3. 损害赔偿

对于危险活动和危险物的损害赔偿，大多数国家都设有最高赔偿限额,我国某些法律或法规也有类似规定,如我国《海商法》第210条对人身伤亡的赔偿请求及非人身伤亡赔偿请求的限制,航空管理法规对空难人员赔偿额的限制等。

(三)免责事由

高度危险责任是无过错责任,一般的免责条件并不适用。法律规定以下条件为高度危险责任的免责条件:

1. 不可抗力

不可抗力作为高度危险责任的免责事由,《侵权责任法》做了不同规定。在第70条,规定的是战争等情形,战争是不可抗力的一种。第71条没有明确规定不可抗力。第72条和第73条明确规定不可抗力是免责事由。《铁路法》也将不可抗力规定为免责条件。对此,应当依照法律规定确定。

2. 受害人故意

《侵权责任法》第70条至第73条都规定了受害人故意是免责事由。受害人的故意,包括直接故意和间接故意。前者是直接追求损害的后果,如自杀或自伤。后者是放任后果的发生,如擅自侵入严禁入内的危险区域,造成伤残后果。

应当研究的问题是:该条规定的故意,是指对损害后果的故意,还是对行为本身的故意?《铁路法》第58条规定:"因铁路行车事故及其他铁路运营事故造成人身伤亡的,铁路运输企业应当承担赔偿责任;如果人身伤亡是因不可抗力或者由于受害人自身的原因造成的,铁路运输企业不承担赔偿责任。违章通过平交道口或者人行过道,或者在铁路线路上行走、坐卧造成的人身伤亡,属于受害人自身的原因造成的人身伤亡。"这里规定的自身原因,应当是指行为的故意。如果认为其行为上有故意,即故意实施违章行为就是放任其伤亡后果的间接故意,显然过于牵强,充其量应属于过于自信的过失。

3. 法律的其他规定

《侵权责任法》第76条规定:"未经许可进入高度危险活动区域或者高度危险物存放区域受到损害,管理人已经采取安全措施并尽到警示义务的,可以减轻或者不承担责任。"

在依法划定的高度危险活动区域或高度危险物存放区域内，高度危险活动人或高度危险物的所有人、占有人或者管理人已通过设置明显标志和采取安全措施等方式尽到充分的警示、保护义务的，未经许可进入该区域的，高度危险活动人或高度危险物的所有人、占有人或者管理人对其在该区域内所遭受的损害不承担民事责任。这种免责事由的构成，一是必须在高度危险活动区或者高度危险物的存放区内；二是高度危险活动人或者高度危险物占有人、所有人、管理人已经相当注意，设置了明显标志和安全措施，尽到了充分的警示、保护义务；三是受害人未经许可进入该区域，造成损害。具备三种条件，应当免责。

第二节　各种具体的高度危险责任

一、民用核设施发生核事故损害责任

《侵权责任法》第70条规定："民用核设施发生核事故造成他人损害的，民用核设施的经营者应当承担侵权责任，但能够证明损害是因战争等情形或者受害人故意造成的，不承担责任。"民用核设施，就是非军用的核能设施，是指经国家有关部门批准，为和平目的而建立的核设施，如核电站等。广义的核设施，还包括为核设施运输的核燃料、核废料及其他核物质。

这些民用核设施以及为核设施运输的核燃料、核废料及其他核物质，因其放射性或放射性并合剧毒性、爆炸性或其他危害性，造成他人损害的，构成侵权行为。承担侵权责任的主体，是核设施的所有人或国家授权的经营人，应当由所有人或者国家授权的经营人承担民事责任。

在司法实践中应用本条应当注意的是，这种侵权责任是无过错责任，因此，如果核设施的所有人或者经营人能够证明损害是由受害人的故意造成的，则不承担民事责任；但是，由于核能的特殊性以及造成损害的严重性，即使损害是由受害人自己的故意造成的，对因受害人死亡或人身伤害所造成的财产损失，也应当予以适当的补偿。

二、民用航空器损害责任

《侵权责任法》第71条规定:"民用航空器造成他人损害的,民用航空器的经营者应当承担侵权责任,但能够证明损害是因受害人故意造成的,不承担责任。"民用航空器,是指经国家有关部门批准而投入营运的民用航空器,如各类民用的飞机、热气球等。现代社会,民用航空器造成损害的,后果非常严重,对这种损害的赔偿责任必须重点规定,以保障受害人损害赔偿权利的实现。

民用航空器致害,主要是因民用航空器失事造成的他人损害,同时也包括从航空器上坠落或者投掷人或物品、能量造成他人的损害。前者是航空器失事所造成的后果,如飞机空难,坠落后对地面的人员和财产造成损害。后者是航空器上的人或者物品、能量,因自主或者不自主地投掷或者坠落,造成地面的人员和财产的损害。总之,这种危险活动的损害,是指对地面人员和财产的损害,而不是对航空器本身所载的人或者财产的损害。

在司法实践中应用本条应当注意的是,这种损害的赔偿责任主体,是航空器的所有人或国家授权的经营人,由他们承担侵权民事责任。由于这种侵权责任是无过错责任,因此,如果能够证明损害是由受害人的故意造成的,则航空器的所有人、经营人不承担侵权责任。

此外,军用的航空器造成损害的,不适用本条规定的规则。

三、占有或者使用易燃、易爆、剧毒、放射性危险物损害责任

《侵权责任法》第72条规定:"占有或者使用易燃、易爆、剧毒、放射性等高度危险物造成他人损害的,占有人或者使用人应当承担侵权责任,但能够证明损害是因受害人故意或者不可抗力造成的,不承担责任。被侵权人对损害的发生有重大过失的,可以减轻占有人或者使用人的责任。"本条规定的是占有或者使用易燃、易爆、剧毒、放射性等高度危险物损害责任。

在工业生产中,占有或者使用易燃、易爆、剧毒、放射性等高度危险物,对周围环境和人员具有高度危险性,使用这样的高度危险

物进行制造、加工、使用、利用的，必须高度注意，采取安全保障措施，防止造成损害。但是，即使是这样，也难免造成他人损害，因此，对高度危险物造成的损害，应当适用无过错责任归责，即使是其所有人、占有人、管理人在主观上没有过错的，也应当承担侵权责任。

因此，占有或者使用易燃、易爆、剧毒、放射性等高度危险物，因物的危险性质造成他人损害的，其所有人、占有人或管理人应当承担民事责任。按照举证责任倒置的规则，如果高度危险物的所有人、占有人、管理人能够证明该损害是由于受害人故意或不可抗力造成的，则应当免除其责任。

在司法实践中应用本条，应当注意运输中的高度危险物损害责任的规则。

运输中的高度危险物损害责任，《侵权责任法》没有明确规定，在实践中，最主要的问题是解决究竟由谁承担赔偿责任的问题。因为在这种法律关系中，有三种不同的主体，这些主体都与致害的高度危险物有关。这三种主体就是：发送高度危险物的所有人、占有人或管理人，接受高度危险物的所有人、占有人或管理人，以及高度危险物的运送人。对此，有三个处理规则：

第一，在不同所有人、占有人或管理人之间运输的易燃、易爆、剧毒、放射性等高度危险物，因物的危险性质造成他人损害的，由其向受害人共同承担连带责任。这是基本规则，高度危险物的发送人、接受人都要承担责任，责任方式是连带责任，即受害人既可以向发送方请求赔偿，也可以向接受方请求赔偿，还可以向双方请求赔偿，任何一方都有责任全部赔偿。同时也说明，高度危险物致人损害的原因是高度危险物的自身危险性所造成的，而不是其他原因。

第二，在承担连带责任的基础上，已经实际承担责任的一方可以依据《合同法》关于风险负担的规定，向另一方行使追偿权。这就是说，按照买卖标的物风险转移的规则，由对物享有所有权的一方实际承担损失。造成损害之时，谁对高度危险物享有所有权，就应当由谁承担民事责任。

第三，对运输中的高度危险物因其高度危险性质所造成的损害，运送人究竟是不是应当承担民事责任，实行过错推定责任，原则上推定其有过错,应当承担连带责任。但是,运送人如果能证明自己对损害的发生无过错的,那就推翻了过错推定,不承担民事赔偿责任。

四、从事高空、高压、地下挖掘、使用高速轨道运输工具损害责任

《侵权责任法》第73条规定:"从事高空、高压、地下挖掘活动或者使用高速轨道运输工具造成他人损害的,经营者应当承担侵权责任,但能够证明损害是因受害人故意或者不可抗力造成的,不承担责任。被侵权人对损害的发生有过失的,可以减轻经营者的责任。"

(一)高空作业致害

高空作业,是指超过正常的高度进行作业。何为正常的高度,以及何为高空,并不能够准确界定,是应当在实践中具体掌握的。例如,在40米高的烟囱上冒险作业,是高空作业;在10米高度的旧厂房上拆除房梁,也是高空作业。因此,高空作业应当在实践中把握合适的高度,而不能一概而论。

从事高空作业造成他人损害的,有两种情况:一种是高空作业造成作业工人自己的人身伤害,这种情况属于工伤事故,一般应当按照工伤事故的规定请求赔偿。但是受害人直接依据高空作业致害责任请求赔偿,也是合理的。另一种是高空作业造成了他人的损害,包括人身损害和财产损害,如高空作业中,作业的工具、材料、人员脱落、坠落等,造成地面人员或者财产的损害,就是这种侵权行为。

高空作业致人损害的侵权行为的规则是:首先,损害应当由组织作业的人承担民事责任;其次,组织作业的人能够证明该损害系因受害人故意或者不可抗力造成的,免除其责任。

(二)高压致害

高压,是指压力超过通常标准,这种"超过"不是低于而是高于,即高于通常标准的压力。某些能量或者物质通常以高压方式制造、运输或者储藏,否则将无法进行。因此在现代工业中,高压是正常

的现象。

但是，工业的高压具有危险性，对周围环境和人群具有重大的危险，必须采取措施高度防范，以保障人身、财产安全。尽管如此，仍然难以避免可能造成的损害。一旦损害发生，侵权法以无过错责任原则确定责任，即使工业高压的所有人、占有人和管理人没有过错，也必须承担侵权损害赔偿责任。因此，以高压制造、储藏、运送电力、液体、煤气、蒸汽等气体，因高压作用造成他人损害的，其所有人、占有人或管理人应当承担民事责任。受害人的故意和不可抗力是工业高压的免责事由，能够证明该损害系因受害人故意或者不可抗力造成的，不承担民事责任。

（三）地下挖掘

地下挖掘，是一种高度危险行为，是指在地下进行掘进、构筑坑道、挖掘隧道、构筑地铁等具有高度危险的施工活动。

地下挖掘，来源于《物权法》第 136 条关于“建设用地使用权可以在土地的地表、地上或者地下分别设立。新设立的建设用地使用权，不得损害已设立的用益物权”的规定。在地表之下设立的建设用地使用权，就需要在地下挖掘，构筑地下空间以使用。

空间主要有两种表现形态：一是地下空间，这是近年来逐渐发展出的空间利用形式，常见利用方式是在地表之下一定深度建设建筑物，包括地下停车场、人防工程和地下商场等。二是地上空间，这在我国是较新的空间利用的表现形态。以现有的建筑技术，地上空间建筑不可能是漂浮的，必须获得一定向上的支撑力。地下挖掘所要解决的是地下空间的利用问题。由于地下挖掘具有高度危险性，因此，地下挖掘造成损害，构成地下挖掘的高度危险责任。

地下挖掘的基本安全保障，是建立足够的地下支撑。按照不动产支撑的受力方向，支撑关系可以区分为侧面支撑与垂直支撑。在垂直支撑中，包括地上支撑和地下支撑。其中，侧面支撑是传统的支撑，而地上支撑和地下支撑则是新型的支撑，是较为复杂的支撑。侧面支撑关系，是地表的相邻土地之间、相邻地上或者地下空间之间，与地面水平方向上的相互支撑关系；而垂直支撑，即在与地面垂直方向上的地表之上与地表之下的支撑与被支撑关系。侧面支撑关系是原有平面的相邻关系中支撑利益的立体化延伸,而垂直支撑关系是土地分层利用的必然结果,较之美国法上的地下支撑的范围更广,还包括了地表对地上空间的支撑。侧面支撑与垂直支撑纵横交错,概括了我国不动产支撑利益的全部关系,是我国物权法上的全新物权制度。①

因此,地下挖掘高度危险责任,是指在地下挖掘活动中,没有采取必要的、可靠的不动产支撑,致使地表塌陷等后果,造成他人人身损害或者财产损害的高度危险责任。在地下挖掘过程中,必须采取必要的、切实可靠的地下支撑,以保证地下和地上的安全。因此,地下挖掘造成损害,是否应当承担侵权责任,就在于地下挖掘是否设立必要和可靠的支撑。没有建立必要的、可靠的支撑,造成地表塌陷或者其他损害,就构成地下挖掘高度危险责任。

(四)高速轨道运输工具

高速轨道运输,包括铁路、地铁、城铁、有轨电车等通过轨道高速行驶的交通运输工具,不包括游乐场所的小火车等轨道运输工具。高速轨道运输工具是具有高度危险性的运输活动。铁路事故,是高速运输工具造成的损害事故,其性质是无过错责任,在责任构成上不考虑责任人的过错要件,只要具备违法行为、损害事实和因果关系三个要件,就构成侵权责任。

铁路事故,包括铁路行车事故,即列车在运行中发生的人身伤害事故或者财产损害事故;同时,还包括从列车上坠落、投掷物品,列车排放能量,造成他人人身损害或者财产损害的事故。

基本规则是:铁路事故的损害赔偿责任,应当由铁路列车的运输人承担。如果运输人能够证明损害是因受害人的故意造成的,则不承担民事责任。

五、遗失、抛弃高度危险物损害责任

《侵权责任法》第74条规定:"遗失、抛弃高度危险物造成他人损害的,由所有人承担侵权责任。所有人将高度危险物交由他人管

---

① 杨立新:《杨立新民法讲义·物权法》,人民法院出版社2009年版,第101页。

理的，由管理人承担侵权责任；所有人有过错的，与管理人承担连带责任。”

遗失抛弃高度危险物的致害责任，是指公民、法人或者其他组织所有、占有、管理的危险物造成他人损害所应当承担的民事责任。其具体形式主要有：

第一，遗失高度危险物损害责任。遗失高度危险物造成他人损害的，所有人对遗失物虽然丧失了占有，但是其对该物并没有丧失所有权，仍然是其财产。这种遗失的危险物造成受害人的损害，损害赔偿责任还是应当以该物的实际权利人承担责任。因此，遗失的危险物因其自身的危险性质致人损害的，由其所有人承担民事责任。

第二，抛弃高度危险物损害责任。对财产的抛弃，是对财产的事实上的处分，事实上决定了这个物的命运，放弃了对该物的所有权。对于危险物同样如此，危险物被抛弃，所有权人就丧失了该危险物的所有权。如果危险物被抛弃之后，该危险物由于其自身的危险性质而致害他人，仍然产生侵权责任。我们认为，在这种情况下，虽然抛弃该危险物的人已经丧失对该物的所有权，但是，造成损害的原因，还是抛弃者的处力行为，对自己抛弃的危险物所造成的损害，只要是这个危险物没有被别人所占有，或者别人没有对此产生所有权，那就还要由抛弃物的原所有人承担责任。

在司法实践中应用本条，应当遵守的规则是：

第一，遗失、抛弃高度危险物造成他人损害的，由所有人承担侵权责任。其理由在前文已经说明。遗失高度危险物，所有权人并未丧失所有权；抛弃高度危险物，所有权人已经丧失所有权，因此是原所有权人。

第二，所有人将高度危险物交由他人管理，由于管理人管理不善，造成他人损害的，应当由管理人承担侵权责任，所有权人不承担赔偿责任。

第三，所有人将高度危险物交由他人管理，造成他人损害，所有人有过错的，所有人与管理人承担连带责任。在对外关系上，被侵权人可以请求一方或者双方承担责任，在对内关系上，双方应当按照原因力的规则确定各自的责任份额,超出自己应当承担的责任份额的,有权对他方进行追偿。

六、非法占有高度危险物损害责任

《侵权责任法》第 75 条规定:“非法占有高度危险物造成他人损害的,由非法占有人承担侵权责任。所有人、管理人不能证明对防止他人非法占有尽到高度注意义务的,与非法占有人承担连带责任。”

在司法实践中应用本条,应当采用以下办法确定侵权责任的承担:

第一,被他人非法占有的危险物致人损害的,无论是造成他人人身损害还是财产损害,都由该非法占有人承担民事责任,危险物品的所有人不承担责任。适用这种规则,应当是所有人或者管理人对危险物品已经尽到高度注意义务。该注意义务的证明责任,在于危险物品的所有人或者管理人,而不是受害人。这是举证责任倒置的规则。

第二,该危险物的所有人如果不能证明自己对他人非法取得占有已尽到高度注意义务,即对危险物的管理存在过失的,应当与危险物的非法占有人承担连带的侵权赔偿责任。对此,应当适用《侵权责任法》第 13 条和第 14 条规定办理。

第三,非法占有高度危险物,造成非法占有人自己损害的,在原则上应当适用前两项规则,即高度危险物的所有人或者管理人能够证明自己已经尽到高度注意义务的,免除赔偿责任;不能证明的,则应当与非法占有人双方按照《侵权责任法》第 26 条规定的过失相抵规则处理,减轻高度危险物的所有人或管理人的赔偿责任。

第三节　无过错责任的限额赔偿

《侵权责任法》第 77 条规定:“承担高度危险责任,法律规定赔偿限额的,依照其规定。”这是我国在侵权责任的立法上第一次确认高度为限责任适用限额赔偿规则的规定。

一、无过错责任中加害人有无过错对于确定赔偿责任范围的关系重大

按照通说，适用无过错责任的特殊侵权责任，在侵权责任构成上不要求有过错的要件，也就是不问过错，无论行为人有无过错，只要具备了违法行为、损害事实和因果关系三个要件，就构成侵权责任。[①] 这样的要求无疑是正确的。

但在确定赔偿责任范围的时候，我国司法实践采取的态度是，无论加害人对于损害的发生是否有过失，都因为实行无过错责任原则而承担同样的赔偿责任，都适用全部赔偿原则。这样的做法是不公平的。理由是，在侵权法中，加害人的过错对确定赔偿责任范围是有重大影响的，[②]它表明的是法律对加害人行为的谴责程度。在无过错责任场合，无过错责任原则仅仅表明对某种危险性特别严重的侵权领域，要给予受害人更为妥善的保护，即使加害人没有过错也要承担侵权责任，也要对受害人承担赔偿责任，使受害人的损害得到赔偿。但是，即使在这样的场合，加害人究竟有过错还是没有过错，法律对其的谴责程度也是不同的。那就是，无过错的加害人在无过错责任的场合应当承担侵权责任，而有过错的加害人在这样的场合应当承担更重的赔偿责任，这种赔偿责任轻重的区别，体现的是法律对主观心理状态不同的加害人的谴责和制裁的不同程度要求。也只有这样，才能够体现侵权法的公平和正义。

这样的规则，就是基于不同归责原则的法律基础而产生的侵权请求权，应当具有不同的赔偿内容。基于加害人的过错产生的侵权损害赔偿请求权实行全部赔偿原则；而基于加害人无过错而产生的侵权损害赔偿请求权则应当实行限额赔偿原则，并不是全部赔偿请求权。[③]

---

① 王利明、杨立新等：《民法学》，法律出版社 2008 年版，第 726 页。

② 张新宝：《侵权责任构成要件研究》，法律出版社 2008 年版，第 438 页。

③ [德]迪特尔·梅迪库斯：《德国债法分论》，法律出版社 2007 年版，第 718、723、726 页。

凡是法律规定的适用无过错责任原则的侵权行为,侵权人都存在有过错和无过错两种情况。既然如此,侵权人在有过错的情况下侵害他人的权利,或者在没有过错的情况下致害他人,其赔偿责任应当是不同的。如果侵权人在主观上没有过错,虽然法律规定应当承担侵权责任,但由于他在主观上没有过错,因而应当承担适当的赔偿责任。而如果侵权人在主观上有过错,那么,就应当承担过错责任的赔偿责任,对受害人的损失予以全部赔偿。

采取这种规则的理论基础是:

第一,体现侵权责任法调整实体利益的公平要求。民法的公平,就是以利益的均衡作为价值判断标准来调整民事主体之间的民事利益关系。有过错的无过错责任人与无过错的无过错责任人在承担赔偿责任上必须有所差别,否则无法体现这样的原则和理念。

第二,体现侵权责任法的正当社会行为导向。侵权责任法不仅要调整侵权纠纷,还要引导市民社会的行为方向。如果无过错责任人有无过错都承担一样的责任,那么,行为人就可能放任自己,不会严加约束自己的行为,就会给社会造成更多的危险。反之,坚持了无过错责任人的有无过错的赔偿责任的区别,就能够表现出侵权法的正确导向。

第三,依据不同的法律基础而产生的请求权是不同的。根据过错责任原则法律基础产生的请求权,应当受到过错责任原则的约束,因而是一个受全部赔偿原则约束的请求权。而根据无过错责任原则法律基础产生的请求权,则应当受到无过错责任原则的约束,侵权人应当承担适当的赔偿责任,例如,法律可以规定赔偿数额的上限,确定侵权人的赔偿数额不得超过法定的最高赔偿限额。

第四,在原告的举证责任负担上,体现的是诉讼风险与诉讼利益相一致的原则。[①] 受害人按照无过错责任原则行使请求权,证明侵权责任构成,只要证明加害人的违法行为、损害事实和因果关系三个要件即可,其损害赔偿请求权就能够成立;而要证明过错责任的请求权,不仅要证明上述三个要件成立,而且还要证明侵权人具

---

① 沈冠伶:《民事证据法与武器平等原则》,元照出版公司2007年版,第92页。

有过错要件的成立。就诉讼利益而言,受害人承担较轻的举证责任证明的无过错责任请求权,与承担较重的举证责任证明的过错责任请求权,在损害赔偿的内容上也应当不同。只有这样才能够体现程序上的公平和正义,使诉讼风险和诉讼利益相一致,才能取得合理的法律调整效果。

二、具体规则及应当考虑的问题

在我国现行法律、法规中,也存在限额赔偿的规定。因此,应当按照《侵权责任法》第 77 条关于"承担高度危险责任,法律规定赔偿限额的,依照其规定"的规定严格执行。

值得研究的问题是:由于规定限额赔偿制度的法律、法规层次较低,法官往往不加重视,并且经常将限额赔偿与全部赔偿对立起来,因此,该制度并没有得到特别的研究和适用,无过错责任与限额赔偿责任的法律适用规则并没有正确地建立起来。对于无过错责任原则与限额赔偿的法律适用规则,还应当解决如下问题:

第一,无过错责任的特殊侵权责任,无论在其内部还是外部,无论造成自己的债权人损害还是造成合同之外的人损害,都应当实行限额赔偿。在现行的限额赔偿规定中,几乎都是高度危险责任。对此,应当将其作为强制性法律规范对待,不能由法官自行决定适用还是不适用。应当明确,对于其他无过错责任的特殊侵权责任,如在产品责任、其他高度危险责任、环境污染责任、动物致人损害责任的特别规定中,也应当规定无过错责任请求权的赔偿范围上限,或者规定责任人应当承担的赔偿责任的上限,如核损害赔偿责任的规定,或者规定对特定受害人承担的赔偿责任限额,如航空运输损害责任和铁路运输损害责任。对于地铁运营损害责任的法律适用,应当比照适用铁路运输的赔偿规定,实行限额赔偿责任。即使对合同外部的其他人的损害,凡属于无过错责任者都应当实行限额赔偿。

第二,无过错责任特殊侵权责任的受害人能够证明加害人一方存在过失的,应当准许受害人一方请求全额赔偿。在诉讼中,对于受害人一方能够证明加害人存在过失的,应当按照侵权行为一般条款规定,实行过错责任的全部赔偿原则,以保护受害人的合法权益。

即使是在海上运输这样的场合,尽管不实行无过错责任原则,但受害人能够证明责任人一方具有过失,依照《侵权责任法》规定起诉的,也应当实行全部赔偿责任,准许受害人请求全部赔偿,并且予以支持。

第三,确立不同的法律基础产生的请求权的不同内容,准许当事人进行选择。类似于产品侵权责任、铁路交通事故责任、航空运输损害责任等,凡是法律规定不同的请求权法律基础的,当事人在起诉时都可以进行选择,按照不同的请求权基础的法律规定,承担举证责任,能够证明自己所选择的请求权构成的,法官就应当予以支持,按照当事人所选择的请求权确定赔偿责任。这是法律适用的一般规则,法律本身就包含这样的规则。事实上,《合同法》第 122 条规定的侵权责任与违约责任竞合的权利人选择权,就包含了这样的规则。

第四,基于无过错责任与限额赔偿之间的特殊关系,以及侵权请求权的不同法律基础的不同要求,应当采取的做法是:依照法律规定即使无过错也应当承担侵权责任的,其赔偿责任适用法律规定的损害赔偿范围;受害人能够证明侵权人有过错的,应当按照《侵权责任法》的一般规定确定赔偿责任。

第十九章　饲养动物损害责任

第一节　饲养动物损害责任概述

《侵权责任法》第78条规定了饲养动物损害责任的一般条款："饲养的动物造成他人损害的，动物饲养人或者管理人应当承担侵权责任，但能够证明损害是因被侵权人故意或者重大过失造成的，可以不承担或者减轻责任。"在处理饲养动物损害责任的侵权纠纷案件中，如果在第十章没有特别规定的，应当适用第78条一般条款的规定，有第79条至第81条特别规定的，按照特别规定确定侵权责任。

一、饲养动物损害责任的概念和特征

饲养动物损害责任，是指动物饲养人或者管理人在饲养的动物造成他人损害时，根据致害动物的种类和性质适用无过错责任原则或者过错推定原则，应当承担赔偿责任的特殊侵权责任。

饲养动物损害责任的特征是：

1. 致害动物是饲养的动物

《侵权责任法》第78条以及其他条文规定的是"饲养的动物"，并且把饲养的动物分为饲养的一般动物、违反管理规定的动物、禁止饲养的动物以及动物园的动物。除此之外的其他动物如野生动物等，《侵权责任法》并不调整，造成损害，也不适用

《侵权责任法》的规定确定侵权责任。

2. 责任形态为对物的替代责任

《侵权责任法》第78条规定的责任主体为动物的饲养人或管理人。特点是,造成损害的是饲养人或者管理人饲养的动物,而承担责任的是动物的饲养人或管理人。这种特点,属于典型的对管领的物造成的损害承担赔偿责任的替代责任,简称为对物的替代责任。

3. 一般条款下的特殊规定的立法体例

《侵权责任法》对于饲养动物损害责任的规定,既规定了一般条款,也规定了特殊责任,实行的是一般条款下的特殊责任的立法体例。一般条款是第78条,规定了饲养动物损害责任的一般规则,在此之下,对于四种不同的特殊责任分别加以规定,形成了"一带四"的立法体例。这样一来,对于一般的饲养动物损害责任适用一般性规定,对于特别规定的特殊责任适用特别规定,体现了实事求是的原则,既能够做到具体情况具体对待,又体现了公平和公正的立法原则。

4. 归责原则实行二元化

《侵权责任法》关于饲养动物损害责任的规定,在归责原则上改变了《民法通则》第127条适用单一归责原则的做法,在第78条至第82条根据实际情况确定不同的归责原则,归责原则实行二元化,即基本归责原则为无过错责任,但对于个别的饲养动物损害责任,如动物园的动物致人损害,实行过错推定原则。

二、饲养动物损害责任的归责原则和构成要件

(一)饲养动物损害责任的归责原则

确定饲养动物损害责任的归责原则是争论较大的一个问题。在制定《侵权责任法》的过程中,经过反复讨论,确定了我国饲养动物损害责任的二元化归责原则体系。

在《民法通则》实施之前,在司法实践中,对于饲养动物损害责任的归责原则,基本上采用前苏联的民法规则和理论学说,对于致人损害的危险性较大的凶猛野兽或者猛禽,认为是高度危险来源,与我国的高度危险作业适用同样的规则,即适用无过错责任原则。

对于一般饲养的动物,如家畜家禽等,不属于高度危险来源,而是适用过错推定原则。因此,基本形成饲养动物损害责任的二元体系。我国《民法通则》第127条规定:“饲养的动物造成他人损害的,动物饲养人或者管理人应当承担民事责任;由于受害人的过错造成损害的,动物饲养人或者管理人不承担民事责任;由于第三人的过错造成损害的,第三人应当承担民事责任。”实行无过错责任原则,在责任的构成要件中,不要求被告的过错,也不要求原告对被告的过错进行举证和证明。如果被告否认自己的责任,则可通过对受害人或第三人的过错进行举证和证明来实现。①

《侵权责任法》抛弃了《民法通则》确立的一元化归责原则体系,而是规定了根据具体情形分别适用无过错责任与过错推定责任的二元归责原则体系。

1. 无过错责任原则的适用范围

无过错责任原则调整的饲养动物损害责任,首先是第78条规定的一般条款的适用范围。按照该条规定,对于一般的饲养动物致人损害,并不要求有过错的要件存在即可构成侵权责任,因此是无过错责任;如果动物的饲养人或者管理人能够证明损害是由被侵权人的重大过失造成的,可以减轻或者免除责任。这一规定没有讲故意,但应当适用《侵权责任法》第27条关于受害人故意的一般规定,当然免除责任。这一规定没有讲过失,显然被侵权人只具有过失的,不属于免责事由,而是应当适用第26条过失相抵的规则。

在特别规定的饲养动物损害责任中,以下三种适用无过错责任原则:

第一,违反管理规定未对动物采取安全措施造成他人损害的,究竟是无过错责任还是过错推定责任,似乎并不确定。按照条文规定的“违反管理规定,未对动物采取安全措施”的内容理解,这本身就是过错,依照本条规定,动物饲养人或者管理人能够证明自己没有违反管理规定,已经对动物采取安全措施的,当然就是无过错,就不能按照本条承担侵权责任。因此,似乎确定本条规定的饲养动物

① 张新宝:《中国侵权法》(第2版),中国社会科学出版社1998年版,第553页。

损害责任适用过错推定原则。但是,饲养动物损害责任的基本的归责原则是无过错责任原则,如果未对动物采取安全措施损害责任适用过错推定原则,显然是不正确的,因此,应当适用无过错责任原则。

第二,《侵权责任法》第80条规定的禁止饲养的烈性犬等动物造成他人损害的,是最为严格的无过错责任原则,无过错不能免责,同时也没有规定其他免责事由,那么,即使被侵权人具有过失或者重大过失,也不得减轻责任,更不得免除责任。

第三,《侵权责任法》第82条规定的遗弃动物或者逃逸动物造成他人损害的责任,适用无过错责任原则。对此,条文也没有规定免责或者减轻责任的事由,适用无过错责任原则没有争议。

2. 过错推定原则的适用范围

能够非常明确确定为过错推定原则的饲养动物损害责任,应当是第81条规定的动物园的动物造成他人损害的责任,法律明确规定"但能够证明尽到管理职责的除外",就标志着适用过错推定原则,先推定加害人具有过错,加害人主张自己无过错的,就要证明自己已经尽到管理职责。能够证明已经尽到管理职责的,为无过错,免除责任,不能证明者,为有过错,应当承担赔偿责任。

(二)饲养动物损害责任的构成要件

从上述论述的内容来看,我国《侵权责任法》规定的饲养动物损害责任,既参照了大陆法系的规则,也参照了英美法系的规则,规定了我国的饲养动物损害责任二元化归责原则体系。按照这样的归责原则要求,我国饲养动物损害责任构成要件的一般要求是:

1. 动物加害行为

动物加害行为,顾名思义为动物施加于他人损害的行为。一般认为,动物不是人,即使其加害于人,也不是行为,而是事件。不过,笔者认为,动物加害与其他物件加害一样,都是人的行为,只不过动物加害行为是指人对于其所管领的动物管束不妥因而致人损害的间接行为,尽管致害的是动物而不是人,但是在动物加害中,包含了人的间接行为,因此,动物加害仍然是行为,其性质是动物饲养人或者管理人的间接行为,而不是直接的加害行为。

动物加害行为有两个要素：一为动物；二为人对于动物的行为。关于动物，非一般生物学意义上的动物，借鉴我国台湾地区学者的论述，应为一般社会观念上的动物。[①] 至于动物的加害行为，应当是动物不在人的意志支配下独立加害于他人，其饲养人或者管理人管束不周的行为。对此，可以从是否有外力的介入确定加害行为的形态。

没有外力的介入，完全是动物自身由于其本身的危险习性导致损害，如老虎伤人、鸡啄人眼睛等，为典型的动物独立加害于他人。在这种情形下，动物的加害行为根据动物的不同种类与性质，其表现形式也有差异，但是都是缘于动物的危险习性，饲养人或者管理人对其的管束不周行为，就是其原因。

动物加害行为应当具有违法性，或者违反法定义务，或者违反保护他人的法律，或者故意违背善良风俗加害于他人。不具有违法性，也不成立饲养动物损害责任。

2. 损害的存在

对于饲养动物损害责任构成要件中的损害事实要件，《侵权责任法》表述为“造成他人损害”。这种表述，首先意味着是对民事主体的权利损害，包括人身损害和财产损害。动物造成被侵权人的人身损害，包括死亡、残疾和一般伤害，都认为是损害事实。动物造成财产损害，如动物致伤他人所有的动物，侵入他人土地造成庄稼的损坏等，都构成财产损害的事实。

饲养动物损害责任的损害包括妨害。动物妨害是客观存在，比如，学童因恶犬常立于其赴校必经之路而不敢上学等，[②]是一种对他人合法权益的侵害，对此应当通过饲养动物损害责任予以解决。

3. 因果关系

饲养动物损害责任中的因果关系，是被侵权人的损害与动物加害行为之间的引起与被引起的客观关系，只有被侵权人的损害与动

---

① 郑玉波：《民法债编总论》（修订2版），陈荣隆修订，中国政法大学出版社2004年版，第163页。

② 王家福主编：《中国民法学·民法债权》，法律出版社1991年版，第525页。

物加害行为之间存在因果关系,饲养动物损害责任才能成立,否则不构成饲养动物损害责任。

在饲养动物损害责任因果关系的证明上,原告应当证明动物加害行为与损害结果之间的因果关系。但这并非绝对,在一些共同危险行为的饲养动物损害责任案件中,原告对因果关系证明到一定程度,并未达到高度盖然性的证明标准,但其显无能力继续证明者,实行举证责任缓和,责任转移到被告一方,由被告举证证明其或其管束动物的行为与受害人损害结果没有因果关系,如果证明成立,则推定因果关系不成立,如果证明不成立,则推定因果关系成立,被告需要承担责任。① 不过,这并不是普遍的规则,在法律适用上应当谨慎。

4. 动物为饲养人或者管理人所饲养或者管理

饲养动物损害责任的责任人也就是行为主体,应当是动物饲养人或者管理人。

在动物饲养人或者管理人的确定上,应当以直接保有关系存在的直接饲养人为责任主体,管理动物的人当然也是责任主体。对此,在我国台湾地区民法学界对动物的占有人的范围,对直接占有人、间接占有人与占有辅助人何者为动物占有人,争议较大,众说不一。② 在日本,关于选任代替自己保管动物者那样的间接占有者(代理占有者)的责任的问题,存在尊重物权法上的占有概念,而且有从受害者保护的角度予以肯定的学说,同时也有从间接占有者不是可能进行直接控制的人出发,与立法宗旨相反予以否定的学说。③

---

① 对此,张新宝教授在《饲养动物致人损害的赔偿责任》一文中提出了案例予以佐证。设某甲之3岁幼儿在其家设有一米多高的木栅栏的后院玩耍,被翻越木栅栏入院的德国种狼犬咬伤。某甲未能看清该犬的形状和颜色。查后院里有两只德国狼犬脚印;周围200平方公里内仅有两人各豢养一只德国狼犬;医生检查不能断定咬伤为一只或两只狼犬所为。遇此情况,某甲只需提供上述医院检查证明、现场勘查报告即在一定程度上证明了因果关系之存在。两只狼犬的主人如果主张没有责任,则应证明他们的狼犬的行为与损害之间没有因果关系。

② 林诚二:《民法债编总论——体系化解说》,中国人民大学出版社2003年版,第184页。

③ 于敏:《日本侵权法》,法律出版社1998年版,第290页。

我们认为,在动物的保有方面,动物饲养人的受雇人为管理人,尽管不具有保有的地位,只是辅助保有者对动物进行管束,但应当对动物致损负责。而出租人虽然对动物享有所有权,是饲养人,但其实际上并不直接对动物进行保有,其无法有效管束动物,而是动物的管理人实施管理行为,应当自己承担责任。

由于《侵权责任法》规定了动物饲养人和管理人承担责任,在现实情形中会出现饲养人与管理人不一致的情形,即动物被他人短期性借用,例如,甲的耕牛借用给乙犁田,则乙仅是管理人,而甲还是饲养人。对此,有的主张"在管理人承担民事损害赔偿责任的前提下,饲养人承担连带责任,目的在于对受害人的民事权益增加一种保护措施,以便当管理人无经济能力支付全部或一部分赔偿金时,受害人能从饲养人处得到赔偿金,从根本上预防了受害人的民事权益得不到保护,或受害人民事利益得不到足够补偿情况的发生"。[①]我们认为,这种意见并不妥当,既然此时的饲养人已经不能对动物进行实际保有,而且管理人进行着实际占有和管理,令饲养人承担连带责任缺乏基础。况且适用连带责任必须有法律规定,法律并无此规定,因而对此应当直接将管理人认定为动物的损害承担赔偿责任。

三、饲养动物损害责任的承担

饲养动物损害责任属于特殊侵权责任,主要表现在以下方面:

(一)责任形态

饲养动物损害责任是典型的对物的替代责任。

在英美法系侵权法中,替代责任,是指对人的替代责任,例如,雇主对他的雇员在雇佣过程中的侵权行为造成的损害负担责任,饲养动物损害责任被排除在替代责任的范畴之外,"主流观点把原告诉因的主旨看作被告没能管束好自己的动物对被告造成了人身伤害。被告不被认为在'你的动物咬了我'的替代责任理

---

① 牛德:《动物致人损害民事责任之研讨》,载《安阳师范学院学报》2002年第6期。

论下承担责任”。[1] 尽管在欧洲多数国家的侵权法中,替代责任也被特指为雇主对雇员不当行为的责任,只要雇员实施了加害行为,且该加害行为与雇员执行的工作有密切联系,雇主对雇员的不当行为应当予以赔偿,[2]但是《法国民法典》第 1384 条是把替代责任分为对人的替代责任和对物的替代责任。对“由其照管职务造成的损害负赔偿责任”,就是对物的替代责任,或者叫作“由物引起的责任”,[3]就是责任人对自己管领下的物造成的损害所承担的责任。作为广义上的替代责任,包括对人的替代责任,也包括对物的替代责任。区别对物的替代责任的意义在于,唆使、利用物侵害他人是直接行为,对物管束不当致使物造成他人损害是间接行为,在法律适用方面是不同的,前者是一般侵权责任,后者是特殊侵权责任。对此,应当明确区分,不能混淆。

对于第三人过错造成饲养动物损害责任的,《侵权责任法》第 83 条规定的是不真正连带责任。

(二)饲养动物损害责任的免责事由

1. 受害人的故意

《侵权责任法》第 78 条没有规定受害人故意为免责事由,是否可以理解为在饲养动物损害责任中,即使被侵权人故意引起,也不能免责呢?对此,应当适用《侵权责任法》第 27 条关于受害人故意免责的一般规则,应当免除动物饲养人或者管理人的赔偿责任。还有一个理由是,在无过错责任原则适用的场合,受害人故意引起损害,都属于免责事由,加害人不承担侵权责任。因此,受害人故意,系指受害人由于自己的故意导致损害,属于咎由自取。既然受害人故意,则损害责任应当由其自身承担,与他人无涉。

2. 被侵权人重大过失

在饲养动物损害责任中,对于受害人的过失能否免责,有人认

---

① [美]理查德·A. 爱泼斯坦(Richard A. Epstein):《侵权法》(Torts),中信出版社 2003 年版,第 342 页。

② [德]克雷斯蒂安·冯·巴尔:《欧洲比较侵权法》(上卷),张新宝译,法律出版社 2001 年版,第 419 ~ 432 页。

③ 《法国民法典》(下册),罗结珍译,法律出版社 2005 年版,第 1096 ~ 1097 页。

为,“在受害者有过失(因自招行为)遭受由动物的加害时,构成过失相抵的问题,但不构成免责事由。但也有认为‘应该解释为在某些(如能够证明损害因不可抗力,或者受害者的自招行为而产生的)场合下占有者也可能被免责’的学说”。[①] 对此,《最高人民法院人身损害赔偿司法解释》第2条第2款规定:“适用民法通则第一百零六条第三款规定确定赔偿义务人的赔偿责任时,受害人有重大过失的,可以减轻赔偿义务人的赔偿责任。”对此有明确的回答,可以减轻责任,不能免除责任。

制定《侵权责任法》中,对此进行检讨,认为对于在动物损害中,被侵权人因自己的重大过失造成自己损害,本应属于免责事由,但由于饲养动物损害责任是无过错责任,那么,被侵权人的重大过失引起损害,仅仅规定为减轻责任的法定事由,显得不够,在很多情况下,也可以免除动物饲养人或者管理人的侵权责任。据此,《侵权责任法》第78条明确规定,能够证明损害是因被侵权人的重大过失造成的,可以减轻或者免除责任,因此是减责或者免责的事由。

怎样区分被侵权人重大过失是减责还是免责的事由,笔者认为,应当结合双方当事人的情形确定:被侵权人的重大过失是造成损害的全部原因,动物饲养人或者管理人毫无过失,被侵权人的重大过失就是免除责任的事由。被侵权人的重大过失是造成损害的主要原因,动物饲养人或者管理人在管束动物中也有一定的疏忽、尚未善尽管束职责,则应当属于减轻责任的事由,实行过失相抵。在实践操作中,法官应当遵守的规则是:被侵权人不能证明动物饲养人或者管理人有过失时,应当认定被侵权人的重大过失为免责事由。被侵权人主张减轻责任的,应当由被侵权人举证证明动物饲养人或者管理人具有过失;能够证明的,为减责事由,证明不足的,为免责事由。

3. 不可抗力

《侵权责任法》在饲养动物损害责任一章没有规定不可抗力是免责事由。那么,不可抗力是否为饲养动物损害责任的免责事由,

---

① 于敏:《日本侵权法》,法律出版社1998年版,第289页。

不得而知。有的学者认为应当进行区分,动物系维持动物饲养人、管理人营业或生计所必需,遇不可抗力致使动物造成他人损害,动物饲养人或管理人已尽善良管理人的管束义务,则不应承担赔偿责任;动物非系维持动物饲养人、管理人营业或生计所必需,纵然是由于不可抗力导致动物致人损害,也不得因其已尽善良之人的管束义务或没有过错而免除其赔偿责任。[①] 这种主张有一定道理,但我国《侵权责任法》在饲养动物损害责任中并未规定用益性动物和奢侈性动物的区别,更没有对其规定不同的规则。对此,笔者认为应当适用《侵权责任法》第 29 条的一般性规定:“因不可抗力造成他人损害的,不承担责任。法律另有规定的,依照其规定。”对此,饲养动物损害责任应当适用。发生不可抗力造成动物损害他人的,动物饲养人或者管理人已尽管束义务,实际上损害的发生与是否尽了管束义务没有因果关系,无须承担责任。但如果动物饲养人或者管理人确有过失的,则应当根据原因力的原理和规则,根据动物饲养人或者管理人的过失程度与不可抗力的各自原因力,适当减轻动物饲养人或者管理人的赔偿责任,而不是免除责任。不过,对于禁止饲养的烈性犬等凶猛动物造成他人损害的,即使不可抗力构成因果关系,动物饲养人或者管理人也应当对其损害承担责任,不能免责,因为该责任实行绝对的严格责任,不允许免责。

4. 约定免责

在动物饲养人或者管理人与驯兽员、兽医等为动物提供服务的专业服务人员之间达成协议,进行驯养、医疗、服务等活动,大多学者认为他们存在明示或默示的免责约定,在发生饲养动物损害责任时可以免责。[②] 也有学者认为应当予以区分,受害者系兽医、驯兽师、掌蹄工等特殊职业者,如果其该采取防范措施未采取而自甘冒险,应责任自负,而受害人为一般人时,则动物的饲养人或管理人应

---

① 张新宝:《饲养动物致人损害的赔偿责任》,载《法学研究》1994 年第 2 期。

② 郭明瑞、房绍坤、唐广良:《民商法原理(三)债权法·侵权法·继承法》,中国人民大学出版社 1999 年版,第 490 页;张新宝:《中国侵权法》(第 2 版),中国社会科学出版社 1998 年版,第 553 页;王利明、杨立新:《侵权法》,法律出版社 1996 年版,第 301 页。

当承担责任。[①]

对此,《侵权责任法》没有规定,应当适用《合同法》第53条的规定:"合同中的下列免责条款无效:(一)造成对方人身伤害的;(二)因故意或者重大过失造成对方财产损失的。"如果符合该规定,应当无效。如果为动物提供服务的专业服务人员属于履行工作职责中造成的损害通过工伤保险待遇或者其他保险关系进行保险,则免责的约定是合法的;如果是一般合同关系,对为动物提供服务的专业服务人员的人身伤害动物饲养人或者管理人应当负赔偿责任,不能免责。

四、动物饲养人的法定义务

《侵权责任法》第84条规定了饲养动物的人应当遵守的法定义务,即"饲养动物应当遵守法律,尊重社会公德,不得妨害他人生活"。

本条规定动物饲养人或者管理人应当遵守的义务是:第一,遵守法律。动物饲养人或者管理人遵守法律,最主要的是遵守关于饲养动物所应当遵守的法律和法规。第二,尊重社会公德。动物饲养人或者管理人在饲养动物时,应当遵守社会公德。第三,不得妨害他人生活。按照规定饲养动物,是人的自由,但饲养动物而妨害他人生活,为法律所禁止。

应当注意的是,本条规定的是"饲养动物应当"遵守的法定义务,那么是否仅仅对动物饲养人才有此约束呢?笔者认为并非如此,凡是动物饲养人或者管理人都应遵守上述法定义务,而不是只有动物饲养人才应遵守。

第二节　各种具体的饲养动物损害责任

一、未采取安全措施的饲养动物损害责任

《侵权责任法》第79条规定:"违反管理规定,未对动物采取安

---

① 马治选:《饲养动物致人损害的民事责任探析》,载《法律科学》1996年第3期。

全措施造成他人损害的,动物饲养人或者管理人应当承担侵权责任。”本条规定的是违反管理规定未对动物采取安全措施的饲养动物损害责任。

违反管理规定未对动物采取安全措施造成他人损害的,应当适用无过错责任原则确定侵权责任。尽管从条文的含义来看,“违反管理规定,未对动物采取安全措施”本身就是过错,但应当按照管理规定饲养的动物的危险性,其实要超出第78条规定的一般动物的危险性,按照逻辑推论,一般饲养动物损害责任尚须适用无过错责任原则,那么对于危险性更为严重或者更为明显的须按管理规定饲养的动物,更应当适用无过错责任原则。那么,既然动物饲养人或者管理人违反管理规定未对动物采取安全措施造成他人损害,就无须考察动物饲养人或者管理人的过错,直接按照无过错责任原则确定侵权责任即可。

如何界定违反管理规定的动物,主要应当根据国家法律、法规和管理规章确定。某些动物明确规定需要按照法律、法规或者规章饲养的,就属于按照规定饲养的动物。对于按照规定饲养的动物,必须按照国家的有关管理规定进行,采取必要的安全措施,防止损害他人。例如,在城市饲养大型犬,就是按照规定饲养的动物,造成他人损害,适用本条规定确定责任。可以驯养的野生动物也属于此类动物。有一些野生动物是可以进行驯养繁殖的,有关民事主体经过有关机构的批准,经过了规定的程序,可以对允许驯养范围内的野生动物进行驯养,如对梅花鹿、野马、天鹅等野生动物的驯养。这种可以驯养的野生动物尽管也是需要按照管理规定进行饲养,但由于其具有野性,危险性较大,应当适用本条规定,适用无过错责任原则。

《野生动物保护法》鼓励对野生动物进行驯养繁殖,野生动物驯养业的发展,能够丰富药材、毛皮、肉制品、工艺品等市场,满足社会需求,有效地保护原生野生动物资源。从事驯养繁殖野生动物的单位和个人,须具备特定的条件:一是有适宜驯养野生动物的固定场所和必需的设施;二是具备与驯养野生动物种类、数量相适应的资金人员和技术;三是保证驯养繁殖野生动物的饲料。而且在进行野生动物驯养时，必须向有关野生动物行政主管部门提出书面申请，办理有关野生动物驯养的证件。

驯养的野生动物由进行野生驯养的单位或个人作为保有者，对驯养野生动物进行管束、驯养。因此，在驯养的野生动物致人损害时，进行驯养的单位或个人应当作为责任主体对损害承担责任。当然在责任的具体承担上，应当根据进行驯养的是单位还是个人区分承担责任情形，如果是单位驯养，则责任形态应当为替代责任形态，而如果是个人驯养，在责任形态上则是直接责任。

构成未采取安全措施的饲养动物损害责任，须按照前述饲养动物损害责任构成的一般要求进行。应当注意的是，条文规定的“违反管理规定，未对动物采取安全措施”是必要的构成要件。如果动物饲养人或者管理人对该动物已经按照管理规定采取了必要的安全措施，仍然造成了他人损害，是否构成侵权责任，值得研究。按照逻辑推论，既然本条已经规定了对此责任的要求是违反管理规定未对动物采取安全措施，那么，未违反管理规定已经对动物采取安全措施的，就不应当对该动物造成的损害承担侵权责任。如果可以这样理解，实际上就是准许动物饲养人或者管理人在能够证明自己没有过错时可以免除责任。这个理解与无过错责任原则的要求相悖，因为无过错责任原则就是不问过错的归责原则，无需侵权人具有过错。对此，我倾向于前一种理解，但尚须进行深入研究。

二、禁止饲养的饲养动物损害责任

《侵权责任法》第 80 条规定：“禁止饲养的烈性犬等危险动物造成他人损害的，动物饲养人或者管理人应当承担侵权责任。”这里规定的是禁止饲养动物损害责任。

禁止饲养的烈性犬等动物造成他人损害的，是饲养动物损害责任中最为严格的责任，适用无过错责任原则，并且没有规定免责事由，是最为严格的无过错责任。

禁止饲养动物，在《侵权责任法》第 80 条规定为“禁止饲养的烈性犬等危险动物”，因此，不能仅仅理解为烈性犬，而应当理解为烈性犬等危险动物。依笔者所见，这种动物应当包括两个部分：第一种,属于家畜、家禽中的凶猛动物,如藏獒、性情暴烈的其他犬类,都属于烈性犬。在家畜家禽中具有这种性情的动物,应当划为此类动物。第二种,禁止饲养的野生动物,属于凶猛动物,应当适用本条规定,确定侵权责任应当适用严格的无过错责任原则,不得主张被侵权人有过错而免责。如野猪、狼、豺、虎、豹、狮等,都是禁止饲养的动物。

凡是饲养禁止饲养的动物,造成损害的,应当按照无过错责任承担赔偿责任。对此,《侵权责任法》也没有规定特定的免责事由。如果受害人故意引起损害,由于动物饲养人或者管理人违反禁止饲养的规定,可以构成过失相抵,但不能免除责任。受害人具有过失或者重大过失,则不为免责事由也不应当减轻责任。

三、动物园饲养动物损害责任

《侵权责任法》第 81 条规定:"动物园的动物造成他人损害的,动物园应当承担侵权责任,但能够证明尽到管理职责的,不承担责任。"这是规定动物园的饲养动物损害责任。

动物园分为两种。一种是属于国家或者企业,如城市市区的动物园;另一种是野生动物园,如设置在郊区或者野外的森林、山野中的动物园。动物园饲养的动物都是经过国家批准、符合国家管理规定的动物,并且动物园均有专业的资质,符合饲养这种动物的要求。不论是城里的国家动物园,还是郊区的野生动物园,这些动物都要按照国家规定饲养。

动物园饲养野生动物,必须按照法律法规的规定进行管理,以善良管理人的标准,善尽管理职责。

因此,《侵权责任法》规定动物园的饲养动物损害责任,明确规定为过错推定原则。动物园的动物造成他人损害,首先推定加害人具有过错,加害人主张自己无过错的,实行举证责任倒置,其必须证明自己已经尽到管理职责。能够证明已经尽到管理职责的,为无过错,免除侵权赔偿责任;不能证明者,为有过错,应当承担赔偿责任。

实行过错推定原则的动物园的动物造成他人损害的饲养动物损害责任,应当具备构成饲养动物损害责任的一般构成要件,除此之外，还应当具备过失的要件。过失要件的证明，采取如上的推定规则。动物园证明自己没有过失的内容，是证明自己已经尽到管理职责，能够证明者，即为无过失。

2016 年 7 月 23 日，游客在八达岭野生动物世界自驾车游览中，擅自下车，遭到动物世界饲养的老虎袭击，当时造成一死一伤的后果，伤者事后也救治无效死亡。对于该事件的法律适用问题，社会和学界都有很大争论。对此，我说明对该事件侵权法适用的看法。

第一，《侵权责任法》第 81 条规定动物园饲养的动物损害责任适用过错推定原则，是不正确的。通过这个事件，更进一步证明这个判断是正确的。在制定《侵权责任法》时，对于第 81 条很多人都提出不同意见，认为家养动物损害他人都适用无过错责任原则，动物园的动物都是猛虎等凶猛动物，为什么却要适用过错推定原则呢？这样的质疑是有道理的。立法机关的理由是，动物园饲养动物，有专门的知识和经验，还有专业的防护措施，因此降低归责标准。现在看来，反对意见是正确的，动物园的动物损害责任必须适用无过错责任原则，否则不能全面保护受害人的权利，也对公众安全造成威胁。如果适用无过错责任，对于本案，只要受害人不是故意造成自己损害，动物园就应当承担赔偿责任，受害人的损害就更容易得到救济。

第二，即使依照《侵权责任法》第 81 条规定，对动物园饲养的动物损害责任适用过错推定原则，本案的老虎伤人，动物园方也构成侵权责任，应当承担赔偿责任。过错推定的核心价值，在于以举证责任倒置的方法，减轻受害人的举证负担，保护受害人的权益。按照第 81 条规定，当老虎伤人的损害发生后，首先推定动物园有过错；动物园认为自己没有过失的，应当自己承担举证责任，证明自己没有过失。动物园会证明是受害人自己走出自驾车的过失，使自己被老虎损害，因而自己无过错而受害人有过错。问题是，当动物园准许游人自驾车进入野生动物园的时候，就存在了疏于管理的过失，因为自驾车的驾驶人是普通人，在野生老虎的生活环境里，驾驶人或者乘客一旦下意识地采取不当措施，就会将自己置于严重的危险之中。例如，自驾的汽车熄火、抛锚、爆胎等，就是遇到本案中的火爆脾气的女子,都有可能忘记所处危险,下意识地离开汽车。这样的危险,作为危险来源的动物园都是应当估计到的,因此,无论是举证责任倒置,还是依照一般过错责任的要求,都能够证明动物园对于本次损害的发生具有过失,因而构成侵权责任,应当承担赔偿损害责任。至于动物园已经与游客签订了免除责任的协议书,以及告知关好门、注意安全的提示,都不能证明其已尽必要的管理职责,因为准许自驾车看猛虎,而无必要安全措施,就已经有过失了。

第三,受害人对于自己的损害的发生,具有重大过失,应当依照《侵权责任法》第26条规定,减轻加害人的责任。无论如何,老虎伤人事件中的受害人对于自己的损害,都是具有重大过失的,但是并非故意所为。有人主张本案受害人自驾车观赏野生猛虎,属于自甘风险,因而动物园不负责任,应当责任自担。依我所见,本案的受害人的行为尚不构成自甘风险,因为受害人所处危险实在严重,并且动物园是该危险来源,并且动物园还具有疏于管理的过失,因而不能以自甘风险的理由而免除动物园作为加害人的赔偿责任。受害人既无故意,又不构成自甘风险,因而不能免除责任。由于受害人对于自己的损害具有重大过失,故应当减轻动物园的赔偿责任。

第四,有人主张对于老虎伤人事件可以适用《侵权责任法》第37条关于违反安全保障义务侵权责任的规定,这个意见是不正确的。第37条规定的违反安全保障义务的侵权责任适用过错责任原则,对受害人的举证责任要求较高,谁主张谁举证。而动物损害责任是有专门规定的侵权行为类型,且第81条规定适用过错推定原则,对受害人的举证要求较低,有利于受害人赔偿请求权的实现。尽管两种侵权责任都有保障受害人安全的要求,但是相比较而言,不仅第81条对保护受害人有利,而且也是饲养动物损害责任的专门规定,相互关系,有一般法和特别法的性质,因而应当适用特别法,而不适用有一般法性质的第37条关于违反安全保障义务的侵权责任的规定。

四、遗弃、逃逸饲养动物损害责任

《侵权责任法》第82条规定:“遗弃、逃逸的动物在遗弃、逃逸期间造成他人损害的，由原动物饲养人或者管理人承担侵权责任。”

遗弃、逃逸动物，称为丧失占有的动物，是指动物饲养人或者管理人将动物遗弃或者动物自己逃逸，而使动物饲养人或者管理人失去了对该动物的占有，如遗弃宠物猫、狗而形成的流浪猫、狗。驯养的野生动物经遗弃或者逃逸而回归野生状态，也属于这类动物。

遗弃、逃逸饲养动物损害责任适用无过错责任原则。对此，条文也没有规定免责或者减轻责任的事由，适用无过错责任原则没有争议。

被遗弃的动物，既包括抛弃动物，也包括遗失动物。抛弃动物，是所有人对自己的财产权的事实处分，是对自己的财产权的抛弃，因此，对动物的抛弃，就等于是抛弃了对动物的所有权。既然是这样，抛弃的动物就与原所有人没有财产所有关系了。被抛弃的动物无人占有，造成他人的损害，应当由其原所有人承担民事责任。这是因为，尽管原所有人已经放弃了对该动物的所有权，但是这种损害的事实正是由于这种放弃所有权的行为所造成的，因此，被抛弃的动物的原所有人应当承担损害赔偿责任。如果被抛弃的动物已经被他人占有的，动物的占有人在事实上已经管领了该动物，是该动物的事实上的占有人，造成损害，应当由其占有人承担民事责任。而遗失动物的，并不是所有人放弃了自己的权利，而是暂时丧失了对该动物的占有，所有权关系并没有变化。这时候，遗失的动物造成了他人损害，还是应当由动物的所有人承担侵权责任。

动物逃逸，动物的所有权关系并没有变化，仍然由所有权人所有。因此，逃逸的动物造成他人损害的，还是应当由动物的所有人或者管理人承担侵权责任。

驯养的野生动物回归自然后造成他人损害的，《侵权责任法》没有规定。驯养的野生动物被抛弃，或者遗失、逃逸，可能彻底脱离驯养人回归自然，就重新成了野生动物。有的学者认为应当区分处理，由于初回野生状态的动物可能难以迅速适应新的生活而接近人类，侵害他人的财产或人身，对于此情况，动物的原饲养人或者管理人应承担赔偿责任。如果回复野生状态的动物适应了新的生活，与其群体一起生存栖息，动物的原饲养人或者管理人则不再对其所造成的侵害负赔偿责任。[①] 笔者赞同这个意见,对于没有回归野生状态的动物,适用本条规定的规则,回归野生状态的野生动物,则动物的原饲养人或者管理人不再承担责任。

第三节　第三人的过错造成的饲养动物损害责任

一、第三人过错造成的饲养动物损害责任的一般规则

《侵权责任法》第83条规定:"因第三人的过错致使动物造成他人损害的,被侵权人可以向动物饲养人或者管理人请求赔偿,也可以向第三人请求赔偿。动物饲养人或者管理人赔偿后,有权向第三人追偿。"这里规定的是第三人过错致使动物造成他人损害的不真正连带责任的规定。

在饲养动物损害责任中,对于第三人过错造成的损害,依照《侵权责任法》第28条规定的一般规则,应当有第三人承担侵权责任,直接加害人免除责任。但饲养动物损害责任的基本归责原则是无过错责任原则,动物饲养人或者管理人承担赔偿责任的基础是无过错责任,那么,就不能因为第三人的过错而免除责任。因此,《侵权责任法》第83条规定采用不真正连带责任的规则,被侵权人既可以向动物饲养人请求赔偿,也可以向第三人请求赔偿。这两个请求权,被侵权人只能选择一个行使,该请求权实现之后,另一个请求权消灭。按照不真正连带责任的规则,如果是向动物饲养人或者管理人行使请求权的,动物饲养人或者管理人承担的赔偿责任为中间责任,并非最终责任。在其承担了赔偿责任之后,有权向第三人追偿,第三人承担的赔偿责任才是最终责任。有过错的第三人有义务承担动物饲养人或者管理人因承担赔偿责任而造成的一切损失。

在本条中,只规定了被侵权人可以向动物饲养人请求赔偿,是不是只能向动物饲养人请求赔偿而不能向动物管理人请求赔偿,笔者的意见是,也应当可以向动物管理人请求赔偿,在承担中间责任

---

① 张新宝:《饲养动物致人损害的赔偿责任》,载《法学研究》1994年第2期。

的时候,动物饲养人或者管理人都是中间责任人。

二、第三人过错的表现形式

第三人过错,一般表现为:虽然是动物加害行为,但与动物饲养人或者管理人没有关系,而是由于第三人的过错所致,如第三人挑逗家犬伤人、第三人将在铁笼中圈养的动物放走而致损害等。特殊的情况是:由于第三人饲养的动物的原因造成动物饲养人或者管理人的动物造成他人损害,是否构成第三人过错适用本条规定?对此,笔者认为可以借鉴我国台湾地区"民法"第190条第2项规定:"动物系由第三人或他动物之挑动,致加损害于他人者,其占有人对于该第三人或该他动物之占有人,有求偿权。"其中他动物之挑动,显然是视为第三人过错,承担不真正连带责任。这个规定是有道理的。因此,可以将他动物挑动作为第三人过错,适用本条规定,致害动物饲养人或者管理人与他动物饲养人或者管理人承担不真正连带责任。

第二十章　物件损害责任

《侵权责任法》第十一章第85条至第91条规定的是物件损害责任。《侵权责任法》规定这种特殊侵权责任没有规定一般性条款，直接规定了7种不同的物件损害责任。在本章中，先对物件损害责任的一般规则作出说明，之后再对各种具体的物件损害责任进行解释。

第一节　物件损害责任概述

一、物件损害责任的概念和特征

(一)物件损害责任的概念

物件损害责任，即为自己管领下的物件造成他人损害，应当由物件的所有人或者管理人承担侵权责任的特殊侵权责任。

物件损害责任的承担主体是物件的所有人或管理人。物件的所有人或管理人对于致害物享有支配权，在事实上具有支配致害物件的权利，或者说他对该致害物件的危险具有控制力。各国法律对承担责任的主体规定不尽相同，《侵权责任法》沿用《民法通则》使用的概念，使用物件所有人或者管理人的表述，将主体确定为致害物件的所有人或者管理人,即明确了责任人对于致害物的支配地位和承担替代责任的依据。如虽然致害物件是所有权人所有,但是其不在所有权人的支配之下,而是在使用人的支配之下,则所有权人不是致害行为的责任人,使用人才是致害行为的责任人。

(二)物件损害责任的特征

物件损害责任具有以下法律特征:

1. 物件损害责任是一种特殊侵权责任

在特殊侵权责任中,一类是对他人的行为负责的特殊侵权责任,另一类是对自己管领下的物件致他人损害负责的特殊侵权责任。物件损害责任属于对自己管领下的物件造成他人损害承担赔偿责任的特殊侵权责任。

2. 物件损害责任是为物件的损害负责的行为

物件损害责任行为是责任人对其占有的物件致人损害负替代责任的行为,造成损害的是物件,而承担责任的是物件所有人或者管理人,是典型的对物替代责任。

3. 物件损害责任是过错推定责任

物件损害责任尽管有上述类型的不同,但在责任性质上,都是过错推定责任,既不适用过错责任原则,也不适用无过错责任原则。这是为了更好地保护被侵权人的合法权益,使损害能够得到及时赔偿,同时也不使物件所有人或者管理人承担过重的责任,是兼顾双方利益的责任形式。

二、物件损害责任的归责原则和构成要件

(一)物件损害责任适用过错推定原则

物件损害责任适用过错推定责任原则。在《侵权责任法》第 85 条至第 91 条规定物件损害责任的条文中,除了第 86 条和第 89 条之外,都规定了过错的要求,即“不能证明自己没有过错”“能够证明自己不是加害人”等要求,都是过错推定原则的要求。即使第 86 条和第 89 条规定的建筑物等倒塌损害责任和妨碍通行物损害责任中没有规定过错的要求,但都须按照过错推定原则确定责任。第 90 条规定的施工人“没有设置明显标志和采取安全措施”的构成要

件,具有过错的因素。受害人只要证明具备这一构成要件,即可推定施工人在主观上具有过错,因而主观过错的要件并不要求受害人证明。同样,法律准许"施工人"证明自己已经设置了明显标志和采取了安全措施而免责。这是因为,如果"施工人"能够证明自己设置了明显标志和采取了安全措施,那么受害人致害,就是因为自己的疏忽所致,而不是因为"施工人"的过错所致,因而"施工人"就没有过错,当然可以免责。这一过程证明,"这一条也是过错推定,不能证明没有过错,就要承担民事责任"[①]的意见是正确的。显然,认为客观责任只以加害人实施了法定义务为免责理由、加害人主观上无过错不能使其免责的意见,是不正确的。

物件损害责任适用过错推定责任,对免责事由应当严格限制,除非不可抗力、受害人以及第三人原因造成损害才能免责。即便发生了意外事故,也应当承担责任。根据法谚"物件等同于人的手臂的延长",所以物件致人损害等同于所有人实施了某种行为致人损害。尤其是物件致人损害通常是物件本身存在某种缺陷,这就表明所有人没有及时发现或者消除,都是有过错的,这种缺陷不是受害人能够发现或者举证的,这就应当适用过错推定责任。例如,因罕见的暴雨导致沿街土墙倒塌,虽然暴雨为意外,但所有人仍为未尽注意义务,造成损害不能免责。

(二)物件损害责任的责任构成要件

1. 须有物件致害行为

构成物件损害责任须有物件致害行为。这种行为,法律规定了倒塌、脱落、坠落、抛掷等主要方式,但并不是全部,如索道崩断、表面剥落等亦为致害方式。倒塌,是指物件全部或者部分倾倒、坍塌;脱落,是指附着于物件上的组成部分与物件之主体相分离而下落;坠落,则是指搁置于或悬挂于建筑物上的物件离开建筑物而掉落。物件的表面剥落也是致害方式之一。物件只要具有以上致害危险行为之一的,即构成此要件。

---

① 最高人民法院:《民法通则讲座》,最高人民法院《民法通则》培训班教材1986年版,第258页。

2. 须有受害人的损害事实

物件损害事实，既包括人身伤害，也包括财产损害。物件倒塌、脱落、坠落等，造成受害人人身伤害或者财产损害，即构成此要件。人身伤害，包括致人轻伤、重伤致残和死亡。其侵害的是生命健康权，造成财产的损失。赔偿范围按照人身伤害的赔偿范围确定。财产损害，应当包括直接损失和间接损失。

3. 损害事实须与物件致害行为之间有因果关系

物件与损害事实之间的因果关系，是这二者之间的引起与被引起的关系，物件倒塌、脱落、坠落等，直接造成受害人的人身伤害或财产损害，为有因果关系；倒塌、脱落、坠落等的物理力并未直接作用于他人的人身、财产，而是引发其他现象，致他人的人身、财产受损害，亦为有因果关系。① 物件致人损害有其他原因的，如自然力的原因、他人的原因等，这种原因并不构成物件损害责任，物件损害责任中的因果关系并不是指这种因果关系。其他引起物件损害的，由有因果关系的行为的行为人承担责任。

4. 须物件所有人或管理人有过错

物件损害责任构成要件的主观过错，是指设置或管理、管束不当或缺陷，设计、施工缺陷也可能是使用方法不当，以上均为过失方式。因此，这种过失就是不注意的心理状态，是违反注意义务的过失。故意以物件致人损害，是犯罪行为，在《侵权责任法》中是直接行为，属于一般侵权责任，应当适用《侵权责任法》第 6 条第 1 款规定，不构成这种特殊侵权责任。

这种过失的心理状态，是疏忽或者懈怠。其确定形式，采推定方式。凡物件致人损害，首先推定物件所有人或管理人有过失，认定其未尽注意义务，无需受害人证明。也就是说，过错推定采取举证责任倒置，倒置的内容是“所有人或者管理人对其无过错承担举证责任”，物件所有人或者管理人只有证明自己已尽相当注意，即无过失，才能推翻推定，免除自己的赔偿责任；不能证明自己没有过失

① 王利明、杨立新等：《民法 · 侵权法》，中国人民大学出版社 1993 年版，第 468 页。

的,所有人或管理人即构成赔偿责任。

三、物件损害责任的赔偿法律关系

物件损害责任的赔偿权利主体是受害人,其可以直接向该赔偿法律关系的责任主体索赔。

按照《侵权责任法》的规定,物件损害责任的赔偿责任主体是物件的所有人或管理人。根据实际情况,其赔偿责任主体有以下几种:

(一)所有人

物件的所有人,是物件致人损害的最直接的赔偿责任主体。当物件的所有人直接占有、管理该物时,该物件致人损害,该所有人应当承担赔偿责任。

(二)管理人

物件由非所有人管理、使用时,其赔偿责任主体不再是所有人,而是由管理人作为赔偿责任主体。例如,财产交由国有企业、事业单位经营,即所有权与经营权相分离时,国有企业、事业单位依照法定的经营权,对国家所有的物件进行经营管理,该物致害他人,该国有企业、事业单位应作为管理人,承担赔偿责任。根据委托关系为所有人管理物件的人,也是管理人。

(三)其他占有人

其他占有人作为赔偿责任主体,分为两种情况:其一,依承包、租赁等法律行为经营、使用他人物件的,由所有人还是占有人承担赔偿责任,应由双方约定,由约定的责任者承担赔偿责任;没有约定的,原则上由承包、租赁者承担责任,但如果承包、租赁者能证明其管理没有过错或者为防止损害发生已尽必要注意时,则应由所有人承担赔偿责任;其二,原则上其他占有人不对物件损害他人承担赔偿责任,例如,旅店不得以房客占有某房间或者房客有过失为由,拒绝承担旅店地上物致害的赔偿责任。

四、免责事由

(一)物件的所有人或管理人无过错

依照《侵权责任法》第85条至第91条规定,所有人或管理人能够证明自己无过错的，免除其赔偿责任。此处规定的"证明自己没有过错"，指的是"管理上的过错"，而不仅仅是指对物件"倒塌、脱落、坠落"事实本身在行为上的直接过错。物件所有人或管理人证明自己无过错，是否定自己过错要件的证明，既然不存在过错的要件，因而不构成物件损害责任。

（二）不可抗力

如果物件造成损害是因不可抗力造成的，依照《侵权责任法》第29条规定，应当免除所有人、管理人的赔偿责任。

应当注意的是，物件造成他人损害，有时候是由于自然力的原因所致，而该自然力的原因并非构成不可抗力。对此，应当适用因果关系的规则，自然原因是引起物件损害的全部原因，物件所有人或管理人没有过失，则因自己无过失而免责，因不具有原因力而免责，而非不可抗力。

（三）第三人过错

完全由于第三人的过错造成物件损害他人，应当适用《侵权责任法》第28条规定，损害是由第三人造成的，第三人应当承担侵权责任，物件所有人、管理人免责，赔偿责任应由第三人承担。如果第三人过错行为与物的所有人、管理人的过错行为相结合而发生损害结果，构成共同侵权责任的，承担连带责任；不构成共同侵权责任的，按照第12条规定承担按份责任。

（四）受害人故意或者受害人过失

完全由于受害人自己的故意造成物件损害的，依照《侵权责任法》第27条规定，免除物件所有人、管理人的赔偿责任；完全由于受害人自己的过失造成物件损害的，尽管《侵权责任法》第27条没有规定，但基于损害的过错和原因力均为受害人一方，物件所有人或管理人没有过失，也没有原因力，因此，当然不承担责任；如果是由双方过错行为造成的，则依《侵权责任法》第26条规定实行过失相抵。

五、其他有关问题

在司法实践中应用本条还应注意的是：

第一,对于确实因意外事件造成的损害,尽管不能免责,但应当适当减轻其责任。但对物件造成损害有过错的,所有人或管理人则应当完全赔偿。例如,树上的椰子成熟掉下,将人砸伤,属于树木所有人或者管理人未尽管理职责,应当承担全部赔偿的责任。对此,最高人民法院的司法解释确认为特殊侵权责任,《侵权责任法》第89条只规定了树木折断损害责任,没有规定果实坠落损害责任。其实,这两种行为是一样的,同样应当适用过错推定原则确定责任。

第二,在物件致人损害的情况下,应当区分物的所有人和管理人之间的责任关系。一般来说,应当首先由占有人、管理人负责,因为其直接控制、管理物件,因此其有能力预防损害的发生,从经济上是最有效率的。但是,如果损害是因隐蔽瑕疵造成的,则完全由管理人承担责任并不妥当。如果管理人不能承担责任,则所有人应当承担责任。

第三,如果物件致人损害是由于出卖人、承揽人出售或者交付的产品瑕疵造成的,确定责任的承担规则,首先需要考虑能否适用产品责任,如果可以,则应当按照产品侵权责任处理;如果不能按照产品责任处理,则按照物件致人损害的规定,由所有人或者管理人承担责任。附随于不动产的物件,则不能适用产品责任。

第二节　各种具体的物件损害责任

一、建筑物、构筑物或者其他设施倒塌损害责任

《侵权责任法》第86条第1款规定:“建筑物、构筑物或者其他设施倒塌造成他人损害的,由建设单位与施工单位承担连带责任。建设单位、施工单位赔偿后,有其他责任人的,有权向其他责任人追偿。”本条规定的是建筑物、构筑物或者其他设施倒塌损害责任。

(一)缘何特别规定建筑物、构筑物或者其他设施倒塌损害责任

《民法通则》对于建筑物、构筑物或者其他设施倒塌损害责任规定在第126条,将建筑物、构筑物或者其他设施倒塌损害责任与建筑物、构筑物或者其他设施及其搁置物、悬挂物损害责任规定在一

起。在制定《侵权责任法》过程中，原本草案也是将其规定在一起的。最后之所以分为两条作为两种不同的物件损害责任规定，原因有以下两个：

第一，专家学者对地震中建筑物、构筑物或者其他设施倒塌致人损害的侵权责任特别重视，有关学者多次建议应当专门规定建筑物、构筑物或者其他设施倒塌损害责任。对此，法工委专门召开会议，研究如何解决这个问题。我们在会议上支持专条规定的意见，因此，形成了现在的条文。

第二，在《国家赔偿法》修订中，决定不规定国有建筑物、构筑物或者其他设施管理缺陷设置缺陷损害责任，因此，《侵权责任法》不得不规定相关条文，以解决这种侵权责任的法律适用规则。恰好，规定建筑物、构筑物或者其他设施倒塌损害责任能够涵盖国有建筑物、构筑物或者其他设施管理缺陷或者设置缺陷损害责任，将国有建筑物、构筑物或者其他设施特别是不属于建筑物的构筑物等归之于"其他设施"之中，一并解决法律适用问题。这样做的好处是，既不用单独规定国有建筑物、构筑物或者其他设施管理缺陷或者设置缺陷损害责任，又能够解决其法律适用问题，是一个非常简洁又管用的立法方法，也省去了《最高人民法院在人身损害赔偿司法解释》第 16 条单独规定构筑物设置缺陷或者管理缺陷损害责任的麻烦。

在理解和适用本条规定时，应当掌握上述立法缘由，保证准确适用法律，特别是对国有建筑物、构筑物或者其他设施管理缺陷或者设置缺陷损害责任的法律适用问题，以更好地保护被侵权人的合法权益。因为在现代社会，国家大力加强文化、教育、经济等方面建设，增进人民福利，建筑物、构筑物或者其他设施日益增多，但危险相随而来，公民因国有建筑物、构筑物或者其他设施的缺陷而受损害的案件不断发生。国家立法和民法理论将上述两种责任严格区分开来，将国家作为国有建筑物、构筑物或者其他设施致害责任的责任主体，并适用与推定过失责任不同的无过失责任原则，加重了责任主体的责任，更有利于保障公民的民事权利。同时，对于督促国家行政机关对设置和管理国有建筑物、构筑物或者其他设施恪尽职守，善尽注意义务，促进国家文化、教育等公共福利事业的不断发展,具有重要意义。我国立法没有将国有建筑物、构筑物或者其他设施管理缺陷或者设置缺陷损害责任规定为国家赔偿责任,其实对保护受害人的利益是有好处的,因为《国家赔偿法》规定的程序和赔偿标准并不利于维护受害人的利益。

(二)建筑物、构筑物或者其他设施倒塌损害责任的归责原则和构成要件

建筑物、构筑物或者其他设施倒塌损害责任适用过错推定原则,不适用过错责任原则和无过错责任原则。对此,《侵权责任法》规定十分明确,没有争议。

构成建筑物、构筑物或者其他设施倒塌损害责任,须具备以下要件:

1. 造成损害的物件须为建筑物、构筑物或者其他设施

建筑物、构筑物或者其他设施倒塌损害责任不是侵权人直接实施的行为所致损害,而是由物件所致损害。其致害物为建筑物、构筑物或者其他设施。

如何理解建筑物、构筑物或者其他设施,是指为自己或者公共使用目的而建筑或者构筑的不动产。建筑物,是民用或者公用的房屋、写字楼、商厦等建筑物。构筑物以及其他设施,包括道路、桥梁、隧道、堤防渠堰、上下水道、纪念碑馆、运动场馆、公园、名胜古迹等一切构筑物。设施应当包括其附属设备,例如,道路应包括护路树、路灯、涵洞等,纪念碑应包括围栏、台阶等。

2. 建筑物、构筑物或者其他设施须有其建设单位或者施工单位

建筑物、构筑物或者其他设施必有其建设单位或者施工单位,在造成损害的时候,其所有人或管理人就是赔偿责任主体。在现实中,对建筑物、构筑物或者其他设施致人损害仅仅追究建设单位或者施工单位的侵权责任,却不追究建设者即开发商、建筑商的责任,而损害往往是由建设者的设置缺陷所致,但却因法律未规定其责任而使其逃避追究。例如,在居民小区中,建筑物区分所有人对房屋享有所有权,是所有人,房屋倒塌造成他人损害,其实与建筑物权人也就是业主没有关系,他也是受害者。因此,必须将建设者即开发商、建筑商等作为侵权责任主体做出规定。

上述建设单位或者施工单位对建筑物、构筑物或者其他设施负有设置、管理的高度注意义务。设置，是指对建筑物、构筑物或者其他设施的设计、建造、施工和装置，其对象是指建筑物、构筑物或者其他设施的有体物本身，而不包括人。管理，是指对建筑物、构筑物或者其他设施设置后的维护、保养、修缮及保管，其管理的对象，亦专指对建筑物、构筑物或者其他设施和管理，不包括对人的管理。所有人、管理人以及建设者对建筑物、构筑物或者其他设施的设置和管理负有高度谨慎义务，对建筑物、构筑物或者其他设施的设计、建造、施工和装置以及对其的维护、保养、修缮和保管，以善良管理人的注意为标准组织进行。

3. 对建筑物、构筑物或者其他设施的设置和管理须有缺陷

建筑物、构筑物或者其他设施致害的原因，为设置缺陷或者管理缺陷。缺陷，亦称瑕疵，通常指一种不完全、不完备的状态。设置和管理的缺陷，是指建筑物、构筑物或者其他设施设置和管理上的不完全、不完备的状态，因而致使该建筑物、构筑物或者其他设施缺少通常应具备的安全性。设置缺陷，是指建筑物、构筑物或者其他设施在设置时，即已存在设计不良、位置不当、基础不牢、施工质量低劣等不完备的问题，致使建筑物、构筑物或者其他设施的设置存在缺陷。管理缺陷，是指建筑物、构筑物或者其他设施在设置后，存在维护不周、保护不当、疏于修缮检修等不完善的问题，使建筑物、构筑物或者其他设施不具备通常应当具备的安全性。

确定设置和管理缺陷，通常采用客观说作为标准，认为对设置管理缺陷应进行客观的判断，唯有以缺陷的存在、不安全状态的存在为标准，至于其产生原因如何，及设置管理者有无故意过失，均不过问。根据这一标准，检验建筑物、构筑物或者其他设施是否具有瑕疵，强调其是否具备通常应有之安全性，凡不具备通常应有的安全性，即可认定设置和管理的缺陷。这种标准，有利于保护受害人的合法权益，有利于区别此种责任与建筑物危险责任的差异，是可取的。

证明设置和管理缺陷，应当由请求损害赔偿者负举证责任，但由于事故发生后，要具体证明缺陷的存在颇为不易，而且与保护被

侵权人的立场相悖，故日本学者主张采初步推定的理论，即于损害事故发生时，先推定管理和设置有缺陷的存在，[①]如果设置和管理者认为无缺陷，则须举证证明，以推翻该项推定始可免责。这样的主张可以根据具体情况予以采纳。

4. 须因设置、管理缺陷造成他人人身或财产损害

损害事实，是一切侵权责任的必备要件，构成建筑物、构筑物或者其他设施致害责任，同样须具备这一要件。构成赔偿责任，应以公民的人身损害和财产损害为限，法人受到财产损害的，也应当包含其中。建筑物、构筑物或者其他设施管理、设置缺陷，在一般情况下，所造成损害限于人身或财产的损害，不会造成其他诸如自由、名誉、姓名乃至债权、无体财产权的损害，损害事实不应扩大。如果认为公共电梯因缺陷中途停驶将乘客困于其中，即为侵害人身自由权而适用建筑物、构筑物或者其他设施致害的赔偿责任，显系不当。

建筑物、构筑物或者其他设施致他人人身、财产损害，二者之间应有因果关系。建筑物、构筑物或者其他设施设置缺陷或管理缺陷，须是人身、财产损害发生的原因，而人身、财产损害的发生，须为建筑物、构筑物或者其他设施设置、管理缺陷所引起的结果。其因果关系的链锁为：建筑物、构筑物或者其他设施的设置、管理缺陷构成建筑物、构筑物或者其他设施的危险性，该种危险性转化成现实的危害时，造成了公民人身、财产的危害。所应注意的是，在这一因果关系链锁中，缺陷可能是损害发生的唯一原因，这时，构成赔偿的要件。当缺陷不为唯一原因，而与台风、地震、洪水等自然事实以及第三人的行为或被害人自己的行为相结合而发生损害之结果者，建设单位或者施工单位仍应负损害赔偿责任。[②] 这样一来，自然事实与他人或被害人行为参与因果关系的链锁之中，形成损害发生的共同原因。对此，仍构成赔偿责任，所应注意者，第三人行为为共同原因者，应依求偿权予以解决；受害人行为为共同原因者，应依过失相抵原则，减轻行政赔偿之责任。如果因缺陷与自然原因相结合而发

---

① 曹竞辉：《国家赔偿立法与案例研究》，三民书局 1991 年版，第 172、179 页。

② 刘春堂：《国家赔偿法》，三民书局 2007 年版，第 55 页。

生损害者,赔偿责任不受影响。

具备上述四项要件,即构成国有建筑物、构筑物或者其他设施设置、管理缺陷致害的行政赔偿责任。

(三)在司法实践中适用本条规定的注意事项

在司法实践中应用本条,应当注意以下两个问题:

1. 地震中建筑物、构筑物或者其他设施倒塌损害责任的认定

(1)地震中建筑物、构筑物或者其他设施倒塌造成损害责任性质

地震作为不可抗力的一般抗辩事由,其法律后果之一是免除造成损害的行为人的侵权责任。对此,《侵权责任法》第29条有明确规定。在地震中,大量建筑物、构筑物或者其他设施倒塌造成了遇害者严重的人身损害后果,在一般情况下,如果该损害没有其他原因介入,仅仅是因地震原因所致,应当免除责任。

但是,地震中建筑物、构筑物或者其他设施倒塌并不是地震作为唯一原因所致,或者主要不是由于地震的原因所致,而是"豆腐渣工程"即建筑工程缺陷所致,地震就不是或者不完全是造成损害的不可抗力免责事由,而是构成侵权责任。那么,房屋在地震中倒塌造成损害的侵权责任究竟应当如何适用法律,值得研究。

笔者认为,地震中建筑物、构筑物或者其他设施倒塌造成损害的性质是比较复杂的。地震中建筑物、构筑物或者其他设施倒塌造成损害的侵权责任,虽然不直接适用产品责任规则,但确实有产品责任的性质,本条规定建设者应当承担责任,就是一个明确的规定。确定建设者是否承担侵权责任,不是房屋倒塌的基本事实是否存在(因为即使是房屋倒塌造成损害,也会因为不可抗力而免除责任),而是倒塌的房屋的建造是否存在设置缺陷。如果建筑物、构筑物或者其他设施倒塌存在设置缺陷,房屋因此在地震中倒塌造成损害,那就存在承担侵权责任的基础,就有可能构成侵权责任,这个责任由房屋的开发商或者建筑商承担。

(2)确定建筑物、构筑物或者其他设施倒塌责任应适用原因力规则

确定建筑物、构筑物或者其他设施倒塌致害的赔偿责任,必须

处理好原因力的问题。原因力就是在造成同一个损害结果时,具有两个以上的原因的,各个不同的原因对于损害的发生或者扩大所发生的作用力。在地震中,地震是造成损害的一个原因,如果另有建筑物设置缺陷也是造成损害的原因,就构成了共同原因。

在共同原因造成同一个损害时,确定各个不同的原因造成损害的赔偿责任问题,必须依据各个原因的作用力,将责任分别归属于不同原因。地震是造成损害的原因,但建筑物的设置缺陷也是致害原因之一的,就应当计算各自的原因力,确定建筑物致害责任的责任人承担适当的侵权责任。对于地震造成损害的原因,免除行为人的这部分责任。至于赔偿责任的分担,如果地震是损害发生的主要原因,则房屋倒塌的责任人承担次要责任;如果原因力相当,则应当承担同等责任;如果地震是次要原因,则行为人应当承担主要责任。

2. 建筑物、构筑物或者其他设施倒塌损害责任的承担

建筑物、构筑物或者其他设施倒塌损害责任的承担,包括以下问题:

(1)设置缺陷的赔偿责任主体

《侵权责任法》第 86 条规定的责任,是设置缺陷责任。建筑物、构筑物或者其他设施设置缺陷损害责任,其责任主体是建设单位或者施工单位。法律规定,对此应当由建设单位和施工单位承担连带责任,至于他们之间各自应当如何负责,应当按照《侵权责任法》第 13 条和第 14 条规定进行。

如果造成建筑物、构筑物或者其他设施的设置缺陷并非建设单位、施工单位过错所致,则应当首先由建设单位、施工单位承担连带责任。建设单位、施工单位赔偿后,有权向其他责任人追偿。

(2)管理缺陷的赔偿责任主体

建筑物、构筑物或者其他设施管理缺陷损害责任,《侵权责任法》第 86 条没有明确规定,但该条第 2 款关于"因其他责任人的原因,建筑物、构筑物或者其他设施倒塌造成他人损害的,由其他责任人承担侵权责任"的规定,应当包括管理缺陷的损害责任。在通常情况下,建筑物、构筑物或者其他设施倒塌责任的责任主体是其所有人或者管理人,所有人或者管理人对由于自己的过错造成的管理

缺陷，并因此造成他人损害后果，承担赔偿责任。

(3)两种具体情况

就具体情况而言，有以下具体问题需要确定赔偿责任主体：

第一，同一建筑物、构筑物或者其他设施的设置、管理并非由同一人施行，原则上由有缺陷的一方为赔偿责任主体。如设置缺陷，应由设置人为赔偿责任主体；如管理缺陷，则由管理人为责任主体。如果无法区分损害是由管理缺陷抑或设置缺陷所致，则视为共同缺陷所致，设置人与管理人均为赔偿责任主体，共同连带承担赔偿责任。如果建筑物、构筑物或者其他设施的缺陷既可认为是设置缺陷，又可认定为管理缺陷，而设置管理人又不同者，两者均为赔偿责任主体。

第二，建筑物、构筑物或者其他设施致害以后，设置人或管理人发生变更、消灭的，应由承受其业务的人为赔偿责任主体。如果责任主体是法人，发生合并、分立、撤销的情况，并不能消灭其赔偿责任和受害人的赔偿权利，对此，无论是合并、分立还是撤销，都应由承受该业务的人作为赔偿责任主体。如果该法人被撤销以后，没有承受其业务的人，则以其上级主管单位为赔偿责任主体。这样一来，可以确保受害人请求赔偿权利的实现，使其受到侵害的权利得以恢复。

(四)免责事由

建筑物、构筑物或者其他设施倒塌损害责任有以下四项免责事由：

1. 已尽防止损害发生的注意义务

如果建筑物、构筑物或者其他设施设置、管理纵有缺陷，但能证明防止损害之发生已尽相当注意义务的，则不负赔偿责任。例如，道路、桥梁之损坏虽未修护，但已予适当遮拦或竖立警告标志，则对于而后续予使用而受有损害者，不负损害赔偿责任。[①] 亦有学者反对这种主张，认为该种赔偿责任应采无过失赔偿主义，应当无条件地负起损害赔偿责任。负有赔偿义务之机关，并不得以“曾为防止

---

① 曾竞辉：《国家赔偿立法与案例研究》，三民书局1991年版，第181～182页。

损害已善尽其注意”为借口,而推卸责任。[①] 对此,我国现无明确立法,应采慎重态度,以采纳前一主张为妥。

2. 不可抗力

不可抗力作为建筑物、构筑物或者其他设施致害行政赔偿责任的免责事由,为绝大多数学者所主张,并为司法实务所采用,因此,应当适用《侵权责任法》第29条规定的一般规则。当自然原因与缺陷相结合而致害的时候,应当区分一般的自然原因和不可抗力。笔者认为,单纯由不可抗力而致损害,纵使建筑物、构筑物或者其他设施有一般缺陷,也可以免责;建筑物、构筑物或者其他设施有重大缺陷,又加不可抗力的原因致害,仍构成该种赔偿责任。例如,发生地震,无缺陷之建筑物、构筑物或者其他设施并未毁损致害,而有缺陷之建筑物、构筑物或者其他设施则致人损害,则应予赔偿,不得以不可抗力为由免责,但应依不可抗力的原因力,减轻赔偿责任。

3. 受害人故意或者过失

建筑物、构筑物或者其他设施造成损害,是由受害人的故意引起,应当按照《侵权责任法》第27条规定,免除责任。受害人的过失如果是建筑物、构筑物或者其他设施造成损害的全部原因,应当免除建筑物、构筑物或者其他设施建设单位或者施工单位的赔偿责任;如果为共同原因,则应当按照《侵权责任法》第25条规定,实行过失相抵。

4. 第三人过错

建筑物、构筑物或者其他设施致人损害,如果是第三人的原因引起的,建筑物、构筑物或者其他设施的建设单位或者施工单位没有过错,或者建筑物、构筑物或者其他设施没有设置缺陷或者管理缺陷,则应当适用《侵权责任法》第28条规定,由第三人承担责任。

二、抛掷物坠落物损害责任的提出

(一)制定抛掷物坠落物损害责任的根据

《侵权责任法》第87条规定:“从建筑物中抛掷物品或者从建

---

① 刁荣华主编:《最高法院判例研究》(上册),汉林出版社1983年版,第19页。

筑物上坠落的物品造成他人损害,难以确定具体加害人的,除能够证明自己不是侵权人的外,由可能加害的建筑物使用人给予补偿。”这里规定的就是抛掷物坠落物损害责任。

制定这个规则的依据是:第一,确定抛掷物致害责任,是基于公平考虑,而不是基于过错责任原则确定。第二,承担的责任是适当的补偿责任,而不是侵权责任。第三,这样规范的作用,是为了更好地预防损害,制止人们高空抛物。第四,这种侵权行为的性质是物件损害责任,不是人的责任。

(二)确定抛掷物坠落物损害责任的主要理论基础

确立抛掷物坠落物损害责任规则的法理基础在于以下几点:

第一,同情弱者是民法的基本立场,也是侵权法救济损害的基本规则。民法的基本规则都是公平的,但是这种公平并不是绝对的公平。例如,每一个民事主体都享有一个所有权,但是同样都是所有权,其包含财产价值内容却不相同。因此有人就是亿万富翁,有人就仅对自己的讨饭碗享有所有权。但即使如此,也是公平的,因为在所有权上,每个人都享有一个平等的权利。同样如此,对于弱者的保护,也是民法的基本立场,看起来不够公平,但是与前述的所有权的公平是一样的。所以,侵权法的立场就是保护受害人,凡是受到非法侵害的受害人,侵权法就予以保护,并且不遗余力。建筑物的抛掷物造成受害人损害,受害人就是受侵权法保护的弱者,救济其损害是侵权法的根本宗旨。那么,即使是没有确定具体的加害人,但是,加害人的范围是确定的,抛掷物就是在这座建筑物中抛掷的,那么这座建筑物的占有人就应当承担责任。

第二,民事责任的财产性,是决定建筑物抛掷物致害责任规则的基础。在民法上,有很多看似不公平的民事责任规则。如在罗马法的准私犯制度中确立的替代责任规则,就是如此。在替代责任中,行为人是加害人,责任人并不是加害人,但是却要为行为人的行为造成的损害承担责任,道理何在?就是因为民事责任是财产责任,既然责任人与行为人具有一定的特定关系,因此就责令责任人承担责任,而不是让行为人承担责任。这种形式上的不公平,恰恰说明民法的本质公平。之所以会这样做,就是因为民事责任是财产责任而不是人身责任,不必让责任人承担人身制裁的责任。这样一来,使与行为人有特定关系的责任人承担财产责任,既不伤害责任人本身,又使受害人的损害得到了有效的救济。如果民事责任不是财产责任,就不会出现这样的规则。

第三,保护公共安全,也是确定建筑物抛掷物致害责任规则的基本立场。公共安全,就是公众的安全,涉及的是众多的人的根本利益。尽管建筑物抛掷物造成损害的后果总是特定的人的损害,但是,在建筑物抛掷物没有发生损害之前,威胁的并不是特定的人,而是不特定的任何人,是公共利益或者公众利益。面对给公共利益或者公众利益带来威胁的社会不安全因素,立法必须确定严格的保护措施,使行为人受到制裁,加以警戒。如果对建筑物抛掷物已经造成的损害,由于不能确定具体的加害人而放弃对不法行为的追究,将会放纵乃至纵容侵权行为,其后果将会更加严重。因此,通过建筑物的占有人的角度,责令建筑物的占有人承担连带责任的形式,达到了保护公共利益的目的。这正是罗马法规定这一制度所体现的"在于确保公众集会场所、道路交通的公共安全,并在加害人不明时,扩张赔偿责任人,以使无辜的被害人得到赔偿"的宗旨。

正因如此,《侵权责任法》第 87 条规定了抛掷物坠落物损害责任的上述基本规则。

(三)抛掷物坠落物损害责任的具体规则

在司法实践中应用本条,应当遵守以下规则:

1. 可能加害的建筑物使用人作为赔偿责任主体

建筑物的抛掷物、坠落物致人损害,难以确定具体加害人的,应当由可能加害的建筑物使用人承担责任。

研究抛掷物坠落物损害责任的关键之点在于,抛掷物、坠落物的所有人或者管理人难以确定,而该建筑物又是由多数人使用,应当如何确定赔偿责任主体和具体赔偿责任承担,是主要问题。《侵权责任法》明确有可能加害的建筑物使用人承担责任,这个规则是对的。理由是,既然是抛掷物、坠落物损害责任是建筑物责任,那么,就一定要看到目前城市居民住宅或者写字楼都是区分所有的现状。而在现实中,之所以建筑物抛掷物致害责任出现这样难以处理的问题，正是由于建筑物被区分所有所造成的。因此，确定建筑物抛掷物致害责任，就应当按照建筑物区分所有的思路来考虑其具体规则。

2. 承担的责任是补偿责任

《侵权责任法》经过反复修改，最终确定的抛掷物坠落物损害责任为补偿责任而不是赔偿责任。补偿责任不是赔偿责任，意味着确定抛掷物坠落物损害责任不是按照损失的数额全部赔偿，而仅仅是根据实际情况，做出适当补偿。

这个补偿责任，在有可能加害的使用人之间如何承担，没有明确规定。对此，究竟是连带责任，还是按份责任，需要确定下来。有的主张，应当参照《智利民法典》关于“如建筑物为两人或数人所共有，应按他们的所有权份额的比例分担损害赔偿金”的规定，为按份责任，每个人仅仅对自己应当承担的份额承担责任。有的认为按份责任有所不妥，一方面对于共同共有来说，共有关系没有解体，就无法确定个人的份额；另一方面在无法确定具体加害人的时候，将全体嫌疑人都作为共同被告，事实上也无法确定各自的份额，无法实行按份责任。对此，笔者认为完全实行连带责任，尽管对保护受害人有利，但承担责任的基础不扎实。因此，还是依照《侵权责任法》第12条关于按份责任的规定，难以确定责任大小的，平均承担补偿责任中自己的份额，不必连带负责。

3. 能够证明自己不是加害人的免除责任

事实上，确定建筑物抛掷物损害责任的基础在于将全体建筑物使用人视为加害的嫌疑人。因此，确定建筑物抛掷物致害责任的基础较为薄弱。那么一旦全体建筑物占有人中的一人或者数人能够证明自己并没有实施使物抛掷（脱落、坠落）行为的，那么，他就被排除了嫌疑，由嫌疑人变为非嫌疑人。如果对已经确定没有实施加害行为的人仍然要承担侵权责任，那是不公平的，也是不符合侵权责任法的基本原则的。所以，凡是能够证明自己没有加害行为的建筑物使用人，应当免除其侵权责任。

证明自己没有实施使建筑物中的物抛掷或者坠落的行为，有以下几种情况：

第一,证明在发生损害的时候,自己没有在该建筑物之中。既然发生损害的时候自己没有在现场,当然就没有实施该种行为的可能,当然可以排除其责任。

第二,证明自己所处的位置无法实施该种行为。这就是客观条件所限,没有实施该种行为的可能性。既然如此,当然不应承担侵权责任。

第三,证明自己即使实施该种行为,也无法使抛掷物或坠落物到达发生损害的位置。例如,自己居住的位置与发生损害的现场相悖或者太远,无法将物抛掷(脱落、坠落)到发生损害的现场,当然也就不应当承担侵权责任。

第四,证明自己根本就没有占有该种造成损害的物。这是从根本上否认自己实施这种行为造成损害的可能,证明成立的,免除责任。不过,这种证明的难度较大,不容易使法官相信。

4. 能够确定致害物的使用人即侵权人的应由致害物的所有人或者管理人承担责任

在研究抛掷物坠落物损害责任的时候,立足点是使致害物致人损害的行为人不能确定,如果建筑物抛掷物的行为人或者所有人能够确定,也就是具体的加害人能够确定,那就不存在这种连带责任的前提了,当然就应当由致害物的所有人承担责任,也就是由建筑物的责任转变为坠落物的责任了。

三、堆放物损害责任的概念和特征

(一)堆放物损害责任的概念和特征

堆放物致害责任,是指由于堆放物滚落、滑落或者倒塌,致使他人人身或者财产权益受到损害,由所有人或者管理人承担赔偿责任的物件损害责任。《最高人民法院人身损害赔偿司法解释》第16条第2项规定:"堆放物滚落、滑落或者堆放物倒塌致人损害的","适用民法通则第126条的规定,由所有人或者管理人承担赔偿责任,但能够证明自己没有过错的除外。"《侵权责任法》第88条采用了这个司法解释作为蓝本,规定了堆放物倒塌损害责任:"堆放物倒塌造成他人损害,堆放人不能证明自己没有过错的,应当承担侵权责任。"

堆放物,指堆放于土地上或某处的物品,堆放物只能是动产。在实践中,这种物件损害责任情况比较常见。堆放物致害行为通常是滚落、滑落或者倒塌三种方式致人损害,尽管本条只规定了“倒塌”,但滚落、滑落也应当包含在其中。对堆放物这三种致害方式的理解是:滚落,是指高处的堆放物滚下;滑落,是指高处的堆放物滑下;而倒塌,是指堆放物全部或者部分倾倒、坍塌。

堆放物损害责任具有以下法律特征:首先,是一种物件损害责任。堆放物是一种物件,由此致害发生的责任属于物件损害责任,不是行为致害责任。其次,赔偿责任的产生原因具有特定性。堆放物损害责任的产生,只能是堆放物滚落、滑落或者堆放物倒塌。最后,赔偿责任的承担主体具有特殊性。堆放物损害责任的责任主体是有过错的堆放人。

(二)堆放物损害责任的归责原则和构成要件

堆放物损害责任的归责原则,应当适用过错推定原则。因此,受害人请求赔偿,无须举证证明堆放物的所有人或者管理人对致害有过错,只需举证证明自己的人身损害事实,该人身损害事实为物件所有人或者管理人的堆放物所致,且所有人或者管理人对该物件具有支配关系,即从损害事实中推定所有人或者管理人在主观上有过错。所有人或者管理人主张自己无过错者,应当举证证明。不能证明或者证明不足,则推定成立,即应承担人身损害赔偿责任;确能证明者,免除其人身损害赔偿责任。

堆放物损害责任的成立必须具备一定的构成要件:

1. 须有堆放物的致害行为

在实践中,这种物件损害责任情况比较常见。堆放物致害行为只能是滚落、滑落或者堆放物倒塌三种方式致人损害。

2. 须有受害人损害事实

堆放物滚落、滑落或者堆放物倒塌,造成受害人人身伤害或者财产损失,即构成此要件。

3. 损害事实须与堆放物致害行为之间有因果关系

堆放物滚落、滑落或者倒塌与人身损害事实之间的因果关系,是这二者之间的引起与被引起的关系。堆放物滚落、滑落或者堆放物倒塌,直接造成受害人的人身伤害,为有因果关系;滚落、滑落或者倒塌等物理力并未直接作用于他人的人身,而是引发其他现象,致他人的人身受损害,亦为有因果关系。堆放物致人损害,自有其原因,如自然力的原因、他人的原因等。堆放物致人损害的因果关系,并不追究这种原因,不是指这种因果关系。对此,应当特别注意。

4. 须堆放物的所有人或管理人有过错

这种主观过错,一般是指堆放或管理不当或缺陷,也可能是使用方法不当,均应以过失方式为之。这种过失的心理状态,是疏忽或者懈怠。故意以堆放物致人损害,是犯罪行为,不构成这种侵权责任。

(三)责任主体和免责事由

堆放物损害责任的赔偿权利主体是被侵权人,其可以直接向该赔偿法律关系的责任主体索赔。根据该条规定,堆放物损害责任的赔偿责任主体是堆放人,即堆放物是由谁堆放的,谁就是损害赔偿责任主体。

堆放物损害责任的免责事由为:

第一,堆放物的堆放人无过错。依照《侵权责任法》第 88 条规定,堆放人能够证明自己无过错的,就不构成侵权责任,当然免除其赔偿责任。

第二,不可抗力。如果堆放物的滚落、滑落、倒塌,是因不可抗力造成的,免除其堆放人的赔偿责任。在此,应当适用《侵权责任法》第 29 条规定。

第三,第三人过错和受害人过错。堆放物造成损害,完全是由于第三人的过错造成堆放物致害他人,堆放人免责,损害赔偿责任应由第三人承担。如果第三人过错行为与堆放物的堆放人的过错行为相结合而发生损害结果,依共同侵权责任规则处理。堆放物的损害完全是由受害人自己的过错造成的,免除堆放物的堆放人的损害赔偿责任;损害是由双方过错行为造成的,则依过失相抵规则处理。

四、障碍通行物损害责任

《侵权责任法》第 89 条规定："在公共道路上堆放、倾倒、遗撒妨碍通行的物品造成他人损害的，有关单位或者个人应当承担侵权责任。"本条规定的是障碍通行物损害责任。

（一）障碍通行物损害责任的概念

障碍通行物损害责任，是指在公共道路上堆放、倾倒、遗撒妨碍通行的障碍物，造成他人损害的，实施该行为的有关单位或者个人应当承担损害赔偿等责任的物件损害责任。

这种物件损害责任的特点是：第一，造成损害的物件是在公共道路上堆放、倾倒、遗撒的障碍物，该障碍物妨碍通行。第二，造成的损害，可以是人身损害，也可以是财产损害。第三，承担责任的人是有关单位或者个人。第四，承担的侵权责任方式主要是损害赔偿，也包括停止侵害、排除妨碍等侵权责任。

（二）障碍物与侵权责任构成

障碍物，是指堆放、倾倒、遗撒在公共道路上的障碍物，这种障碍物在公共道路上妨碍通行。该障碍物只能是动产，而不能是不动产。设置障碍物的行为方式，是堆放、倾倒、遗撒，其中堆放、倾倒，行为人的主观心理状态可能是放任损害发生的间接故意，或者是懈怠的过失；而遗撒行为人的主观心理状态则为过失，不可能是放任的间接故意。

确定障碍通行物损害责任的归责原则是过错推定原则。只要具有在公共道路上设置妨碍通行的障碍物，造成受害人人身或财产伤害的事实，并且设置障碍通行物的行为与被侵权人的损害事实之间具有因果关系的，就无需被侵权人证明，直接推定障碍物设置人或管理人有过失，认定其未尽应当尽到的注意义务，无需被侵权人证明。如果行为的有关单位或者个人主张自己无过错，则须自己承担举证责任，即实行举证责任倒置，证明自己无过错。能够证明自己无过错的，不承担侵权责任；不能证明自己无过错的，过错推定成立，应当承担损害赔偿等侵权责任。

（三）责任人的确定

在司法实践中应用本条应当注意的是，法律规定对障碍物损害责任规定的规则比较特殊，不是规定物件的所有人或者管理人，也不是规定物件的占有人，而是规定为“有关单位或者个人”。为什么这样规定，理由是什么，值得研究。

笔者认为，在公共道路上堆放、倾倒、遗撒物件的行为人，当然是有关单位或者个人。但是堆放或者倾倒，有可能比较容易确定行为人，而对于遗撒的行为人，则较难确定，因为遗撒就是不经意、不在意而为之，并非都是有意遗撒。那么，在无意遗撒的行为人可能并不知道已经遗撒，因而早就离开现场时，造成损害，被侵权人无法找到遗撒的行为人，因此，可能存在对遗撒的障碍物存在管理职责的人是应当承担侵权责任的人的情况。例如，在南京机场高速公路上遗撒大捆塑料布，遗撒行为人并不知道，其后，一辆桑塔纳轿车发现障碍物后刹车打方向盘，致使车辆侧翻，造成车毁人亡、公路护栏毁坏的后果。对此，遗撒人应当是责任人，但其并不知情，且无法找到，此时，高速公路管理人具有对巡查、排障不及时的过失，对被侵权人承担赔偿责任。对此，高速公路管理人就是有关单位，而不是障碍物的所有人或者管理人。这里规定的“有关单位或者个人”为侵权责任主体，说的就是这个意思。

当有关单位或者个人是应当间接负责的单位或者个人的时候，如前述高速公路管理人，在承担了赔偿责任之后，对遗撒障碍物的行为人享有追偿权，在其发现了遗撒障碍物的行为人之后，有权请求其赔偿损失。这个追偿权的诉讼时效，应当从确定遗撒障碍物的行为人的时候起算，但最长应当适用 20 年的最长诉讼时效，超出最长诉讼时效期间的，行为人取得抗辩权，可以对抗追偿权。

五、林木损害责任

林木损害责任，是指林木折断，造成他人人身损害、财产损害的，由林木所有人或者管理人承担损害赔偿等责任的物件损害责任。《侵权责任法》第 90 条规定：“因林木折断造成他人损害，林木的所有人或者管理人不能证明自己没有过错的，应当承担侵权责任。”

林木损害责任具有以下法律特征:第一,林木损害责任是一种物件损害责任,不属于行为致害责任,不存在积极的加害行为人;第二,林木损害责任的产生原因具有特殊性,即该种责任的产生是由于林木折断等,舍此并无其他原因;第三,林木损害责任的赔偿责任人具有特定性,即只能是致害林木的所有人或管理人。

(一)林木损害责任的归责原则和构成要件

林木损害责任的归责原则究竟是什么,以前有过不同意见,但基本的意见是适用过错推定原则。《侵权责任法》第90条采纳这个意见,规定林木损害责任的归责原则应适用过错推定责任原则。在实行过错推定的时候,受害人请求赔偿,无需举证证明林木所有人或者管理人对其造成损害有过错,只需举证证明自己的损害事实,该损害事实为所有人或者管理人的林木所致,且所有人或者管理人对该林木具有支配关系,即从损害事实中推定林木所有人或者管理人在主观上有过错。所有人或者管理人主张自己无过错者,应当举证证明。不能证明或者证明不足,则推定成立,即应承担损害赔偿责任;确能证明者,免除其损害赔偿责任。

林木损害责任的成立必须具备以下构成要件:

1. 须有林木的致害行为

林木折断不仅仅是指路边树,而是指一切林木。林木致害行为只能是林木折断致人损害,对林木致害方式的理解上,应当包括林木倾倒,即林木倾倒但未折断;以及林木折断,即林木从某处断裂,既可以是林木整体的断裂,也可以是树枝的断裂。

本条未规定果实坠落损害责任,在现实中出现这种情形造成他人损害,应当怎样适用法律,并不明确。对此,笔者认为有两种方法可以采用:第一,比照《侵权责任法》关于坠落物损害责任的规定,尽管果实坠落不是在建筑物上坠落,但果实坠落并无特殊之处,适用同样的规则是有道理的;第二,比照林木损害责任的规定,因为树木上的果实坠落造成他人损害,与林木折断的情形并无两样,适用同样的规则也没有问题。既然如此,当然是比照林木折断损害责任的规定更为妥当和便捷。因此,在实践中应当按照《侵权责任法》第

90 条规定的林木折断损害责任的规则处理。

2. 须有被侵权人的人身或者财产的损害事实

林木折断造成被侵权人的人身损害或者财产损害,即构成此要件。林木折断造成的人身伤害,包括致人轻伤、重伤致残和死亡,其侵害的是生命权、健康权、身体权。造成财产的损失,包括已经造成的一切财产损失。

3. 损害事实须与林木折断行为之间有因果关系

林木折断与损害事实之间的因果关系,是这二者之间的引起与被引起的关系,林木折断直接造成被侵权人的人身伤害或者财产损失,为有因果关系;林木折断致人损害等物理力并未直接作用于他人的人身,而是引发其他现象,致他人的人身受损害,亦为有因果关系。

林木致人损害,自有其原因,如自然力的原因、他人的原因等。林木致人损害的因果关系,并不追究这种原因,不是指这种因果关系。对此应当特别注意。

4. 须林木的所有人或管理人有过错

这种主观过错,一般是指管理不当或欠缺,均以过失方式表现出来。这种过失的心理状态是疏忽或者懈怠,过失的确定形式采推定方式。

(二)责任承担与免责事由

林木损害责任的赔偿权利主体是被侵权人,其可以直接向赔偿责任主体请求赔偿。林木损害责任的赔偿责任主体,按照本条规定,是林木的所有人或者管理人。林木的所有人,是林木致人损害的最直接的赔偿责任主体。当林木的所有人直接占有、管理该林木时,该林木致人损害,所有人应当承担赔偿责任。林木由非所有人管理、使用时,其赔偿责任主体不再是林木所有人,而是由林木管理人作为赔偿责任主体。

林木损害责任的免责事由为:

第一,林木的所有人或管理人无过错。依《侵权责任法》第 90 条规定,林木所有人或者管理人能够证明自己无过错的,不成立赔偿责任。由于已经明确规定所有人、管理人能够证明自己无过错的,即可免责,所以不必再证明其他免责事由的存在。

第二,不可抗力。如果林木折断是因不可抗力造成的,免除其所有人、管理人的赔偿责任。在此,应当严格区分不可抗力与一般自然力原因的区别,例如,一般的风把本该修剪的枯枝吹落致人人身损害,是一般自然力致害,林木的所有人或管理人应当承担损害赔偿责任;而台风使林木折断致人损害为不可抗力,林木的所有人或管理人可以免责。

第三,第三人过错和受害人过错。完全由于第三人的过错造成林木折断致害他人的,其所有人、管理人免责,损害赔偿责任应由第三人承担。如果第三人过错行为与林木的所有人、管理人的过错行为相结合而发生致害结果,应当依照《侵权责任法》第 11 条关于"二人以上分别实施侵权行为造成同一损害,每个人的侵权行为都足以造成全部损害的,行为人承担连带责任"的规定处理。损害完全是由于受害人自己的过错,致使林木折断造成自己损害的,免除林木的所有人、管理人的损害赔偿责任。如果损害是由双方过错行为造成的,则依《侵权责任法》第 26 条关于过失相抵的规则确定责任分担。

六、地下工作物损害责任

《侵权责任法》第 91 条规定:"在公共场所或者道路上挖坑、修缮、安装地下设施等,没有设置明显标志和采取安全措施造成他人损害的,施工人应当承担侵权责任。窨井等地下设施造成他人损害,管理人不能证明尽到管理职责的,应当承担侵权责任。"本条规定的是地下工作物损害责任规则。

(一)地下工作物损害责任的概念

地下工作物损害责任,是指在公共场所或者道路等地表以下挖坑、修缮、安装地下设施等形成的地下工作物,以及窨井等地下工作物,由于其施工人或者管理人没有设置明显标志和安全措施或者没有尽到管理职责,造成他人人身或者财产损害,施工人或者管理人应当承担赔偿损失责任的物件损害责任。

(二)地下工作物损害责任的归责原则和构成要件

地下工作物损害责任适用过错推定原则,因此,其构成要件仍然是违法行为、损害事实、因果关系和主观过错。在地下工作物损害责任中,其责任构成有以下特点:

1. 致害物件为地下工作物

在《民法通则》第125条规定的地下工作物,仅指在公共场所或者道路上挖坑、修缮、安装地下设施等形成的工作物。因此,地下工作物可以是有体物,也可以是无体物,都是在地下形成的空间。无论是有体物,还是无体物,都须以空间的形式与土地的地表相连,即在原土地形态、面貌上有所改变,留下位处地面以下的空间。如果工作物虽与土地相连,但在地面或地面上留有其形体,且没有与地面相连的地下空间,不属于地下工作物的范围。同时,对于地下工作物所处地点的要求,不仅仅包括公共场所、道旁或通道上,还应当包括一切有人员出入可能性的场合,只要在这样的场合中设置地下工作物,有造成他人损害可能的,均具备这一要件。因此,在自己院内挖坑,在农田中挖井,若有人掉入坑内或者井中,受到伤害,也构成地下工作物损害责任,不能按一般侵权行为确定责任。

《侵权责任法》第91条继续坚持上述地下工作物的范围,但又特别规定了窨井等地下工作物的损害责任。本条第2款规定的内容与第1款的内容区别在于:第1款规定的工作物是施工中形成的或者施工中的地下工作物,而第2款规定的窨井等地下工作物是工作物本身。前者是在修缮、安装过程中造成他人损害,后者是窨井在使用中而不是在修缮、安装中造成他人损害。因此,前者是施工中"没有设置明显标志和采取安全措施",后者是"管理人不能证明尽到管理职责",对前后两种工作物损害责任的要求是不一样的。

2. 须对"设置明显标志和采取安全措施"或者"管理职责"作为义务不履行

《侵权责任法》第91条赋予地下工作物的施工人或者管理人以特别的作为义务,是对有可能致人以损害的危险地下工作物,在施工中必须设置明显标志和采取安全措施,在日常运营中必须善尽管理职责。未按法律规定履行作为义务,即构成不作为的违法行为。

对于第 1 款规定中的地下工作物,设置明显标志和采取安全措施这两种作为义务是否应当同时履行,换言之,只履行其中一个作为义务,是否已尽全部作为义务,而使其行为不具违法性呢?答案是这两项作为义务必须同时履行,才符合法律规定的作为义务的要求,只履行其中一项义务而未履行另一项义务,仍属未尽作为义务,其行为仍具违法性,造成损害仍须承担赔偿责任。未尽管理职责,是典型的不作为行为。履行本条规定的作为义务的注意程度,应采用善良管理人注意的标准,对标志的明显性和措施的安全性均应作较高的要求。

3. 造成的后果是人身损害但不排除财产损失的可能

地下工作物造成的损害,主要是被侵权人的人身损害。但也存在造成被侵权人财产权损害的可能。被侵权人掉进正在施工的坑中,造成人身伤害,是人身损害的损害事实。马路上的窨井井盖缺损,被侵权人驾驶汽车经过,使汽车陷在窨井内造成汽车损害,是财产损失。

4. 赔偿责任主体为地下工作物的施工人或者管理人

地下工作物损害责任的赔偿责任主体是地下工作物的施工人或者管理人。在以前的著述中,我曾经反对使用地面施工以及施工人的概念,就是因为它们不能概括地下设施本身造成损害的情形。《侵权责任法》第 90 条分为两款规定之后,已经解决了这个问题。

在本条第 1 款情形下,地面施工中进行施工的是地下工作物,法律要求施工中必须设置明显标志和采取安全措施。由于是正在施工中的地下工作物致人损害,那么,应当承担责任的赔偿责任主体当然是施工人,其在施工中具有过失,就应当对地下工作物因施工人自己的过失所造成的损害,承担赔偿责任。

在第 91 条第 2 款情形下,地下设施由于管理人未尽管理职责,造成他人损害,并非在施工中所致,那么,对于损害的赔偿责任理所当然地应当由管理人承担。

5. 过错要件实行推定

由于地下工作物损害责任实行过错推定原则,因此,在主观过错的要件上,实行推定,只要未设置明显标志、未采取安全措施,就直接推定有过错,不必由原告证明被告的过错。被告主张自己没有过错的,应当证明自己设置了明显标志、采取了安全措施。如果是管理人承担责任,则由被告证明自己已经管理职责,否则为有过错。

(三)责任承担和免责事由

地下工作物损害责任的赔偿责任主体为地下工作物的施工人或者管理人,已经明确。值得研究的是,如果地下工作物的所有人未设置明显标志、未采取安全措施,以及未尽管理职责,致使施工人或者管理人在施工中或者管理中造成损害后果,应当如何承担损害赔偿责任。对此,可以有两个办法:第一,首先依照本条规定,由施工人或者管理人承担赔偿责任。在其承担了赔偿责任之后,如果地下工作物所有人对于损害的发生有过错,则比照《侵权责任法》第68条以及第83条关于第三人造成损害的规定,有权向地下工作物的所有人追偿。第二,依照定作人指示过错责任规则处理。如果是施工人或者管理人在施工中或者管理中致使地下工作物造成他人损害,是由于地下工作物所有人的过失选任、指示过失所致,则完全符合定作人指示过错责任的规则要求,应当由地下工作物所有人承担损害赔偿责任。以上两个办法,都符合《侵权责任法》确定侵权责任的规则,都可以采纳。

地下工作物损害责任的免责事由为:

第一,地下工作物的施工人或管理人无过错。依《侵权责任法》第90条规定,地下工作物的施工人或者管理人能够证明自己已经设置明显标志并采取安全措施,或者已经证明自己已尽管理职责,即为无过错,因此不成立赔偿责任。由于已经明确规定施工人、管理人能够证明自己无过错的,即可免责,所以不必再证明其他免责事由的存在。

第二,不可抗力。如果地下工作物造成损害是因不可抗力引起的,免除其施工人、管理人的赔偿责任。

第三,第三人过错和受害人过错。完全由于第三人的过错造成地下工作物致害他人的,其施工人、管理人免责,损害赔偿责任应由第三人承担。如果第三人过错行为与地下工作物施工人、管理人的过错行为相结合而发生损害结果,应当依照《侵权责任法》第11条关于“二人以上分别实施侵权行为造成同一损害，每个人的侵权行为都足以造成全部损害的，行为人承担连带责任”的规定处理。损害完全是由于受害人自己的过错，致使地下工作物造成自己损害的，免除地下工作物施工人、管理人的损害赔偿责任。如果损害是由双方过错行为造成的，则依《侵权责任法》第26条关于过失相抵的规则进行责任分担。

第二十一章　对侵权损害赔偿若干问题的研究

在实践中，经常遇到疑难问题很难解决，在侵权责任法中同样如此。在这一章里，我们对在帮工、换工中致人损害的赔偿责任、妨害婚姻关系的名誉损害赔偿责任、侵权损害赔偿与刑事案件中几种类似情况的区别、刑事附带民事诉讼中的损害赔偿、侮辱诽谤罪附带的精神损害赔偿等问题做如下探讨。

第一节　帮工、换工致人损害的补偿责任

一、帮工、换工致人损害补偿责任的概念和特征

（一）帮工、换工致人损害补偿责任的概念

帮工、换工中致人损害的补偿责任，是指被帮工人对于在帮工或换工活动中的帮工人，由于意外事故或者帮工人自己的过失行为而遭受的人身或财产损害所应承担的适当补偿责任。

帮工，是指为了满足被帮工人生产或生活等经济方面的需要，帮工人自愿为被帮工人提供劳务的行为。换工，是指双方当事人为了满足自己和对方

的生产或生活等经济方面的需要,相互交换劳务的行为。换工的双方当事人均为换工人,从另一个意义上说,双方互为帮工人和被帮工人。当事人在这种帮工和换工行为中发生了伤害,或者由于帮工人的过失造成损害,即为公民帮工、换工的人身损害;被帮工人亦即受益人所应当承担的民事责任,就是公民帮工、换工的责任。例如,农民宫某应邻居于某的请求,帮助于某去山林砍树。在树将被砍倒时,风向突然改变,宫某躲避不及,树倒将其砸成左腿胫骨粉碎性骨折。宫某所遭受的损害,就是公民帮工、换工中的损害;受益人于某应当承担适当补偿责任。

这种补偿责任,实际上也是公民之间因帮工、换工发生事故所产生的一种债的关系。这种债的权利主体是受损害的帮工人,义务主体是受益的被帮工人;债的内容是帮工人享有的请求受益人给予适当补偿的义务;债的客体是适当补偿的给付。

(二)帮工换工致人损害补偿责任的特征

这种责任具有三个基本特征:

第一,帮工、换工致人损害补偿责任是公民之间具有特定关系的补偿责任,即这种责任只存在于有帮工或换工协作关系的公民之间,不包括法人,只有帮工人和受益人可以构成权利主体和义务主体,其他人不能构成。

第二,帮工、换工致人损害补偿责任是无过错责任。承担责任的受益人是无过错的。其既无故意又无过失;损害事实发生的原因是事故,或因帮工人自己的一般过失。

第三,帮工、换工致人损害补偿责任是一种适当补偿责任。适当补偿,是指受益人对于帮工人由于意外事故造成的损失予以适当分担。承担责任的形式,可以是给付金钱、财物,也可以是提供劳务、工具、设备、技术等。

二、帮工、换工致人损害补偿责任的构成要件

构成公民帮工、换工中的补偿责任必须同时具备五个要件。

(一)当事人双方须有帮工或换工的协作关系

这是构成帮工、换工补偿责任的基础。帮工、换工的形式多种

多样。帮工,可以是单纯提供劳务,也可以附带工具、设备并同时提供劳务。换工,从劳务量的价值是否相等上来看,可分为对等的换工和不对等的换工;从换工的内容上看,可分为同类换工或不同类的换工。帮工、换工的形成方式有两种:一是特定的要约承诺式,即一方当事人(通常是受益人)向另一方当事人主动提出求工或换工,双方意思表示一致的协议方式。二是非预先协议式,即他方主动去帮工,受益人事先既没有向特定的帮工人求工,也未将帮工人予以谢绝的方式。这种协作关系的内容必须是正当活动,目的是为了满足生产或生活需要,谋求合法的经济利益。谋求非法利益的帮工、换工关系,或者不具有这种协作关系,就不具有构成这种风险责任的可能。

(二)须有损害事实的发生

损害事实的发生是构成该责任的前提。损害事实,是指在帮工或换工中帮工人遭受的人身或财产的实际损失,包括直接损失和间接损失。其中间接损失仅限于人身损害所引起的误工损失,不宜包括其他间接损失。对于因帮工人有一般过失所引起的损害,责任构成应以重大损害事实的发生为要件,不应包括轻微的损害。所谓重大损害事实,是指人身遭受较重的伤害、死亡或工具、设备等价值较高的生产资料的较重的毁损、灭失。

(三)受益人须无过错

损害事实的发生,应是由于不可抗力、不可预见的原因或者帮工人(受害人)自己的一般过失。如果受益人具有过错,则构成侵权的民事责任,不能构成该种补偿责任。

(四)损害事实的发生与被帮工人享受的权益具有相关性

二者之间具有间接因果关系,为被帮工人提供劳务的活动是帮工人遭受损害的必要条件。这是一个决定性的要件,是否具有与被帮工人权益的相关性,是否具有间接因果关系,要以帮工人是否正在为受益人进行帮工为根本标志。尚未开始帮工,或在帮工中去办个人私事,或者帮工终了,或者在帮工中被第三人违法侵权行为损害,均不具有间接因果关系,不具有相关性,因而不构成这种补偿责任。

（五）没有直接承担全部责任的第三人

没有直接承担全部责任的第三人，如没有负全部赔偿义务的保险人，没有其他愿意承担该责任的其他公民或团体。如果有第三人负有直接义务承担全部责任，帮工、换工的受益人自然免除了补偿或帮助责任。

同时具备以上五个要件，就构成了公民帮工、换工中的补偿责任。例如，倪氏兄弟二人欲合伙盖房，与金某商定换工，条件是金某驾驶自己的拖拉机帮助倪某运建筑材料，倪某帮助金某铲10亩稻田。倪某又求王某、谢某帮工装卸车。在运输途中路过一座由农民集资自建的木桥时，桥断塌，拖拉机翻至桥下，金某、王某二人当场死亡，谢某重伤，车毁损。受害人家属要求适当补偿。在这一事件中，既有帮工关系，又有换工关系，协作关系的内容合法；损害事实存在；受益人无过错，损害原因不可预见；损害是在帮工、换工过程中发生的，与受益人的受益活动具有相关性；没有承担全部责任的直接责任者。该案符合上述五个要件的要求，构成帮工、换工中的补偿责任，受益人应当承担适当的补偿责任。

三、处理帮工、换工致人损害补偿责任的规则

出于帮工、换工中补偿责任的性质和特点，决定了处理这类民事纠纷所应适用的三个规则：

（一）双方协议原则

帮工、换工中的风险发生以后，当事人双方应在平等、自愿的基础上，对于受益人应承担的补偿责任的程度、范围和方式，协商解决。这是因为双方原来就有协议的基础，有协商解决的可能性和有利条件。确立双方协议的原则，有利于妥善、及时解决纠纷，有利于增进人民内部团结，避免讼累。贯彻双方当事人协议原则，要坚持平等、自愿原则，任何一方当事人不得对他方，或者任何第三人不得对当事人采取强迫、欺诈和威胁等方法胁迫其就范。

（二）适当原则

在这种补偿责任中，受益人承担的是适当补偿责任。适当原则是确定受益人承担补偿责任范围的基本准则。这种适当，是指只能

在实际损失的范围内,承担一定程度的部分损失的补偿。要根据对方的损害情况、发生困难的程度和负担能力以及公民的要求予以确定。之所以要"适当"地部分补偿,是因为受益人无过错,同时,由于公民的经济负担能力有限,在一定的情况下,国家和社会负有救济的义务。例如,刁某帮刘某盖房失足摔伤致残,花医疗费数千元。刘某确系无偿受益,但其所受益的总和,不过几百元,得到这样的受益而负担数千元的损失,显失公平。因此,除刘某应补偿适当部分外,其损失的大部应由其本人负担或者由社会负责救济。另外,受益人承担责任不能超过负担能力的极限,应当保留其必要的生产、生活所需部分。

(三)考虑双方当事人经济状况的原则

既然这种补偿责任是一种民事责任,就要求履行义务时须以双方的经济条件作为基础,确定所要承担责任的范围。在受益人经济条件好,而帮工人经济条件较差的情况下,受益人就应当多承担一些损失;在双方经济条件相似的情况下,损失可以由双方适当分摊;在受益人经济条件不好,帮工人经济条件好的情况下,受益人可以少负担一些损失;受益人确无负担能力的,也可以免除责任,改由其他方式对受害的帮工人予以救济,或者自行负担。

四、人身损害赔偿司法解释关于帮工损害责任的规定

最高人民法院《关于审理人身损害赔偿案件适用法律若干问题的意见》第13条对帮工损害责任作了司法解释,即"为他人无偿提供劳务的帮工人,在从事帮工活动中致人损害的,被帮工人应当承担赔偿责任。被帮工人明确拒绝帮工的,不承担赔偿责任。帮工人存在故意或者重大过失,赔偿权利人请求帮工人和被帮工人承担连带责任的,人民法院应予支持。"该条规定的主旨是帮工人在帮工活动中造成他人损害的责任问题,其要点是:一是在一般情况下,为他人无偿提供劳务的帮工人在帮工中造成他人损害的,应当由被帮工人承担责任;二是被帮工人拒绝帮工的,帮工人坚持帮工,造成他人损害,帮工人自己承担责任,被帮工人不承担责任;三是帮工人造成他人损害存在故意或者重大过失的,承担连带责任。

帮工损害责任是帮工人在从事帮工活动的过程中，导致帮工关系之外的第三人生命权、健康权、身体权损害，由被帮工人独自承担或由帮工人与被帮工人连带承担的人身损害赔偿责任。

帮工损害责任的类型是：第一，替代责任型的帮工损害责任，是被帮工人对帮工未明确拒绝，帮工人从事帮工活动致人损害，而且帮工人对损害不存在故意或重大过失时，被帮工人所应当承当的帮工致人损害的人身损害赔偿责任。称这种责任为替代责任型的帮工损害责任，是因为对于损害由被帮工人替代承担。第二，连带责任型的帮工损害责任，是被帮工人对帮工未明确拒绝，帮工人从事帮工活动致人损害，但是帮工人对损害的发生存在故意或重大过失时，被帮工人所应当承担的帮工损害责任。在此种情况下，被帮工人所承担的责任在性质上虽然仍然是替代责任，但是其特殊之处在于该条规定明确规定了“帮工人和被帮工人承担连带责任”，可称为连带责任形态，即连带责任型的帮工损害责任。

上述司法解释还规定，对于被帮工人明确拒绝帮工的，不承担赔偿责任。这种情形，被帮工人应当明确而具体地对特定主体做出拒绝的意思表示。否则，就视为接受帮工，必须对帮工人在帮工活动中致人人身损害的行为承担赔偿责任。而且，对于是否明确拒绝，应当由被帮工人承担举证责任。

第二节　妨害婚姻关系的名誉损害赔偿责任

一、研究妨害婚姻关系的名誉损害赔偿责任的必要性

近年来，所谓的“第三者”介入另一婚姻家庭，使合法的婚姻关系受到破坏或妨害的案件逐年增多，致使婚姻、家庭关系受到很大威胁，给社会造成了一定程度的不安定，对社会治安也有较大的影响。据粗略统计，在人民法院判处的离婚案件中，以这类妨害婚姻关系为原因的占 20% ~30%；更为严重的是，因奸情而引起的凶杀案件屡屡发生，占某一地级市的全部凶杀案件的 32%。这些情况应当引起高度重视。

“第三者插足”的妨害婚姻关系违法行为逐年增多,有多方面的原因,其中一个重要原因是对此依法制裁不力。《刑法》颁布以前,对于这类违法行为中的情节严重者,司法机关可依“妨害婚姻家庭”论罪处刑。《刑法》颁布以后,取消了这一罪名,有关人士曾著文立说,建议增设“通奸”罪名,[①]但立法机关并未采纳。在实践中,审判机关对于在妨害婚姻关系中具有虐待、伤害、流氓等情节构成犯罪的,依法论罪处罚。但是,或者有的妨害婚姻关系行为中没有上列情节,或者有的审判机关对此认识不同,因而使多数这类行为并没有或不能受到刑事制裁。在行政制裁方面,虽有多种形式宽严不等,但处理较轻时行为人不以为然,处理较重的又没有法律根据。

实际上,在对妨害婚姻关系的行为人予以法律制裁上,忽略了民事制裁手段。法律制裁方法是一个完整的体系,包括刑事、民事、行政三种法律制裁方式。对于违反法律的行为,三种制裁方式都应当发挥其应当发挥的作用,不能偏废其中一个。保护婚姻关系,三种法律制裁方法都可以发挥作用。由于这种违法行为都发生在人民内部,因而民事制裁方法似更应发挥它的职能。研究妨害婚姻关系的名誉损害赔偿责任,就是要用民事法律制裁手段同破坏婚姻关系的违法行为进行斗争,以保护婚姻关系,促进社会安定团结。

二、确立妨害婚姻关系名誉损害赔偿责任制度的可行性

确立妨害婚姻关系的名誉损害赔偿制度是完全可行的,主要依据是:

(一)对妨害婚姻关系名誉损害赔偿责任构成要件的分析

研究妨害婚姻关系的名誉损害赔偿,就是把这种违法行为确认为侵权行为。它具有侵权行为的全部构成要件:

1. 损害事实

妨害婚姻关系行为所侵害的是双重客体,既侵害了婚姻关系中

---

① 据统计,自1983年至1985年年底,全国法学刊物刊登的这类论文共12篇。参见《新中国刑法学研究综述》第969页。

的配偶权，也侵害了该合法婚姻关系中无过错配偶的名誉权。对于前者，没有人持不同意见，但侵害婚姻关系并不是构成侵权行为的要件。对于后者，很多人持反对意见，在理论上又没有做更多的研究，没有引起重视。例如，有人认为，妨害婚姻关系行为所侵害的，主要的是婚姻关系，无过错一方所受到的名誉损害，或者是次要的，或者是没有受到损害。其实，这两种损害客体是并列的，没有谁主谁从的问题。无过错配偶的名誉损害是客观存在的，不可否认。在北方民间，如果丈夫的妻子与他人通奸，丈夫通常被称作“王八”“鳖头”“绿帽子”等，这足以证明他的名誉所受到的损害；虽然妻子的丈夫与他人通奸而对妻子没有什么贬称，但这只能说明民间对妇女名誉权的不重视，而绝不是说明她的名誉没有受到损害。妨害婚姻关系的名誉损害赔偿，其损害事实，就是配偶的一方与第三人通奸，而使配偶的另一方在名誉上所遭到的损害。这种损害事实，可以在实践中采取推定的方式，即通奸的事实存在，即可从中推定配偶另一方的名誉遭到了损害。2002 年《婚姻法》第 46 条规定了离婚过错损害赔偿，其实所确认的，就是违反不忠实义务的一方配偶对无过错配偶一方的名誉权的损害，赔偿的就是这种精神损害。

2. 违法行为

妨害婚姻关系的违法行为，就是以通奸的方式致使他人合法婚姻关系受到破坏的行为。这种违法行为具备四个特征：一是行为违反了国家的婚姻家庭法规；二是行为的方式只能由作为构成；三是行为的内容是通奸的事实；四是婚姻关系受到了破坏。不具备这四个特征，构不成妨害婚姻关系的违法行为。

3. 因果关系

无过错配偶的名誉损害，是由“第三者”与有过错配偶的妨害婚姻关系违法行为即通奸关系造成的。不是因此而造成的名誉损害，不构成这种侵权损害赔偿。

4. 主观过错

妨害婚姻关系的违法行为人在主观上有意图违反现行婚姻法规，妨害合法婚姻关系的过错。这种过错是故意的，即明知国家保护合法的婚姻家庭关系,对方(或自己)的婚姻关系是受到国家法律保护的,一方面,在客观上故意去实施妨害婚姻关系的行为;另一方面,在主观上放任受害人名誉损害的结果的发生。过失一般不构成这种侵权行为。

综上所述,以通奸形式构成的妨害婚姻关系的行为,符合侵权行为的构成要件,应当确认为名誉损害赔偿。同时,在处理这类赔偿案件时,也须按这四个要件来严格掌握。

(二)国外及我国台湾地区的理论与实践

大陆法系认为,婚姻关系是一男一女构成的终身共同生活体,它含有人格的因素,应当适用有关人格权的法律规范。所以,妨害婚姻关系情节严重的,可以认为侵害了受害配偶的人格权,从而可以依照法律的规定请求损害赔偿。我国台湾地区学者认为:"配偶与第三人通奸,受害配偶感到悲愤,羞辱、沮丧,其情形严重者,可谓名誉权受到侵害,虽非财产上之损害,亦得请求相当之慰抚金。"①在实践中,多数大陆法系国家也以名誉损害责令这种行为人承担损害赔偿责任。联邦德国在审判实践中,不仅对妨害婚姻关系的第三人追究名誉损害赔偿责任,而且在该婚姻关系依法解除后,还可以对有过错的配偶追究名誉损害赔偿责任。这些理论和实践可以作为借鉴和参考。

(三)我国的法律依据和民情

《民法通则》第120条规定了侵害公民的姓名权、肖像权、名誉权、荣誉权的损害赔偿责任,《侵权责任法》第22条也确立了我国的精神损害赔偿制度,也为确立妨害婚姻关系的名誉损害赔偿制度提供了法律依据,可以根据这一民事法律规范,在司法实践中保护婚姻关系和受害配偶的名誉权,制裁这种民事违法行为。

在我国民间,也有通奸事实发生后受害配偶向"第三者"索取金钱赔偿的情形,这就是通常所说的"私了"形式。由于国家立法和司法解释都没有明文规定,司法机关习惯上又认为这种情况不适用损害赔偿方式解决,因此,民间的这种"私了"方式通常是暗中秘密地

---

① 王泽鉴:《民法学说与判例研究》(第2册),荣泰印书馆1980年版,第376页。

进行。民间的这种情况。可以说是实行妨害婚姻关系名誉损害赔偿的社会基础。

现在的问题是某些传统观念。例如,认为向通奸的“第三者”索取金钱赔偿,等于变相支持卖淫,不符合社会道德要求。这种看法不对。这里赔偿的是受害配偶的名誉损害,而不是索取通奸者给予的“报酬”。这种损害赔偿既有抚慰性,也有补偿性。从抚慰性来说,加害人的赔偿数额可能大大小于受害人所失去的利益,但如果向受害配偶支付了一定的赔偿费,使之在精神上得到了安慰。从补偿性来讲,名誉损害赔偿虽然没有财产损失,或无法估计其财产损失,但加害人给予一定的金钱赔偿后,使之能从医疗和营养上解决精神上的损害,这实质上也是一种补偿。正如新中国成立初期至《民法通则》颁布前视精神损害赔偿为异端邪说而至今才予以确认一样,只要冷静、客观地对此加以分析研究以后,是会发现它的合理之处的。

根据以上分析,可以认为,对于妨害婚姻关系的违法行为,可以按照《民法通则》第120条的规定,赋予受害配偶一方以损害赔偿请求权,同时赋予其停止侵害、恢复名誉、消除影响、赔礼道歉的请求权,在他(或她)行使这些请求权的时候,国家可以依法对妨害婚姻关系的行为人予以民事法律制裁。这样有利于保护人格尊严,保障合法的婚姻关系,有利于促进安定团结。

三、损害赔偿的权利主体和义务主体

由于这种侵权行为的主体通常是三方有时甚至是四方,因此,对这种侵权法律关系的权利主体和义务主体的确定是比较复杂的。

确定妨害婚姻关系的名誉损害赔偿权利、义务主体的一般原则,应当是有利于维护现存的合法婚姻关系,有利于制裁民事违法行为。它的含义是:受害人在愿意保持现存的婚姻关系而不追究其配偶的民事责任的情况下,可以不将他(或她)的配偶作为加害人,而只将“第三者”作为加害人加以追究。这样一来,既可以制裁违法行为,又可以保护现存的合法婚姻关系不致破裂,有利于社会安定和婚姻关系稳定。

（一）对权利主体的确定

对权利主体的确定有两种情况：一是通奸双方中一方有配偶而另一方无配偶的，权利主体只有一人，即受害的配偶。例如，甲乙为夫妻，丙未婚，乙丙通奸，甲为权利主体；二是通奸双方均有配偶，权利主体有二人，两个受害人均为权利主体，均有请求权。至于是否依法行使这一请求权，则应依受害人的意思表示为准。

（二）对义务主体的确定

确定义务主体，有三种情况：

第一，通奸双方一方有配偶另一方无配偶，受害人又不追究其配偶的责任的，义务主体为"第三者"一人。在此，有过错的配偶不享有权利，也不承担义务，不是这一民事法律关系的主体，只以与这一民事法律关系有关连的关系人的身份出现。大陆法国家多采此种见解。我国台湾地区的判例认为，有过错的配偶与通奸的第三者构成共同侵权行为。我们认为，还是不把未被追究的配偶作为义务主体为好，这样可以稳定现存的婚姻关系，有利于保护妇女、儿童的合法权益。

第二，通奸双方一方有配偶另一方无配偶，受害的配偶同时追究通奸双方责任的，义务主体为二人。在这种情况下通奸双方是共同加害人，承担连带赔偿责任。

第三，通奸双方都有配偶而受害人又互诉的，通奸双方均为义务主体。在这种情况下，通奸的双方是受害人双方的共同加害人。在处理时，如果双方受害人均不要求离婚、不追究自己配偶的责任的，可以互相抵消权利义务关系。如果受害双方均要求离婚，同时要求追究自己配偶责任，可以责令通奸双方共同承担赔偿责任。如果一方受害人要求追究自己配偶的责任而另一方受害人不要求追究自己配偶的责任，通奸双方应赔偿要求追究自己配偶责任的受害人的损失；不要求追究自己配偶责任的受害人则只能请求与其配偶通奸的第三人予以名誉损害赔偿。

对于妨害婚姻关系的名誉损害赔偿，适用精神损害赔偿的原则和方法。在实践中，亦应谨慎从事，不可任意扩大赔偿范围，防止出现不良的社会影响。

第三节　侵权损害赔偿与刑事案件中几种类似情况的区别

刑事案件中的故意毁坏公私财物罪、伤害罪、过失杀人罪、侮辱罪、诽谤罪与侵权行为比较相近，例如，所侵害的客体都是国家、集体、个人的财产权利或者他人的人身权利，侵害的对象都是各种公私财物和生命健康权及其他人格权。因而在实践中容易出现把侵权损害赔偿案件当成刑事案件处理，或者把刑事案件当成侵权损害赔偿案件处理的情况，混淆了罪与非罪的界限，或者放纵犯罪，打击不力；或者扩大打击面，造成错判。因此，正确区分刑、民界限，对于准确确定行为人应负刑事责任还是应负民事责任，正确处理这几类案件，具有重要意义。

一、侵权损害赔偿与故意毁坏财物罪的区别

（一）侵权损害赔偿与故意毁坏财物罪的相同之处

故意毁坏财物罪，是指故意地非法毁灭或者损坏公共财物或公民私有财物，情节严重的行为。故意毁坏财物罪，在客观上表现为毁灭或者损坏公私财物。毁灭，是指财物受到全部毁坏，使之全部丧失价值和使用价值；损坏，是指财物受到部分破坏，使之部分丧失价值和使用价值。

民事案件的财物损害与故意毁坏财物罪有很多相同之处：第一，二者的侵害客体和对象相同。二者的侵害客体都是公共财产权利和公民的私人财产权利，其侵害的对象都是各种公共财产或者公民的私有财物，包括各种生产资料和生活资料。第二，从主观目的上来看，故意毁坏财物罪的目的和故意侵害财产行为的目的，都不是图谋将公共财物或公民私有财物转归已有或是转归第三人，其动机，一般是出于个人的报复或者嫉妒等，目的是使受害人或被害人的财物遭到毁坏。第三，从实施行为的后果来看，都使公私财物毁灭或损坏，造成财产的损失。

(二)侵权损害赔偿与故意毁坏财物罪的区别

二者尽管在以上这些方面基本相同,但性质根本不同,不能相提并论。二者主要区别在于:

1. 情节要求不同

这是区别二者界限最重要的一点。根据《刑法》规定,故意毁坏公私财物,情节严重的才构成犯罪。所谓情节严重,主要是从犯罪的对象、后果以及手段来分析:一是指毁坏的是重要的物品;二是损失程度严重;三是破坏手段恶劣。侵权损害责任的构成要件并没有情节的要求,情节不严重或较轻的,都构成财物损害的民事责任。例如,某甲与某乙在殴斗中,某甲趁某乙手表掉在地上的机会,上前将这块手表砸碎。某甲的这种行为属于故意毁坏他人私有财物的行为,但被毁坏的是一块手表,价值不大。这种故意毁坏财物的行为无论如何也不能说它是情节严重,因此,只能属于侵权行为,应负民事赔偿责任。又如,某丙为私仇,蓄意对某丁进行报复。某日,某丙趁某丁家无人之机,闯入某丁家,用斧头将某丁家彩色电视机、电冰箱等物品砸碎。某丙的这种行为,动机恶劣,毁坏的是贵重物品,后果比较严重,因此,可以说其情节是严重的,已构成故意毁坏财物罪,仅仅以侵权行为追究责任不妥。某甲与某丙的行为都属于故意毁坏他人私有财物的行为,但由于二人所实施行为的情节不同,对前者只能追究民事赔偿责任,后者则已构成刑事犯罪,应当追究刑事责任并同时附带追究民事责任。

2. 主观方面不同

故意毁坏财物罪的主观方面只能是故意的罪过形式;财物损害赔偿责任的主观因素是故意和过失的过错形式。因此,过失毁坏公私财物的不构成犯罪,不追究刑事责任。只有故意毁坏公私财物情节严重的行为,才具有刑法意义上的故意罪过形式;故意毁坏公私财物不具有严重情节的,尽管也是故意的形式,但这种故意却是民法意义上的过错形式,而不是罪过的形式。

3. 主体不同

故意毁坏财物罪的主体是犯罪主体,指的是实施危害社会行为的自然人,并且须达到刑事责任年龄。而财物损害民事关系中的行为人是实施侵权行为并承担损害赔偿义务的加害人,权利主体是因遭受损害而享有请求义务主体赔偿损失的受害人。侵权损害的义务主体既可以是自然人,也可以是法人。

4. 适用的法律和承担责任的方法不同

对故意毁坏财物罪的处理是依据《刑法》,程序上适用《刑事诉讼法》,是刑事法律制裁,以刑罚为制裁手段。而对民事侵权损害的处理是依据《民法通则》和有关民事法律政策,程序上适用《民事诉讼法》,制裁的性质是民事法律制裁,属于补偿兼有惩罚性的经济制裁。

二、侵权损害赔偿与伤害罪的区别

(一)侵权损害赔偿与伤害罪的联系

伤害罪包括轻伤害、重伤害、故意伤害致人死亡以及过失重伤害。由于过失致人重伤罪的主观方面与过失致人死亡罪相同,因此把它放到过失致人死亡罪中来一起阐述。

故意伤害罪,是指故意非法损害他人健康的行为。它所侵害的客体是他人的健康,在客观方面必须有非法损害他人健康的行为并造成伤害后果,主观方面必须是故意。根据伤害程度的差别,伤害可分为重伤害和轻伤害。故意伤害致人死亡的,由于与人身损害的民事责任比较易于区分,在这里不做说明。

(二)侵权损害赔偿与伤害罪的区别

伤害罪的以上特征,多数与人身损害赔偿的特征相近或相似,因而,在实践中容易混淆。从当前的审判实践来看,既有把已构成伤害罪的案件当成侵权损害赔偿案件处理,只追究行为人民事责任的,也有把一般的人身损害赔偿案件当成刑事案件,错误地追究了行为人刑事责任的。例如,原告人于某与被告人高某在地里闹笑话,高某抱住于某,左手拽于某的生殖器。于某疼痛求饶,高某才放手。松手后于某打了高某一耳光,高某的哥哥上前抱住于某,高某趁机照于某右眼处打了一拳,造成于某"右视网膜脱离,玻璃体浓缩"而失明。高某故意伤害他人身体,并造成丧失视觉的后果,属于重伤害的范围,应依《刑法》规定追究刑事责任。但原审法院却按损害赔偿处理,调解被告人赔偿原告人的财产损失了事。

区分这两类案件主要把握以下几个区别:

1. 主观方面的区别

伤害罪,一般必须是出于故意,也就是说,只有故意造成他人伤害的才能构成伤害罪,应追究刑事责任或在追究刑事责任的同时附带追究民事责任;出于过失的伤害,除了过失致人重伤罪以外,则构不成伤害罪,不追究刑事责任。而构成人身损害赔偿,只要行为人有过错,致他人伤害并造成财产损失的,不论是故意还是过失,均负民事赔偿责任。

2. 伤害情节的区别

在故意致人伤害的行为中,区别罪与非罪的界限只是伤害情节的轻重。国外许多国家都把殴打等行为作为轻微伤害列入刑法典中,作为犯罪处理。我国则对一般的轻微伤害不以伤害罪论处。在实践中掌握的轻微伤害,一般是双方口角、厮打中致皮外伤可以较快治愈的;殴打中双方互致轻伤,拳打脚踢只造成肉体上暂时疼痛的;故意伤害他人只造成擦皮伤、淤血伤等不严重损害健康的。对这些轻微伤害,一般不宜作为伤害罪处理,而只追究行为人的人身损害赔偿责任。

3. 特定条件方面的区别

在一般条件下,行为人故意伤害他人身体的,除前项所列情节外,均可构成伤害罪。但在特定条件下,同样程度的伤害,却不构成犯罪,而只负民事赔偿责任。如精神病患者造成的轻重伤害,不满 16 周岁的未成年人造成的轻伤害,不满 14 周岁的未成年人造成的重伤害,均不构成伤害罪,因为他们没有刑事责任能力,或者只具有相对刑事责任能力,他们造成的损害只能由其监护人承担民事赔偿责任。

此外,伤害罪和人身损害民事责任,其主体、处理的法律依据、承担责任的方法均不同。伤害罪的主体是犯罪主体,人身损害行为的主体是民事法律关系的主体,即实施损害行为并承担赔偿义务的加害人和遭受损害并享有请求赔偿权利的受害人。伤害罪依据的是《刑法》,程序上是《刑事诉讼法》;而人身侵权损害赔偿依据的是

《民法通则》及有关民事法律、政策，程序上依据的是《民事诉讼法》；伤害罪承担的是以刑罚为手段的刑事责任，或者是刑事附带民事的责任；人身侵权损害则承担的是民事赔偿责任。

三、侵权损害赔偿与过失致人死亡罪的区别

过失致人重伤罪，是指由于过失伤害他人身体而致人重伤的行为。过失致人死亡罪，是指由于过失而致人死亡的行为。过失致人重伤罪和过失致人死亡罪，在主观上有两种情况：一是行为人应当预见自己的行为可能发生重伤或者死亡的结果，由于疏忽大意而没有预见，以致发生使他人遭受重伤或死亡的结果；二是行为人已经预见自己的行为可能发生致他人重伤或死亡的结果，而轻信能够避免，从而发生致他人重伤或死亡的结果。前者是属于疏忽大意的过失，后者是属于过于自信的过失。不论是疏忽大意或是过于自信，都是属于行为人主观上的罪过，因此，应负刑事责任。

民事上的侵权损害，也会出现致人重伤、死亡等后果，但它与刑事案件中的过失致人重伤罪和过失致人死亡罪有着根本的区别，除了其主体、依据的法律及承担责任的方法不同外，其主要区别在于：

过失致人重伤罪、过失致人死亡罪的犯罪主体，存在主观上的罪过，而承担民事责任致人重伤、死亡的行为人往往是无责任能力的人，他们在主观上没有罪过也没有过错，所以不构成犯罪。这种责任的过错一般是存在于监护人的主观方面，是由于监护人疏于管教、监护义务而引起的，所以对造成的损失，由其监护人负民事赔偿责任，即使其监护人无过失，也按公平责任的原则，负责赔偿受害人部分损失。

交通肇事罪、重大责任事故罪、危险物品肇事罪等，都有造成人身伤亡的后果。但在特定的情况下，出现致人重伤或死亡后果而不构成刑事犯罪的，则只追究其人身损害的民事赔偿责任。如交通肇事发生的原因是由交通运输人员的一般过失与受害人本人的重大过失造成的，或者是完全由受害人自己的过失造成的，或者是交通指挥人员的过错发生的，等等。在这些情况下，一般只构成人身损害赔偿责任。

综上所述,民事侵权损害与伤害罪、过失致人死亡罪虽然在很多特征上相似,但二者之间有着根本的区别。实践中之所以出现混淆刑、民界限的情况,原因是多方面的。有的是因为对业务不熟悉,对刑、民界限不清;有的是一时感情冲动,认为民事制裁不如刑事制裁来的痛快而随意将民事案件改为刑事案件,对加害人错误地追究了刑事责任,侵犯了民事被告人的人身权利,不适当地扩大了刑罚的适用范围;有的由于担心判了被告人徒刑便没人拿钱,而对构成刑事犯罪人只追究民事赔偿责任了事。这些倾向都是错误的,都是不依法办事的表现,应坚决予以纠正。

第四节　刑事附带民事诉讼中的损害赔偿问题

一、刑事附带民事损害赔偿与侵权损害赔偿的关系

刑事附带民事诉讼中的民事诉讼,只能是对侵犯财产权利或者人身权利的犯罪中造成损失的赔偿,对于其他类型的民事案件则不能附带判决。例如,不能用判决重婚罪的案件附带判决离婚的民事诉讼。

附带民事诉讼中的损害赔偿仍然是侵权损害赔偿的债,它的民事责任构成,与侵权损害赔偿没有区别。它们的性质、目的等都是一致的,都是为了保护被害人或受害人的经济利益,使被害人和受害人由于犯罪行为或侵权行为而遭受的经济损失得到补偿,同时,又对罪犯或加害人具有惩罚的性质。

二者的区别在形式上,即附带民事诉讼中的"附带"性质。它是对刑事犯罪直接引起的经济损失提起的民事赔偿要求,它的适用必须是被告人要有犯罪行为,并需要追究刑事责任,依法予以起诉、判刑或者免予刑事处分的,才能对其提起附带民事诉讼。因此,它不具有独立的诉讼地位而只能是"附带"。而民事上的损害赔偿则不具有这些形式上的条件,因而是独立的民事案件种类。对那些属于《刑事诉讼法》规定不追究刑事责任的情形之一的(第一,情节显著轻微,危害不大,不认为是犯罪的;第二,犯罪已过追诉时效期限的;

第三，经特赦令免除刑罚的；第四，依照刑法告诉才处理的犯罪，没有告诉或者撤回告诉的；第五，犯罪嫌疑人、被告人死亡的；第六，其他法律规定免予追究刑事责任的），受害人可以酌情提起民事损害赔偿的诉讼，原来的附带民事诉讼即脱离“附带”的从属性质，按照一般民事侵权损害处理。自诉案件双方自行和解，其民事要求也不属于附带民事诉讼。

当前，值得注意的倾向是实践中往往忽略刑事案件中的附带民事诉讼。被害人即使提出了民事赔偿的要求，刑事法官也不重视。从目前情况看，自诉刑事案件的附带民事诉讼处理得比较好一些，问题大的是公诉案件的附带民事诉讼。例如，法官有的嫌计算财产损失的价值太麻烦而不予起诉，有的不准被害人提起民事诉讼请求而推给社会处理，有的草率决定赔偿一点损失了事，有的借口被告人已判刑无力赔偿而不受理损害赔偿请求，有的则干脆持“打了不罚”的错误观念，对附带民事诉讼一概不理。这些情况，就使直接遭受损失的被害人的经济损失得不到补偿，对打击犯罪分子也不利。

二、侵权损害赔偿与刑事附带民事损害赔偿的关系

一般的刑事犯罪，其本身就是侵权行为，只是因为这种侵权行为的社会危害性太重了，刑法将其规定为犯罪行为，适用刑罚手段予以制裁。这在法理上叫作法规竞合，是民事法规和刑事法规发生竞合。在刑法中规定的多数犯罪行为，实际上都是这样，都是侵权行为，同时又都是犯罪行为。如故意杀人罪，就是侵害生命权的侵权行为；故意伤害罪，就是侵害健康权的侵权行为；强奸罪，就是侵害妇女的性自主权的侵权行为；故意毁坏财物罪，就是侵害财产权的侵权行为；最有争议的诽谤罪，其实就是侵害名誉权的侵权行为。

侵权之债、合同之债、不当得利之债，都可能与犯罪行为发生竞合。但无因管理之债由于其是对社会有益的行为，因此不会与犯罪行为沾边。

侵权行为，只要社会危害程度严重，就可能构成犯罪。合同之债，存在违约责任与合同诈骗犯罪之间的界限问题，那就是合同欺诈行为与合同诈骗罪的问题。事实上，合同欺诈情节严重了，就

构成了合同诈骗罪。这是刑事审判和民事审判都必须准确把握的重大问题。不当得利之债,与侵占罪密切相关,只是在主观方面以及情节方面存在差异,其实,不当得利中的恶意占有所得利益,就是侵占罪。

笔者认为,凡是类似的犯罪行为都是侵权行为,而在这些方面发生的侵权民事责任问题并不一定都是犯罪行为。这也是《刑法》和《刑事诉讼法》规定刑事附带民事赔偿以及诉讼的原因所在。

因此,可以概括为以下内容:

第一,在社会危害性方面,具有相当社会危害性的违法行为,构成犯罪行为,同时也是侵权行为、合同欺诈行为或者不当得利行为。在一个违法行为不具有或者没有达到《刑法》所要求的社会危害性的程度时,侵害了受害人的人身权利或者财产权利,具备侵权责任或者其他民事责任要件的,构成民事责任。

第二,在主观方面,犯罪的罪过与民事责任的过错,都是违法行为人在实施行为时的主观心理状态,不过罪过更为严重,主要是故意,只有法律规定过失也构成犯罪的时候,过失才认定为是犯罪。侵权责任以及其他民事责任中的过错,也包括故意和过失,不过,在民事责任中,过错的主要形式是过失,过失侵权行为的数量更多;但在合同欺诈中,应当是故意所为;在不当得利中,故意、过失均可构成责任。因此,结论是,所有的侵害人身权利和侵害财产权利的犯罪行为,几乎都是侵权行为以及其他民事违法行为。而过错较轻的,特别是过失的违法行为,几乎都是民事侵权行为,或者其他民事违法行为,构成民事责任。

三、具体处理办法

第一,构成重大犯罪的侵权行为,如在那些公诉案件中,在追究犯罪行为人的刑事责任的同时,应当责令其承担侵权损害赔偿责任,这就是《刑法》和《刑事诉讼法》规定的附带的损害赔偿制度。关于刑事附带民事损害赔偿责任的确定,应当严格按照《侵权责任法》的规定,确定具体的赔偿责任。

第二,对于一般的刑事犯罪行为,即使是公诉案件,也可以遵照宽严相济的政策,如果能够得到受害人的谅解,不追究其刑事责任也不至于再重新犯罪危害社会的,也可以不追究刑事责任,或者免除刑事责任,只判决其承担侵权损害赔偿责任。

第三,对于自诉刑事案件,则应当完全取决于自诉人也就是受害人的意志。如果受害人不愿意追究犯罪行为人的刑事责任,只追究其民事赔偿责任的,应当准许;即使是受害人起诉刑事犯罪,如果能够得到受害人的谅解,甚至是法官进行调解而取得受害人的谅解,也可以只追究民事赔偿责任而不追究其刑事责任,不予以刑罚。

第四,介于刑事犯罪和侵权行为之间的,即出于罪与非罪之间的行为,应当就低不就高,作为民事侵权行为处理,防止犯罪行为扩大化,激化社会矛盾,造成意想不到的后果。

第五节 对侮辱罪、诽谤罪附带的精神损害赔偿的研究

一、侮辱罪、诽谤罪附带损害赔偿的必要性

侮辱罪、诽谤罪的被害人能否依据《民法通则》提起精神损害赔偿的附带民事诉讼?这是一个新问题,涉及我国能否实行精神损害赔偿的刑事附带民事诉讼制度的问题,亟待解决。对此,最高人民法院于2002年7月15日公布《关于人民法院是否受理刑事案件被害人提起精神损害赔偿民事诉讼问题的批复》,做出禁止刑事案件被害人在刑事附带民事诉讼以及单独的民事诉讼中提出精神损害赔偿侵权的司法解释,这种规定是不正确的。

诚然,在我国现行立法中,对于刑事附带民事诉讼的规定比较严格,仅限于由于犯罪行为致被害人遭受经济损失的场合。例如,《刑法》第36条规定:“由于犯罪行为而使被害人遭受经济损失的,对犯罪分子除依法给予刑事处罚外,并应根据情况判处赔偿经济损失。承担民事赔偿责任的犯罪分子,同时被判处罚金,其财产不足以全部支付的,或者被判处没收财产的,应当先承担对被害人的民事赔偿责任。”第37条规定:“对于犯罪情节轻微不需要判处刑罚

的,可以免予刑事处罚,但可以根据案件的不同情况,予以训诫或责令具结悔过、赔礼道歉、赔偿损失,或者由主管部门予以行政处罚或者行政处分。”《刑事诉讼法》第 77 条和第 78 条规定的是刑事附带民事诉讼程序,是实现刑事附带民事损害赔偿的具体程序。这从实体和程序两个方面对刑事附带民事诉讼的条件做了规定,并与我国传统的民事损害赔偿理论相一致,没有抵触之处。据此,侮辱罪、诽谤罪的犯罪行为没有造成物质损失的,不能提起附带民事诉讼。

但是,随着《民法通则》的颁布实施,这种立法统一的局面出现了矛盾。《民法通则》第 120 条规定:“公民的姓名权、肖像权,名誉权、荣誉权受到侵害的,有权要求停止侵害,恢复名誉,消除影响,赔礼道歉,并可以要求赔偿损失。”这一规定,确认了精神损害赔偿的理论,确立了我国的精神损害赔偿制度。《侵权责任法》第 22 条明确规定了精神损害赔偿责任制度,通过第 22 条确认:“侵害他人人身权益,造成他人严重精神损害的,被侵权人可以请求精神损害赔偿。”这种立法实践和理论研究的重大进展,带来了一系列的问题,其中之一就是,民事立法确认对于人格关系的侵害可以请求精神损害赔偿,而刑事立法对于由犯罪行为给被害人造成人格关系严重损害的却规定不能附带一起请求赔偿。特别是对侮辱罪、诽谤罪的被害人以及其他被造成精神损害的刑事被害人,依据刑事立法就不能请求损害赔偿,依据民事立法就可以请求损害赔偿。这种立法的矛盾,虽然是法学理论的进步和立法的发展所不可避免的,但由于这种矛盾对于审判实践和保护公民人身权利有着重大影响,必须加以研究解决。但是,立法机关修改《刑法》和《刑事诉讼法》的时候,仍然坚持原来的规定,没有做任何改变,因此,立法的矛盾仍然继续存在。在最高人民法院做出上述司法解释之后,这种立法矛盾就成了当然的、不可改变的了。

确立精神损害赔偿法律制度是完全必要的。而我国《刑法》之所以规定用刑罚方法制裁侮辱罪、诽谤行为,正是因为这两种罪行严重地侵害了被害人的名誉权。侮辱罪、诽谤罪是两个罪名,都是损害他人人格的犯罪,并无本质的区别,但行为方式有所不同。侮辱罪必须有以暴力或其他方法公然侮辱他人的行为。这种暴力不是指伤害、杀害，而是指用一定的强力行为来损害别人的人格，如强行将一妇女的衣服扒光当众羞辱，用强力逼迫某人做难堪的动作等。其他方法包括大字报、小字报以及其他口头、书面的形式。诽谤罪则是捏造事实，公然损害他人人格的行为。它不可能用暴力，只能用口头或者书面形式。但是，无论这两个罪的行为方式有何不同，其行为的指向，都是针对他人的人格。

二、精神损害赔偿与侮辱罪、诽谤罪的联系与区别

（一）联系

正因如此，精神损害赔偿与侮辱，诽谤罪的相同之处在于：第一，侵害的客体都是法律所保护的公民的人格尊严、人格权利。第二，行为方式基本相同，构成侮辱罪、诽谤罪的大多数行为方式一般均可成为人格损害的行为。第三，都造成了受害人精神上、心理上的损害，使受害人的名誉、威信等受到破坏。

（二）区别

它们之间的区别主要有以下几点：

第一，主体的区别。精神损害赔偿的权利主体和义务主体，都既可以是自然人，也可以是法人；侮辱罪、诽谤罪的犯罪主体和被害人，按法律规定只能是自然人。

第二，主观方面的区别。精神损害赔偿的主观方面，既可以是故意的过错形式，也可以是过失的过错形式；而侮辱罪、诽谤罪的主观方面则只能是故意的罪过形式，过失不构成这两个罪。

第三，行为方式的区别。构成侮辱罪的某些特别方式，即以暴力公然加以侮辱的行为，如当众以粪便泼人身体的行为等，由于已经达到了严重的程度，一般不认为是普通的人格损害，而是侮辱罪的特有方式。

第四，危害结果区别。侮辱罪、诽谤罪的危害结果，是对社会构成了较为严重的危害，例如，多次侮辱被害人，使其因刺激而造成精神病的或不堪侮辱而自杀等。人格损害的侵权行为虽然带有危害社会的性质，但远未达到这样的程度。如用猥亵的言语侮辱妇女的，污秽他人身体衣物的，捏造的事实不甚严重尚未对他人的人格

造成重大影响的,捏造的事实只在小范围传播尚未广为传播后果不甚严重的等,只能按精神损害赔偿处理。

从以上分析可以看出,精神损害赔偿与侮辱、诽谤罪的构成基本相同,只是对于侮辱、诽谤罪的要求更严格,对侮辱、诽谤罪的主观要件、行为方式、危害结果要求达到更为严重的程度而已。

既然如此,现行立法对于人格损害情节较重的,确认其赔偿损失的合理性,那么,对于侵害他人人格关系情节严重的侮辱罪、诽谤罪却不准许在追究被告人的刑事责任的同时提起附带民事诉讼,追究其民事责任,于情、于理都是说不通的。因此,为了更加有效地制裁侮辱、诽谤犯罪,有效地保护公民的人身权利,必须彻底否定"打了不罚,罚了不打"的陈腐观念,确立侮辱罪、诽谤罪的附带民事诉讼制度。

三、确立侮辱罪、诽谤罪精神损害赔偿责任必要性的具体表现

确立我国的侮辱罪、诽谤罪附带民事诉讼制度,是切实可行的。

第一,有其他国家的立法经验可供借鉴。世界各国立法关于刑事附带民事诉讼的规定,大致可分为三种:一是允许刑事附带民事诉讼,但仅限于犯罪行为给被害人造成物质损失的场合;侮辱、诽谤等犯罪给被害人造成心理上、精神上损害的,不得请求附带民事诉讼,如前苏联的立法。二是允许刑事附带民事诉讼,而且不限于物质损失,还包括肉体的以及精神的全部损失。例如,《法国刑事诉讼法》第3条规定:"民事诉讼可以与公诉同时在同一法院进行。民事诉讼可以包括作为起诉对象的罪行所造成的物质的、肉体的及精神的全部损失。"按照这一规定,侮辱、诽谤罪的被害人当然可以请求附带民事诉讼。三是美国、日本等国的立法,对于犯罪行为造成的损害,不采取刑事附带民事诉讼的审判程序,而是依据民事诉讼程序单独提出损害赔偿。这些国家的民法允许对人格损害请求赔偿,因此,侮辱、诽谤罪的被害人当然可以另依民事诉讼程序请求损害赔偿。在这些经验中,法国的立法经验最值得我国借鉴。

第二,有我国《民法通则》的法律基础。经过30多年的酝酿和争论,《民法通则》终于确立了精神损害赔偿制度,结束了所谓的精

神损害不能赔偿的局面,并于 1978 年 1 月 1 日正式施行。有了这种精神损害赔偿制度,侮辱罪、诽谤罪附带民事诉讼制度的确立,就有了坚实的基础,具体的立法只是一个时间的问题。但是,我们直到今天也没有看到这个结果,看到的只是《刑法》《刑事诉讼法》的修改结果以及最高人民法院的上述司法解释,面对我国法律和司法的缓慢进展,真的是很遗憾。

四、确立侮辱罪、诽谤罪精神损害赔偿责任的具体办法

因此,我们认为:

第一,应当通过立法程序,确立犯罪行为造成的被害人的姓名权、肖像权、名誉权、荣誉权、隐私权、人身自由权以及生命权、健康权和身体权等人格权损害的可以提起附带民事诉讼的制度。建议立法机关通过《刑法》《刑事诉讼法》修正案,在《刑法》《刑事诉讼法》中规定相应的内容。这样一来,就不仅解决了侮辱罪、诽谤罪的附带民事诉讼问题,而且解决了其他所有犯罪行为对被害人的人身权造成损害的附带民事诉讼问题。这一立法修正案势在必行,而且应当尽早进行。

第二,明确侮辱、诽谤罪附带民事诉讼的程序。修改立法以后,对于侮辱罪、诽谤罪的被害人只要提起附带民事诉讼请求的,人民法院都应当受理,并按照具体的人格损害情节,给予适当的经济补偿。这是因为,侮辱、诽谤罪对于被害人人格的损害都是具有严重情节的,而精神损害赔偿则只需具备较重情节即可。两相比较,侮辱、诽谤罪的情节当然更重,请求赔偿是应当支持的。至于其他犯罪行为造成他人人格损害的则应照此办理。就我国目前情况来看,通过立法是问题的一方面,另一方面还必须在审判实践中彻底解决一些具体问题,不然立法难以得到切实的执行。例如,在审判实践中公诉案件的附带民事诉讼就较难实行,即使公诉案件被害人向法院提起附带民事诉讼请求,很多法院也没能予以支持。这里既有对法律的理解问题,也有审判人员力量不足的实际问题,当然也有被告人的经济负担能力问题。不解决这些问题,被害人的人身权利就不能得到切实的保护。

第六节　关于霍夫曼计算法与莱布尼茨计算法及其应用

一、应用霍夫曼计算法和莱布尼茨计算法的场合

根据请求给付的时间不同,可以分为现在的给付之诉和将来的给付之诉。将来的给付之诉是指从现在开始至将来的多次给付或者将来的一次性给付。

在人身损害的赔偿中,有些赔偿既可以是将来的多次给付,也可以是现在的一次性给付。实践中绝大部分是将来的多次给付,而现在的一次性给付则较少。如果采取将来的多次给付,则按照判决主文或调解协议,按期(职工通常按月,农民通常按年)给付即可。如果是改为现在的一次性给付,则应计算应赔偿的年限,每年应赔偿的数额,一并加以计算后,一次给付。例如,受害者死亡后遗留一个 8 岁幼童,应供养至 18 岁,每月赔偿 200 元,一年 2400 元,赔偿 10 年,总计应赔偿 24,000 元。

在我国的审判实践中,常常就是采取这样的计算法。实际上,这种计算法是不科学、不合理的。如果是分期付款,加害人分成若干次赔偿,直至第十年的最后一个月,累计赔偿 24,000 元并没有错,但是,如果马上让加害人一次性给付,对于应在第二年直至第十年的付款均属提前给付。在商品经济社会,货币作为商品价值的一般等价物,会产生法定孳息,如借款的利息。我国是有计划的商品经济,货币仍具有这种功能。借贷要偿付利息,放贷要收取利息,这是客观的实际情况。那么,在将来的多次性给付作为现在的一次性给付时,这种提前给付也必然具有孳息的因素在内。推论,如果加害人没有这么多钱,要向银行贷款,必然支付利息,他再按 10 年的期限分期向银行偿还。即使加害人有提前偿付的能力,那么法律已经确认他是将来的多次性给付,就可以按判决给付,余额当然可以进行其他投资或存款,赚取利润或利息,如果改为一次性给付,而不考虑孳息因素,加害人的利益将受到损失。同时,受害人提前获得

这笔款项，无论存放银行还是进行投资，也都会产生新的利息或利润。因此，将来的多次性给付改为现在的一次性给付时，应当扣除法定的利息，这样才是合情合理的。

国外通行的霍夫曼计算法与莱布尼茨计算法就是适用于这种场合，它可以避免现行计算法存在的弊端。

二、霍夫曼计算法

霍夫曼计算法，是19世纪德国人霍夫曼创造的。霍夫曼计算法由于科学地解决了商品经济中货币给付的法定孳息因素，符合当事人双方的利益要求，被大陆法系和普通法系的大多数国家广为采用。

霍夫曼计算法的要点是：为了计算 n 年后的每年给付全额 A 的现在价额 X，其利率为 r，则计算公式为：

$$X + Xrn = A$$

或者

$$X(1 + rn) = A$$

或者

$$X = \frac{A}{1 + rn}$$

以上例为例，设定利率为5%，第二年的赔偿额为

$$X = \frac{2400}{1 + 5\% \times 1} = \frac{2400}{1.05} = 2285.70(\text{元})$$

依此类推，第三年为2181.8元，第四年为2087.0元，第五年为2000.0元，第六年为1920.0元，第七年为1846.2元，第八年为1777.8元，第九年为1714.3元，第十年为1655.2元。加上第一年的240元，共计19,867.9元。这就是加害人一次性赔偿所应给付的数额。

三、莱布尼茨计算法

莱布尼茨是德国学者，其研究涉及数学、哲学、法学等许多领域。他创造的莱布尼茨计算法在国外许多国家的侵权法的审判实践中被广泛应用。它的基本原理是，对将来的给付改为现在的给付，亦应当扣除法定利息因素。

为算定 n 年后的金额 A 的现在价额 x,利率为 r,A 金额为加以复利 n 年后的金额。公式为:

$A=x(1+r)^n$

或者

$x=A/(1+r)^n$

如上例,设利率为 5%,按照上列公式,第一年 2400 元即为支付,利息计算从第二年开始,于是第二年的价额 x 为

$x=2400/(1+5\%)^1=2285.7$(元)

第三年的价额为

$x=2400/(1+5\%)^2=2176.9$(元)

依此类推,第四至十年的价额分别为 2073.2 元、1974.5 元、1880.5 元、1790.9 元、1705.6 元、1624.4 元、1547.1 元。十年累计赔偿总额为 19,458.8 元。

这就是甲现在一次性给付的数额,同十年分期给付总额相比,少 454.12 元,这个差额,就是应当扣除的法定利息。

在计算中,分别算出 n 取各值时的价额,最后相加得出总额比较麻烦;经过推导,n 年间每年应受领之金额总和的现在总计价额 T,可得公式,

$T=A+A/(1+i)^1+A/(1+i)^2+\cdots A/(1+i)^n$

$=A[1+1/(1+i)^1+A/(1+i)^2+\cdots A/(1+i)^n]$

设 $1/1+i=k$,则上式

$T=A\cdot(1-k^n)/1-k$

再以甲与乙的赔偿为例,题中

$\mathrm{A}=240;\mathrm{k}=1/(1+5\%)=0.95;1-\mathrm{k}=0.05$

$\therefore \mathrm{T}=240\times(1-0.95^{10})/0.05$

$=1945.88$(元)

计算时,有关幂计算可查数学用表。

四、霍夫曼计算法与莱布尼茨计算法的比较

这两种计算法的适用场合是完全一致的,均适用于将来的给付作为现在的给付场合,其基本原理也都是扣除其合理的法定孳息。

其区别在于，霍夫曼计算法采单利计算法，莱布尼茨计算法采复利计算法。

在金融学中，根据借贷时间在计算中的意义，利息的计算方法分为单利和复利两种。单利不问期限长度，仅按本利计算利息。本金所生利息，不加入本金重复计算。公式如下：

$c = p \cdot i \cdot n$；即

利息额 = 本金 × 利率 × 期限

复利则经过一段时间，将所生利息加入本金，再计算本金，逐期滚算，复利更加注重时间的意义。公式如下：

$a = p[(1+i)^n - 1]$；即

利息额 = 本金 × [(1 + 利率)^{期限} − 1]

由于莱布尼茨计算法与霍夫曼计算法对扣除的法定利息计算采取不同的方法，其结果当然不同。仍以前述赔偿为例，采霍夫曼计算法比莱布尼茨计算法的计算结果多赔偿 409.1 元，这是利息没有滚进本金中计算的结果。

怎样看待这两种计算方法的差异呢？我国在长期的审判实践中，采取的传统计算方法，违反了民法的公平原则，违背了商品经济运行规律。在数额较大、期限较长的赔偿中，这种计算的不公平性尤为突出，这是应当纠正的。就这两种计算法来说，都考虑了货币流通的法定孳息因素，公平合理地处理了当事人双方合法权益的冲突，避免了传统方法的弊端。比较而言，莱布尼茨式更考虑了货币流通法定孳息的期限长度的因素，因而更贴近于商品经济社会货币流通的实际情况。但是，审判实践中的给付毕竟不是真正意义上的商品流通，因此，考虑货币流通的孳息因素对赔偿给付的影响只要符合其基本情况，就应认为是公平合理的；况且，在货币流通中，单利、复利的计算也是随当事人之间约定的。所以，两种计算法虽有计算公式和计算结果的不同，但在判实践中均可采用，并无原则的差别。

五、霍夫曼计算法与莱布尼茨计算法的应用

在审判实践中应用这两种计算法的好处如下：

其一，可以及早终结现存的损害赔偿法律关系，有利于社会的

安定团结。将来的多次性给付时日长久,在履行中很难保证不出现反复,随着物价的波动,当事人之间也可能出现新的争议。有条件作为现在一次性给付的,可以使给付义务即时清结,使长期存在的损害赔偿法律关系随着给付义务的清偿而终结,不再影响社会的安定。

其二,符合商品经济的运动规律,有利于民事流转。商品经济一个重要的运行规律,就是要求加快资金流动,使生产经营者创造更多的价值,既可以增加个人的收入,又会增加整个社会的财富,活跃市场,促进民事流转。

其三,可以调动当事人双方执行判决或调解协议的积极性。应用霍夫曼计算法和莱布尼茨计算法,赔偿义务人可以减少实际的给付款额,又可以即时履行完毕给付义务,态度是会积极的。赔偿权利人虽然实际所获得的给付数额有所减少,但其如果用于投资、入股,所得利润、股息会大于计算时所确定扣除的利息额。这样对双方都有利。

审判机关在适用这一方法时,应当注意这样几点:一是应当具备适用这两种计算法的前提,即在人身损害赔偿中对将来的多次性给付作为现在的一次性给付的场合,而且这种多次性给付须是具有确定的期间的。如果是赔偿到权利人死亡时止,其期间是不确定的,一般不适用这种计算法。二是究竟采用这两种方法中的哪种方法,并没有固定的要求,在实践中可依当事人的商定。商定不成,由审判员决定时,应优先采用霍夫曼式。三是利率“r”的确定应当适当,过高过低都会给一方造成损失。在一般情况下,计算应当按年,年息的确定应略低于现行银行的定期存款利息,国外通常采用的利率为5%,比较合理,是可行的。四是这种场合的权利人多为未成年人,法院处理时,应向其监护人讲清责任,合理使用所给付的款项,以免损害权利人的利益。五是由于以前对于这种计算法没有适用,对于审判人员和当事人都要有一个认识过程;同时,还应该结合我国的司法实践经验,进一步完善这一方法。

由于霍夫曼式和莱布尼茨式计算法在国外已经普遍推行,为使这两种方法应用起来更加简捷方便,易于判决执行,使当事人明确给付数额,自觉履行义务,维护权利,已编制了《计算表》,使繁冗复杂的计算归于明了。该表共有三个栏目:年数、金额和累计。年数从1列到50,即给付期限。年数1所对应金额指将来多次性给付的总额,即上面公式中的"A"。"A"下的金额分别对应 $n=2、3\cdots\cdots50$ 时的 x 值。"累计"所对应的是扣除法定利息后的现在一次给付应付的金额,即 T 值。应用该表在计算时,要注意第一次给付的时间。例如,第一次给付为当年支付,则应从第二年算起,累计总年数为20,在表中"年数"项内"20"一栏查出,其现在金额为1411.60元。如第一次支付为次年支付,就应把年数取为21,这样查表求得其现在价额为1461.60元。表中金额"1,000,000.0"的单位是随机的,以下的"金额"及"累计"中的数字亦随其变换。当实际数字为"1,000,000.0"的倍数或分数时,就将所差的倍数或分数与其相乘,"金额"及"累计"中的数字也乘以何样之数即可。例如,若5000元为20年后的支付,求其现在价额,则于年数20查到512.82元,再乘以5,得到2564元即为所求。若计算在100元之收入之20年累计,可从表中直接查出,50元则以相乘。

计算表

单利五分[霍夫曼(Hoffmann)式]			复利五分C莱布尼茨(Leibniz)式	
年数	金额	累计	金额	累计
1	1,000,000.0	1,000,000.0	1,00000	1,00000
2	952,380.8	1,952,380.8	95,238	1,95238
3	909,090.9	2,861,471.7	90,708	2,85941
4	369,565.2	3,731,036.9	86,384	3,72325
5	S33,333,3	4,564,370.2	82,270	4,54505
6	800,000.0	5,364,370.2	78,353	5,32948
7	769,230.7	6,133,600.9	74,622	6,07570
8	746,740.7	6,874,341.6	71,068	6,78638
9	714,285.7	Y,588,627.3	67,684	7,46322
10	689,655.1	8,278,282.4	64,461	8,10783
11	666,666.6	8,944,949.0	61,391	8,72174
12	645,161.2	9,590,110.2	58,468	9,30642
13	625,000.0	10,215,110.2	55,684	9,86326
14	606,060.6	10,821,170.8	53,032	10,39358
15	588,235.2	11,409,406.0	50,507	10,89863

续表

单利五分[霍夫曼(Hoffmann)式]			复利五分C莱布尼茨(Leibniz)式	
年数	金额	累计	金额	累计
16	571,428.5	11,980,834.5	48,102	11,37967
17	555,555.5	12,536,390.0	45,811	11,83778
18	540,540.5	13,076,930.5	43,630	12,27408
19	526,315.8	13,603,246.3	41,552	12,68960
20	512,820.5	14,116,066.8	39,573	13,08533
21	500,500.0	14,616,066.8	37,689	13,46222
22	487,804.8	15,103,876.6	35,894	13,82116
23	476,190.4	15,580,062.0	34,185	14,16201
24	465,116.2	16,045,108.2	32,557	14,48858
25	454,545.4	16,499,723.8	31,067	14,79925
26	444,444.4	16,944,168.0	29,530	15,09455
27	443,782.6	17,378,950.1	28,124	15,37579
28	425.531.9	17,804,482.5	26,795	15,64364
29	416,666.6	18,221,149.1	25,509	16,59339
30	408,163.2	18,629,312.3	24,294	16,14167
31	400,000.0	19,029,312.3	23,137	16,37304
32	392,156.8	19,4421,469.1	22,035	16,59339
33	334,615.3	19,806,084.1	20,986	16,30325
34	377,358.3	20,183,442.8	19,986	17,00311
35	370,379.3	20,553,813.0	19,034	17,19245
36	363,636.3	20,917,449.3	18,128	17,34473
37	357,142.3	21,274,592.1	17,265	17,54738
38	350,877.1	21,625,946.9	16,443	17,71181
39	344,827.1	21,970,774.0	15,660	17,86841
40	338,990.0	22,309,760.0	14,914	18,01755
41	333,330.0	22,643,090.0	14,204	18,10249
42	327,870.0	22,970,960.0	13,527	18,28776
43	322,580.0	22,293,540.6	12,883	18,41654
44	317,460.0	23,611,000.0	12,270	18,53929
45	312,500.0	23,923,500.0	11,685	18,65614
46	307,690.0	24,231,190.0	11,129	18,76743
47	303,030.0	24,534,220.0	10,599	18,87342
48	292,010.0	24,826,830.0	10,094	18,07436
49	291,180.0	25,118,010.0	9613	19,07049
50	289,860.0	25,407,870.0	9154	19,16203

我的第一本法学专著

——代跋

我的第一本法学专著是《侵权损害赔偿》，是1988年出版的，前后共印三版，还有一些朋友建议我再版，我一直没有决定。现在终于改完了这部书稿，在《侵权责任法》实施之前出版它的第四版。

回忆起来，写作和出版、发行这部著作，确实是很难忘的。

一、写作

1981年，我在《法学研究》杂志上发表了侵权法的第一篇论文以后，就对侵权法产生了浓厚的兴趣，同时也发现我国的法学界对这门法学理论研究得非常不够，因此就下了决心，要好好研究这个问题。

在那个时候，我的文凭还是一个初中毕业证书，是1969年发的。简陋的封面上，有一个男工人举着钢钎，一位女农民抱着一捆麦子。地上好像还有一群羊。我之所以描写这个毕业证书的样子，就是想说明我们初中那时候没有很好地学习文化课，基本上是学工学农又学军。我没有专门学过法律，只是在法院工作中，在老同志的指点下，较为系统地阅读了大学法律系的教科书。凭着这样的基础，要探索、研究侵权法学这个深奥的法学理论,真的是困难多多。

但是,我的决心建立在两个基础上:第一,我们这个中级法院在有 20 个干部编制的时候,就有 11 名“文化大革命”前的名牌大学法律系的毕业生,北大法律系、中国人大法律系、吉林大学法律系的毕业生都有,在他们的学术精神和院里的学术气氛影响下,自己有了一些体会和积累;第二,我这个人对有兴趣的事情是十分尽心的,可以用尽全力去做,不会灰心。正因如此,此后,我就注意收集侵权法的专著和论文,潜心研读,试图在可能的时候自己写出一部中国侵权法学的专著。

1984 年,我考入中国政法大学进修学院学习法律,在这里,有了更好的学习和研究的条件。尽管进修学院图书馆的藏书不多,但是,我还是看到了以前想看而看不到的东西,看到了以前很多不知道的书和论文。在大学里准备了大约一年的时间,图书馆中的有关资料全部看完了,我也积累了数千张资料卡片,当时认为对侵权法的理论问题和实践问题也有所认识了。这时候,我感觉准备比较充分了,因此,在第二个学年开始的时候,我就开始动手写作《侵权损害赔偿》了。

写作起来,并不困难。有这几年积累的实践经验,又有这一年的理论准备,写得很顺手。大约写作了一个学期,写出了将近 20 万字的初稿。我把初稿交给几位同学阅读,请他们提意见,并且按照他们的意见进行了修改。恰好在最后一个学期的时候,《民法通则》通过了。在临近毕业之前,我抓紧时间,按照《民法通则》有关侵权行为的规定,进行了最后一次修改,就在毕业之前定稿,接着就把这部积累了我几年心血的厚厚的稿件,寄给了一家出版社。然后,我就毕业回到家乡,静候佳音。

二、出版

其实,在那个时候出版一本法学专著,尤其是不见经传的小人物的专著,会有什么佳音可候呢? 我等了足足有一年,那就是到了 1987 年,书稿的出版毫无音讯。最后在再也没有办法的时候,我通过朋友,到这家出版社询问情况,回答是已经有了同类的书籍出版,不再考虑我的书稿出版。朋友帮我要回书稿,寄给我。后来我才知道,其实所说的同类书稿,不过是一本关于侵权法的三四万字的小册子。看到这本小册子出版,我的心情很不好受。不过,这又有什么办法呢?

我正在难过的时候,我的一位朋友,省高级法院的一位领导知道了这件事,说可以帮助我。他说,他可以把这本书推荐给吉林人民出版社,争取出版。我很兴奋,立即将书稿寄给这位朋友,交给了吉林人民出版社。我又开始静候佳音。

事实证明,这种守株待兔式的"静候佳音"做法是十分有害的。

又过了很久,我到长春开会,下定决心要在开会之后,到吉林出版社去询问一下情况。恰好,在这时候,我们院的一位刚毕业的大学生到我住宿的宾馆去看我,我就谈起了这件事。他说:"哎呀!我刚刚到吉林人民出版社去看我的同学,出版社的一位大姐还问起我,知不知道通化的哪一位同志写的书稿,还在我这里呢,怎么想出版却找不到作者呢?想不到是您写的。"我听到这个消息,非常激动。开完会,我马上就到了出版社,找到了这位刘国丰大姐。刘大姐还批评我说:"没看见过你这种作者,交了书稿,就见不到人了,想找都找不到。"我急忙检讨,说出了我"静候佳音"的想法,同时也进行检讨。刘大姐就笑了。

然后,我们研究了出版的办法,就是合作出书,她给我书号,我自己组织排版、校对和印刷,三校之后的清样拿到出版社审阅定稿。交完书号费之后,不再给稿费,自己出钱印刷,发行后结余归自己当作稿费。

拿回书稿,我又对书稿做了一次充实和修改,然后就把它郑重地交给我们机关的印刷厂排版。那时候是铅字排版,机关印刷厂的排字房里,一排一排,摆着的都是自己的书稿的铅字版。看到那种情景,我的心情很振奋。校对书稿是十分辛苦的。第一版 20 万字,自己一个字一个字地校对了三次,整整用了一个半月的时间。在这个时间里,每天都工作到下半夜,有时候还打通宵。早晨把校好的稿样送到印刷厂,晚上拿回来再校。循环往复,日复一日。那时候身体好,打了通宵,第二天照常工作。但是在晚上校稿样的时候,经常坚持不住,就趴在桌子上睡一会再看。

终于有一天,印刷厂的师傅打电话告诉我,装订出了两本样书,叫我去看一看。我赶忙跑到印刷厂,拿起了还飘着油墨香的两本新书,我的心都醉了。当时我的想法就是一个:怀胎十月,就可以分娩,这可是我用了七八年的时间孕育的孩子啊!

三、发行

这本书第一版印了12,000册,这在当时是一个相当大的数字。如果是今天来办这件事,我是肯定不敢印这么多的。

书出来以后,就有一大批书堆在了我的办公室和印刷厂了。我的同事和朋友一起帮我征订。订数上来以后,又打包、送交邮局邮寄等,无数的工作等着我。如果不是同事和朋友帮忙,这本书的发行是不可能完成的。想到这里,我还是深深地感谢我的这些同事和朋友们。

麻烦的是,我的一个非常幼稚的想法在实践中弄出了很多的麻烦。我主张打包的牛皮纸不要厚,就是要使书包的重量减轻,目的是要节省邮寄费。可是第一批书寄出以后,很快就接到退回的破烂书包,损失很大。结果又得重新包书,对破损的书还得修补,修补不了的,只能作为损失了。这样的损失就很大。

在全国的征订发行,大约上来了9000册。这样的发行数量其实是很大的。由于印得多,最后还是有2000多册没有发行出去。这时候,在司法局当局长的老庭长慷慨地拉走500册,发给全地区的司法助理作为学习教材;当厂长的同学拉走200册,发给每个工人一本作为法制教材;当院长的同事拉走200册,送到书店代销……最后,这些书基本上发行完了。最后结算,所剩8000元人民币,就是稿费和发行结余。在当时,这也算一笔不小的收入。

这本书影响很好,有几位读者阅读了此书后,还给我写来了热情洋溢的信,以后要求购书的还有很多人,直到今天还有人要买这本书。后来,出版社又再版两次。三次的总印数是20,000册。

最后还有一个花絮。当时我有了这8000元钱,不知道该怎么用,在同事的怂恿下,一下子都买了储蓄奖券,20元一张,就是400

张。我想,这么多奖券总能够获得一个二等奖或者三等奖什么的吧。谁知到了开奖的时候,除了得了两张 20 元的末等奖共计 40 元人民币以外,其余一无所获。从那以后,我再也没有买过奖券。

四、感谢我的大姐

我的大姐,就是这本书第一版的责任编辑刘国丰。在 20 年后这部著作再版,借此机会,我要特别感谢我的大姐。想一想,对大姐应当有三谢:

一谢大姐帮我出版了第一部法学著作《侵权损害赔偿》。

与大姐相识的经过,前面已经说过了。在校对和编辑这部书稿的时候,大姐给了我很大帮助。那时候,我是第一次出版和印刷书稿,什么都不懂,大姐就一点一点地帮助我,教我各种方法。尽管本书的第一版印得并不好,装帧比较简陋(当然,那个时候的书籍印刷装帧质量都那样),但如果没有大姐的帮助:第一,它不可能顺利面世,还会继续放在我的书房里;第二,我也不会很快就把这本书印出来,送到读者的手里。

我曾经去长春看望大姐,也为了感谢她。但大姐一一拒绝所有的感谢,她说,她就是一个编辑,作者写出了好书,编辑的责任就是要把它推向市场,有什么好感谢的呢?再说,这部书一版就卖了一万多册,说明还是你自己写得好。她还说,当时没有预计到这本书有这样的市场,因此才让我自费出书,反过来,大姐倒是向我道歉,没有由她自己去做编辑校对的工作,给我添了麻烦。面对大姐的真诚,我十分感动,心中更增加了对大姐的感谢之情。

二谢大姐把我推荐给最高人民检察院民事行政检察厅。

后来,我在最高人民法院举办的中国人民大学高级法官班学习的时候,大姐的先生赵登举已经调到最高人民检察院任职,主持民事行政检察厅的工作,正在搜罗人才。大姐把我介绍给赵先生,赵先生找我谈话,希望我能够到最高人民检察院的民事行政检察厅工作。由于那时最高人民法院正在准备调我任职,因此,我谢绝了赵先生的好意。

事有凑巧,我在最高人民法院工作 3 年之后,到了烟台大学法学院教书,大姐四处找我找不到,最后终于找到了我,并且亲自到烟台大学,跟我商量写作侵权法的一部有影响的书稿。在气候宜人的烟台海边,大姐跟我谈完书稿,就询问我的工作情况,她认为我应当回到北京工作才能更好地发挥我的才能,并且说最高人民检察院的民事行政检察厅缺少研究民法的干部,回到北京后,要请赵先生继续推荐我到民事行政检察厅工作。那时候,赵先生已经任最高人民检察院的副检察长,主管民事行政检察厅的工作。我说,赵先生曾经邀请过我,我不识抬举拒绝过他,他大概不会再为我办这件事了。她说,民事行政检察厅缺人是事实,只要慢慢说通了,或许就能消气了,他也希望民事行政检察工作能够做得更好啊。

大概过了一个多月,大姐来信了,让我跟赵先生联系。她说,赵先生开始很生气,但是,过了一段时间后,又说,杨立新怎么不跟我联系?还得我去请他吗?大姐和我都非常高兴,我也立即跟赵先生联系,按照要求把调动的材料邮寄过去,人事部门经过审查,认为合适,一路审批,顺利通过机关的各种审查,办完各种手续,1994 年 10 月末,我就到最高人民检察院报到了。此后,我在民事行政检察厅工作了 7 年,把民事行政检察厅的工作搞得有声有色,受到各界的好评,总算没有辜负赵先生和大姐的举荐和信任。

回想这一段经历,如果没有大姐的斡旋和举荐,我可能仍然在烟台大学教书,不可能还有以后这些丰富的经历。就因为如此,我能不感谢我的大姐吗?并且应当谢大姐和赵先生一家。

三谢大姐日后为我出版了很多著作。

在最高人民检察院工作的 7 年里,由于大姐就在中国检察出版社工作,是资深编辑,我们紧密合作,出版了很多值得称道的著作。第一部好书,就是我的《民法判解研究与适用》,那是我写得比较好的民法论文的合集,主要是对民法判例和司法解释进行研究的内容。由于我的研究方法比较新颖,又在理论与实践相结合方面比较突出,再加上大姐的精心编辑,因此,该书第一次印刷 5000 册,上市不到半年就销售一空,又加印了 10,000 册,在学界引起很大反响,也使我的名声大震。不久,我写的 70 多万字的专著《人身权法论》,也在大姐的手中加工完成,1995 年年初出版,获得了全国检察机关首届金鼎图书奖，奠定了我在民法学界的地位。今天，《人身权法论》已经三版，印刷了30,000多册，不仅在国内，而且在日本等国都有很大影响，至今仍然是民法硕士研究生、博士研究生研究我国人格权和身份权法以及侵权法的必读文献。此后，在大姐的精心编辑下，我在中国检察出版社又有很多书出版。

值得一提的是，为此，有人甚至向有关部门举报，说大姐与我共同串通，在中国检察出版社大量出版书稿，有作弊嫌疑，甚至有关官员还找我谈话了解情况。我理直气壮地说，这不是串通，而是一个作者与一个编辑之间的经典合作！是一个优秀的法学书籍编辑推举了一个成长中的作者，使他成为一个好的学者。回想到被人"告状"的经历，我更是要感谢大姐，没有大姐的帮助，我怎么能够成为一个受到欢迎的民法学教授呢？

三谢之后，回想起来，我在自己的学术历程中，有三部重要的著作：一是《侵权损害赔偿》，那是我的第一部著作；二是《民法判解研究与适用》，那是我第一部有影响的论文集；三是《人身权法论》，那是我第一部真正意义上的法学专著。这三部书稿都是大姐给我编辑的。因此可以看到，大姐在我的学术发展中起了多么大的作用，对我的帮助是多么大！这些帮助，不是三两句感谢的话就能够表达的，而是要用一生来感谢。尽管我从最高人民检察院走进学界之后，没有跟大姐经常见面，但是，这份感恩之情，始终埋藏在心底。如果不是在20年之后，大姐亲手为我编辑的《侵权损害赔偿》要重新出版，我或许还不会借此机会明确表达我对大姐的感恩之情。

大姐，记住一个在你的扶植之下成长起来的学者对你的感激之情吧，这是最为淳朴和真挚的感情，虽然没有巧言和世俗！

写于2001年3月

改于2008年5月

图书在版编目(CIP)数据

天 Borderless 下

侵权损害赔偿 / 杨立新著. —6版. —北京：法律出版社，2016.11

ISBN 978-7-5197-0323-3

Ⅰ.①侵… Ⅱ.①杨… Ⅲ.①侵权行为—赔偿—研究—中国 Ⅳ.①D923.84

中国版本图书馆CIP数据核字(2016)第282235号

侵权损害赔偿（第六版）

杨立新 著

责任编辑 李峰沄

装帧设计 汪奇峰

开本 720毫米×960毫米 1/16

版本 2016年11月第6版

出版 法律出版社

总发行 中国法律图书有限公司

印刷 三河市龙大印装有限公司

印张 34.75 **字数** 452千

印次 2016年11月第1次印刷

编辑统筹 学术·对外出版分社

经销 新华书店

责任印制 陶松

法律出版社/北京市丰台区莲花池西里7号(100073)

电子邮件/info@lawpress.com.cn

网址/www.lawpress.com.cn

销售热线/010-63939792/9779

咨询电话/010-63939796

中国法律图书有限公司/北京市丰台区莲花池西里7号(100073)

全国各地中法图分、子公司电话：

第一法律书店/010-63939781/9782

重庆公司/023-65382816/2908

北京分公司/010-62534456

西安分公司/029-85388843

上海公司/021-62071010/1636

深圳公司/0755-83072995

书号： ISBN 978-7-5197-0323-3 **定价：** 88.00元

(如有缺页或倒装，中国法律图书有限公司负责退换)